# ADMINISTRAÇÃO ESTRATÉGICA

3ª EDIÇÃO

planejamento e implantação de estratégias

# ADMINISTRAÇÃO ESTRATÉGICA

3ª EDIÇÃO

planejamento e implantação de estratégias

SAMUEL C. CERTO | J. P. PETER
REYNALDO CAVALHEIRO MARCONDES
ANA MARIA ROUX CESAR

PEARSON

*Diretor editorial:* Roger Trimer
*Gerente editorial:* Sabrina Cairo
*Supervisor de produção editorial:* Marcelo Françozo
*Editora plena:* Thelma Babaoka
*Editor de texto:* Jean Xavier
*Tradução da 1ª edição:* Flávio Deni Steffen
*Revisão técnica da 1ª edição:* Alberto Henrique da Cruz Feliciano
*Preparação:* Renata Nakano
*Revisão:* Carmen Teresa S. da Costa
*Capa:* Celso Blanes
*Editoração eletrônica e diagramação:* Figurativa Editorial MM Ltda

**Dados Internacionais de Catalogação na Publicação (CIP)**
**(Câmara Brasileira do Livro, SP, Brasil)**

Certo, Samuel C.

Administração estratégica : planejamento e implantação de estratégias / Samuel C. Certo, J. P. Peter ; tradução e adaptação Reynaldo Cavalheiro Marcondes, Ana Maria Roux Cesar. -- 3. ed. -- São Paulo : Pearson Education do Brasil, 2010.

Título original: Strategic management : a focus on process.

Bibliografia.

ISBN 978-85-7605-812-0

1. Administração de empresas 2. Planejamento empresarial 3. Planejamento estratégico I. Peter, J. Paul. II. Marcondes, Reynaldo Cavalheiro. III. Cesar, Ana Maria Roux. IV. Título.

10-05906 CDD-658.4012

**Índice para catálogo sistemático:**
1. Administração estratégica : Empresas :
Administração executiva 658.4012

4ª reimpressão – Junho 2014
Direitos exclusivos para a língua portuguesa cedidos à
Pearson Education do Brasil Ltda.,
uma empresa do grupo Pearson Education
Rua Nelson Francisco, 26
CEP 02712-100 – São Paulo – SP – Brasil
Fone: 11 2178-8686 – Fax: 11 2178-8688
e-mail: vendas@pearson.com

# Sumário

# Apresentação

Este livro foi publicado pela primeira vez em 1990, nos Estados Unidos, com o título *Strategic management: a focus on process*. Desde sua tradução para o português, em 1993, ele tem sido utilizado regularmente por alunos de cursos de graduação e pós-graduação. Tal fato, que demonstra o interesse na obra como objeto de estudo, motivou a Pearson Education a dar a ela um tratamento diferenciado, e decidiu-se que, para aquela segunda edição, em língua portuguesa, ela seria revista e atualizada.

Naquela oportunidade, nós, coautores nacionais, tivemos a incumbência de reformá-la, mas com o cuidado de preservar sua essência, tanto no conteúdo quanto na forma. Com esse objetivo, conferimos ao texto um sentido de realidade brasileira, dada nossa experiência didática, exercida na universidade, e de consultoria de treinamento em empresas.

Para realizar as mudanças, foram adotados dois procedimentos. O primeiro foi a substituição de quase todos os casos, tanto os ilustrativos quanto aqueles voltados para a prática, por outros equivalentes à realidade empresarial do país. O segundo procedimento adotado foi a alteração da sequência de alguns capítulos, uma vez que a estrutura original havia se mostrado pouco eficiente quando se solicitava aos alunos a elaboração de um projeto real completo como parte do programa de aprendizagem da matéria. Além dos itens mencionados, foram atualizadas as leituras adicionais, que estão no final de cada capítulo, em que há indicação de obras publicadas no Brasil, de autores nacionais ou de traduções em português de autores estrangeiros.

Para esta terceira edição, segunda em português, foram preservados os aspectos positivos e diferenciadores da obra, buscando incorporar as melhorias obtidas com a experiência da sua utilização na prática pelas escolas do país.

Como resultado, houve o aperfeiçoamento da fluência do texto, a atualização de parte do conteúdo e a atualização e/ou substituição de todos os casos constantes na edição anterior. Com isso, buscou-se aperfeiçoar ainda mais o conteúdo, porém mantendo-se os pontos fortes da obra, destacados a seguir:

- **Estrutura:** a estrutura facilita bastante a compreensão do tema, porque coincide com o processo que ocorre na realidade das organizações. Isso significa que o livro pode ser um apoio efetivo para aqueles que queiram ou precisem montar um processo estratégico em sua organização.
- **Fundamentação teórica:** o livro possui uma fundamentação teórica circunscrita à necessidade do aluno em entender o 'o que' e o 'porquê' das etapas do processo estratégico. Portanto, é um livro destinado à aplicação e não a discussões sobre conceitos ou abordagens teóricas relacionados ao assunto.
- **Abordagem:** apresenta uma abordagem aplicada sobre como as questões estratégicas se conectam com as operacionais, além de evidenciar os desafios dos administradores em nível da corporação como um todo, das unidades de negócios ou filiais e das áreas de apoio funcional — tal aspecto dificilmente é encontrado de maneira tão clara e objetiva como neste livro.
- **Aplicação:** mostra como se devem aplicar os conceitos de ferramentas como marketing, operações e finanças no que diz respeito a questões estratégicas. Além disso, apresenta assuntos de grande relevância atual no Brasil, que são os negócios internacionais e a responsabilidade social das organizações, os quais envolvem questões de grande importância para seus *stakeholders*.
- **Estudos de caso:** são apresentados estudos de caso para ilustrar e desafiar o aluno no processo de aprendizagem da matéria. Adicionalmente, dedica-se o último capítulo às orientações sobre o desenvolvimento e à aplicação de casos tanto em situações de sala de aula como no ambiente organizacional — isso auxilia o aluno em seu processo de análise de situações, bem como o professor em sua atividade docente.

Por todos esses motivos, acreditamos que o livro continuará, ainda durante muito tempo, a oferecer contribuições à aprendizagem de alunos e professores.

Reynaldo Cavalheiro Marcondes

Ana Maria Roux Cesar

# Prefácio

Este livro pretende preparar o estudante para uma experiência de aprendizado que o ajude a adquirir conhecimento para aplicar a administração estratégica, a qual deve servir de ponte para acabar com a lacuna que separa conceitos teóricos da prática.

Para concretizar tal proposta, o livro combina teoria da administração estratégica de modo claro, organizado e pragmático a uma lista de atividades relacionadas ao aprendizado do estudante, com a finalidade de mostrar como a teoria deve ser aplicada.

## TEORIA DA ADMINISTRAÇÃO ESTRATÉGICA: UMA ÊNFASE NA CLAREZA E NO PRAGMATISMO

Este livro apresenta cinco partes sobre conceitos de administração estratégica, que consistem em capítulos relacionados e organizados com base no modelo da própria administração estratégica.

### Parte 1: Uma visão geral da administração estratégica

Esta parte fornece uma visão geral da administração estratégica e uma estrutura que poderá ser utilizada em todo o livro. Após a leitura do Capítulo 1, os estudantes deverão ter uma clara compreensão da natureza e do escopo da administração estratégica, assim como de seu processo.

### Parte 2: O processo da administração estratégica

Nesta parte analisamos as cinco principais etapas no processo da administração estratégica. Essas etapas incluem análise do ambiente (Capítulo 2), estabelecimento da diretriz organizacional (Capítulo 3), formulação da estratégia (Capítulo 4), implementação de estratégias (Capítulo 5) e controle estratégico (Capítulo 6).

### Parte 3: Fundamentos para a administração estratégica

Temos percebido que os estudantes frequentemente esquecem boa parte das informações que viram antes. Por essa e outras razões, incluímos capítulos sobre fundamentos de áreas funcionais como marketing (Capítulo 7), operações (Capítulo 8) e finanças (Capítulo 9). Esses capítulos fornecerão aos estudantes um meio de recapitular os principais tópicos, questões e técnicas que possam ser úteis na análise de problemas e casos da administração estratégica.

### Parte 4: Questões especiais na administração estratégica

Embora as partes anteriores incluam os principais tópicos geralmente discutidos em cursos de administração estratégica, acreditamos que duas outras áreas exigem atenção especial: negócios internacionais (Capítulo 10) e responsabilidade social (Capítulo 11). Dedicamos um capítulo a cada tópico em virtude de sua importante influência na tomada de decisão no que diz respeito à administração estratégica e à necessidade de conhecimento especializado.

### Parte 5: Uma estrutura para a análise estratégica

Embora reconheçamos que não há uma única abordagem que possa ser aplicada universalmente em todos os casos e problemas da administração estratégica, sabemos que os estudantes em geral precisam de uma sólida estrutura para analisar a abordagem de casos e problemas, que se torna particularmente importante quando começam a analisar os primeiros casos e problemas de administração estratégica. Por essa razão, incluímos uma análise de abordagem geral sobre o assunto no Capítulo 12, elaborado para criar uma ponte entre conceitos e aplicações. Ainda que os estudantes não precisem analisar casos em um curso de administração estratégica, esse capítulo pode ser extremamente útil na resolução de problemas reais de administração estratégica.

## APLICAÇÃO DA TEORIA DE ADMINISTRAÇÃO ESTRATÉGICA: EXERCÍCIOS ESPECIAIS DE APRENDIZAGEM

Cada capítulo do livro contém diversas ferramentas pedagógicas especialmente elaboradas para melhorar a aprendizagem do estudante e facilitar a transferência de conceitos para o campo da aplicação. Cada uma dessas ferramentas é chamada "Seção", e cada capítulo contém uma ou mais delas:

*Exemplo ilustrativo*: fornece exemplos da aplicação de conceitos de administração estratégica em organizações conhecidas.

*Módulo aplicado*: desafia os estudantes a aplicar os conceitos de administração estratégica em situações organizacionais reais. Esses breves exercícios permitem que os estudantes direcionem suas atividades e melhorem a compreensão e a habilidade para aplicar conceitos de administração estratégica.

*Lista de verificação*: dispõe em itens as principais questões que dizem respeito à análise de problemas e casos na administração estratégica. Elas estão ligadas a tópicos explicados em cada capítulo e oferecem aos estudantes um ponto de partida para a aplicação dos conceitos de administração estratégica.

*Na prática*: apresenta um caso que enfoca um ou mais tópicos explicados no capítulo. Inclui questões específicas para análise, oferecendo aos estudantes a oportunidade para aplicar o material do capítulo de modo específico. Essa seção permite que eles tenham um entendimento mais aprofundado sobre os conceitos de administração estratégica, preparando-os para resolver problemas reais sobre o assunto.

## Materiais adicionais

Na Sala Virtual do livro (sv.pearson.com.br), professores e estudantes podem acessar materiais adicionais 24 horas por dia.

Para professores:

Apresentações em Powerpoint

*Esse material é de uso exclusivo para professores e está protegido por senha. Para ter acesso a eles, os professores que adotam o livro devem entrar em contato com seu representante Pearson ou enviar e-mail para universitarios@pearson.com.*

Para estudantes:

Exercícios autocorrigíveis

# AGRADECIMENTOS

Este livro, elaborado especialmente para cursos de administração estratégica ou política de negócios, pode ser utilizado tanto no nível de graduação quanto técnico. De modo geral, é composto de partes que enfocam a teoria da administração estratégica e casos da administração estratégica.

Após a publicação da primeira edição, o retorno positivo que recebemos foi muito satisfatório. No entanto, como ocorre com qualquer projeto dessa magnitude, essa reação positiva é o resultado do esforço de diversas pessoas e não apenas do trabalho dos autores. E é esse o momento apropriado para reconhecer todas as contribuições e as valiosas sugestões que foram dadas a esse projeto.

Gostaríamos de agradecer o papel essencial de nossos revisores, que sugeriram inúmeras ideias valiosas. A dedicação e o alto padrão de profissionalismo demonstrados por eles ajudaram a tornar o texto um excelente instrumento de aprendizagem. Nossa equipe de revisores está listada a seguir:

Bruce Charnov, *Hofstra University*

V. C. Doherty, *Wayne State University*

James H. Donelly Jr., *Kentucky University*

Bruce Fisher, *Northeastern Illinois University*

Robert Goldberg, *Northeastern University*

Calvin Kellog, *Illinois State University*

Rose Knotts, *North Texas State University*

Daniel Kropp, *Southwest Missouri State University*

Marilyn Taylor, *Kansas University*

Robert Vichas, *Old Dominion University*

Stanley Willing, *St. Francis College*

Queremos também estender nossos agradecimentos a todos os colegas e estudantes por tudo o que nos ensinaram, bem como aos muitos educadores de administração estratégica que responderam a nossos questionários de pesquisas e forneceram contribuições para o projeto. Agradecemos também o apoio dado pelo reitor Martin Schatz, da Grummer Graduate School, do Rollins College, e ao reitor James Hickman, da School of Business, Universidade de Wisconsin-Madison. Agradecemos ainda a McGraw-Hill e em particular a June Smith, Dan Alpert, Kathy Loy e Peggy Rehberger, que ajudaram a tornar nosso texto uma realidade. E, naturalmente, agradecemos nossas famílias e amigos pelo incentivo e paciência que tiveram enquanto nos dedicávamos a este projeto.

Samuel C. Certo

J. Paul Peter

PARTE 1

# Uma visão geral da administração estratégica

Esta parte fornece uma visão geral da administração estratégica e apresenta a estrutura de organização do livro, para a melhor compreensão dele. O principal objetivo é familiarizar o estudante com a natureza e o escopo da administração estratégica, tendo seu desenvolvimento como importante área da formação do administrador. Após estudar cuidadosamente esta parte, o aluno terá compreendido a base do processo de administração estratégica e poderá avaliar sua importância na gestão de organizações bem-sucedidas.

CAPÍTULO 1

# Introdução à administração estratégica

Este capítulo oferece uma visão geral da administração estratégica. Primeiro, traçamos a evolução da administração estratégica como área de estudo. Então, definimos formalmente o assunto e descrevemos de que maneira ele é aplicado e quais os benefícios resultantes para as organizações que o praticam. A seguir, traçamos resumidamente as etapas do processo de administração estratégica — considerando os diversos tópicos especiais da área e a relação das três principais funções de negócios com esse processo — e o revemos na análise de casos para a aprendizagem do assunto. Por fim, apresentamos as fases por meio das quais o processo de administração estratégica normalmente se desenvolve em uma organização.

•••

## A EVOLUÇÃO DA ADMINISTRAÇÃO ESTRATÉGICA COMO ÁREA DE ESTUDO

O estudo da administração estratégica teve sua forma definida pela primeira vez após a Fundação Ford e a Carnegie Corporation patrocinarem, nos anos 1950, uma pesquisa sobre os currículos das escolas de administração norte-americanas. Um resumo dessa pesquisa, chamada de Relatório Gordon-Howell, recomendou que o ensino de administração tivesse uma natureza mais ampla e incluísse um curso de capacitação na área de política de negócios.[1]

O curso de política de negócios proposto deveria ter características muito distintas. Em vez de apresentar aos estudantes problemas de negócios para análise em áreas específicas, tais como marketing ou finanças, ele deveria enfatizar a identificação, a análise e a solução de problemas do mundo real em amplas e importantes áreas. Isso daria aos estudantes a oportunidade de exercitar julgamentos que não são explicitamente exigidos em nenhum outro curso. O relatório também recomendou que o curso de política de negócios se concentrasse em agregar a ele o conhecimento já adquirido em outros cursos e promovesse o desenvolvimento das habilidades dos estudantes usando esse conhecimento.

O Relatório Gordon-Howell foi amplamente aceito. Por volta dos anos 1970, a disciplina de política de negócios já fazia parte do currículo de muitas escolas de administração. Entretanto, com o passar do tempo, o enfoque inicial do curso foi ampliado, passando a incluir a organização global e seu ambiente. Assim, a responsabilidade social e a ética, bem como o impacto potencial de fatores políticos, legais e econômicos sobre o êxito na operação de uma organização, tornaram-se assuntos de interesse. Essa abordagem mais ampla acabou por alterar o nome da disciplina de política de negócios para administração estratégica.[2]

Este livro foi elaborado para refletir essa abordagem e servir de base para o aprendizado de conceitos mais atuais bem como os pragmáticos. De fato, após ter concluído este livro e o curso, os estudantes deverão ter adquirido muitas das habilidades relacionadas no Quadro 1.1.

## A NATUREZA DA ADMINISTRAÇÃO ESTRATÉGICA

O conceito de administração estratégica evoluiu muito e continuará a evoluir. Apesar de haver ainda algumas divergências sobre o que precisamente o termo significa, a administração estratégica é adotada em diversas organizações muito bem-sucedidas.

### Uma definição de administração estratégica

Neste livro, a administração estratégica é definida como o processo contínuo e circular que visa manter a organização como um conjunto adequadamente integrado ao seu ambiente. O resumo da mensagem a seguir de Cornell Maier, ex-presidente da Kaiser, dá uma boa indicação de como a administração estratégica pode e deve ser seriamente considerada nas organizações:

> *Iniciamos a implementação de nosso plano estratégico para a próxima década. Após dois anos de formulação, o plano leva a Kaiser a identificar seu negócio mais promissor e a focar seus recursos em desenvolvimento e lucratividade de longo prazo. Os recursos ampliados serão alocados para as linhas de negócios nas quais a empresa acredita que residam suas forças, tais como alta tecnologia, baixos custos e fortes posições no mercado.*[3]

Sem os dois anos de planejamento, a Kaiser talvez tivesse se perdido em dúvidas sobre qual rumo tomar.

A definição de administração estratégica proposta neste livro enfatiza o cumprimento de uma série de etapas por parte do administrador. Essas etapas, que discutiremos separadamente nas próximas páginas, são: análise do ambiente, estabelecimento das diretrizes organizacionais, formulação da estratégia, implementação da estratégia e controle estratégico.

QUADRO 1.1 Habilidades enfatizadas em um curso de administração estratégica

**Os estudantes que concluem o curso de administração estratégica devem estar aptos a:**

1. Analisar fatos para identificar tanto oportunidades e riscos no ambiente como pontos fortes e fracos da organização, a fim de poder avaliar decisões administrativas e/ou preparar uma análise da situação — ações úteis na formulação, avaliação e implementação de políticas e estratégias.
2. Dimensionar de maneira rápida e precisa a situação apresentada, identificando os principais problemas e/ou questões, e avaliar uma estratégia de administração em relação ao ambiente, aos valores humanos e sociais da alta administração, à posição financeira da organização e assim por diante.
3. Identificar estratégias apropriadas para cada situação e avaliar as alternativas a partir de critérios relevantes para os resultados da organização.
4. Recomendar decisões específicas (quando couber) por meio de estratégias e planos detalhados, considerando mudanças organizacionais, requisitos e implicações financeiras, prazo, relações pessoais e assim por diante.
5. Aprimorar conhecimentos analíticos adquiridos em áreas funcionais — produção, finanças, marketing, operações, pessoal etc. — para o tratamento de problemas de toda a organização. Essas habilidades decorrem de conhecimentos necessários para que um estudante consiga lidar com um negócio em sua totalidade.
6. Unir teoria e prática, desenvolvendo a compreensão das ferramentas de administração e suas limitações e aplicando esse conhecimento em situações específicas para solução de problemas. Na área de administração estratégica, os tomadores de decisões podem usar diversas ferramentas. O estudante que escolhe a mais adequada para análise e determina de maneira mais precisa até onde deve aplicá-la em determinada situação desenvolve uma habilidade muito valiosa para as organizações.
7. Preparar por escrito análises de casos e recomendações de ação. Isso constitui uma oportunidade, tanto para o professor como para o estudante, de aperfeiçoar a redação, habilidade valorizada no mercado de trabalho.

**Fonte:** Baseado em STEINER, G. A.; MINER, J. B.; GRAY, E. R. *Management policy and strategy*. Nova York: Macmillan Publishing Company, 1986, p. 9-10.

A definição também sugere que o processo de administração estratégica é contínuo — inicia-se fora da organização e desdobra-se dentro dela. Embora diferentes atividades da administração estratégica possam receber mais ou menos ênfase e ser adotadas com diferentes intensidades em épocas distintas, a direção da organização deve sempre abordar ou refletir algum aspecto da administração estratégica.

Sugere ainda que esse processo é circular, começa na primeira etapa, segue até a última e, então, volta para a primeira. A administração estratégica, portanto, consiste em uma série de etapas que são repetidas ciclicamente.

O propósito da administração estratégica, como definida neste livro, é assegurar que a empresa como um todo se integre apropriadamente a seu ambiente operacional externo. Os ambientes nas organizações mudam constantemente, e estas devem se transformar de maneira adequada para assegurar que suas metas possam ser alcançadas. Leis que afetam a vida das organizações, alterações na disponibilidade de mão de obra e ações da concorrência são exemplos de mudanças que a administração normalmente enfrenta no ambiente organizacional.

Embora a definição de administração estratégica pareça clara e simples, implementar o processo em uma organização é em geral muito complexo. Algumas das responsabilidades dos administradores que reforçam essa dificuldade são mostradas no Quadro 1.2.

## O processo da administração estratégica

No passado, o processo da administração estratégica era influenciado, em grande parte, pelo departamento de planejamento das organizações, que se envolvia no projeto e na implementação dos sistemas de administração estratégica. Entretanto, há tempos os departamentos de planejamento perderam sua influência.[4] O atual processo de administração estratégica costuma ser dominado pelo diretor-presidente (CEO), especialmente em organizações menores, considerado também o principal responsável pelo êxito do processo.

No entanto, isso não significa que o diretor-presidente efetue o processo de administração estratégica sozinho. Pelo contrário, o executivo bem-sucedido nesse campo geralmente esboça um processo de administração estratégica que envolve membros de diversas áreas e diferentes níveis da organização. Por exemplo, normalmente as organizações reúnem membros da diretoria, da administração corporativa e da gerência divisional para, com a presidência, tomar as decisões estratégicas.[5]

Ao permitir que outros participem do processo de administração estratégica, mesmo executivos que ocupam níveis mais baixos na hierarquia, são alcançadas metas, objetivos e estratégias mais realistas, pois tal envolvimento constrói um compromisso maior na implementação das estratégias selecionadas para atingir as metas estabelecidas.

## Benefícios da administração estratégica

Uma organização pode obter diversos benefícios praticando a administração estratégica. Talvez o mais importante deles seja a tendência de as organizações aumentarem seus níveis de lucro. Embora estudos anteriores tenham concluído que o aumento da lucratividade normalmente não acompanha a aplicação da administração estratégica,[6] um número significativo de pesquisas sugere que um sistema de administração estratégica eficiente e eficaz pode aumentar a lucratividade.[7]

Além de se beneficiar financeiramente, as organizações podem obter outras vantagens na implementação de um sistema de administração estratégica. Por exemplo, ela pode levar os membros da organização a se comprometerem com a realização de metas organizacionais de longo prazo. Essa intensificação do compromisso normalmente surge quando os membros participam da definição de metas organizacionais, bem como da definição das estratégias para atingir essas metas.

QUADRO 1.2 Responsabilidades dos administradores na administração estratégica

1. *Definir a missão*: tornar clara a finalidade da organização ou a razão pela qual ela existe e assinalar outros aspectos fundamentais que guiarão e caracterizarão o negócio. Uma missão normalmente é duradoura e de longo alcance.
2. *Formular a filosofia da empresa*: estabelecer crenças, valores, atitudes e normas não escritas que contribuam para 'a forma como fazemos as coisas aqui'.
3. *Estabelecer políticas*: decidir planos de ação para guiar o desempenho das principais atividades e levar a cabo a estratégia de acordo com a filosofia da empresa.
4. *Estabelecer objetivos*: decidir o que se pretende obter dentro de um intervalo de tempo definido. Os objetivos têm escopos mais específicos do que a missão e são elaborados para ajudar na montagem de planos operacionais e na realização da estratégia.
5. *Desenvolver a estratégia*: estabelecer conceitos, ideias e planos para atingir os objetivos com êxito e enfrentar e vencer a concorrência.
6. *Planejar a estrutura da organização*: desenvolver o plano da estrutura da organização e as atividades que ajudem as pessoas a trabalhar em equipe, conectadas à estratégia, à filosofia e à política da empresa.
7. *Engajar pessoas*: recrutar, selecionar e desenvolver o pessoal para ocupar posições na estrutura da organização.
8. *Estabelecer procedimentos*: determinar e prescrever como as atividades importantes e permanentes serão realizadas.
9. *Fornecer instalações*: proporcionar espaços para as operações e fornecer equipamentos e outras instalações físicas exigidas para a realização do negócio.
10. *Fornecer capital*: assegurar que o negócio tenha o dinheiro e o crédito necessários para o capital de giro e os investimentos para a obtenção dos resultados esperados.
11. *Estabelecer padrões*: estabelecer medidas de desempenho que possibilitem o negócio ser avaliado periodicamente visando atingir seus objetivos de longo prazo com sucesso.
12. *Estabelecer programas de administração e planos operacionais*: desenvolver programas e planos de atividades administrativas e de uso de recursos que, quando realizados de acordo com a estratégia, a política, os procedimentos e os padrões estabelecidos, habilitarão as pessoas a alcançar seus objetivos particulares.
13. *Fornecer informações de controle*: fornecer fatos e valores que ajudem as pessoas a seguir a estratégia, a política, os procedimentos e os programas da empresa; manter as forças de trabalho interna e externa atentas ao negócio; medir o desempenho global da empresa em relação aos planos e aos padrões estabelecidos.
14. *Manter o pessoal ativo*: liderar e motivar as pessoas a agir de acordo com a filosofia, a política, os procedimentos e os padrões da empresa, realizando seus planos.

**Fonte:** BOWER, M. *The will to manage:* corporate success through programmed management. Nova York: McGraw-Hill, 1986, p. 17-18. Reprodução autorizada.

Além disso, com a ênfase da administração estratégica na avaliação do ambiente da organização, é menos provável que ela seja surpreendida por movimentos de mercado ou por ações de seus concorrentes que poderiam colocá-la em repentina desvantagem. O Quadro 1.3 relaciona os diversos benefícios adicionais que a administração estratégica com frequência gera para as organizações.

QUADRO 1.3 Benefícios potenciais extras da adoção da administração estratégica em uma organização

- Permite que os administradores tenham uma clara visão do negócio.
- Facilita a identificação e a exploração de futuras oportunidades de mercado.
- Identifica qualquer necessidade de redefinição na natureza do negócio.
- Minimiza os efeitos indesejáveis de condições e mudanças adversas.
- Chama a atenção dos executivos para as mudanças e permite ações em resposta a elas.
- Melhora a canalização dos esforços para a realização de objetivos predeterminados.
- Aponta os problemas que podem surgir antes que eles ocorram.
- Ajuda os administradores a serem mais comprometidos com a organização.
- Oferece uma visão objetiva dos problemas de administração.
- Fornece uma estrutura para analisar a execução do plano e controlar as atividades.
- Ajuda os administradores a relatar as principais decisões de maneira mais efetiva e a estabelecer objetivos.
- Torna mais efetiva a alocação de tempo e recursos para a identificação de oportunidades.
- Coordena a execução das táticas que compõem o plano.
- Permite a integração de todas as funções de marketing em um esforço combinado.
- Minimiza os recursos e o tempo que devem ser dedicados a corrigir erros de decisão.
- Cria uma estrutura para a comunicação interna entre as pessoas.
- Permite ordenar as prioridades dentro do cronograma do plano.
- Ajuda a ordenar as ações individuais em uma organização dirigida para o esforço global.
- Fornece uma base para o esclarecimento de responsabilidades individuais e contribui para a motivação.
- Encoraja o 'pensamento positivo' por parte do pessoal.
- Estimula uma abordagem cooperativa, integrada e entusiasmada para enfrentar problemas e aproveitar oportunidades.

**Fonte:** Baseado em GREENLEY, G. E. "Does strategic planning improve company performance?". *Long Range Planning*, 19, n. 2, 1986, p. 106.

É claro que os benefícios que acabamos de observar não ocorrem automaticamente em uma organização que emprega um sistema de administração estratégica. Eles são obtidos somente se a organização usar tal sistema de maneira efetiva e eficaz. Caso contrário, pode facilmente acarretar problemas, como redução da lucratividade, baixa motivação dos funcionários para atingir as metas organizacionais e surpresas no ambiente capazes de prejudicar a organização.

## O PROCESSO DA ADMINISTRAÇÃO ESTRATÉGICA

Definimos a administração estratégica como um processo ou uma série de etapas. As etapas básicas do processo de administração estratégica são mostradas na Figura 1.1. Elas incluem: (1) análise do ambiente; (2) estabelecimento das diretrizes

FIGURA 1.1 Principais etapas do processo de administração estratégica

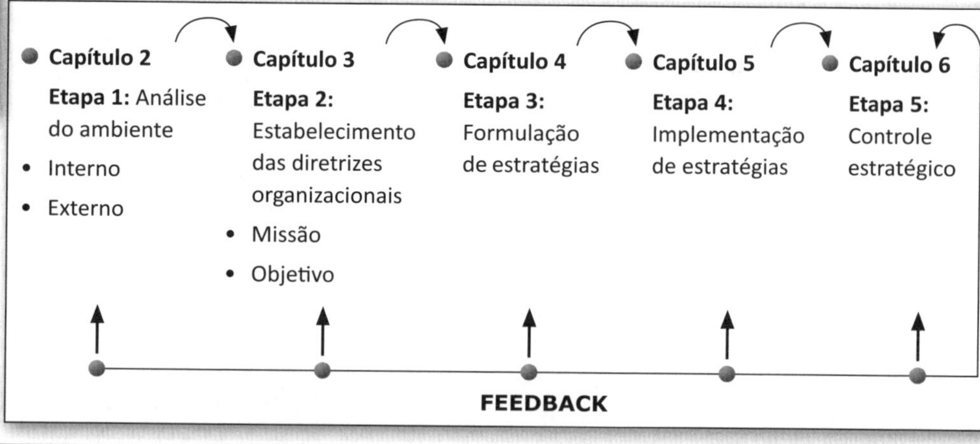


organizacionais; (3) formulação de estratégias; (4) implementação de estratégias; e (5) controle estratégico. Analisaremos cada uma dessas etapas como parte do sistema de administração estratégica.

## As etapas envolvidas na administração estratégica

### Etapa 1: análise do ambiente

O processo de administração estratégica começa com a *análise do ambiente*, isto é, com o processo de monitorar o ambiente organizacional para identificar as oportunidades e os riscos atuais e futuros. Nesse contexto, o ambiente organizacional é o conjunto de todos os fatores, tanto internos como externos, que podem influenciar o desenvolvimento obtido por meio da realização dos objetivos. Exemplos de variáveis ambientais que devem ser monitoradas durante essa análise são apresentados na Figura 1.2.

Os administradores devem compreender o propósito da análise do ambiente, reconhecer os vários níveis existentes no ambiente organizacional e entender as normas que devem ser seguidas para realizar essa análise. Essas e outras relacionadas ao assunto são amplamente discutidas no Capítulo 2, "Análise do ambiente".

### Etapa 2: estabelecimento das diretrizes organizacionais

A segunda etapa do processo de administração estratégica é o estabelecimento das *diretrizes organizacionais*, ou seja, das intenções sobre o que a organização 'quer ser' e 'onde quer chegar'. Há dois indicadores principais da direção para a qual a organização é levada: a missão e os objetivos organizacionais. A *missão organizacional*, como já foi dito, é a finalidade da organização ou a razão pela qual ela existe. Os *objetivos* são as intenções concretas que a organização possui, que englobam as metas operacionais para que estes sejam atingidos.

**FIGURA 1.2** Exemplos de variáveis ambientais que devem ser monitoradas pela administração estratégica

**Características organizacionais**

- Participação no mercado
- Qualidade dos produtos
- Fluxo de caixa/investimento de capital bruto

**Comportamento do mercado e do consumidor**

- Segmentação do mercado
- Tamanho do mercado
- Desenvolvimento de novo mercado
- Lealdade do comprador

**Fornecedor**

- Principais mudanças na disponibilidade de matérias-primas

**Estrutura industrial**

- Taxa de mudanças tecnológicas em produtos ou processos
- Grau de diferenciação do produto
- Estrutura de preço/custo da indústria
- Economia de escala

**Social, econômico e político**

- Tendências do PNB
- Taxa de juros
- Disponibilidade de energia
- Governo

**Fonte:** Adaptado de BROWN, J. F. "How U.S. firms conduct strategic planning". *Management Accounting*, fev. 1986, p. 55. Reprodução autorizada. Copyright fevereiro de 1986 by National Association of Accounts. Todos os direitos reservados.

Após realizar uma análise do ambiente para descobrir oportunidades e riscos, assim como os pontos fortes e fracos da organização, os executivos têm condições de estabelecer, reafirmar ou modificar as metas organizacionais. Entretanto, a fim de estabelecer adequadamente as metas, é importante saber a que se resume uma declaração de missão, entender a natureza dos objetivos organizacionais e adotar um processo eficiente com essa finalidade. Esses exemplos são discutidos em detalhes no Capítulo 3, "Estabelecimento das diretrizes organizacionais".

A seção "Exemplo ilustrativo", a seguir, apresenta as diretrizes do sistema Habib's. A empresa começou em 1988, quando Augusto Alberto Saraiva resolveu abrir um restaurante na Lapa, bairro da Zona Oeste de São Paulo. Nascido em Portugal, veio para o Brasil com um ano de idade, estabelecendo-se juntamente com a família no Paraná. Aos 17 anos, veio para São Paulo cursar medicina na Santa Casa de Misericórdia. Sua carreira de empresário começa de maneira drástica, quando assume a padaria do pai após este haver sido assassinado em um assalto ao estabelecimento.

Conciliando a vida de estudante com a de empresário, abriu vários negócios ligados ao ramo de alimentação. Em 1988, abriu o primeiro Habib's. A empresa tinha como objetivo servir bons produtos, com rapidez, aos menores preços possíveis, em ambiente limpo e agradável. Quase 20 anos depois, a rede contabiliza mais de 300 endereços no país e é a maior rede de *fast-food* árabe do mundo. O Habib's atribui seu sucesso aos fatores apresentados na seção "Exemplo ilustrativo", a seguir. Esses fatores são seguidos por todos os franqueados da empresa, em todos os lugares do Brasil.

*exemplo ilustrativo*

## IMPORTÂNCIA DAS DIRETRIZES ORGANIZACIONAIS DO HABIB'S

Quando você está comendo uma *esfiha* de carne no Habib's, pagando por ela o valor de uma moedinha, você não tem ideia do tamanho da empresa que está por trás dessa marca que pertence ao Grupo Alsaraiva. É a segunda maior rede de *fast-food* operando no país, e a primeira rede de *fast-food* em cozinha árabe do mundo! O Grupo tem várias empresas ligadas a alimentos além do Habib´s (*fast-food* árabe): Ragazzo (*italian fast-food*), Promilat (laticínios), Ice Lips/Porto Fino (sorveteria) e Arabian Bread (padaria/confeitaria). Além disso, tem empresas que dão suporte ao negócio de alimentação e franquias, como a Voxline (empresa de *contact center*), a Vector 7 (empresa de engenharia e de projetos), a Franconsult (especializada em franquia) e a Planej (empresa de consultoria imobiliária). O grupo emprega cerca de 15 mil funcionários e tem em torno de 130 milhões de consumidores por ano, no Brasil todo. Para chegar a esses números, a empresa percorreu um grande caminho desde sua fundação, em 1988.

Tudo começou com a venda de comida árabe em sistema *fast-food*. O Habib's surgiu na Lapa, bairro de classe média da Zona Oeste de São Paulo, na Rua Cerro Corá, um importante corredor de tráfego entre as margens do Rio Pinheiros e bairros como Alto da Lapa, Pompeia, Sumaré, Perdizes, Vila Madalena, entre outros. Hoje há lojas espalhadas por várias regiões do Brasil e, das 305 lojas sob a bandeira Habib's, 180 são franqueadas. A primeira franquia foi em Santo André, importante cidade da região que se denomina de 'Grande São Paulo'. A partir daí, o movimento de expansão foi ganhando força e as franquias mantêm a padronização da marca aplicando em suas operações os conceitos do Habib's: *preço baixo*, *qualidade* e *variabilidade*. Para isso, há um sistema de apoio ao franqueado, que vai desde a assessoria para a escolha do ponto, fornecimento de projetos para construção e decoração da loja, ações de marketing, treinamento de funcionários e franqueados, além do fornecimento de produtos pela Cozinha Central.

A abertura da Cozinha Central foi o passo essencial para o franqueamento. O cardápio já havia se ampliado e o número de produtos consumidos por dia aumentava de tal forma que já era necessário um processo industrial para atender à demanda das lojas existentes. Para abrir franquias, esse processo precisaria ser de larga escala, garantindo o fornecimento dos produtos de todas as lojas 24 horas por dia. Em 1999, é criada uma nova sede administrativa, contendo uma cozinha experimental para teste de novos produtos.

Vinte anos após a fundação da primeira loja Habib's, o conceito da rede já está firmado, e a variabilidade de produtos aumenta sempre, como o lançamento de *esfihas* com recheios doces e em formato de coração, de lanches com brindes especiais para crianças, e até mesmo o curioso pastel de Belém, doce típico português (afinal, o fundador do grupo é de origem portuguesa!). O 'carro-chefe' da empresa é a Bib'sfiha, nome personalizado para a *esfiha* que custa R$ 0,49, sendo que no ano de seu 'batizado' (2006) foram vendidas 650 milhões de unidades.

De acordo com dados da empresa, anualmente são vendidos 30 milhões de kibes, 10 milhões de pratos árabes, 10 milhões de beirutes (tipo especial de sanduíche) e 3 milhões de pizzas, para se falar dos pratos mais conhecidos. Além disso, há doces sírios e outros pratos árabes, dentro de um cardápio de cerca de 50 produtos. São manipulados na cozinha industrial 2.500 toneladas de carne, 2.000 toneladas de tomate, 2.000 toneladas de cebola, 3.000 toneladas de farinha de trigo e 1.200 toneladas de batatas congeladas, entre outros.

Em 2009, foi criada a Universidade Corporativa do Habib's, cujos conteúdos foram internamente desenvolvidos de modo a promover, de modo contínuo, o desenvolvimento das competências que são essenciais para a garantia do tripé *preço baixo*, *qualidade* e *variabilidade*: competências em gestão, competências técnicas, competências essenciais e competências de desenvolvimento humano.

A empresa atribui seu sucesso aos seus valores centrais: acessibilidade, qualidade, empreendedorismo, ousadia, inovação, dignidade, perseverança, hospitalidade. Esses valores podem ser vistos em todas as ações empreendidas para que a empresa alcance seus objetivos: oferecer suporte aos seus parceiros, treinamento aos funcionários e franqueados, desenvolvimento constante de novos produtos e, sempre, busca de menores preços em comparação aos demais concorrentes no mercado.

**Fonte:** Site da empresa, <www.habibs.com.br>, 2010.

## Etapa 3: formulação de estratégias

A terceira etapa do processo de administração estratégica é a *formulação da estratégia*. A *estratégia* é definida como um curso de ação para garantir que a organização alcance seus objetivos. Formular estratégias é, portanto, projetar e selecionar estratégias que levem à realização dos objetivos organizacionais. O enfoque central da estratégia organizacional é como lidar satisfatoriamente com a concorrência. Com o ambiente analisado e as diretrizes estipuladas, a administração é capaz de traçar cursos alternativos de ação, assegurando o sucesso da organização.

Para formular apropriadamente a estratégia organizacional, os administradores podem utilizar diversas ferramentas, como a análise das questões críticas, a análise das oportunidades, riscos, pontos fortes e pontos fracos, além da matriz de crescimento/participação do Boston Consulting Group e da matriz multifatorial de carteira da General Electric. O Capítulo 4, "Formulação de estratégias", discute detalhadamente essas e outras ferramentas.

## Etapa 4: implementação de estratégias

A quarta etapa do processo de administração estratégica é a *implementação de estratégias*. Essa etapa deve pôr em ação estratégias que emergiram de etapas anteriores dentro do processo de administração estratégica. Sem a implementação efetiva da estratégia, as organizações são incapazes de obter os benefícios da realização de uma análise organizacional, do estabelecimento de diretrizes organizacionais e da formulação da estratégia organizacional.

A fim de implementar com sucesso a estratégia organizacional, os administradores devem ter uma ideia clara de tópicos distintos: a) quantas mudanças são necessárias dentro de uma organização quando se implementa uma nova estratégia; b) qual a melhor forma de lidar com a 'cultura' da organização para garantir que a estratégia seja tranquilamente implementada; c) como a implementação da estratégia e suas formas de estruturas organizacionais estão relacionadas; d) diferentes abordagens de implementação que um administrador pode seguir; e) quais conhecimentos devem ter os administradores que esperam ser bem-sucedidos na implantação da estratégia organizacional.

Uma pesquisa perante 93 empresas revelou os tipos de decisões estratégicas comuns em organizações e as dificuldades envolvidas na implementação dessas decisões. Das 93 empresas, ao todo 72 faziam parte na lista *Fortune 500* das principais empresas industriais. A Tabela 1.1 sintetiza os dados dessa pesquisa. O Capítulo 5, "Implementação de estratégias", analisa a fase de implementação do processo de administração estratégica e os caminhos a serem evitados.

### Etapa 5: controle estratégico

O *controle estratégico* é um tipo especial de controle organizacional que se concentra no monitoramento e na avaliação do processo de administração estratégica para melhorá-lo e assegurar-lhe o funcionamento eficiente e eficaz.

Para realizar com êxito essa tarefa, os administradores devem compreender o processo de controle estratégico e os papéis das auditorias estratégicas. Além disso, devem compreender os meandros dos sistemas de informação da administração e a forma como tais sistemas podem complementar o processo de administração estratégica. Essas e outras importantes questões são discutidas no Capítulo 6, "Controle estratégico".

Como já dissemos, neste livro, o processo de administração estratégica é apresentado como uma série de etapas distintas, mostrando a maneira como cada uma se relaciona com a outra, na intenção de facilitar o aprendizado. Entretanto, na prática, alguns administradores acham que aplicar efetivamente a administração estratégica dentro de uma organização requer a realização das diversas etapas simultaneamente ou em sequências diferentes das sugeridas aqui. Os administradores devem ser criativos para projetar e operar os sistemas de administração estratégica e flexíveis o bastante para adaptar o uso deles às circunstâncias organizacionais com que se defrontam.

## ÁREAS FUNCIONAIS NA ADMINISTRAÇÃO ESTRATÉGICA

É importante analisar as principais funções administrativas dentro da organização e entender como elas afetam o processo de administração estratégica e

TABELA 1.1 Decisões estratégicas normalmente tomadas e problemas relacionados com a implementação

| *Decisões estratégicas usuais* | *Problemas normalmente relacionados com a implementação* |
|---|---|
| Introdução de um novo produto ou serviço. | A implementação leva mais tempo que o originalmente alocado. |
| Inauguração e funcionamento de uma nova fábrica ou instalação. | Principais problemas durante a implementação não foram identificados anteriormente. |
| Expansão de operações para entrar em um novo mercado. | A coordenação das atividades de implementação não foi efetiva o bastante. |
| Descontinuar um produto ou retirá-lo de um mercado que não foi efetivo o suficiente. | Atividades concorrentes e crises desviam a atenção da implementação da decisão. |
| Adquirir outra empresa ou fundir-se a ela. | As habilidades dos funcionários envolvidos não são suficientes. |
| Mudar a estratégia em departamentos funcionais. | O treinamento e a instrução oferecidos aos funcionários de nível mais baixo não foram adequados.<br>Fatores não controláveis no ambiente externo causam um impacto adverso na implementação.<br>Liderança e diretrizes fornecidas pelos gerentes de departamento não foram adequadas.<br>A implementação de tarefas-chave e as atividades não foram definidas com detalhes suficientes.<br>Os sistemas de informação usados para monitorar a implementação não foram adequados. |

**Fonte:** ALEXANDER, L. D. "Successfully implementing strategic decisions". *Long Range Planning*, 18, n. 3. Copyright 1985 by Pergamon Journals, Ltda. Reprodução autorizada.

de que maneira devem ser integradas a ele. As funções administrativas são parte importante do processo de administração estratégica.

Tradicionalmente, as três principais funções identificadas dentro da organização são: marketing, produção ou operações e finanças. Entretanto, há dúvidas sobre quantas funções são realizadas nas organizações. Alguns especialistas da administração argumentam que as atividades de recursos humanos constituem uma quarta função, enquanto outros defendem que pesquisa e desenvolvimento (P&D) constitui uma quinta. *Todas* as funções e seus impactos sobre a administração estratégica são discutidos neste livro. Produção, finanças e marketing são tratados em capítulos separados. Informações sobre atividades de recursos humanos, pesquisa e desenvolvimento e outras funções são encontradas em todo o livro.

### Marketing na administração estratégica

O marketing foi definido como "o processo de planejamento e execução de conceitos, preços, promoção e distribuição de ideias, mercadorias e serviços para gerar mudanças que satisfaçam os objetivos individuais e organizacionais".[8] O Capítulo 7, "Marketing na administração estratégica", revela a relação entre os princípios fundamentais de marketing e a administração estratégica, parceria que pode render uma análise situacional positiva para o processo de administração estratégica. Nesse capítulo, é abordado processo de marketing estratégico: análise de relacionamento consumidor/produto, seleção de estratégia de segmentação de mercado, projeto de estratégia de mix de marketing e implementação e controle da estratégia de marketing.

### Operações na administração estratégica

A função de operações é realizada pelas pessoas responsáveis pela produção de mercadorias ou serviços que a organização oferece ao público consumidor. O Capítulo 8, "Operações na administração estratégica", discute os princípios essenciais das operações organizacionais e explica a relação entre essa função e o processo de administração estratégica. Esse capítulo volta-se para a conveniência de diferentes estratégias para diferentes operações, caracteriza as operações como elemento vital da estratégia, apresenta o projeto de produtos como uma questão importante para a estratégia e investiga a natureza da tomada de decisões dentro da área de operações.

### Finanças na administração estratégica

A *análise financeira* é o processo de avaliação de ativos, passivos e lucro e de tomada de decisão com base nessa avaliação.[9] O Capítulo 9, "Finanças na administração estratégica", discute a relação entre os conceitos financeiros e a administração estratégica. Esses conceitos são fundamentais para a realização desse tipo de análise visando ao sucesso do processo de administração estratégica. As abordagens analíticas apresentadas incluem as análises da relação financeira, do ponto de equilíbrio e do valor líquido presente.

## QUESTÕES ESPECIAIS NA ADMINISTRAÇÃO ESTRATÉGICA

Não obstante as principais etapas aqui esboçadas sejam fundamentais no processo de administração estratégica, duas outras questões significativas receberam especial atenção nos últimos tempos. São elas: operações internacionais e responsabilidade social, que devem ser consideradas cuidadosamente para determinar como a administração estratégica deve tratá-las dentro de uma organização em particular.

### Operações internacionais e administração estratégica

Muitos negócios hoje adquiriram uma dimensão global. Como se espera que essa tendência continue, cada vez mais as organizações terão questões internacionais a considerar como parte de seu processo de administração estratégica.

Antes de se determinar a melhor maneira de incluir o 'fator' questões internacionais no processo de administração estratégica, é preciso estar ciente das variáveis globais que podem afetar significativamente as organizações. O Capítulo 10, "Administração estratégica e negócios internacionais", aborda a administração internacional e as empresas multinacionais. Ele também apresenta tópicos especiais voltados para as possibilidades de implicações internacionais de cada etapa do modelo de administração estratégica.

### Responsabilidade social e administração estratégica

*Responsabilidade social* é a obrigação dos administradores de assumir atitudes que protejam e promovam os interesses da organização considerando o bem-estar da sociedade como um todo. Reconhecer que tal obrigação existe provoca, necessariamente, um impacto sobre o processo de administração estratégica.

Para permitir que a responsabilidade social influencie o processo de administração estratégica de maneira apropriada em uma organização, é importante ter um completo entendimento de questões como: por qual parcela da sociedade a organização é responsável? Em que áreas se deve demonstrar interesse com relação à responsabilidade social? Quais as principais influências internas que afetam a prática dos negócios na sociedade? Como as 'auditorias sociais' podem ser usadas para facilitar o processo de administração estratégica? Exemplos dessa natureza são discutidos no Capítulo 11, "Administração estratégica e responsabilidade social".

## UMA ABORDAGEM COMPREENSIVA PARA A ANÁLISE DE PROBLEMAS E CASOS ESTRATÉGICOS

Talvez o método usado com mais frequência para ensinar administração estratégica seja o estudo de casos. Casos são descrições de problemas reais que os estudantes devem analisar a fim de sugerir soluções.

Este livro contém muitos casos que abordam questões relevantes da administração estratégica. O Capítulo 12, "Uma abordagem genérica para a análise de casos em administração estratégica", aborda em detalhes um método que os estudantes podem usar para analisar problemas de administração estratégica e fazer suas recomendações. As principais etapas desse método de estudo de casos são: definição dos problemas, formulação de soluções alternativas para os problemas, avaliação das alternativas desenvolvidas e seleção e implementação da alternativa escolhida. O método analítico apresentado no Capítulo 12 também é útil para os executivos que se deparam com problemas de administração estratégica nas organizações reais.

## O PLANO DESTE LIVRO

A Figura 1.3 apresenta visualmente o plano completo deste livro. Ela descreve os principais tópicos abordados neste capítulo e indica em detalhes em qual capítulo

FIGURA 1.3 Principais tópicos da administração estratégica e capítulos deste livro relacionados a eles

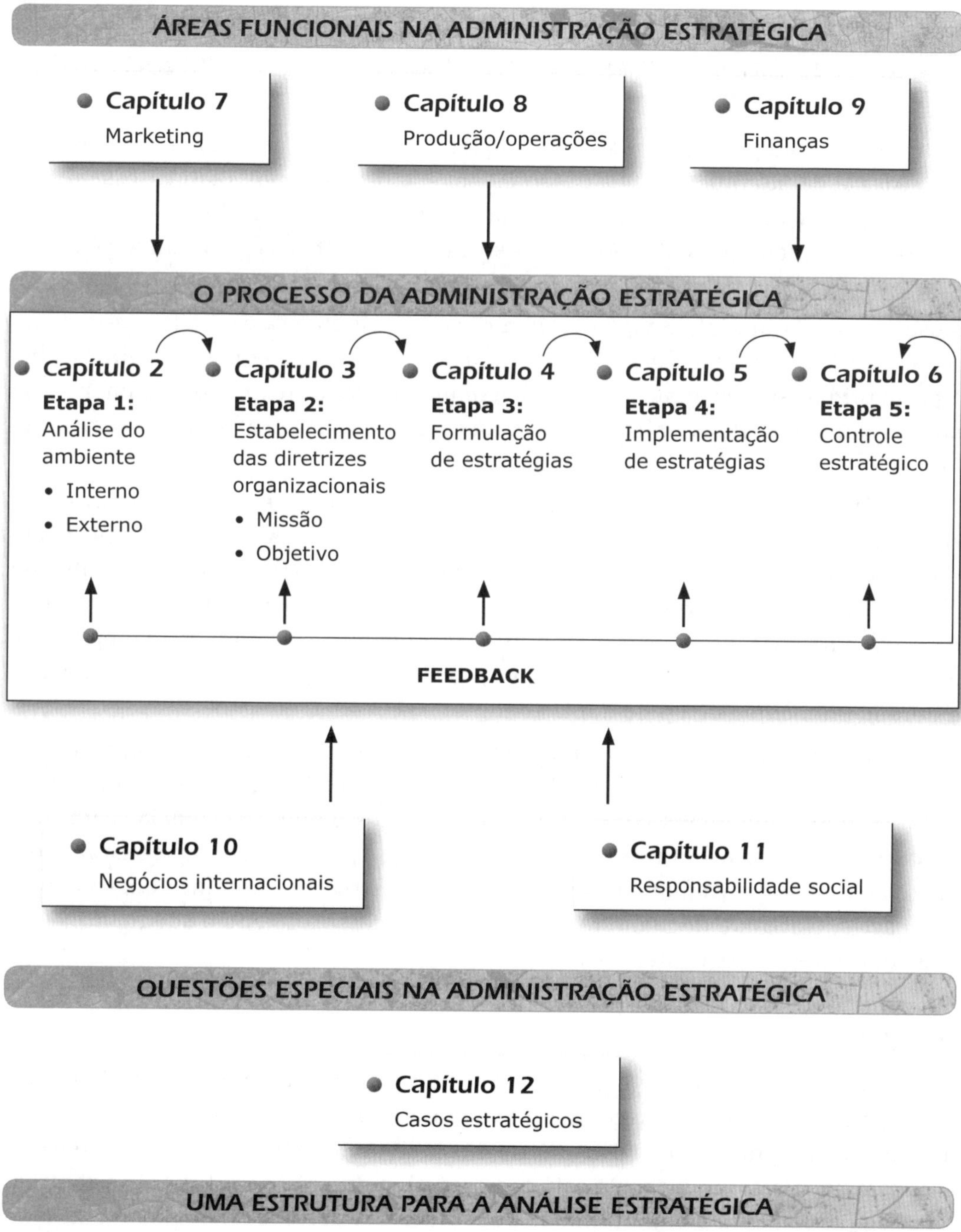

cada tópico é tratado. Essa figura aparecerá (com sombreado apropriado ao quadro relacionado com o tópico) no começo de todos os capítulos, encaixando o assunto de cada um deles no contexto geral da administração estratégica. A figura servirá também para revisar a forma como esses diversos assuntos estão relacionados uns com os outros e para ilustrar o caminho e a evolução que você está fazendo em seus estudos de administração estratégica.

## O DESENVOLVIMENTO DA ADMINISTRAÇÃO ESTRATÉGICA NAS ORGANIZAÇÕES

Embora os administradores possam estar dispostos a elaborar e a implementar um sistema de administração estratégica em sua organização, realizar essa tarefa leva tempo. Em muitas organizações, o sistema vigente tem evoluído ao longo dos anos e se adaptado para atender a necessidades específicas das organizações.[10]

O processo de administração estratégica normalmente se desenvolve em fases, mostradas na Figura 1.4. Em geral, a administração estratégica é vista primeiramente como uma fase razoavelmente simples chamada de planejamento financeiro básico. Nela, a principal preocupação é simplesmente atender às restrições orçamentárias por meio do controle operacional, do processo anual de orçamento e do foco em funções como produção, finanças e marketing.

Eventualmente, a partir desse começo, evolui-se para a fase culminante que conhecemos como administração estratégica. O enfoque se desloca do cumprimento do orçamento, da previsão do futuro e do pensamento abstrato para a tentativa de *criar* o futuro. A criação do futuro é perseguida por meio da orquestração de todos os recursos para obter vantagem competitiva, usando uma estrutura de planejamento objetivamente escolhida, flexibilizando o processo de planejamento da organização e gerando um clima de apoio dentro dela.

Deve-se compreender que o desenvolvimento de um sistema de administração estratégica eficiente e eficaz em qualquer organização pode ser uma tarefa demorada e difícil, que exige apoio, concentração de esforços e muita paciência. Pensando em termos de fases evolutivas, criamos esboços que podem ajudar a mensurar com exatidão o desenvolvimento do sistema de administração estratégica em sua organização — avaliando de maneira realista se o processo adotado é adequado — e a considerar melhorias e alternativas.

## RESUMO

A administração estratégica é um processo contínuo e circular voltado para a manutenção da organização como um todo integrado de maneira adequada ao seu ambiente. Esse processo envolve análise do ambiente, estabelecimento de diretrizes organizacionais, formulação da estratégia, implementação da estratégia e controle estratégico. Também é importante que as principais funções do negócio dentro de

FIGURA 1.4 Fases do desenvolvimento de um processo de administração estratégica

| | Fase 1 | Fase 2 | Fase 3 | Fase 4 |
|---|---|---|---|---|
| | Planejamento financeiro básico | Planejamento baseado em previsão | Planejamento orientado externamente | Administração estratégica |
| Eficácia do planejamento formal de negócios | Controle Operacional<br><br>Orçamento anual<br><br>Enfoque em funções | Planejamento mais efetivo para o crescimento<br><br>Análise do ambiente<br><br>Previsão a longo prazo<br><br>Alocação estática de recursos | Intensificação da resposta ao mercado e à concorrência<br><br>Análise completa da situação e avaliação da concorrência<br><br>Avaliação das alternativas estratégicas<br><br>Alocação dinâmica de recursos | Integração de todos os recursos para criar vantagem competitiva<br><br>Estrutura de planejamento escolhida estrategicamente<br><br>Processo de planejamento criativo e flexível<br><br>Sistema de valores socioculturais atuante e clima organizacional |
| Sistema de valor | Atender ao orçamento | Prever o futuro | Pensar estrategicamente | Criar o futuro |

**Fonte:** GLUCK, F. W.; KAUFMAN, S. P.; WALLECK, A. S. "Strategic management for competitive advantage", *Harvard Business Review*, jul./ago. 1980. 

uma organização — marketing, operações e finanças — estejam integradas com o processo de administração estratégica e que seja levado em conta o fato de que as operações internacionais e a responsabilidade social podem afetar profundamente o processo de administração estratégica. Cada um desses tópicos é objeto de um capítulo deste livro, e o Capítulo 12 ensina a analisar problemas de administração estratégica por meio de casos.

A "Lista de verificação" a seguir traz um resumo das questões abordadas neste capítulo. Use-a ao analisar problemas e casos de administração estratégica que enfoquem questões fundamentais.

lista de VERIFICAÇÃO

### Analisando questões fundamentais em administração estratégica

1. O assunto ou caso envolve questões relevantes de administração estratégica?
2. As principais etapas do processo de administração estratégica estão representadas? E estão sendo efetivamente realizadas?
3. As principais etapas do processo de administração estratégica estão apropriadamente ordenadas e integradas?
4. As diretrizes da organização estão claras e bem expressas na missão e nos objetivos organizacionais?
5. A estratégia é adequada, dadas as diretrizes organizacionais existentes e os resultados da análise do ambiente?
6. A estratégia tem sido adequadamente implementada (traduzida em ações com sucesso)?
7. O controle estratégico tem sido utilizado para melhorar adequadamente o processo de administração estratégica?
8. Os conceitos fundamentais de marketing, operação e finanças que têm especial relevância para a situação da administração estratégica foram considerados de forma adequada?
9. O impacto de questões internacionais sobre o processo de administração estratégica foi avaliado e considerado?
10. O impacto de questões de responsabilidade social sobre o processo de administração estratégica foi avaliado e considerado?

## NA PRÁTICA

### Magazine Luiza: Vem ser feliz!

Tudo começou em Franca, em 1957, quando Luiza Trajano e Pelegrino José Dourado resolveram abrir um magazine. Teriam eles sonhado que, cinquenta anos depois, o Magazine Luiza seria uma das maiores redes de varejo do Brasil, com lojas espalhadas em vários estados e considerada referência por seu modelo de gestão?

A trajetória de crescimento se deu de maneira paulatina até a década de 1990. Foram entrando novos sócios e a empresa foi diversificando seus produtos e suas lojas foram crescendo. Em 1966 a loja inicial já tinha quinhentos metros quadrados e novos sócios: Wagner Garcia e sua esposa, Maria Trajano Garcia, irmã de Luiza. Menos de dez anos depois, em 1974, o Magazine se tornava uma típica loja de departamentos, com uma área dez vezes maior e com crescente expansão de sua cadeia de clientes. Em 1976, foram agregados novos sócios, dentre eles Luiza Helena Trajano Rodrigues que, anos mais tarde, tornou-se a executiva responsável pela grande fase de crescimento do grupo.

O crescimento para outras cidades e estados leva à criação do primeiro centro de distribuição (CD) da empresa, em Ribeirão Preto, cidade do interior de São Paulo que se localiza próxima das primeiras áreas de expansão do Magazine. Outros centros foram abertos à medida que a empresa foi crescendo. Hoje ela tem um CD com área de 240 mil metros quadrados, próximo da cidade de São Paulo, cujo investimento para sua construção foi da ordem de R$ 57 milhões.

Mas não foi só o crescimento que fez a diferença da empresa no cenário varejista. O Magazine se caracterizou, ao longo dos anos, como uma empresa que implantava novas ideias. Informatizou suas lojas ainda na década de 1980, o que era inovador no ambiente empresarial da época. Implantou o primeiro modelo de loja eletrônica; tratava-se de uma loja sem mercadoria exposta e sem produtos em estoque, tendo apenas vendedores e aparelhos eletrônicos que mostravam ao cliente, de modo virtual, os produtos disponíveis. Hoje a empresa opera com cinco canais de venda: as lojas convencionais, as lojas virtuais, os shoppings, o sistema de televendas e as vendas pelo site.

A loja virtual é um dos canais mais criativos. Seu modelo de negócio é centrado na confiança mútua entre vendedor e cliente. Em espaços pequenos, de cerca de 150 metros quadrados (contra 1.500 de uma loja convencional de pequeno porte) e cerca de dez funcionários, essas lojas estão instaladas em bairros com alta concentração populacional, aproximando um grande magazine a públicos de baixa renda que não teriam esse tipo de loja presencial próximo às suas comunidades. Essas lojas virtuais também têm outro papel social: oferecem à comunidade Internet grátis, cursos de idiomas e cedem seu espaço para práticas de atividade em grupo. Esse canal de vendas foi amplamente estudado no meio acadêmico e empresarial por sua importância social e criatividade.

Outra inovação do Magazine Luiza é seu sistema promocional. Começou com a campanha "Só amanhã", que anunciava que haveria nas lojas, apenas no dia seguinte, a venda de um produto com preço bem abaixo do mercado. Essa campanha, instituída em 1992, ainda existe, mas é anunciada em meio virtual e mudou para "Só hoje", para compras em meio virtual. Outra promoção que tem enorme sucesso, com grande destaque na mídia, é a Liquidação Fantástica. O cliente sabe que, após a virada do ano, a empresa vende todo o saldo de Natal de suas lojas por preços que chegam a ter até 70 por cento de desconto. Com duas condições: o cliente paga à vista e carrega o produto na hora. Formam-se filas dias antes e o sucesso é comemorado por todos aqueles que conseguem comprar seus eletrodomésticos, eletroeletrônicos, enfim, realizar seus sonhos. Carregar geladeiras, máquinas de lavar e outros produtos 'no braço' transforma-se numa verdadeira festa e, por vezes, num trabalho em equipe que envolve toda a família.

A mudança do sistema de expansão e crescimento da rede para o modelo atual, de expressivo crescimento, começou com a criação da holding LTD e com a liderança do grupo na mão de Luiza Helena Trajano Rodrigues. Luiza 'veste a camisa' da empresa até no nome. Sua visão inovadora tem como forte alicerce a confiança depositada nas pessoas, sejam os clientes, os funcionários, os fornecedores, os terceirizados, enfim, todos que em algum momento colaboram para a estratégia do negócio. Tem uma visão expansionista forte, e sob sua liderança o grupo comprou várias redes ou lojas locais e chegou à ousadia, em 2004, de fazer um lançamento histórico: integrar 76 lojas simultaneamente. Os fatores de sucesso desse modelo são: agilidade nas decisões, preservação da cultura, ousadia e pioneirismo, funcionários fiéis e liderança forte. Todos esses fatores estão fortemente alicerçados nas pessoas, o que mostra que o slogan do grupo "Vem ser feliz" não é, para Luiza, mera retórica.

Há uma forte política de recursos humanos, visto que um dos credos da empresa é a valorização do ser humano e sua possibilidade de evolução. Há práticas voltadas para a melhora de qualidade de vida, para capacitação técnica e operacional e para desenvolvimento de competências comportamentais, como espírito de grupo e liderança. Também oferece a oportunidade para que seus colaboradores escolham capacitar-se em áreas diferentes da qual atua o Magazine, investindo, de fato, em sua evolução pessoal. Sua lista de benefícios é ampla e focada em seu público-alvo, trazendo ainda algumas novidades: previdência complementar para todos os empregados, de todos os níveis, auxílios especiais para mães de crianças pequenas e auxílios especiais para mães ou pais de filhos portadores de necessidades especiais de todas as idades. Não é à toa que a empresa é reconhecida como uma das melhores para se trabalhar. A integração entre colaboradores é tão grande que a cada dois anos são feitos encontros que reúnem desde colaboradores até terceirizados, como montadores e carreteiros. Segundo os participantes desses encontros, seis palavras dão o tom: energia, vibração, sintonia, união, orgulho e inspiração.

Atualmente a holding tem quatro empresas: O consórcio Luiza, o LuizaCred (em parceria com o Itaú-Unibanco), o LuizaSeg (em parceria com Cardif) e a rede Magazine Luiza. Além do varejo, a empresa atua também no segmento de crédito. O LuizaCred surgiu para financiar os clientes do Magazine Luiza, via carnê; mais tarde, começou a oferecer empréstimos pessoais e outros produtos financeiros, como seguro, CDC (crédito direto ao consumidor), empréstimo consignado e cartão de crédito, o principal produto com mais de um milhão de clientes cadastrados. Há ainda o Consórcio Luiza, com créditos para carros, motos, imóveis, eletrodomésticos, entre outros produtos.

O desafio do Magazine Luiza para seu futuro é muito grande, especialmente com a fusão de grandes redes que são suas concorrentes. Sua política inicial era situar-se em cidades do interior. Todavia, para crescer, a empresa entendeu que deveria buscar outros mercados, como os grandes centros. O tom quase intimista das primeiras lojas já não existe mais. Ainda que os vendedores sejam treinados para uma prática de relacionamento cordial, de aproximação com o cliente, a vida no grande centro é diferente e, portanto, o comportamento do consumidor também é.

Há alguns anos, a empresa vem se preparando para a abertura de seu capital, renovando o quadro de executivos, reestruturando suas atividades, publicando balanços auditados e já tendo, inclusive, vendido cerca de 12 por cento de seu capital para fundo de *private equity*. A abertura de seu capital (IPO) é vista como uma possibilidade de continuar com seu agressivo plano de expansão, parcialmente interrompido com a crise financeira de 2008.

## QUESTÕES PARA DISCUSSÃO

1. Analisando esse relato sobre o Magazine Luiza, como você acha que se desenvolve o processo estratégico desta empresa? Descreva cada uma das etapas.
2. A que você atribui o sucesso da rede, em comparação com os concorrentes? Para responder a essa questão faça uma pesquisa na internet sobre as estratégias adotadas pelas redes Lojas Maia, que só opera no Nordeste e tem mais de 140 lojas, e Lojas Marabraz, que só atua no estado de São Paulo e tem 32 lojas. Compare também com as grandes fusões de redes varejistas que estão acontecendo.
3. Como os cenários político e econômico do país podem afetar a estratégia do Magazine Luiza?

**Fontes:** Disponível em: <www.magazineluiza.com.br>, 2010; *Jornal do Comércio*, disponível em: <http://jcrs.uol.com.br>. Acesso em: 19 abr. 2010.

## LEITURAS ADICIONAIS

BETHLEM, A. *Estratégia empresarial*. 6. ed. São Paulo: Atlas, 2003.

MINTZBERG, H.; LAMPEL, J.; QUINN, J. B.; GHOSHAL, S. *O processo da estratégia:* conceitos, contextos e casos selecionados. 4. ed. Porto Alegre: Bookman, 2006.

THOMPSON Jr., A. A.; STRICKLAND II, A. J.; GAMBLE, J. E. *Administração estratégica*. 15. ed. Porto Alegre: Bookman, 2008.

## NOTAS

1. GORDON, R. A.; HOWELL, J. E. *Higher education for business*. Nova York: Columbia University Press, 1959.
2. LEONTIADES, M. "The confusing words of business policy". *Academy of Management Review*, jan. 1982, p. 46.
3. *Kaiser Annual Report*, 1982, p. 6.

4. "The new breed of the strategic planner". *Business Week*, 17 set. 1984, p. 62-66.
5. ROCK, R. H.; EISTHEN, M. E. *Implementing strategic change. The management handbook*. Nova York: McGraw-Hill, 1983.
6. GRUNE, G. *Strategic planning at the Reader's Digest Association*. Discurso proferido na reunião anual da Crummer Graduate School of Business Corporate Council, Rollins College, 1986.
7. Para um exemplo de tais estudos, ver ROBINSON, R. "The importance of outsiders in small firm strategic planning". *Academy of Management Journal*, 25, n. 1, mar. 1982, p. 80.
8. PETER, J. P.; DONNELLY, J. H. *Marketing management:* knowledge and skills. Plano: Business Publications, 1986, p. 9.
9. HARTL, R. *Basics of financial management*. Dubuque: William C. Brown Publisher, 1986, p. 4-5.
10. GLUCK, F. W.; KAUFMAN, S. P.; WALLECK, A. S. "Strategic management for competitive advantage". *Harvard Business Review*, jul./ago. 1980, p. 154-161.

PARTE 2

# O processo da administração estratégica

Esta parte se baseia na anterior para oferecer informações detalhadas das cinco principais etapas do processo de administração estratégica. No Capítulo 2, discute-se a importância da análise do ambiente, fornecendo os dados para decisões eficazes de administração estratégica. O Capítulo 3 refere-se ao estabelecimento da missão e dos objetivos organizacionais que moldam as diretrizes da organização. O Capítulo 4 enfatiza a formulação da estratégia, determinando ações adequadas para mudar a organização de acordo com a escolha das diretrizes. O Capítulo 5 discute a implementação da estratégia e as ações envolvidas. O Capítulo 6 aborda o controle estratégico para avaliar, monitorar e aumentar a eficácia da organização. O estudo desta parte fornecerá fundamentos para a análise de muitos problemas e casos de administração estratégica.

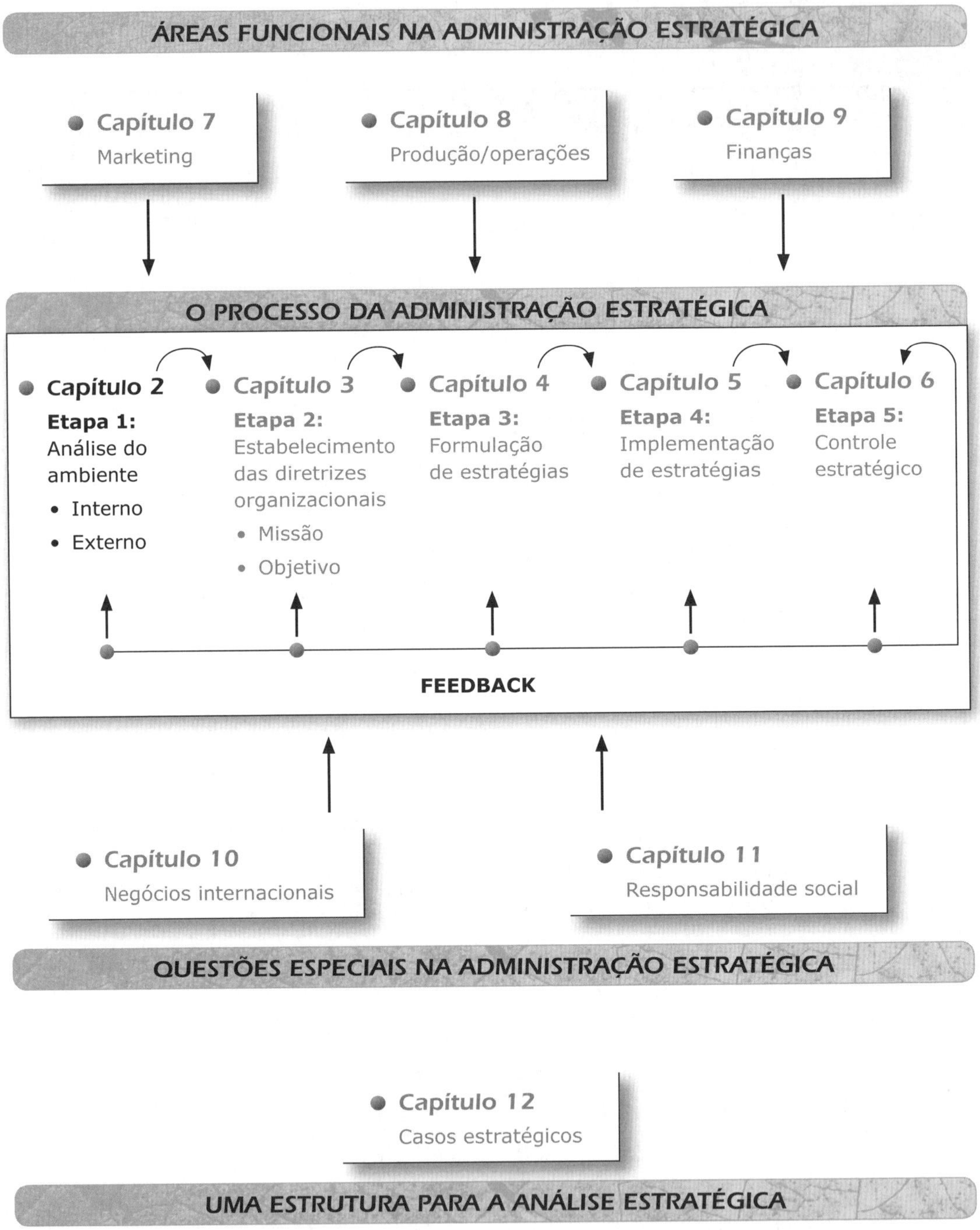
ÁREAS FUNCIONAIS NA ADMINISTRAÇÃO ESTRATÉGICA
Capítulo 7
Marketing
Capítulo 8
Produção/operações
Capítulo 9
Finanças
O PROCESSO DA ADMINISTRAÇÃO ESTRATÉGICA
Capítulo 2
Etapa 1:
Análise do ambiente
• Interno
• Externo
Capítulo 3
Etapa 2:
Estabelecimento das diretrizes organizacionais
• Missão
• Objetivo
Capítulo 4
Etapa 3:
Formulação de estratégias
Capítulo 5
Etapa 4:
Implementação de estratégias
Capítulo 6
Etapa 5:
Controle estratégico
FEEDBACK
Capítulo 10
Negócios internacionais
Capítulo 11
Responsabilidade social
QUESTÕES ESPECIAIS NA ADMINISTRAÇÃO ESTRATÉGICA
Capítulo 12
Casos estratégicos
UMA ESTRUTURA PARA A ANÁLISE ESTRATÉGICA

CAPÍTULO 2

# Análise do ambiente

Enquanto o Capítulo 1 descreve o processo de administração estratégica em termos gerais, o Capítulo 2 enfoca a etapa inicial desse processo: a análise do ambiente. Essa análise tem como objetivo obter informações que serão usadas principalmente na segunda etapa do processo — estabelecimento da diretriz organizacional — e no último estágio da etapa de formulação da estratégia.

Comecemos com o básico: o que é análise do ambiente? Por que ela é importante? Por que é executada e como pode desempenhar diversos papéis em uma empresa? A seguir, mostramos como a compreensão da estrutura do ambiente é essencial para uma análise eficaz. Para isso, explicamos a estrutura ambiental — definindo os ambientes geral, operacional e interno nos quais as empresas operam e discutindo os componentes-chave de cada um — e, em seguida, oferecemos orientações para se realizar a análise do ambiente, que pode ser descrita, de modo geral, como a determinação dos aspectos ambientais que devem ser pesquisados por meio da aplicação de uma ou mais das diversas técnicas de análise do ambiente e com a incansável avaliação da eficácia do processo de análise.

•••

## FUNDAMENTOS DA ANÁLISE DO AMBIENTE

Inicialmente oferecemos uma definição de análise do ambiente e uma base lógica para executá-la. Em seguida, discutimos mais detalhadamente o propósito da análise e fazemos observações sobre os diversos papéis que ela desempenha nas organizações.

### Definição e base lógica

Conforme observamos no Capítulo 1, análise do ambiente é o processo de monitoramento do ambiente organizacional para identificação das oportunidades e dos riscos atuais e futuros que podem vir a influenciar a capacidade das empresas de atingir suas metas. Nesse contexto, o ambiente organizacional é o conjunto de todos os fatores, tanto internos como externos, que podem influenciar o progresso obtido por meio da realização dos objetivos. De acordo com um ex-executivo da General Motors, ter ciência do ambiente organizacional é essencial para o sucesso de uma empresa.[1] Em consequência disso, a organização deve constantemente reunir os dados relacionados com importantes fatores ambientais e considerar suas implicações.

Dentro de algum tempo, provavelmente crescentes mudanças ocorrerão em todos os aspectos do ambiente organizacional. Como no futuro as organizações serão mais complexas e dependentes de seus ambientes, certamente a realização de análises ambientais será mais importante para os administradores de então do que é para os atuais.[2]

Um dos motivos pelos quais os administradores precisam realizar a análise do ambiente está relacionado à Teoria Geral dos Sistemas. De acordo com essa teoria, as organizações modernas são mais do que sistemas fechados: são *sistemas abertos* que recebem influência do ambiente e estão em constante interação com ele. Assim, os fatores ambientais inevitavelmente as influenciam, e cabe aos administradores assegurar que essa influência seja canalizada para uma direção positiva e contribua para o sucesso organizacional.[3]

## Propósito da análise do ambiente

Embora os procedimentos utilizados na análise do ambiente se diferenciem muito de organização para organização, muitas a realizam pela mesma razão:[4] em geral, o propósito é avaliar o ambiente organizacional de modo que a administração possa reagir adequadamente e intensificar o sucesso organizacional.

Esse propósito geral relacionado à necessidade de se realizar uma análise do ambiente tem sido citado em muitos estudos feitos no Brasil com empresas dos mais variados setores. Há autores que abordam a heterogeneidade do desempenho de empresas em ambientes turbulentos,[5] considerando para tal a análise do setor no qual a empresa opera, do grupo controlador ao qual a empresa pertence, dos choques econômicos que afetam as empresas e de fatores internos, como capacidades e recursos. Outros estudos enfocam a análise de estratégias adotadas por setores específicos, como a do setor petroquímico brasileiro,[6] e nesse caso são estudadas empresas de resina de polietileno. Outros ainda enfocam a análise do ambiente interno, como cultura organizacional, identidade da empresa e processo de comunicação ligados à reputação de uma corporação — fator considerado recurso estratégico.[7] Esses estudos consideram a análise dos ambientes geral, operacional ou interno das indústrias ou setores estudados.

## Papéis da análise do ambiente nas organizações

A análise do ambiente, se usada adequadamente, pode ajudar na obtenção do sucesso organizacional.[8] Entretanto, as regras ou papéis organizacionais que o sistema dessa análise assume para garantir o êxito podem variar bastante de uma organização para outra.[9]

1. *Papel orientado para as políticas.* Seu principal propósito é melhorar o desempenho organizacional simplesmente mantendo a alta administração informada sobre as principais tendências emergentes no ambiente. Em geral, os que executam esse tipo de análise enfocam a corporação como um todo e têm acesso direto à alta administração. Esse papel enfatiza a descoberta antecipada e a reação adequada da alta administração no que diz respeito a questões estratégicas amplas, como atitudes, normas e leis que provavelmente afetam a organização como um todo. A análise do ambiente orientada para as políticas normalmente não é estruturada, e a relação entre o processo dessa análise e o planejamento organizacional formal é indireta e informal.
2. *Papel do planejamento estratégico integrado.* O principal propósito desse tipo de análise é melhorar o desempenho organizacional porque conscientiza os altos executivos e os gerentes de unidades das questões que surgem no ambiente da empresa. Dessa forma, o impacto sobre o planejamento é direto e liga o planejamento corporativo ao divisional. Os que se ocupam com tais análises do ambiente atuam tanto no nível da corporação como no da divisão, de modo integrado com o pessoal de planejamento da organização. Normalmente, um sistema de análise desse tipo tem uma tarefa específica a realizar dentro do processo de administração estratégica. Em geral, essa tarefa inclui a preparação de previsões ambientais para gerar hipóteses básicas sobre planejamento organizacional e o fornecimento de informações mais detalhadas sobre aspectos relevantes do ambiente à medida que planos organizacionais específicos começam a se materializar.
3. *Papel orientado para a função.* O principal propósito dessa análise é melhorar o desempenho organizacional ao fornecer informações ambientais relacionadas ao desempenho efetivo de funções organizacionais específicas. Esse tipo de análise é normalmente feito para melhorar o desempenho de uma função em especial ou de uma atividade organizacional importante em nível tanto corporativo como de unidade. Tais funções podem ser amplas (melhoria de práticas de recrutamento organizacional) ou bastante específicas (atendimento rápido de um regulamento do governo). Naturalmente, os que executam esse papel abordam de forma muito limitada segmentos ambientais específicos relacionados à função organizacional em questão. O sistema em que eles operam é geralmente integrado ao processo de planejamento normal para aquela função organizacional em particular.

O papel orientado para a política parece ser o mais amplo em termos de escopo e o menos relacionado ao planejamento organizacional formal. Por outro lado, o papel orientado para a função parece ser mais especificamente dirigido para questões organizacionais. Mais do que os outros dois, o papel do planejamento estratégico integrado parece enfatizar um relacionamento próximo entre análise do ambiente e planejamento organizacional formal.

Esses três papéis são exemplos simples de como um sistema de análise do ambiente pode ser elaborado a serviço de uma organização. Os administradores precisam ter em mente que as funções de análise do ambiente em qualquer organização devem atender a necessidades específicas. Quaisquer dessas funções ou combinação delas poderão ser uma barreira para o sucesso organizacional se não refletirem necessidades específicas.

## AMBIENTES DA ORGANIZAÇÃO

Para executar uma análise do ambiente de forma eficiente, deve-se entender bem a maneira pela qual os ambientes organizacionais estão estruturados. O ambiente de uma organização é geralmente dividido em três níveis: geral, operacional e interno.[10] A Figura 2.1 ilustra a relação de cada um desses níveis com os outros e com a organização como um todo, além de esboçar os diversos componentes que compõem cada nível. Os administradores devem estar cientes desses três níveis ambientais, conhecer quais fatores eles incluem, entender como cada fator e as relações que eles têm entre si afetam o desempenho organizacional e, então, administrar as ações organizacionais à luz desse entendimento.

### O ambiente geral

O *ambiente geral* é um nível de ambiente externo à organização, formado por componentes que normalmente têm amplo escopo e sobre o qual a organização não tem nenhum controle. Que componentes são esses?

- O *componente econômico* indica como os recursos são distribuídos e usados no ambiente. Fazem parte desse componente econômico o produto interno bruto (PIB), lucros do setor econômico, taxas de inflação, produtividade setorial, taxas de emprego, balanço de pagamentos, taxas de juros, tributos e receitas de consumidores, despesas e débitos públicos.[11]
- O *componente social* descreve as características da sociedade na qual se situa a organização. Níveis educacionais, costumes, crenças, estilo de vida, idade, distribuição geográfica e mobilidade de uma população fazem parte do componente social. É importante lembrar que, embora as mudanças em uma sociedade possam ocorrer de modo lento ou rápido, elas acabam, inevitavelmente, acontecendo.[12]
- O *componente político* compreende os elementos relacionados a decisões governamentais. Exemplos desses elementos incluem estilo de governo, sua atitude diante de várias indústrias, esforços para tentar obter aprovação de projetos por grupos interessados, progressos na aprovação de leis, plataformas de partidos políticos e, algumas vezes, predisposição dos candidatos de se empenhar no cargo.

FIGURA 2.1 A organização, os níveis de seu ambiente e os componentes desses níveis

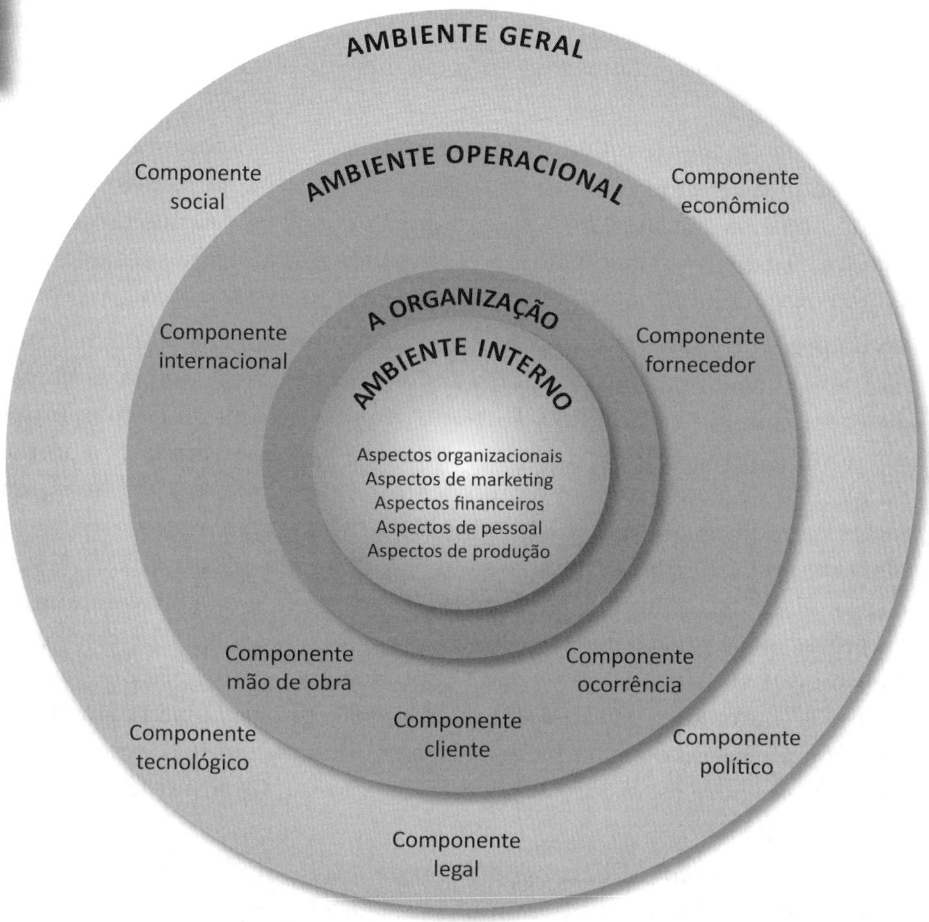


- O *componente legal* consiste na legislação aprovada, ou seja, as regras ou leis que todos os membros da sociedade devem seguir. No caso do Brasil, como exemplos de legislações voltadas especificamente para a operação de organizações, temos a Lei de Proteção do Consumidor nº 8.078, de 11 de setembro de 1990, a Lei de Defesa da Concorrência nº 8.158, de 8 de janeiro de 1991, e a Lei do Meio Ambiente nº 6.938, de 31 de agosto de 1981.
- O *componente tecnológico* inclui novas abordagens para a produção de mercadorias e serviços, como procedimentos e equipamentos novos. Um exemplo é a tendência contemporânea de utilizar robôs na tentativa de melhorar a produtividade. O aumento do uso de robôs fez crescer em muito a eficiência das indústrias manufatureiras.[13]

## O ambiente operacional

O ambiente operacional é um nível de ambiente externo à organização, composto de setores que normalmente têm implicações específicas e relativamente mais imediatas na organização. Como a Figura 2.1 indica, os principais componentes do ambiente operacional são cliente, concorrência, mão de obra, fornecedor e questão internacional.

- O *componente cliente* reflete as características e o comportamento daqueles que compram produtos e serviços fornecidos pela organização. Descrever em detalhes os compradores dos produtos da empresa é uma prática muito comum. O desenvolvimento de tais perfis ajuda a administração a gerar ideias sobre como melhorar a aceitação de seus produtos e serviços.
- O *componente concorrência* consiste no que a organização tem de 'combater' para conseguir recursos. Entender os concorrentes é um fator-chave no desenvolvimento estratégico. Portanto, analisar o ambiente competitivo é um desafio fundamental para os administradores. Basicamente, o propósito da análise da concorrência é ajudar a organização a avaliar seus pontos fortes e fracos e a capacidade dos concorrentes existentes e potenciais, além de predizer que estratégias eles provavelmente adotarão.[14] Em todo o setor econômico, muitos concorrentes levam em conta a rivalidade entre empresas existentes, o poder de barganha dos consumidores e fornecedores, os produtos substitutos que estão sendo desenvolvidos e os novos concorrentes no mercado. A Figura 2.2 ilustra esses fatores, bem como as forças direcionadoras da concorrência dentro de uma indústria. Discussões mais detalhadas sobre essas forças são encontradas no Capítulo 4, "Formulação de estratégias".
- O *componente mão de obra* é composto de fatores que influenciam a disponibilidade de mão de obra para realizar as tarefas organizacionais necessárias. Questões como nível de conhecimento, treinamento, faixa desejada de salários e idade média dos trabalhadores potenciais são importantes para a operação da organização. Outra questão importante, porém frequentemente omitida, é o desejo de trabalhar para uma organização em especial, dada sua imagem positiva disseminada no mercado de trabalho.
- O *componente fornecedor* inclui todas as variáveis relacionadas aos que fornecem recursos para a organização. Esses recursos são adquiridos e transformados em mercadorias e serviços finais durante o processo produtivo. O modo como os vendedores oferecem os recursos especificados para venda, a qualidade relativa dos materiais oferecidos, a credibilidade nas entregas e os termos do crédito são questões importantes que devem ser consideradas para administrar uma organização de forma eficiente e eficaz.
- O *componente internacional* compreende todas as implicações internacionais das operações organizacionais. Embora nem todas as organizações

FIGURA 2.2 Principais fatores de competitividade dentro de um setor

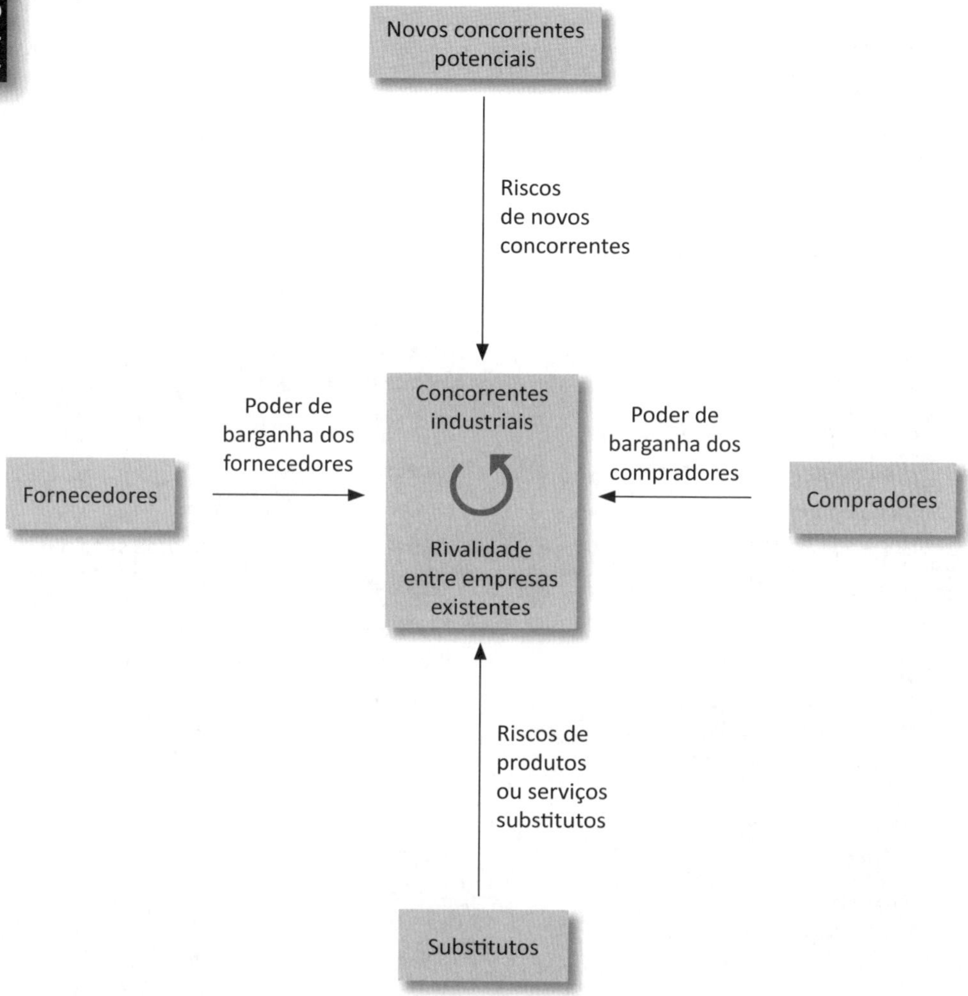


**Fonte:** Adaptado de PORTER, M. E. *Estratégia competitiva:* técnicas para análise de indústrias e da concorrência. 17. ed. São Paulo: Campus, 1986.

lidem com questões internacionais, o número das que o fazem vem aumentando rapidamente. Aspectos significativos do componente internacional incluem leis, práticas políticas, cultura e ambiente econômico que prevalecem nos países estrangeiros com os quais (ou no qual) a empresa faz negócios.[15] Variáveis importantes em cada uma dessas quatro categorias são apresentadas no Quadro 2.1. Para uma discussão mais detalhada sobre o assunto, veja o Capítulo 10, "Administração estratégica e negócios internacionais".

QUADRO 2.1 Aspectos importantes do componente internacional que afetam o ambiente operacional de uma organização

| Ambiente legal | Ambiente cultural |
|---|---|
| Tradição legal | Costumes, normas, valores, crenças |
| Eficácia do sistema legal | Idioma |
| Tratados com nações estrangeiras | Atitudes |
| Leis de marcas e patentes | Motivações |
| Leis que afetam empresas comerciais | Instituições sociais |
| | Símbolos de posições |
| | Crenças religiosas |
| **Ambiente econômico** | **Ambiente político** |
| Nível de desenvolvimento econômico | Forma de governo |
| População | Ideologia política |
| Produto interno bruto | Estabilidade de governo |
| Renda *per capita* | Força dos partidos e grupos de oposição |
| Nível de instrução | Agitação social |
| Recursos naturais | Disputas políticas e revoluções |
| Clima | Atitude governamental favorável a empresas estrangeiras |
| Associação a blocos econômicos (Mercosul, Alca, União Europeia etc.) | Política externa |
| Política monetária e fiscal | Terrorismo |
| Natureza da concorrência | |
| Política de câmbio | |
| Inflação | |
| Sistema tributário | |
| Taxas de juros | |
| Níveis salariais | |

**Fonte:** PHATAK, A. V. *International dimensions of management*. Boston: Kent Publishing Company, 1983, p. 6. Copyright by Wadsworth, Inc. Reprodução autorizada por PWS-KENT Publishing Company, uma divisão da Wadsworth, Inc.

## Ambiente interno

O ambiente interno é aquele que está dentro da organização e que normalmente tem implicação imediata e específica em sua administração. Diferentemente dos componentes dos ambientes geral e operacional, que existem fora da organização, os componentes do ambiente interno são os que estão mais facilmente perceptíveis e controláveis. O Quadro 2.2 relaciona diversos fatores considerados componentes importantes do ambiente interno.

**QUADRO 2.2** Diversos aspectos importantes do ambiente interno de uma organização

| Aspectos organizacionais | Aspectos de pessoal |
|---|---|
| Rede de comunicação | Relações trabalhistas |
| Estrutura da organização | Práticas de recrutamento |
| Registro dos sucessos | Programas de treinamento |
| Hierarquia de objetivos | Sistema de avaliação de desempenho |
| Política, procedimentos e regras | Sistema de incentivos |
| Habilidade da equipe administrativa | Rotatividade e absenteísmo |

| Aspectos de marketing | Aspectos de produção |
|---|---|
| Segmentação do mercado | *Layout* das instalações da fábrica |
| Estratégia do produto | Pesquisa e desenvolvimento |
| Estratégia de preço | Uso da tecnologia |
| Estratégia de promoção | Aquisição de matéria-prima |
| Estratégia de distribuição | Controle de estoques |
| | Uso de subcontratação |

| Aspectos financeiros |
|---|
| Liquidez |
| Lucratividade |
| Atividades |
| Oportunidades de investimentos |

A seção "Módulo aplicado" a seguir oferece a oportunidade de relacionar a discussão do ambiente interno e dos ambientes operacional e geral à análise do ambiente.

módulo aplicado

## PRÁTICA DA ANÁLISE DO AMBIENTE DA WEST COAST

### Introdução

Agora que discutimos a natureza do ambiente organizacional, veja a seguinte situação da West Coast e, então, faça o exercício. Assim, você desenvolverá a habilidade de determinar o impacto que os diversos fatores ambientais, em diferentes níveis, podem ter sobre o sucesso da organização.

### A situação

A West Coast, uma fábrica de calçados brasileira, instalada em Ivoti, Rio Grande do Sul, foi criada em 1987 com o objetivo de atender 'pessoas sempre em movimento'. Seus principais produtos são voltados para os chamados esportes *outdoor*: chinelos com tiras de nylon acolchoadas e botas. Sua linha de produtos cresceu e se diversificou, mas sempre na mesma direção: calçados esportivos.

Uma década depois, a empresa decide ampliar os investimentos, com foco na praticidade. Desenvolve uma linha de calçados mais urbana, produtos que pudessem se adaptar a diferentes situações do dia a dia. Contudo, sua linha ainda era masculina. A empresa se firma no mercado nacional e internacional, estando presente em mais de 70 países.

Em 2005, a empresa começa a produzir calçados femininos sob a marca Cravo & Canela. Como parte do delineamento estratégico, em 2007 a empresa inaugura uma nova sede em Ivoti com mais de 6 mil metros quadrados de área construída, com 170 profissionais que produzem 2,4 milhões de pares de calçados por ano.

### Exercício

Imagine que você seja o CEO da West Coast. Você está ciente de que, para capitalizar o futuro, deve entender os fatores dos ambientes geral, operacional e interno da empresa e responder a eles de maneira apropriada. Considere então a iniciativa do grupo de marketing da marca Cravo & Canela.

Em 2010, a área de marketing da Cravo & Canela entendia que a empresa precisava estreitar seu relacionamento com seu público-alvo. Afinal, a indústria West Coast vinha de uma tradição com calçados masculinos. A marca feminina criou então o projeto denominado Fervo de Moda. Selecionou, em diferentes mídias sociais, um grupo de blogueiras jovens, de diferentes tribos e consideradas em dia com as tendências da moda, e as chamou para conhecerem o processo produtivo e participarem da tarefa de criação de uma nova coleção, apoiadas por designers da empresa.

Refletindo sobre a iniciativa dessa nova realidade (marca feminina), selecione os fatores de cada um dos níveis ambientais (um fator de cada nível) que podem causar um impacto positivo para o sucesso da Cravo & Canela. Depois, relacione os fatores que podem ser negativos para o futuro dessa marca feminina dentro do grupo West Coast.

Para maiores informações, entre no site da empresa, disponível em: <www.westcoast.com.br> e <www.cravocanela.com.br>, 2010.

## ORIENTAÇÕES PARA A EXECUÇÃO DE UMA ANÁLISE DO AMBIENTE

Com base na análise do ambiente e nas dimensões da estrutura ambiental apresentada neste capítulo, podemos então propor caminhos que os administradores podem seguir ao realizarem esse tipo de análise.

Não existem uma forma e um padrão ideais para a execução da análise do ambiente que determine os riscos atuais e futuros para a organização na realização de suas diretrizes. Entretanto, seguindo o que foi tratado nesta seção, os administradores podem aumentar a qualidade de sua análise independentemente do procedimento utilizado. Eles devem determinar quão relevantes são os diversos níveis ambientais e suas questões estratégicas para a organização, implementar as técnicas apropriadas de análise do ambiente e avaliar o processo de análise usado.

## Determinando a relevância dos níveis ambientais

Assim como é importante saber que o sucesso das organizações é influenciado pela estrutura dos três níveis do ambiente organizacional, também é preciso entender que esses níveis não afetam necessariamente as organizações da mesma forma. Ou seja, em diferentes tipos de organização, os níveis ambientais apresentam graus distintos de relevância.

Um método frequentemente usado para determinar a relevância dos níveis ambientais para as organizações consiste em considerar o tamanho delas e o grau de envolvimento em negócios internacionais.[16] À medida que uma organização aumenta de tamanho e se envolve mais em negócios internacionais, as variáveis do ambiente geral se tornam mais relevantes para o êxito da administração. De modo inverso, quanto menor a organização, menor a possibilidade de ela se envolver em negócios internacionais, e os fatores do ambiente geral tendem a ser menos relevantes para que sua administração seja bem-sucedida. Já os ambientes operacionais e internos são geralmente considerados relevantes para o sucesso não importando o tamanho dela ou seu envolvimento em negócios internacionais. A Tabela 2.1 ilustra essa relação entre tamanho da organização, os negócios internacionais e a relevância dos níveis ambientais.

## Determinando a relevância das questões estratégicas

Questão estratégica é um fator ambiental, tanto interno como externo, que pode impactar na capacidade da empresa em atingir seus objetivos.[17] Como ocorre com os

**TABELA 2.1** Tamanho da organização: operações internacionais e a relevância dos níveis ambientais

| | GRAU DE RELEVÂNCIA | | |
|---|---|---|---|
| **Organizações** | **Alto** | **Médio** | **Reduzido** |
| Empresa multinacional | Interno<br>Geral<br>Operacional | — | — |
| Empresa nacional grande | Interno<br>Geral<br>Operacional | — | — |
| Empresa de porte médio | Interno<br>Operacional | Geral | — |
| Pequena empresa | Interno<br>Operacional | — | Geral |
| Microempresa | Interno<br>Operacional | — | Geral |

**Fonte:** Baseado em: VASCONCELLOS FILHO, P. "Environmental analysis for strategic planning". *Managerial Planning*, jan./fev. 1985, p. 24.

níveis ambientais, nem todas as questões estratégicas são igualmente importantes para todas as empresas. Algumas são muito mais sensíveis a certas questões desse tipo do que outras.

Uma forma de os executivos determinarem a sensibilidade de sua organização com relação aos diversos fatores ambientais é projetar e implementar um sistema interno que agregue e analise informações provenientes de funcionários-chave. Por exemplo, quando especialistas em avaliação ambiental da Sun Exploration and Production depararam-se com a avaliação da importância relativa de diversos fatores ambientais externos, desenvolveram um sistema que fazia exatamente isso. Vários funcionários-chave da Sun responderam às questões relacionadas no Quadro 2.3, e as respostas foram analisadas. O objetivo específico da Sun era orientar a administração na interpretação e na compreensão do ambiente externo em que ela operava e obter alguma perspectiva acerca de possíveis eventos futuros que ofereceriam oportunidades ou significariam riscos.[18] Naturalmente, os administradores podem modificar esse método para pesquisar outras fontes de informação, como clientes e especialistas externos.

Temos observado que informações obtidas por funcionários-chave também podem ajudar os administradores a interpretar e entender o ambiente interno da organização como parte de uma análise ambiental interna. Nesse caso, as questões são focadas nos principais componentes da análise ambiental: aspectos organizacionais, de marketing, financeiros, de pessoal e de produção. O Quadro 2.4 apresenta diversas perguntas que podem ser feitas em uma análise ambiental interna.

A Parte 3 deste livro, "Áreas funcionais na administração estratégica", trata de produção, finanças e marketing, e dá ênfase especial ao modo como essas funções se relacionam com a análise ambiental interna.

Nossa discussão mostra que a administração pode se concentrar na análise de apenas um nível ambiental em determinada época. Entretanto, tenha em mente

**QUADRO 2.3** Questões para ajudar a determinar a relevância dos fatores ambientais

1. Se você pudesse obter uma informação precisa a respeito de cinco fatores externos que podem causar impactos em nossa operação, quais você escolheria? (Por exemplo, preço do petróleo, deflator do PIB etc.).
2. Cite cinco fatores externos que você vê como as principais ameaças para nosso negócio.
3. Cite cinco fatores relativos aos planos futuros de nossos concorrentes que você gostaria de conhecer.
4. Se lhe pedissem para definir as diretrizes estratégicas da organização, quais os cinco fatores externos que você consideraria mais importantes?
5. Quais das cinco áreas externas mais provavelmente mostrariam as melhores mudanças para o futuro da empresa?

**Fonte:** MESCH, A. H. "Developing an effective environmental assessment function". *Managerial Planning*, mar./abr. 1984, p. 19. Reprodução autorizada pela Planning Forum.

QUADRO 2.4 Exemplos de perguntas para uma análise ambiental interna

- **Aspectos organizacionais**

  A empresa delega autoridade de forma apropriada?

  A estrutura organizacional da empresa é apropriada?

  As tarefas e as metas de desempenho estão claras para os funcionários?

- **Aspectos de marketing**

  A pesquisa de mercado é usada para a obtenção de melhores vantagens?

  As propagandas são usadas de forma eficiente e efetiva?

  A empresa pode melhorar o sistema de distribuição do produto?

- **Aspectos financeiros**

  Uma análise do relatório de receitas da empresa pode indicar melhorias passíveis de serem feitas?

  Uma análise do balanço pode indicar melhorias passíveis de serem feitas?

  A análise do ponto de equilíbrio pode ser usada para alinhar melhor os custos em função dos lucros?

- **Aspectos de pessoal**

  Os programas de treinamento são adequados?

  Os procedimentos para recrutamento e seleção de funcionários podem ser melhorados?

  Nosso sistema de avaliação de desempenho é justo e preciso?

- **Aspectos de produção**

  A organização pode melhorar seu nível de tecnologia?

  O fluxo de trabalho na fábrica pode ser mais eficiente?

  A organização pode diminuir seu índice de rejeição?

que, a longo prazo, a capacidade da administração de entender como os três níveis ambientais e a relação entre eles influenciam as operações das organizações é um determinante fundamental para o sucesso das empresas.

## Utilização de técnicas de análise do ambiente

Diversas técnicas estão disponíveis para ajudar a administração a realizar uma análise efetiva e eficiente do ambiente. Discutiremos a seguir algumas delas.

### Exame do ambiente

Exame do ambiente é a técnica em que se reúnem informações sobre eventos e suas relações dentro dos ambientes interno e externo da organização. Naturalmente, o propósito de se reunir todas essas informações é ajudar no estabelecimento da diretriz futura da organização.[19] Apesar de haver algum interesse e apoio em relação ao exame ambiental,[20] nem todos os teóricos da administração estão certos de seu valor.[21]

Basicamente, os exames envolvem a revisão e a avaliação de quaisquer informações sobre os ambientes interno e externo que possam ser obtidas de fontes distintas. Para conhecer algumas fontes, veja a Figura 2.3.

Também deve-se buscar informações acerca de fontes mais específicas. Por exemplo: um estudo indicou que os administradores norte-americanos consideram fontes importantes de informações sobre exame ambiental jornais diários como

FIGURA 2.3 Fontes gerais de informações para exames ambientais interno e externo

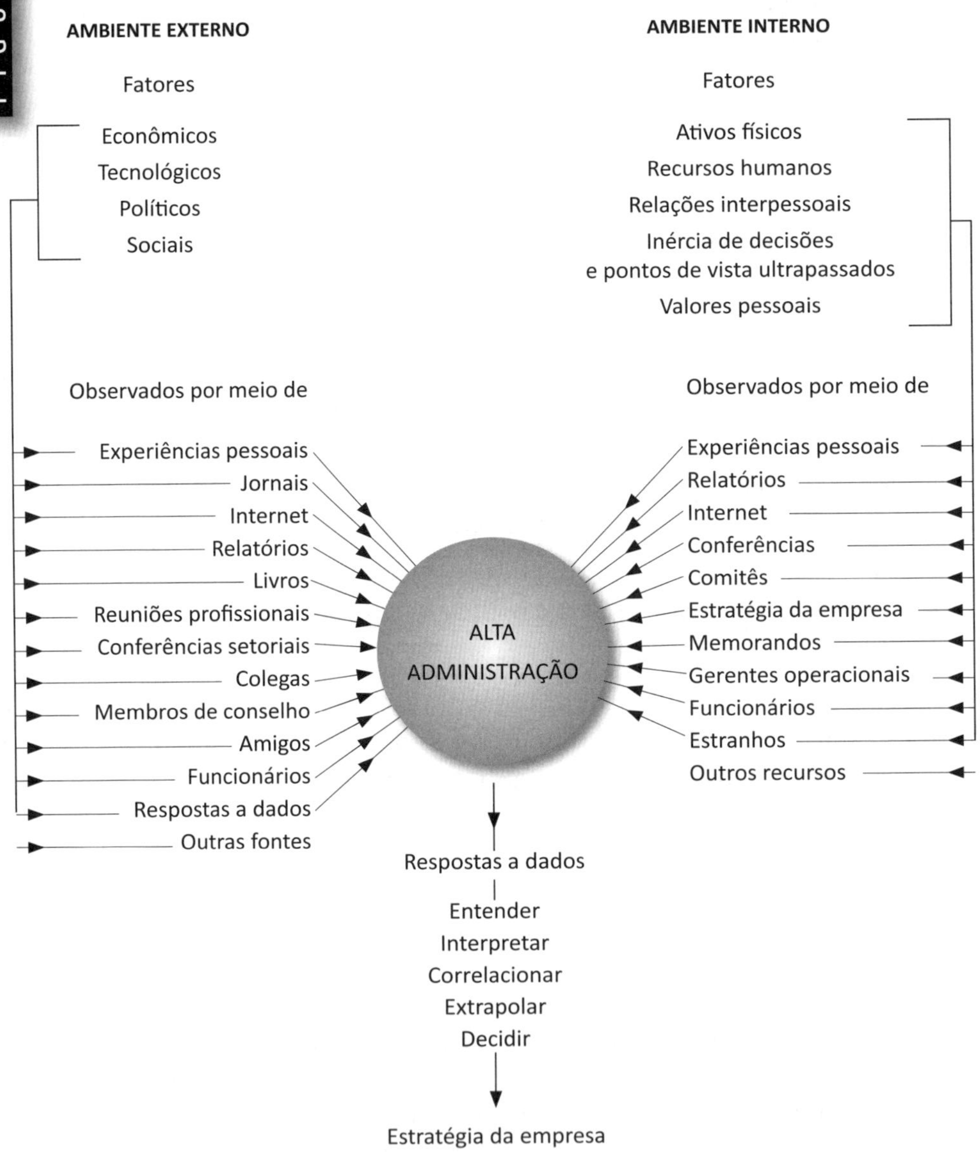


**Fonte:** Adaptado de AGUILAR, F. J. *Scanning the business environment*. Nova York: Macmillan, 1967, p. 11. Reprodução autorizada pela Universidade de Colúmbia.

*The New York Times*, publicações de setores econômicos como *The Conference Board*, revistas de negócios como *Fortune*, consultores, publicações governamentais e seminários.

Nas organizações, as técnicas de análise de ambiente assumem diversos formatos muito diferentes. Os mais amplamente aceitos talvez dividem-se nos três tipos a seguir:[22]

- *Sistemas descontínuos de análise.* Consistem principalmente de estudos ambientais dirigidos. Tais sistemas costumam ser utilizados quando está para ocorrer uma crise ambiental (como falta de energia). Eles analisam sobretudo o passado, em um esforço para identificar algum evento semelhante que já tenha ocorrido. Ao enfatizar a reação de curto ou médio prazo a crises, os sistemas descontínuos de exame dão pouca atenção a eventos ambientais futuros.
- *Sistemas permanentes de análise.* Esses sistemas baseiam-se em uma revisão regular do ambiente ou dos componentes ambientais significativos. Em geral, essa revisão é feita a cada ano. Esse tipo de análise é aceito como um guia norteador, ou seja, normalmente a administração revê seus resultados durante o processo de tomada de decisão. O enfoque desse sistema é, em princípio, retrospectivo, mas são feitas algumas conjecturas acerca de condições futuras, sempre considerando, no entanto, que estas podem se alterar com o ambiente.
- *Sistemas contínuos de análise.* Esses sistemas monitoram constantemente os componentes do ambiente organizacional. Tais análises são uma atividade contínua para determinado segmento da estrutura da organização, ou seja, não são realizadas temporariamente por um comitê estabelecido somente com a finalidade de concluí-las. Os sistemas contínuos de análise tendem a ser mais orientados para o futuro que os outros dois.

A Tabela 2.2 compara esses três sistemas de análise para diversas dimensões. À medida que se movem do modelo descontínuo para o permanente e o contínuo, as atividades de análise geralmente vão se tornando mais sofisticadas e integradas às operações organizacionais de longo prazo. O uso de um sistema contínuo de análise geralmente reflete um compromisso sério e sustentado em relação à análise ambiental. As primeiras análises ambientais que muitas organizações fazem são do tipo descontínuo. Com o passar do tempo, esse sistema de exame pode evoluir para um sistema permanente e, então, para um sistema contínuo.

## Análise de oportunidades e riscos

Já foi dito que a finalidade de se realizar uma análise do ambiente é identificar a existência de oportunidades e riscos que poderão influenciar a capacidade da empresa de atingir suas metas. A administração deve assegurar que a informação recebida do exame ambiental seja resumida e analisada para determinar o que caracteriza essas oportunidades e riscos.

TABELA 2.2 Fontes gerais de informações para exames ambientais interno e externo

| | MODELOS DE ANÁLISE | | |
|---|---|---|---|
| | **Descontínuo** | **Permanente** | **Contínuo** |
| Mídia como fonte de exame | Estudos dirigidos | Estudos atualizados periodicamente | Sistemas estruturados de coleta e processamento de dados |
| Escopo da análise | Eventos específicos | Eventos selecionados | Amplo alcance dos sistemas ambientais |
| Motivação para a atividade | Iniciada por crises | Orientada para decisão e questões | Orientado para processo de planejamento |
| Natureza temporal da atividade | Reativa | Proativa | Proativa |
| Época dos dados | Retrospectiva | Principalmente atual e retrospectiva | Prospectiva |
| Época do impacto da decisão | Atual e futuro de curto prazo | Curto prazo | Longo prazo |
| Formação organizacional | Equipes de várias agências | Equipes de várias agências | Unidade de exame ambiental |

**Fonte:** FAHLEY, L.; KING, W. R. "Environmental scanning for corporate planning". *Business Horizons*, ago. 1977, p. 63. Reprodução autorizada.

Para tornar possível uma análise desse tipo é necessário classificar os fatores ambientais examinados em termos ambientais e de oportunidades e riscos potenciais. Em seguida, a administração deve refletir sobre as implicações deles nos negócios da empresa. Um exemplo de análise de oportunidades e riscos para a empresa de computadores Apple é apresentado na Tabela 2.3 — o Capítulo 4, "Formulação de estratégias", ajudará a ampliar a noção básica dessa análise ao discutir a relação entre oportunidades, riscos, pontos fortes e pontos fracos (análise SWOT).

## Previsão ambiental

Previsão ambiental é a técnica pela qual se determinam as possíveis condições de um ambiente organizacional em determinado momento no futuro. Um dos papéis da análise ambiental é avaliar a atual situação do ambiente da organização e se, para certas empresas, essa situação é favorável para o desenvolvimento de uma estratégia efetiva. Entretanto, muitas empresas acham que é fundamental determinar as condições ambientais futuras para assegurar o sucesso organizacional.

TABELA 2.3 Um exemplo de análise de oportunidades e riscos para a Apple

| FATOR AMBIENTAL | RISCO | OPORTUNIDADE |
|---|---|---|
| **Ambiente geral** | | |
| 1. Rendimentos disponíveis dos consumidores decrescentes | X | |
| 2. Sociedade obtém mais conforto usando computadores pessoais | | X |
| **Ambiente operacional** | | |
| 1. IBM lança produto competitivo | X | |
| 2. Serviço IBM para produtos vendidos é superior | X | |
| **Ambiente interno** | | |
| 1. Apple emprega mais administradores profissionais | | X |
| 2. Apple tem alta rotatividade de mão de obra | X | |

**Conclusões:** esse resumo de informações derivadas de uma análise ambiental sugere que a Apple deve tomar algumas decisões para enfrentar os novos produtos concorrentes da IBM, melhorar a qualidade dos serviços prestados aos equipamentos vendidos e reduzir a rotatividade de mão de obra. Um maior número de administradores profissionais deverá ajudar a empresa a fazer progresso nessas áreas.
De modo geral, a sociedade tem obtido mais conforto com o uso de computadores pessoais, o que significa, provavelmente, que esse mercado está em crescimento. Entretanto, como os rendimentos disponíveis dos consumidores estão declinando, as vendas futuras de computadores pessoais podem ser mais difíceis. O aumento dos lucros deve ocorrer se a empresa for administrada apropriadamente.

Ao efetuar previsões ambientais, os administradores devem buscar prever a posição futura dos componentes importantes para todos os níveis ambientais. Normalmente, a previsão ambiental feita por organizações inclui aspectos econômicos, políticos e tecnológicos. Por exemplo, as inovações tecnológicas em microeletrônica e telecomunicações já estão retirando os trabalhadores das fábricas e dos escritórios — onde a Revolução Industrial os colocou — e os devolvendo para o local de onde vieram: o lar.[23] Naturalmente, os tipos de previsão feitos por uma organização dependem da situação única que ela enfrenta. Entretanto, diversas tendências organizacionais são normalmente seguidas e previstas por muitas empresas. Essas tendências são mostradas no Quadro 2.5.

Há muitas técnicas de previsão ambiental disponíveis para os administradores. Algumas dessas técnicas (como a opinião de especialistas) podem ser razoavelmente simples; outras (como a extrapolação de tendências) podem ser muito complexas. De fato, algumas organizações recorrem a especialistas externos para aplicar esses métodos de forma apropriada. Diversas técnicas de previsão são apresentadas e definidas no Quadro 2.6.

QUADRO 2.5 Um exemplo de análise de oportunidades e riscos para a Apple

**Lista de tendências externas**

1. Tendências no mercado global (protecionismo *versus* mercado livre)
2. Crescimento do governo como consumidor
3. Desenvolvimento de mercados comuns
4. Negócios com países socialistas
5. Tendências econômicas e políticas nos países desenvolvidos
6. Tendências monetárias
7. Tendências inflacionárias
8. Crescimento de empresas globais
9. Tecnologia como instrumento de concorrência
10. Tamanho como instrumento de concorrência
11. Saturação do crescimento
12. Surgimento de novas atividades econômicas
13. Rupturas tecnológicas
14. Crescimento dos setores de serviço
15. Consumidores muito ricos
16. Mudanças na distribuição por idade dos consumidores
17. Vendas para consumidores da classe C e D
18. Alianças e parcerias relacionadas aos negócios
19. Controles governamentais
20. Pressões dos consumidores
21. Pressões dos sindicatos
22. Impacto da preocupação da sociedade com a ecologia
23. Impacto da opinião dos defensores do *status quo*
24. Redução dos ciclos de vida dos produtos
25. Protecionismo no mundo
26. Conflito entre empresas multinacionais e interesses nacionais
27. Desconfiança do público com relação aos negócios
28. Redução dos horizontes de previsão
29. Surpresas estratégicas
30. Aumento da concorrência dos países em desenvolvimento
31. Redução de recursos estratégicos
32. Redistribuição de poder dentro da empresa
33. Mudanças de atitudes em relação ao trabalho
34. Pressões pela manutenção de empregos

**Lista de tendências internas**

1. Tamanho
2. Complexidade
3. Estrutura
4. Sistemas
5. Comunicações
6. Estrutura de poder
7. Definição de papéis
8. Centralização/descentralização
9. Valores e normas
10. Estilo de administração
11. Competência gerencial
12. Competência operacional da 'força de trabalho'
13. Volume de capital
14. Volume de tecnologia
15. Diversificação de produtos
16. Diversificação de mercados
17. Diversificação tecnológica

**Fonte:** Adaptado de ANSHOFF, H. I. "Strategic issues management". *Strategic Management Journal*, n. 1, 1980, p. 139. Reprodução autorizada pela John Wiley & Sons.

QUADRO 2.6 Métodos de previsão ambiental

1. *Opinião de especialistas.* Pessoas bem-informadas são selecionadas e chamadas a determinar a importância de vários possíveis acontecimentos futuros e a avaliar sua probabilidade de ocorrência. A versão mais refinada disso, o método Delphi, coloca os especialistas diante de diversas etapas de avaliação de eventos, em que eles refinam suas hipóteses e seus julgamentos.
2. *Extrapolação de tendências.* Os pesquisadores preparam gráficos (curvas de crescimento linear, quadrática ou em forma de 'cinco') com previsões ao longo do tempo para servir como base da extrapolação. Esse método nem sempre é muito confiável, já que novos acontecimentos podem alterar completamente a direção esperada do movimento.
3. *Correlação de tendências.* Os pesquisadores correlacionam várias séries de tempo para ajudar a identificar as relações principais e secundárias que podem ser usadas na previsão.
4. *Modelagem dinâmica.* Os pesquisadores montam um conjunto de equações que tentam descrever os sistemas subjacentes. Os coeficientes das equações são ajustados por meios estatísticos. Por exemplo, são usados modelos econométricos com mais de 300 equações para prever mudanças na economia norte-americana.
5. *Análise de impactos cruzados.* Os pesquisadores identificam um conjunto de tendências--chave (as de maior importância e/ou probabilidade). A questão é então colocada: 'Se o evento A ocorrer, qual será o impacto em todas as outras tendências?'. Os resultados são, então, usados para montar conjuntos de 'pedras de dominó', em que um evento impulsiona outros.
6. *Cenários múltiplos.* Os pesquisadores montam cenários para alternativas futuras, cada uma delas consistente internamente e com certa probabilidade de ocorrer. O propósito principal dos cenários é estimular o planejamento de contingência.
7. *Previsão de demanda/riscos.* Os pesquisadores identificam os principais eventos que deverão afetar a empresa em maior grau. Cada termo é classificado de acordo com sua convergência com as diversas tendências importantes que ocorrem na sociedade. Além disso, avalia-se o apelo que cada evento desse teria nos diferentes grupos sociais estudados. Quanto maiores a convergência e o apelo do evento, mais alta a probabilidade de ele ocorrer. Os eventos mais prováveis são pesquisados em maior profundidade.

**Fonte:** Baseado em BRIGHT, J. R.; SCHOEMAN, M. E. F. *A guide to practical technological forecasting*. Englewood Cliffs: Prentice Hall, 1973.

## AVALIAÇÃO DO PROCESSO DE ANÁLISE DO AMBIENTE

As atividades de análise ambiental são realizadas nas organizações para ajudá--las a atingir suas metas de forma eficiente e eficaz. Naturalmente, dependendo da qualidade das atividades realizadas, algumas análises serão mais úteis do que outras. Por isso, é fundamental que o processo de análise ambiental seja avaliado como qualquer outra atividade organizacional.

Algumas das mais importantes características de uma implementação adequada da análise serão discutidas a seguir. Essas características podem ser usadas como um conjunto de padrões a partir dos quais é possível comparar as atividades de análise ambiental da organização.[24]

**A análise ambiental bem-sucedida é conceitual e praticamente ligada às atividades de planejamento.** Se o sistema de análise ambiental não estiver ligado ao planejamento, seus resultados terão pouca utilidade para estabelecer as diretrizes que a organização fixará a longo prazo. Um método habitualmente usado para atingir essa integração vital é envolver os principais planejadores organizacionais em alguma faceta da análise ambiental.

**A análise ambiental bem-sucedida exige informações para a alta administração.** O 'cliente' da análise ambiental é a alta administração. Aqueles que realizam as análises devem entender bem as necessidades de informação desses administradores dentro de suas organizações e reunir essa informação. Também devem estar cientes de que tais necessidades de informação podem mudar ao longo do tempo e que eles devem ser capazes de ajustar o processo de análise ambiental de acordo com essas mudanças.

**A análise ambiental bem-sucedida deve ser continuamente apoiada pela alta administração.** Se algum esforço em uma organização precisa ter êxito, ele deve ser apoiado e encorajado pela alta administração. As atividades de análise ambiental não são exceção e serão entendidas como importantes pelos membros da organização somente na medida em que tal apoio exista e seja aparente. Sem esse apoio, as atividades de análise ambiental serão inúteis.

**A análise do ambiente bem-sucedida é efetuada por pessoas que têm habilidades de estrategista.** Os analistas ambientais devem se ater a identificar as oportunidades e os riscos existentes e potenciais sugeridos pelos componentes do ambiente organizacional. Os estrategistas devem interpretar os resultados da análise ambiental à luz do entendimento profundo do funcionamento da empresa. Para gerar uma estratégia efetiva, o analista deve compartilhar das práticas do estrategista.

A seção "Módulo aplicado" a seguir oferece a oportunidade de relacionar a discussão do ambiente interno e dos ambientes operacional e geral com a análise ambiental da rede social Brincar de Polly.

*módulo aplicado*

## BRINCAR DE POLLY: UM APLICATIVO DA WEB

### Introdução

Prever a posição futura de componentes ambientais importantes é uma habilidade administrativa vital. Veja como se instalou uma rede social que encoraja pessoas a entenderem de moda. Ao fazer isso, você desenvolverá a habilidade de escolher que tendência prever para cada organização.

### A situação

Meninas sempre gostaram de vestir bonecas. Há cinquenta anos, surgiu uma inovação: havia bonecas cujas figuras eram coladas sobre uma superfície de papelão e recortadas. Essas bonecas tinham um tripé para ficarem de pé e vinham 'vestidas' com roupa de baixo, ou seja, calcinhas e tops adequados para as crianças da época. No corpo das bonecas, havia um ímã embutido. Essas bonecas vinham em uma caixa (como a de um jogo de quebra-cabeça) e eram acompanhadas de vários 'trajes' feitos em papel e várias plaquinhas de metal que deveriam ser coladas atrás das peças. Feito isso, vestia-se a boneca com o traje escolhido, aproximando a roupa (com a placa de metal) à boneca (com ímã). Era a brincadeira precursora das Pollys modernas. A diferença é que as Pollys são tridimensionais, bem como suas roupas, e o efeito é muito mais real para a criança que brinca. Mas ela tem uma desvantagem em relação às bonecas de papel: não se pode criar novas roupas. Com as de papel, as meninas que gostavam de moda criavam modelos, desenhando em papéis comuns, pintavam-nos com suas cores prediletas, reproduzindo texturas, e pronto; com muito pouco gasto, tinha-se um guarda-roupa completo, que compreendia desde trajes de banho até elaborados vestidos de festa. E as plaquinhas de metal, como obtê-las? Fácil, usando as lâminas de barbear (as *Gilettes*) descartadas pelos pais. Politicamente incorreto, mas maravilhosamente criativo!

Pois é, algumas pessoas resolveram criar uma maneira de permitir que pessoas adultas possam voltar àquela brincadeira de vestir bonecas de papel, mas desta vez, de forma virtual. Um site disponível na web, o ByMK (<bymk.com.br>) permite que as pessoas escolham *looks* (formas de se vestir) de acordo com os itens disponíveis no site para montar seus estilos pessoais; além disso, as pessoas fazem amigos, trocando opiniões e informação sobre moda. O negócio deu tão certo que os sócios criadores do site, os maridos de Marcela e Karen (o *m* e *k* do nome do site), começaram a se dedicar em tempo integral à gestão do site, deixando seus empregos no mercado financeiro.

### Exercício

Imagine que você é o responsável pela análise ambiental do site ByMK. Sua tarefa é determinar quais tendências externas podem ser controladas para ajudar os gestores do site a tomar decisões que garantam que a empresa continue aumentando o número de pessoas cadastradas (em abril de 2010, havia 100 mil) e o número de acessos por mês, indicador fundamental para os patrocinadores do site. Busque o máximo de ideias sobre essas tendências. Por que elas são relevantes?

**Fonte:** Disponível em: <bymk.com.br>, acesso em: abr. 2010.

## RESUMO

A análise ambiental é o processo de monitoramento do ambiente organizacional para identificar as oportunidades e os riscos atuais e futuros que possam influenciar a capacidade da empresa de atingir seus objetivos. Para efeito de análise, esse ambiente é dividido em três níveis: ambiente interno (constituído pelos aspectos organizacionais, de marketing, financeiros, de pessoal e de produção), ambiente operacional (constituído pelos componentes cliente, concorrência, mão de obra, fornecedor e questão internacional) e ambiente geral (constituído pelos componentes econômico, social, político, legal e tecnológico).

Não existe uma forma ideal de se realizar uma análise ambiental. Entretanto, determinar a relevância para a organização dos diversos níveis ambientais, bem como das diversas questões estratégicas, pode ajudar a melhorar a qualidade da análise ambiental, independentemente do método usado.

Diversas técnicas estão disponíveis para ajudar os administradores a desenvolver uma análise ambiental valiosa. O exame ambiental é a técnica por meio da qual se reveem as informações derivadas de diversos níveis do ambiente organizacional para manter no mesmo nível as questões ambientais e os eventos importantes. A análise de oportunidades e riscos não apenas ajuda os executivos a organizar a informação ambiental como também os obriga a formular conclusões baseadas nessa informação. A previsão ambiental é a técnica por meio da qual se tenta prever as características que o ambiente organizacional terá no futuro e, consequentemente, se tomam decisões que ajudam a empresa a lidar com o ambiente de amanhã.

Tendo implementado o processo de análise ambiental, a administração deve avaliá-lo continuamente e se empenhar sempre para melhorá-lo. O processo deve estar ligado ao planejamento operacional atual e manter a alta administração informada. Além disso, é imprescindível que seja apoiado pelos administradores-chave e que sua execução caiba a profissionais aptos a entender a diferença entre um analista e um estrategista.

A "Lista de verificação" a seguir traz um resumo das questões abordadas neste capítulo. Use-a ao analisar problemas e casos de administração estratégica que enfoquem questões de análise ambiental.

**lista de VERIFICAÇÃO**

### Analisando questões ambientais

1. O assunto ou caso de administração estratégica envolve questões de análise ambiental?
2. Os fatores do ambiente geral são considerados apropriadamente como parte da análise ambiental?
3. Os fatores do ambiente operacional são considerados apropriadamente como parte da análise ambiental?
4. Os fatores do ambiente interno são considerados apropriadamente como parte da análise ambiental?
5. A organização leva em conta os diferentes níveis ambientais na execução de sua análise ambiental?
6. A organização leva em conta as diferentes questões estratégicas na execução de sua análise ambiental?
7. Há um sistema de exame ambiental funcionando apropriadamente dentro da organização?
8. A organização considera seriamente as oportunidades e os riscos organizacionais no processo de análise ambiental?

9. A previsão ambiental é empregada de forma apropriada no processo de análise ambiental?
10. A organização aloca tempo suficiente para avaliar e melhorar seu processo de análise ambiental?

## NA PRÁTICA

### Medicina preventiva: uma proposta viável para qual tipo de hospital?

Não resta a menor dúvida: as chances de sobrevivermos a doenças graves aumentaram significativamente se compararmos com as que tiveram nossos avós na época deles. Isso se deve basicamente às descobertas científicas feitas nos últimos anos, que se traduziram em novas tecnologias aplicadas à saúde.

Os hospitais particulares brasileiros estão muito diferentes dos frequentados por nossos parentes há cerca de 30, 40 anos. Mudaram em tudo, até na aparência. Os hospitais Beneficência Portuguesa, Sírio Libanês e Albert Einstein, em São Paulo, fazem parte desse seleto grupo.

Todavia, o Beneficência Portuguesa tem um perfil que o destaca dos demais hospitais, até pela sua idade: em outubro de 2009, completou 150 anos de existência. Como o próprio nome diz, em seus primórdios, era um ponto de referência para as famílias portuguesas, que eram sócias da Real e Benemérita Sociedade de Beneficência Portuguesa. Os anos foram passando e o hospital passou a ser dos paulistanos, que o adotaram e o reconheceram como um dos centros de excelência em medicina. Com 60 por cento de seu atendimento dedicado ao Sistema Único de Saúde (SUS), é referência em atuação médica e social na América Latina.

O hospital possui 6 mil colaboradores, sendo 1.500 médicos; atende 1,5 milhão de pacientes em mais de 40 especialidades médicas. É excelência em transplantes, já tendo realizado mais de 3.400 de coração, fígado, medula, rim, pulmão, entre outros. Realizou o primeiro transplante bilateral de pulmão e o primeiro transplante conjunto de coração e pulmão com êxito no Brasil. No total, o complexo da Beneficência tem quase 2 mil leitos, sendo 230 de UTI, 64 salas de cirurgia, centro de diagnóstico, pronto-atendimento e ambulatório.

Recentemente foi inaugurado, no complexo da Beneficência, o Hospital São José, projetado para oferecer alta tecnologia aliada à alta hotelaria hospitalar. Esse hospital é semelhante aos outros hospitais considerados 'de luxo' em São Paulo, e é bem diferente dos demais blocos do complexo da Beneficência Portuguesa, especialmente em hotelaria.

Os hospitais São José, Albert Einstein e Sírio Libanês oferecem solário, pista de cooper e heliportos na área externa. Internamente, os saguões não são diferentes dos encontrados em hotéis de categoria superior: têm esculturas, vasos de plantas, mobiliário apropriado para sala de estar; oferecem serviços de manobrista e segurança; têm cafeterias, restaurantes, floriculturas e lojas de presentes e conveniência. Isso sem falar dos apartamentos, cujas instalações só remetem ao ambiente hospitalar pela presença das camas próprias para pacientes e da entrada e saída de profissionais da área da saúde. Na verdade, há uma grande preocupação com a acomodação dos pacientes e dos familiares, e isso se reflete na existência de uma gestão de serviços de hotelaria hospitalar, algo que no passado seria considerado irrelevante ou até mesmo inoportuno. Nesses Hospitais há, inclusive, serviços especiais como os de cartório, despachante, chaveiro, motoboy e serviços de turismo, como reservas em hotéis, passagens, táxi, locação de carro etc.

Mas esses hospitais investem, principalmente, na busca e na qualificação de profissionais, mantendo para isso centros educacionais próprios que oferecem programas de atualização em diversas áreas da saúde em níveis de extensão, graduação e pós-graduação.

De fato, eles oferecem programas de medicina preventiva. Isso não é um paradoxo (afinal, hospitais querem diminuir as chances de alguém vir a adoecer)? Isso não compromete a sobrevivência do negócio?

Esses hospitais têm identificado segmentos de mercado que não seriam comuns em tempos passados. Pesquisas feitas por essas organizações descobriram que havia um segmento muito específico para a oferta de programas de prevenção: o dos executivos. A maratona que envolve um *check-up* pode ser impensável para alguém que já tem débito de tempo em seu dia a dia — ir a consultórios de médicos especialistas, como cardiologistas; agendar exames requeridos, que envolvem laboratórios de análises clínicas e centros de diagnóstico por imagem, entre outros; ir aos locais nos dias e nos horários agendados; retornar ao médico com os resultados dos exames (considerando que esses resultados sejam entregues em domicílio!). Essa verdadeira maratona é apontada como altamente desencorajadora para a grande parte das pessoas, não só pelo tempo despendido, mas também pelo elevado custo (muitas pessoas possuem planos de saúde que não cobrem exames preventivos).

Por outro lado, um número crescente de médicos encaminha pacientes para exames preventivos, uma vez que se sabe que muitas doenças graves podem causar danos menores à saúde se diagnosticadas precocemente e se forem logo adotadas as medidas preventivas ou corretivas. Hoje já se podem aferir fatores de risco de saúde de acordo com o histórico pessoal e familiar do paciente. Isso faz que as solicitações de exames sejam cada vez mais específicas.

Para atender a esse tipo de demanda, tanto o Hospital Israelita Albert Einstein quanto o Hospital Sírio Libanês já desenvolveram programas ou centros de medicina preventiva.

O programa de medicina preventiva do Hospital Sírio Libanês se desdobra em quatro unidades: Unidade de Check-Up Executivo, Núcleo de Mastologia, Unidade de Medicina do Esporte e Unidade de Prevenção de Câncer.

A Unidade de Check-Up Executivo segue uma orientação que personaliza exames de acordo com os fatores de risco inerentes à história pessoal e familiar do paciente. Ela disponibiliza *on-line* o resultado de exames, bem como as orientações médicas decorrentes, visando otimizar a relação custo-benefício para o paciente que dispõe de pouco tempo. O Núcleo de Mastologia é voltado para prevenção, diagnóstico, tratamento ou reabilitação de portadores de doenças de mama de ambos os sexos e oferece atuação integrada entre os diversos profissionais envolvidos com diagnóstico e clínica em mastologia. A Unidade de Medicina do Esporte oferece avaliações físicas detalhadas, orientação e supervisão de programas de atividade física, reabilitação de lesões e orientação nutricional para esportistas, além de suporte para pessoas que pretendem fazer (ou fazem) esportes e que sofrem de patologias como diabetes e obesidade. A Unidade de Prevenção de Câncer orienta e avalia pacientes com solicitação de exames específicos, mantém serviço de aconselhamento genético e disponibiliza técnicas de biologia molecular para diagnóstico, acompanhamento ou ações de prevenção de doenças.

O Hospital Israelita Albert Einstein, em seu Centro de Medicina Preventiva, oferece um serviço de *check-up* no qual são propostos os tipos e a periodicidade de exames preventivos de acordo com o perfil do indivíduo. Ele também quantifica riscos de saúde e prescreve exames complementares se necessário. Para facilitar a agenda do paciente, todos os exames são feitos em uma mesma unidade do hospital, no mesmo dia e período, sendo exigido seu retorno dez dias após os exames para a devolução dos resultados e a recomendação de cuidados. Para corrigir alguns fatores de risco, o próprio centro disponibiliza serviços especializados, como programas antitabagismo, programas de nutrição e programas de prevenção e orientação de risco cardiovascular.

Na Beneficência Portuguesa, em seus dois hospitais, os programas de medicina preventiva existem, mas não são veiculados como um produto especial. Tais serviços geralmente não têm cobertura dos planos de saúde, que exigem diagnóstico de doença para autorização para exames. Entretanto, os preços cobrados pelo *check-up* são vistos pelos usuários como justos, já que acabam ficando em um patamar inferior à somatória dos diversos custos previstos nas rotinas tradicionais de *check-up*. Parece lógico que os hospitais invistam nisso? Por que o Beneficência não investe?

**Fontes:** Hospital Beneficência Portuguesa <www.beneficencia.org.br>, Hospital Sírio Libanês <www.hospitalsiriolibanes.org.br> e Hospital Israelita Albert Einstein <www.einstein.br>.

## QUESTÕES PARA DISCUSSÃO

1. Quais variáveis do ambiente geral facilitam ou dificultam a implantação de centros de medicina preventiva em hospitais?
2. No caso dos hospitais citados, quais variáveis do ambiente interno foram fundamentais para a decisão de implantação dos centros de medicina preventiva? (Se necessário, busque informações sobre esses hospitais na Internet.)

3. Faça uma análise dos possíveis fatores pelos quais o hospital Beneficência Portuguesa ainda não é reconhecido como um centro de Medicina Preventiva para públicos específicos, embora o Hospital São José tenha o perfil próprio para esse tipo de atendimento.

## LEITURAS ADICIONAIS

BARNEY, J.; HESTERLY, W. *Administração estratégica e vantagem competitiva*. São Paulo: Pearson, 2008.

HARRISON, J. S. *Administração estratégica de recursos e relacionamentos*. Porto Alegre: Bookman, 2005.

JOHNSON, G.; SCHOLES, K.; WHITTINGTON, R. *Explorando a estratégia corporativa:* textos e casos. Porto Alegre: Bookman, 2007.

## NOTAS

1. NAYLOR, Michael E. "Regaining your competitive edge". *Long Range Planning*, 18, n. 1, 1985, p. 30-35.
2. SEGEV, Eli. "How to use environmental analysis in strategy making". *Management Review*, mar. 1977, p. 4-5.
3. THOMAS, Philip S. "Environmental analysis for corporate planning". *Business Horizons*, out. 1974, p. 27.
4. Essa seção se baseia em BROWN, J. K. *This business of issues:* coping with the company's environment. Nova York: The Conference Board, 1979, p. 54.
5. BANDEIRA DE MELLO, R.; MARCON, R. *A mensuração multivariada de performance e suas componentes de variância:* uma análise dos efeitos do ano, indústria e firma no contexto brasileiro. Enanpad, 2004.
6. MORAES, C. A.; ZILBER, M. A. *Perfil estratégico do setor petroquímico brasileiro*. Enanpad, 2004.
7. BRITO, E. P. Z.; THOMAZ, J. C.; BRITO, L. A. L. *Corporate reputation as a strategic resource*. Enanpad, 2004.
8. MILLER, D.; FRIESEN, P. "Strategy making in context: ten empirical archtypes". *Journal of Management Studies*, 14, n. 3, out. 1977, p. 253-280.
9. ENGLEDOW, J. L.; LENZ, R. T. "Whatever happened to environmental analysis". *Long Range Planning*, 18, n. 2, 1985, p. 93-106.
10. THOMAS, P. S. "Environmental analysis for corporate planning". *Business Horizons*, out. 1974, p. 27-38.
11. Para mais informação sobre alguns desses exemplos, ver KATZ, A. "Evaluating the environment: economic and technological factors". In GUTH, William D. (ed.). *Handbook of business strategy*. Boston: Warren, Gorham & Lamont, 1985, p. 2-9.
12. EITZEN, D. S. *Social structure and social problems in America*. Boston: Allyn and Bacon, 1974, p. 12-14.
13. "Robots for greater efficiency", U.S. *News and World Report*, 5 set. 1983, p. 25.
14. WILSON, R. S. "Managing in the competitive environment". *Long Range Planning*, 17, n. 1, 1984, p. 50-63.
15. WRIGHT, P. "MNC: third world business unit performance: application of strategic elements". *Strategic Management Journal*, n. 5, 1984, p. 231-240.

16. VASCONCELOS FILHO, Paulo de. "Environmental analysis for strategic planning". *Managerial Planning*, jan./fev. 1985, p. 23-26.

17. ANSOFF, H. I. "Strategic issue management". *Strategic Management Journal*, n. 1, 1980, p. 133.

18. MESCH, A. H. "Developing an effective environmental assessment function". *Managerial Planning*, 32, n. 5, mar./abr. 1984, p. 17-22.

19. AGUILAR, F. J. *Scanning the business environment*. Nova York: Macmillan, 1967, p. 1.

20. DILI, W.R. "Environment as an influence on managerial autonomy". *Administrative Science Quartely*, 1958; THOMPSON, J. D. *Organizations in action*. Nova York: McGraw-Hill, 1967; KOTLER, P. "A design for the firm's marketing nerve center". *Business Horizons*, out. 1966, p. 63-74.

21. STUBBART, C. "Are environmental scanning units effective?". *Long Range Planning*, 15, n. 3, jun. 1982, p. 139-145.

22. FAHLEY, L.; KING, W. R. "Environmental scanning for corporate planning". *Business Horizons*, ago. 1977, p. 61-71.

23. SHAMIR, B.; SOLOMON, S. "Work-at-home and the quality of working life". *Academy of Management Review*, 10, n. 3, 1985, p. 455-464.

24. Essa seção se baseia em ENGLEDON e LENZ. "Whatever happened to environmental analysis"; SEGEV, E. "Analysis of the business environment". *Management Review*, 1979, p. 59.

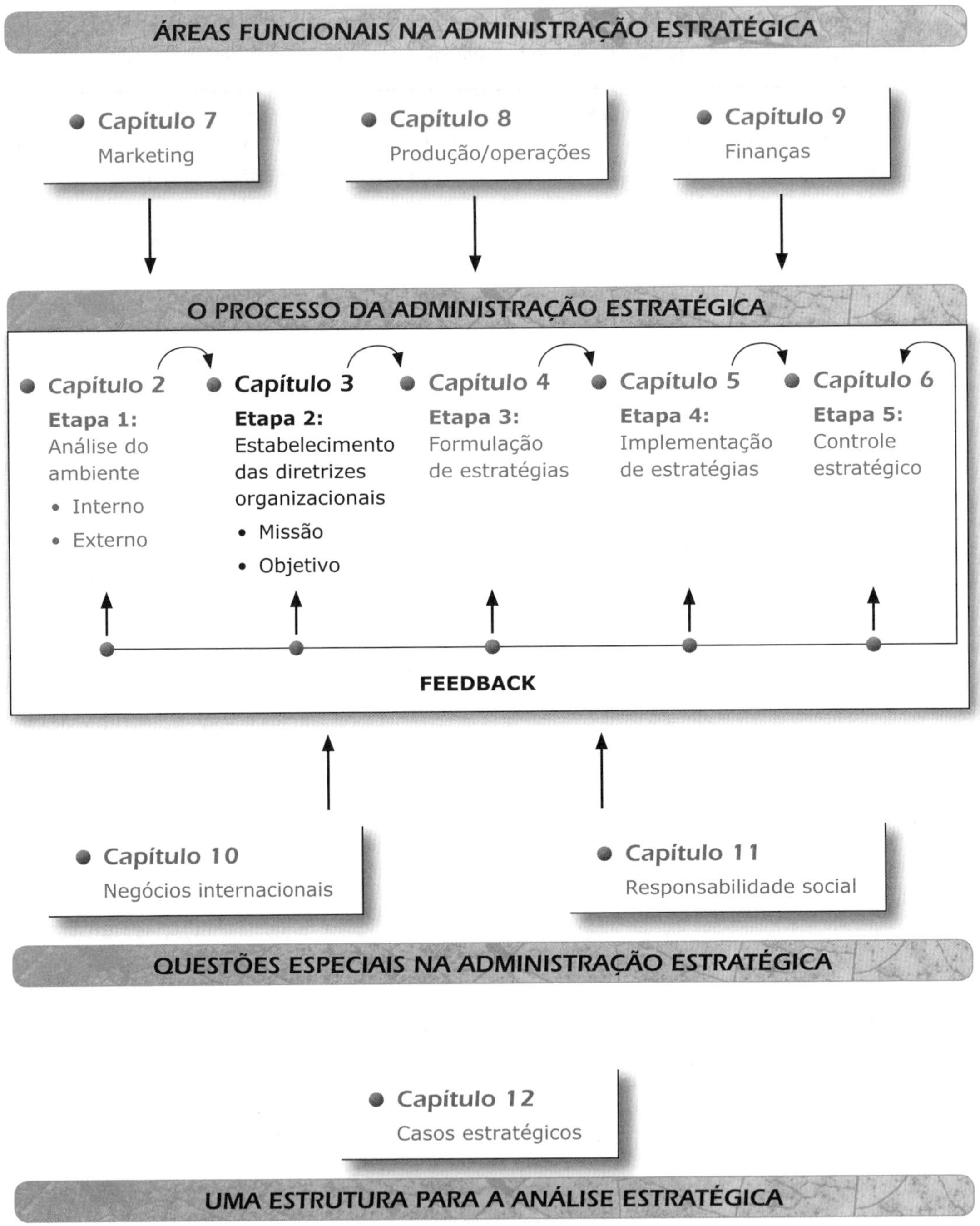
ÁREAS FUNCIONAIS NA ADMINISTRAÇÃO ESTRATÉGICA
Capítulo 7
Marketing
Capítulo 8
Produção/operações
Capítulo 9
Finanças
O PROCESSO DA ADMINISTRAÇÃO ESTRATÉGICA
Capítulo 2
Etapa 1:
Análise do ambiente
• Interno
• Externo
Capítulo 3
Etapa 2:
Estabelecimento das diretrizes organizacionais
• Missão
• Objetivo
Capítulo 4
Etapa 3:
Formulação de estratégias
Capítulo 5
Etapa 4:
Implementação de estratégias
Capítulo 6
Etapa 5:
Controle estratégico
FEEDBACK
Capítulo 10
Negócios internacionais
Capítulo 11
Responsabilidade social
QUESTÕES ESPECIAIS NA ADMINISTRAÇÃO ESTRATÉGICA
Capítulo 12
Casos estratégicos
UMA ESTRUTURA PARA A ANÁLISE ESTRATÉGICA

CAPÍTULO 3

# Estabelecimento das diretrizes organizacionais

No Capítulo 2, tratamos da análise do ambiente, a primeira etapa do processo de administração estratégica. Nele, foram discutidos os fundamentos da análise e da estrutura ambientais e fornecidas orientações para a execução de uma análise ambiental. Este capítulo aborda o estabelecimento das diretrizes organizacionais, a etapa do processo de administração estratégica que se segue imediatamente à análise do ambiente.

Duas importantes considerações normalmente usadas pela administração para estabelecer e documentar as diretrizes referem-se à missão e aos objetivos organizacionais. Essencialmente, a missão é uma declaração da razão de ser da organização, ao passo que os objetivos organizacionais colocam o foco em alvos mais específicos. Somente após a análise dos resultados de uma análise ambiental completa é que os administradores serão capazes de formular uma missão organizacional adequada e estabelecer objetivos consistentes a ela e compatíveis uns com os outros.

•••

## FUNDAMENTOS DA MISSÃO ORGANIZACIONAL

Uma etapa importante no estabelecimento da diretriz de qualquer organização é o desenvolvimento de uma missão que reflita os resultados da análise do ambiente. A seguir, abordaremos o tópico sobre missão organizacional, definindo-a, mostrando a sua importância e descrevendo o tipo de informação que geralmente está ligado a ela.

### O que é missão organizacional?

Missão organizacional é uma declaração da razão pela qual a organização existe. Em geral, a missão apresenta informações como os tipos de produto ou serviço que ela oferece, quem são seus clientes e que valores importantes possui. A missão é uma declaração muito ampla de diretriz organizacional. Para desenvolvê-la, a administração deve levar em conta as informações geradas durante o processo de análise do ambiente.

A missão organizacional é normalmente resumida e documentada em uma *declaração de missão*. Um exemplo é o do Banco do Brasil, apresentado na seção "Exemplo ilustrativo" a seguir. Uma discussão mais detalhada do conteúdo da declaração de missão organizacional será vista mais adiante, neste mesmo capítulo.

exemplo ilustrativo

### MISSÃO ORGANIZACIONAL DO BANCO DO BRASIL

Ser a solução em serviços e intermediação financeira, atender às expectativas de clientes e acionistas, fortalecer o compromisso entre os funcionários e a empresa e contribuir para o desenvolvimento do País.

**Fonte:** Site do banco, <www.bb.com.br>, 2010.

## Por que a missão organizacional é importante?

Estabelecer a missão organizacional é parte fundamental da tarefa da administração. Isso porque uma missão formalmente expressa facilita o entendimento sobre os rumos da organização. De fato, estabelecer e documentar uma missão organizacional é importante porque:

- *Ajuda a concentrar esforços em uma direção comum.* A missão torna explícitos os principais alvos que a organização está tentando atingir. Para manter esses alvos em mente, a administração pode assegurar que todos os funcionários da organização trabalhem juntos em um esforço concentrado para atingi-los.
- *Ajuda a evitar que a organização persiga propósitos conflitantes.* Propósitos inconsistentes indicam que a organização está se movendo em direções diferentes e incompatíveis. Ao desenvolver uma declaração de missão clara, a administração pode se certificar de que a organização está apoiada em propostas compatíveis, evitando assim o desperdício e o conflito.
- *Serve de base para a alocação de recursos organizacionais.* As organizações usam diversos recursos para produzir bens e serviços e torná-los disponíveis para os consumidores. Entre esses recursos estão os financeiros, humanos, de matérias-primas, de equipamentos e muitos outros. Uma declaração de missão também pode apresentar regras gerais relacionadas aos recursos que a organização deve adquirir e à forma como distribuí-los.
- *Estabelece áreas amplas de responsabilidades por tarefa na organização.* As pessoas realizam tarefas específicas para produzir bens e serviços. Orientações

amplas relacionadas aos tipos de tarefa que devem existir na organização costumam ser encontradas em uma declaração de missão.

- *Atua como base para o desenvolvimento de objetivos organizacionais.* No Capítulo 1, quando discutimos o modelo de administração estratégica, explicamos que os objetivos organizacionais devem refletir a missão organizacional. Como indica a finalidade geral da organização, a declaração de missão serve como ponto de partida para objetivos organizacionais mais específicos.

## Quais informações aparecem na declaração da missão?

Os tipos de informação contidos em uma declaração de missão variam bastante de uma organização para outra. Mas, ainda assim, a maioria delas parece cobrir os principais tópicos (vale ressaltar que esses tópicos podem ser apresentados na declaração de missão ou em um documento que a acompanhe), que incluem:[1]

- *Produto ou serviço da empresa.* Essa informação identifica os bens e/ou serviços produzidos pela organização — o que ela oferece aos seus consumidores.
- *Mercado.* Essa informação descreve os clientes da organização — quem são e onde estão constituem os temas comuns.
- *Tecnologia.* Essa informação geralmente inclui tópicos como instrumentos, máquinas, materiais, técnicas e processos usados para produzir os bens e serviços da organização. A discussão apresenta, em grande parte, uma ampla descrição de técnicas organizacionais de produção. Com o surgimento de inovações tecnológicas, as tecnologias passaram a ser enfatizadas no processo de planejamento estratégico de muitas organizações.[2]
- *Objetivos da empresa.* Muitas declarações de missão fazem referência aos objetivos da organização. A intenção é quase sempre de sobreviver, crescer e ser lucrativa. A administração deve garantir que quaisquer objetivos organizacionais mais específicos sejam consistentes com as referências gerais e com os objetivos da organização que aparecem na declaração de missão.
- *Filosofia da empresa.* As declarações de filosofia da empresa (também chamado de 'credo') normalmente aparecem como parte da declaração da missão. A filosofia da empresa é uma declaração que reflete as crenças e os valores básicos cuja função é orientar os membros da organização na condução dos negócios. A seção "Exemplo ilustrativo" a seguir descreve a filosofia e os princípios fundamentais da Johnson & Johnson.
- *Autoconceito da empresa.* As declarações de missão inevitavelmente apresentam informações acerca do autoconceito da empresa, que vem a ser a visão ou a impressão que ela tem de si mesma. Em essência, a empresa chega a esse autoconceito avaliando seus pontos fortes e fracos, a concorrência e sua capacidade de sobreviver no mercado.
- *Imagem pública.* Algumas declarações de missão apresentam referência, direta ou indireta, ao tipo de impressão que a empresa está tentando passar

para seu público. Certamente, no final, o importante não é a imagem que a administração quer projetar, mas a imagem que o público realmente forma dela. O Quadro 3.1 relaciona diversos mecanismos que as organizações normalmente usam para projetar a imagem escolhida para o público.

exemplo ilustrativo

## O CREDO DA JOHNSON & JOHNSON

A Johnson & Johnson é formada por 190 empresas sediadas em 51 países. Ela atua em quatro macrossetores — produtos farmacêuticos, produtos nutracêuticos, produtos médico-hospitalares e produtos de consumo —, conta com cerca de 100 mil funcionários e comercializa seus produtos em 175 países.

A Johnson & Johnson não tem uma missão afixada em suas paredes. Em vez disso, segue um credo que foi desenvolvido há mais de 60 anos e que ainda se mostra atual. Esse documento de uma única página reflete crenças e valores que norteiam os relacionamentos da empresa com seus funcionários, clientes, fornecedores e comunidade. Ele é considerado extremamente importante para a empresa e se encontra disponível em seu site, traduzido para 36 línguas diferentes, bem como em suas filiais localizadas em países da África, Ásia, Leste Europeu, Europa, América Latina, Oriente Médio e América do Norte.

### 'Nosso credo'

Cremos que nossa primeira responsabilidade é para com os médicos, enfermeiras e pacientes, para com as mães, os pais e todos os demais que usam nossos produtos e serviços. Para atender às suas necessidades, tudo o que fizermos deve ser de alta qualidade. Devemos constantemente nos esforçar para reduzir nossos custos, a fim de manter preços razoáveis. Os pedidos de nossos clientes devem ser pronta e corretamente atendidos. Nossos fornecedores e distribuidores devem ter a oportunidade de auferir um lucro justo.

Somos responsáveis para com nossos empregados, homens e mulheres que conosco trabalham em todo o mundo. Cada um deve ser considerado em sua individualidade. Devemos respeitar sua dignidade e reconhecer seus méritos. Eles devem sentir-se seguros em seus empregos. A remuneração deve ser justa e adequada, e o ambiente de trabalho, limpo, ordenado e seguro. Devemos ter em mente maneiras de ajudar nossos empregados a atender às suas responsabilidades familiares. Os empregados devem sentir-se livres para fazer sugestões e reclamações. Deve haver igual oportunidade de emprego, desenvolvimento e progresso para os qualificados. Devemos ter uma administração competente, e suas ações devem ser justas e éticas.

Somos responsáveis perante as comunidades nas quais vivemos e trabalhamos, bem como perante a comunidade mundial. Devemos ser bons cidadãos — apoiar boas obras sociais e de caridade e arcar com a nossa justa parcela de impostos. Devemos encorajar o desenvolvimento do civismo e a melhoria da saúde e da educação. Devemos manter em boa ordem as propriedades que temos o privilégio de usar, protegendo o meio ambiente e os recursos naturais.

Nossa responsabilidade final é para com os nossos acionistas. Os negócios devem proporcionar lucros adequados. Devemos experimentar novas ideias. Pesquisas devem ser levadas avante, programas inovadores, desenvolvidos e os erros, reparados.

Novos equipamentos devem ser adquiridos, novas fábricas, construídas e novos produtos, lançados. Reservas devem ser criadas para enfrentar tempos adversos. Ao operarmos de acordo com esses princípios, os acionistas devem receber justa recompensa.

**Fonte:** Disponível em: <www.jnjbrasil.com.br>, 2010.

QUADRO 3.1 Técnicas para projetar a imagem organizacional

**Nomenclatura**

Nomes usados pela corporação e suas unidades, departamentos e empresas subsidiárias, bem como as palavras usadas para identificar seus mercados, escritórios, serviços e o cargo de seu pessoal.

**Declarações formais**

Declarações associadas de forma consistente a uma empresa ou a seus elementos que esclareçam sua missão (para os públicos interno e externo), seus objetivos, sua filosofia ou suas contribuições diferenciadas dos concorrentes.

**Organização**

O 'grau de relacionamento' comunicado entre divisões, departamentos e subsidiárias.

**Imagem e símbolos gráficos**

Logotipos, estilos de letras, formatos e cores — todas as formas de comunicação visual.

**Mídia permanente**

Logotipos, cartões e formulários comerciais, veículos e instalações (interiores e exteriores).

**Mídia promocional**

Anúncios, *banners*, artigos, eventos, atividades, representantes e porta-vozes, discursos e apresentações de audiovisuais.

**Fonte:** GRAY, Edmund R.; SMELTZER, Larry R. "Corporate image: an integral art of strategy". *Sloan Management Review*, verão 1985, p. 74. 

## A NATUREZA DOS OBJETIVOS ORGANIZACIONAIS

A primeira parte deste capítulo esboçou o papel da missão organizacional no estabelecimento das diretrizes gerais da empresa. Enfocaremos a partir de agora o estabelecimento progressivo de metas organizacionais *mais específicas* por meio do uso dos objetivos organizacionais. Definiremos esses objetivos explicando sua importância e descrevendo os dois tipos principais, que são mais utilizados. Discutiremos também as diferentes áreas em que eles devem ser formulados.

### Definição de objetivos organizacionais

Um objetivo organizacional é uma meta para a qual a organização direciona seus esforços. Na realidade, não existe um acordo geral acerca de qual termo exatamente deva ser usado para se referir a metas organizacionais. Alguns teóricos da administração indicam o termo 'objetivo';[3] outros sugerem 'metas'.[4] Para outros, ainda, esses dois termos significam coisas diferentes e não podem ser usados como sinônimos.[5]

Neste livro, o termo objetivo se refere às metas que a organização está tentando atingir.

## A importância dos objetivos organizacionais

Os objetivos fornecem o fundamento para o planejamento, a organização, a motivação e o controle. Sem objetivos e uma comunicação efetiva, a organização pode tomar qualquer direção.[6]

Para dirigir suas organizações à eficácia, os executivos devem usar os objetivos como:

- *Orientações na tomada de decisão.* Uma parte significativa do trabalho de qualquer administrador envolve a tomada de decisão.
- *Guia para aumentar a eficiência organizacional.* Uma organização eficiente é aquela que, para atingir seus objetivos, desperdiça poucos recursos.
- *Guia para avaliação do desempenho.* Todo esforço e trabalho é de importância fundamental para se atingir os objetivos organizacionais. Os administradores devem avaliar e recompensar o desempenho dos funcionários para que a organização atinja seus objetivos.

## Tipos de objetivos nas organizações

Em geral, concordamos que as organizações têm dois tipos de objetivos: os de curto prazo (metas que se tenta alcançar dentro de um a dois anos) e os de longo prazo (metas que se tenta alcançar dentro de três, cinco ou mais anos).

Esses dois tipos de objetivos organizacionais diferem significativamente um do outro. Certamente, a diferença mais aparente é o período de tempo que se leva para alcançar o que se quer. Outra diferença importante diz respeito ao grau de especificidade. Em geral, os objetivos de curto prazo tendem a ser mais específicos acerca de questões como quem os executará, o que exatamente deverá ser executado, quando deverá ser executado e em que área deverá acontecer.

## Áreas em que os objetivos organizacionais são estabelecidos

Desde os primeiros tempos da história dos negócios e das empresas, muitas organizações têm visualizado um único objetivo: obter lucro. Entretanto, atualmente, muitas empresas não colocam o lucro máximo na frente de tudo. Na prática, não existe prioridade financeira absoluta. Em vez disso, as prioridades se transformam à medida que os ambientes da concorrência e a economia mudam.[7]

Peter Drucker, talvez o mais influente escritor de assuntos relacionados a negócios dos tempos modernos, indicou que é arriscado administrar organizações com enfoque somente em um único objetivo.[8] De acordo com ele, as organizações devem planejar a realização de diversos objetivos, em vez de um só. De fato, devem ser especificados objetivos suficientes a fim de que todas as áreas importantes para o funcionamento da empresa sejam envolvidas. Oito áreas-chave devem ser abordadas pelos objetivos organizacionais:

1. *Posicionamento no mercado.* O posicionamento de uma organização — onde ela se encontra — em relação a seus concorrentes e onde quer estar.

2. *Inovação.* Qualquer mudança feita para aprimorar os métodos de condução dos negócios. Os objetivos organizacionais devem indicar metas que a organização deseja atingir em termos de inovação.

3. *Produtividade.* A quantidade de bens ou serviços produzidos por uma organização em relação aos recursos usados no processo de produção. As organizações que usam menos recursos para produzir uma quantidade específica de produtos são consideradas mais produtivas do que as que precisam de mais recursos para produzir o mesmo volume.

4. *Níveis de recursos.* As quantidades relativas dos diversos recursos mantidos pela organização, como estoque, equipamentos e caixa. Muitas organizações devem especificar objetivos que indiquem as quantidades relativas de cada um dos ativos que devem ser mantidos.

5. *Lucratividade.* A capacidade da organização de obter receitas maiores que as despesas necessárias para gerá-las. Normalmente, as organizações têm objetivos que indicam o nível de lucratividade desejado.

6. *Desempenho e desenvolvimento dos executivos.* A qualidade do desempenho administrativo e a taxa de desenvolvimento dos executivos em termos pessoais. Como ambos os pontos são fundamentais para o sucesso da organização a longo prazo, é muito importante enfatizá-los.

7. *Desempenho e atitude dos funcionários.* A qualidade do desempenho do pessoal não administrativo e seus sentimentos e motivações com relação ao trabalho. Esses pontos também são fundamentais para o sucesso da organização a longo prazo.

8. *Responsabilidade social.* Obrigação da organização de ajudar a melhorar o bem-estar da sociedade, ao mesmo tempo que se esforça para alcançar os seus objetivos. A especificação de objetivos para essa área era um assunto um tanto controverso, mas atualmente é comum e ela é considerada muito relevante. O Capítulo 11, "Administração estratégica e responsabilidade social", aborda esse tópico com mais detalhes.

A seção "Módulo aplicado" a seguir mostra como planejar e expressar esses objetivos.

módulo aplicado

## DEFININDO MÚLTIPLOS OBJETIVOS PARA A EMPRESA RESTAURANTE RANCHO 53

### Introdução

Você acabou de ler que existem oito áreas-chave nas quais objetivos podem ser estabelecidos para organizações. Veja a seguinte descrição do Restaurante Rancho 53 e, então, faça o exercício. Ao fazê-lo, você desenvolverá a habilidade de redigir os objetivos para cada uma dessas áreas.

### O Rancho 53

Se você solicitar, pela Internet, uma lista de cozinhas tipicamente portuguesas, encontrará vários restaurantes, atendendo a diferentes perfis: localizados em bairros distintos, instalados em grandes espaços, outros de perfil mais intimista, uns com cardápios abrangentes, outros com menu específico de uma certa região, para grupos pequenos, que comporta grupos numerosos etc.

O Rancho 53 foge ao modelo dos demais: fica à beira da Rodovia Castelo Branco, no quilômetro 53, no sentido da capital de São Paulo para o interior, ao lado de um posto de gasolina que pertence a uma das maiores redes de postos 'completos' em rodovias. À primeira vista, o Rancho 53 parece ser apenas mais um dentre tantos restaurantes à beira de estrada, até porque sua construção não é portentosa. Todavia, quando se resolve parar nele para almoçar, o que já chama a atenção é que, ao menos nos finais de semana, o estacionamento está lotado de carros que não são, em sua maioria, populares.

A primeira impressão que se tem ao entrar é de uma 'certa bagunça', porque a casa é um misto de restaurante e empório de produtos portugueses. Encontram-se produtos alimentícios típicos (como o famoso e caríssimo queijo da Serra da Estrela), vinhos e até cerâmicas típicas de determinadas regiões portuguesas.

Mas a surpresa maior acontece quando se chega ao salão: os pratos que se vê sobre as mesas que já estão servidas dão uma dica do que pode ser a refeição. A especialidade é o bacalhau, as receitas são tradicionais, e o resultado é uma refeição farta, dando a impressão que se está em algum lugar de Portugal. Se entre uma garfada e outra o visitante der uma olhada pelo salão, com frequência encontrará alguma pessoa famosa.

### Exercício

Redija um objetivo do Rancho 53 para cada uma das oito áreas-chave abordadas no livro. Em quais você teve mais dificuldade na redação? Por quê? Você acredita que se fosse contratado um administrador experiente para fazer a gestão do Rancho 53, ele também acharia difícil redigir objetivos para essas áreas? Por quê?

**Fonte:** Disponível em: <www.rancho53.com.br>, 2010.

## CARACTERÍSTICAS DOS OBJETIVOS EFICAZES

Os objetivos organizacionais estão de algum modo em todas as organizações modernas. Diversas diretrizes têm sido desenvolvidas ao longo do tempo para ajudar os administradores a desenvolver objetivos organizacionais eficazes, que sejam:

*Específicos.* Indicam exatamente o que deve ser obtido, por quem e dentro de que intervalo de tempo. Ser específico elimina a confusão acerca dos objetivos e garante que todos os membros da organização saibam e entendam o que se espera deles. Além disso, a etapa no processo de administração estratégica que se segue ao estabelecimento das diretrizes organizacionais trata da formulação da estratégia organizacional (veja o Capítulo 4). Geralmente, quanto mais específico o objetivo, mais fácil é para a administração desenvolver estratégias que garantirão sua realização.

*Exigentes de esforços.* Os objetivos devem ser difíceis o suficiente para que os funcionários tenham de se esforçar para alcançá-los. Por outro lado, eles não devem ser demasiadamente difíceis para que os funcionários não fiquem frustrados e parem de tentar!

*Atingíveis.* Todos os membros da organização devem considerar os objetivos organizacionais atingíveis. Funcionários que acreditam que os objetivos não possam ser atingidos os ignoram completamente na realização do seu trabalho.

*Flexíveis.* Os objetivos devem ser estabelecidos sabendo-se que podem ser modificados. Eles são normalmente alterados à medida que os ambientes organizacionais mudam. De fato, os administradores devem saber que os objetivos podem mudar. Eles devem avaliar continuamente o ambiente organizacional para descobrir quando estes devem ser mudados, e encorajar todos os membros da organização a informarem a administração quando acreditam que mudanças são necessárias.

*Mensuráveis.* Um objetivo mensurável, algumas vezes chamado de *objetivo operacional*, é declarado de tal forma que uma tentativa de alcançá-lo pode ser comparada com o próprio objetivo para determinar se ele realmente foi atingido. Dúvidas para se determinar se um objetivo foi realmente atingido, em geral, resultam em desgaste nas relações entre os executivos e os demais funcionários.

*Consistentes a longo e a curto prazos.* Os administradores devem estabelecer objetivos organizacionais que suportem diversos cronogramas em suas etapas e que apoiem uns aos outros. Os objetivos de longo prazo devem ser consistentes com a missão organizacional e representar metas que sejam atingidas em cerca de três, cinco ou mais anos. Já os objetivos de curto prazo devem ser consistentes com os objetivos de longo prazo e representar metas que sejam alcançadas em um período de aproximadamente um a dois anos. Via de regra, os objetivos de curto prazo devem derivar dos objetivos de longo prazo.

## O PROCESSO PARA ESTABELECER AS DIRETRIZES ORGANIZACIONAIS

Até aqui, este capítulo discutiu os fundamentos da missão e dos objetivos organizacionais. Agora será enfocado o processo de estabelecimento das diretrizes organizacionais. Esse processo consiste de três etapas principais: (1) reflexão sobre os resultados da análise do ambiente, (2) estabelecimento de uma missão organizacional efetiva e (3) estabelecimento de objetivos organizacionais eficazes.

### Etapa 1: reflexão sobre os resultados da análise do ambiente

A análise do ambiente deve fornecer aos administradores informações adequadas para reflexão. Os dados devem ser obtidos de todos os níveis do ambiente organizacional — geral, operacional e interno. A análise desses dados deve estabelecer a relevância dos níveis do ambiente organizacional e de várias questões estratégicas para a organização.

### Etapa 2: estabelecimento de uma missão organizacional

As informações derivadas da análise ambiental servem de sólido fundamento sobre o qual a missão organizacional pode ser construída. Quando os administradores entendem os ambientes organizacionais interno e externo, tornam-se mais bem capacitados para elaborar uma proposta de missão adequada à organização. Uma missão organizacional efetiva é aquela que reflete o ambiente organizacional e, por meio disso, aumenta a probabilidade de sobrevivência da organização a longo prazo.

### Etapa 3: estabelecimento de objetivos organizacionais

Após a missão organizacional ter sido desenvolvida, *objetivos organizacionais* devem ser formulados — objetivos que sejam consistentes com a missão organizacional estabelecida.

Com o passar do tempo, o processo que os administradores usam sistematicamente no desenvolvimento de objetivos organizacionais dividiu-se em três etapas.[9] A primeira delas é a análise das tendências ambientais, a segunda é o desenvolvimento de objetivos para a organização como um todo, e a terceira é a criação de uma hierarquia de objetivos. Uma quarta etapa que deve ser adicionada a essa lista é o desenvolvimento de objetivos individuais. Cada uma dessas etapas é discutida em detalhes a seguir.

- Análise das tendências ambientais. Assim como a missão organizacional, os objetivos também devem refletir o ambiente no qual a organização opera. Conforme indicado anteriormente, os objetivos organizacionais devem mudar à medida que o ambiente muda. Além disso, aqueles que estabelecem objetivos devem reconhecer as tendências ambientais que estão tomando forma e que afetarão a futura relevância dos objetivos, impedindo que eles sejam atingidos.

  Um exemplo de tais tendências seguidas por muitos administradores é indicado pelo *Índice de Produção Industrial*. Esse índice representa o resultado dos negócios industriais do país e é um indicador geral da saúde de sua economia. Incluídos nesse índice estão os resultados de uma extensa variedade de empresas envolvidas em diversas atividades e negócios, como mineração, manufatura, concessionárias, equipamentos comerciais, produtos metalúrgicos, produtos domésticos (móveis e utensílios), defesa, equipamento espacial e material de construção.

  O estudo de tendências de mercado pode mostrar quais fatores influenciam o sucesso organizacional. Entretanto, em certos casos, os administradores enfrentam fatores que são bastante novos e que não podem ser avaliados com base na experiência passada. Um exemplo disso são as compras via Internet.[10] Os administradores devem aumentar seu conhecimento sobre as inovações para que possam adotar qualquer tendência ambiental importante de maneira eficaz.

- *Desenvolvimento de objetivos para a organização como um todo.* Após identificar as tendências ambientais, é possível desenvolver objetivos para a organização como um todo. Um estudo analisou 193 empresas para determinar a natureza e o padrão dos objetivos organizacionais e como eles realmente eram buscados nas organizações.[11] Quatro grupos industriais básicos foram examinados: produtos químicos e remédios, materiais de embalagem, produtos elétricos e eletrônicos e processamento de alimentos.

  Os tipos de objetivo relacionados à quantidade e à porcentagem de empresas são mostrados na Tabela 3.1.

  Uma conclusão que podemos tirar desse estudo é que os objetivos de lucratividade são importantes para as organizações, independentemente do tamanho ou tipo de indústria.

TABELA 3.1 Tipos e níveis de uso de objetivos organizacionais

| Tipos de objetivo | Número de empresas estudadas com um tipo de objetivo* | Porcentagem de empresas estudadas com um tipo de objetivo* |
|---|---|---|
| Lucratividade | 73 | 89 |
| Crescimento | 67 | 82 |
| Participação no mercado | 54 | 66 |
| Responsabilidade social | 53 | 65 |
| Bem-estar dos funcionários | 51 | 62 |
| Qualidade dos produtos e dos serviços | 49 | 60 |
| Pesquisa e desenvolvimento | 44 | 54 |
| Diversificação | 42 | 31 |
| Eficiência | 41 | 50 |
| Estabilidade financeira | 40 | 49 |
| Conservação de recursos | 32 | 39 |
| Desenvolvimento administrativo | 29 | 35 |
| Empreendimento multinacional | 24 | 29 |
| Consolidação | 14 | 17 |
| Outras metas | 15 | 18 |

*Soma superior a 100% porque muitas empresas têm mais de uma meta.

**Fonte:** Adaptado de SHETTY, Y. K. "New look at corporate goals". *California Management Review*, 22, n. 2, inverno 1979, p. 73.

a. *Objetivos de lucratividade*. Os *objetivos de lucratividade* são metas organizacionais que analisam a capacidade da organização de obter receitas em dinheiro maiores que as despesas necessárias para gerá-las. Os objetivos de lucratividade estabelecidos nas organizações normalmente incluem aqueles relacionados ao retorno sobre investimento (ROI, também conhecido como *retorno sobre ativos*), à margem de lucro líquido e ao retorno sobre participação dos acionistas. A Tabela 3.2 relaciona essas medidas de lucratividade, define-as e explica como seus valores são calculados em uma organização. Embora o conceito básico do uso de tais objetivos para administrar organizações não seja novo, sua utilização como ferramenta de administração estratégica tem recebido mais atenção ultimamente.[12]

b. *Orientações para estabelecer objetivos de lucratividade*. Os objetivos de lucratividade são geralmente estabelecidos com a coleta e a análise de informações que comparem dados organizacionais específicos com dados similares de outras organizações ou grupos de organizações. O agrupamento e a análise dessas informações possibilita aos administradores determinar não apenas qual o desempenho de uma organização do ponto de vista da lucratividade, mas também em qual nível os objetivos de lucratividade devem ser estabelecidos.

   Para entender como esse processo funciona, vamos considerar a tarefa de estabelecer os objetivos de margem de lucro líquido, retorno sobre o investimento e retorno sobre participação dos acionistas do McDonald's dos Estados Unidos. Normalmente, os administradores começariam agrupando as informações do ano anterior para ter uma visão geral de como as demais organizações se comportaram. Uma fonte de tais informações seria a composição industrial publicada periodicamente pela *Value Line Selection and Opinion*. Essas composições industriais em particular for-

TABELA 3.2 Diversos objetos de lucratividade, suas descrições e seu cálculo

| Objetivos de lucratividade | Descrição | Forma de cálculo* |
|---|---|---|
| Margem de lucro líquido | Objetivo que analisa o volume do lucro líquido que uma organização obtém em relação ao nível de vendas alcançado | $\frac{\text{Lucro líquido}}{\text{Vendas}}$ |
| Retorno sobre investimento (ROI) ou retorno sobre ativos | Objetivo que analisa o volume de lucro líquido obtido em relação ao total de ativos pertencentes à empresa | $\frac{\text{Lucro líquido}}{\text{Ativos totais}}$ |
| Retorno sobre participação dos acionistas | Objetivo que analisa o volume do lucro líquido obtido pela organização em relação ao nível de participação. | $\frac{\text{Lucro líquido}}{\text{Participação dos acionistas}}$ |

*Essas taxas são expressas em porcentagem.

necem índices médios de mais de 900 empresas industriais, de varejo e de transporte, que representam cerca de 80 por cento das receitas de todas as organizações não financeiras norte-americanas.

Além das informações sobre índices industriais, a administração do McDonald's provavelmente determinaria o desempenho das empresas mais estritamente ligadas ao negócio de *fast-food*. Para ela, as informações sobre o desempenho da indústria de restaurantes em geral, bem como de concorrentes específicos, são muito valiosas.

Após agrupar todas essas informações, a administração do McDonald's estaria pronta para compará-las aos dados compilados sobre si mesma (ver Figura 3.1). E, ao analisá-las, provavelmente concluiria que está tendo um desempenho competitivo nas áreas de margem de lucro líquido, retorno sobre o investimento e retorno sobre participação dos acionistas. Comparações desfavoráveis em qualquer uma dessas áreas alertariam a administração da empresa para o fato de que o aperfeiçoamento é possível e os objetivos de lucratividade deveriam ser revisados para o futuro.

Entretanto, a administração do McDonald's também poderia considerar que as informações agrupadas refletem apenas o período de um ano. Agrupar o mesmo tipo de informação e fazer as mesmas comparações para um período médio de cinco anos revela as tendências desejáveis ou indesejáveis que a administração deve encorajar ou tentar mudar por meio dos objetivos organizacionais estabelecidos.

A seção "Módulo aplicado" a seguir foi elaborada para proporcionar alguma experiência no reconhecimento de questões que podem afetar as medidas de lucratividade estabelecidas para uma empresa.

módulo aplicado

## OBJETIVOS DE LUCRATIVIDADE NA CASA DO PÃO DE QUEIJO

Recentemente, em uma universidade brasileira que recebia pesquisadores de neurociência de vários países estrangeiros para um encontro científico, havia uma demanda para o lanche do intervalo: "eles querem pão de queijo". Quem diria que a receita de Dona Arthêmia fosse fazer tanto sucesso fora de sua terra natal, Minas Gerais, para se tornar um dos produtos que identificam a culinária brasileira?

A Casa do Pão de Queijo foi fundada em 1967 por um engenheiro. Mário Carneiro resolveu trazer para São Paulo um produto que ele conhecia desde a infância, já que sua mãe, Dona Arthêmia, era dona de uma excelente receita de pão de queijo, esse quitute tipicamente mineiro. O pão de queijo é feito de polvilho doce, leite, ovos, óleo e, claro, queijo de minas meia cura, sem falar no 'segredinho' que nenhuma quituteira conta! Esse pão, assado em pequenas porções, relativamente desconhecido em São Paulo até então, acompanhava perfeitamente o hábito paulistano de tomar um cafezinho durante o dia. Não foi à toa que a feliz combinação de pão de queijo com café, a receita de Dona Arthêmia e o empreendedorismo de Mário fizeram sucesso. A Casa do Pão de Queijo caiu no gosto dos consumidores e, com 13 anos de existência, já havia 13 lojas, todas na cidade de São Paulo, administradas como empresa familiar pelos fundadores.

No entanto, havia possibilidade de crescimento e este se deu pela abertura de franquias. Com mais de 40 anos de existência, a linha de produtos cresceu e hoje a empresa tem mais de 450 lojas e 400 pontos de venda em todo o Brasil, além de manter uma fábrica que abastece toda a rede, padronizando os produtos. Hoje a empresa tem sistema de entrega em domicílio, é considerada excelente fornecedora para o segmento de conveniência e já ganhou prêmios por seu sistema de franquias.

## Exercício

A Casa do Pão de Queijo oferece dois tipos diferentes de oportunidades de negócios: franquias e licenciamento. Quais objetivos de lucratividade poderiam ser formulados para o futuro da empresa? Como eles influenciariam cada uma das oportunidades de negócio oferecidas?

**Fonte:** Disponível em: <www.casadopaodequeijo.com.br>, 2010.

FIGURA 3.1 Comparações do desempenho do McDonald's, referente a três medidas de lucratividade, em relação ao desempenho do setor industrial, da indústria de restaurantes e da Wendy's

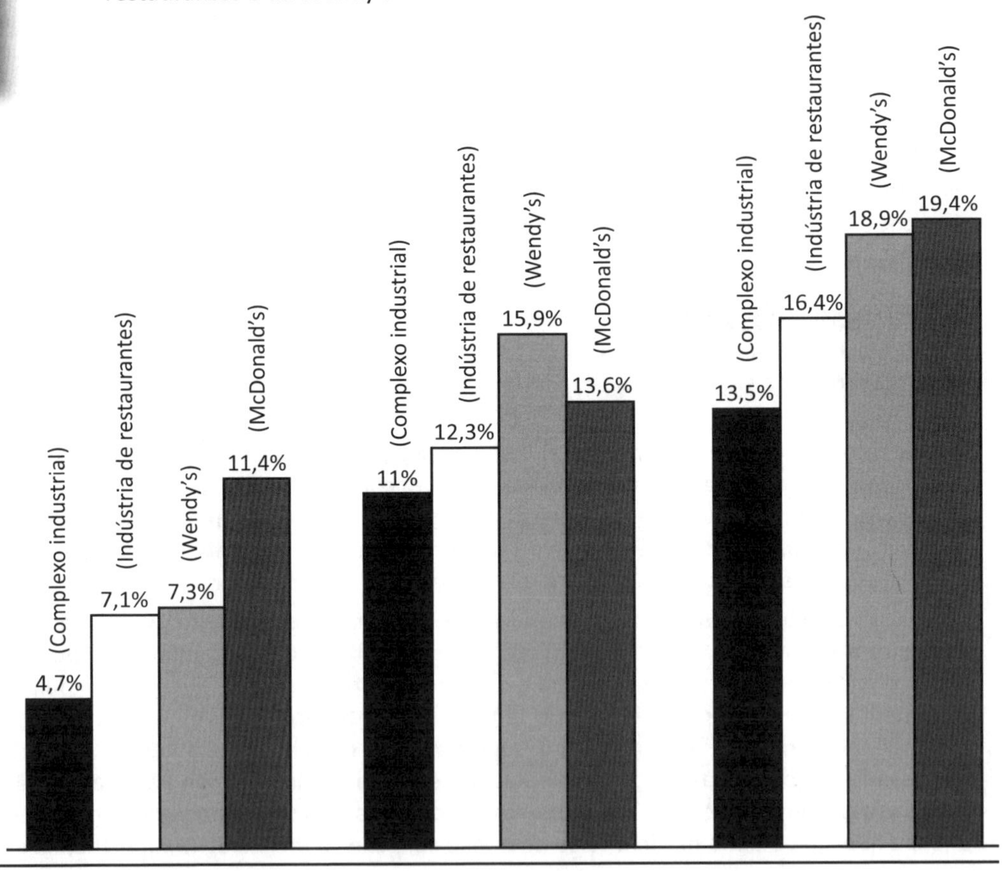

- *Desenvolvimento de uma hierarquia de objetivos*. A hierarquia de objetivos pode ser definida como um conjunto de objetivos organizacionais que incluem objetivos para a organização como um todo e seus correspondentes subobjetivos para segmentos significativos da organização.[13] A finalidade de se estabelecer uma hierarquia de objetivos é garantir que cada segmento significativo da organização saiba que papel executar, tanto em termos de curto como de longo prazo, para que a organização atinja seus objetivos globais.

A divisão dos objetivos gerais da organização em subobjetivos por segmentos significativos é parte importante da tarefa do administrador. Os subobjetivos devem ser projetados de modo que sua concretização contribua de alguma forma para realizar os objetivos da organização como um todo. Ao projetar objetivos organizacionais dessa maneira, a administração pode ajudar a garantir que os recursos das diversas partes da organização não sejam usados em atividades que não estejam diretamente ligadas à realização dos objetivos globais.

- *Desenvolvimento de objetivos individuais*. Conforme observamos, uma hierarquia de objetivos geralmente se refere a subobjetivos por segmentos significativos da organização, tais como divisões ou departamentos. Outra etapa no desenvolvimento de objetivos é estabelecê-los para cada pessoa que trabalha em um desses segmentos.

Objetivos individuais são metas que as pessoas na organização buscam atingir. A realização deles deve contribuir para o alcance dos objetivos mais amplos da sua área — e a realização dos objetivos desta, por sua vez, contribui para realizar objetivos globais da organização. A principal vantagem de se estabelecer objetivos individuais é que eles ajudam os funcionários a entenderem o que exatamente se espera deles.

## RESUMO

Dois ingredientes organizacionais normalmente usados para estabelecer diretrizes são missão e objetivos. A missão é o propósito ou a razão de ser da organização. Ela deve ajudar a concentrar o esforço, a garantir a compatibilidade dos processos organizacionais, a fornecer uma razão lógica para a alocação de recursos, a indicar as áreas gerais de responsabilidade funcional e a fornecer os fundamentos para os objetivos organizacionais. Normalmente, a missão está voltada para produtos ou serviços, marketing e tecnologia, ao passo que os objetivos se concentram em cumprir a filosofia, autoconceito e imagem da empresa.

Os objetivos são metas para as quais a organização está direcionada. Eles refletem a missão e são importantes porque os administradores podem utilizá-los na tomada de decisão e como guias para aumentar a eficiência da organização e conduzir avaliações de desempenho. Os objetivos, que podem ser tanto de curto como de longo prazo, analisam assuntos como posição no mercado, inovação, produtividade, níveis de recurso, lucratividade, desempenho e desenvolvimento do administrador, desempenho e atitudes dos funcionários e responsabilidade social.

Para estabelecer diretrizes organizacionais, os administradores devem se apoiar em uma combinação consistente de missão e objetivos organizacionais. Os administradores podem estabelecer essas diretrizes refletindo sobre os resultados da análise do ambiente, desenvolvendo uma missão organizacional apropriada e formulando objetivos organizacionais claros. Ao moldar os objetivos, os administradores devem analisar as tendências, desenvolver objetivos para a organização como um todo, criar uma hierarquia de objetivos e especificar objetivos individuais.

A "Lista de verificação" a seguir traz questões baseadas neste capítulo. Utilize-a para analisar problemas e casos de administração estratégica que enfoquem questões relacionadas a diretrizes organizacionais.

lista de VERIFICAÇÃO

**Analisando diretrizes organizacionais**

1. O assunto ou caso estratégico envolve questões relacionadas a diretrizes organizacionais?
2. Existe uma missão organizacional clara e completa na sua formulação?
3. A missão reflete o ambiente organizacional de maneira apropriada?
4. A situação envolve objetivos organizacionais que refletem a missão de maneira apropriada?
5. Foram estabelecidos tipos adequados de objetivo?
6. Foram estabelecidos objetivos em todas as áreas fundamentais para o sucesso organizacional?
7. Os objetivos aparentes para o caso ou a situação em questão são atingíveis?
8. Os objetivos estão organizados em hierarquia de forma apropriada?
9. Os objetivos individuais foram suficientemente enfatizados?
10. Existe um processo aceitável para estabelecer diretrizes organizacionais na situação ou no caso em questão?

## NA PRÁTICA

### JBS — a maior empresa de proteína animal do mundo

Você vai ao supermercado e coloca em seu carrinho de compras: carnes selecionadas para o churrasco com amigos; leite, iogurtes e manteiga; comida para seus animais de estimação; sabonetes e outros tipos de sabão para limpeza doméstica; ervilha e milho verde em lata. Se você não comprar mais nada, tudo isso que você comprou pode ter uma origem comum: o grupo JBS. Esses e outros produtos são parte da proteína animal que o grupo comercializa.

A JBS é a maior empresa de processamento de proteína animal do mundo. Está presente em todos os continentes, oferecendo produtos em praticamente todas as áreas nas quais a proteína animal entre na composição do produto, ou seja o próprio produto. Detém 140 unidades de produção no mundo e mais de 120 mil colaboradores, em 2010.

Mas esse gigante, hoje internacional, começou pequeno e no Brasil. Era o ano de 1953 quando a primeira unidade de abatedouro foi criada na cidade de Anápolis (GO), com capacidade para abater cinco cabeças de gado por dia. Mas José Batista Sobrinho não parou por aí. O negócio foi crescendo e na década de 1970, após aquisições de outros abatedouros, a empresa já tinha capacidade de abater 500 cabeças de gado por dia.

O grande movimento expansionista se intensificou entre os anos 1980 e 2000, quando a empresa incorporou unidades de produção de carne *in natura* e enlatada. Em termos de política de expansão, o ano de 2005 foi histórico para a empresa: o grupo Friboi (marca até então usada pelo grupo) foi reestruturado e foi criada a JBS. Nesse momento, começou o processo de internacionalização da marca, com a compra de unidades primeiro na Argentina, depois em outros países do mundo, multiplicando de forma assombrosa a capacidade de abate de suas unidades que, somadas, atingiram a marca de 6 mil cabeças por dia.

Nos anos seguintes, o grupo continuou crescendo, incorporando unidades de abate e de produção industrial, no exterior e no próprio Brasil, consolidando-se como líder mundial no setor de carnes. Com a compra da Pilgrim's Pride, em 2009, a JBS ingressou no segmento de frangos. Ao incorporar o grupo Bertin (brasileiro), a empresa entrou no segmento de lácteos, alimentos para animais domésticos e biodiesel.

Atualmente as operações da JBS estão estruturadas nos seguintes segmentos: Divisão Alimentos de Proteína Animal, Divisão Lácteos, Divisão Couros, Divisão PET, Divisão de Biodisel, Divisão de Transportes e Divisão de Limpeza.

A missão do grupo é "sermos os melhores naquilo que nos propusemos fazer, com foco absoluto em nossas atividades, garantindo os melhores produtos e serviços aos clientes, solidez aos fornecedores, rentabilidade satisfatória aos acionistas e a certeza de um futuro melhor a todos os colaboradores". A empresa tem como crença a capacidade no ser humano e, portanto, a valorização desse tipo de capital, ainda mais importante no ambiente no qual atua, de alta competitividade.

Também estão incorporados à gestão da JBS a busca pela modernização, qualidade dos produtos e matérias-primas, construção de mais e melhores relações com parceiros, clientes, colaboradores e sociedade, a satisfação de seus acionistas e o compromisso com questões de responsabilidade socioambiental. Será possível manter esses objetivos nos próximos anos?

## QUESTÕES PARA DISCUSSÃO

1. Com base nessas informações, discuta qual seria uma nova missão para o grupo JBS que deixasse mais clara sua política expansionista.
2. Acesse a Internet e analise as crenças, os valores e o código de ética do grupo. Eles estão de acordo com a imagem que a empresa veicula relacionada à sustentabilidade?
3. Uma marca que trabalha com proteína animal, especialmente com abate, pode gerar algum prejuízo de imagem para sua linha de produtos de limpeza?

## LEITURAS ADICIONAIS

DAVENPORT, T. H. *Missão crítica*. Porto Alegre: Bookman, 2002.

DAY, G. S. *A empresa orientada para o mercado*. Porto Alegre: Bookman, 2001.

MAXIMIANO, A. C. A. *Introdução à administração*. 7. ed. São Paulo: Atlas, 2010.

## NOTAS

1. Essa discussão baseia-se principalmente na obra de PEARCE II, J. A. "The company mission as a strategic tool". *Sloan Management Review*, primavera 1982, p. 15-24.
2. SKIPTON, M. D. "Helping managers to develop strategies". *Long Range Planning*, 18, n. 2, 1985, p. 56-68.
3. ANDREWS, K. R. *The concept of corporate strategy*. Homewood, Ill.: Richard D. lrwin, 1980.
4. CHANDLER, A. *Strategy and structure:* chapters in the history of American industrial enterprise. Cambridge, Mass.: MIT Press, 1962.
5. Veja ANSHOFF, H. I. *Business strategy and policy: an analytic approach to business policy for growth and expansion*. Nova York: McGraw-Hill, 1965; HOFFER, C. W.; SCHENDEL, D. *Strategy formulation: analytical concepts*. St. Paul, Minn.: West Publishing Company, 1978; e COMERFORD, R. A.; CALLAGHAN, D. W. *Strategic management:* text, tools and cases for business policy. Boston: Kent Publishing Company, 1985.

6. RICHARDS, M. D. *Setting strategic goals and objectives*. St. Paul, Minn.: West Publishing Company, 1986, p. 3.

7. DONALDSON, G. "Financial goals and strategic consequences". *Harvard Business Review*, maio/jun. 1985, p. 57-66.

8. DRUCKER, P. F. *The practice of management*. Nova York: Harper & Row, 1954, p. 62-65; p. 126-129.

9. GRANGER, C. H. "How to set company objectives". *Management Review*, jul. 1970, p. 2-8.

10. MOSCHIS, G. P.; GOLDSTUCKER, J. L.; STANLEY, T. J. "At-home shopping: will consumers let their computers do the walking?". *Business Horizons*, mar./abr. 1985, p. 22-29.

11. SHETTY, Y. K. "New look at corporate goals". *California Management Review*, 22, n. 2, inverno 1979, p. 71-79.

12. QUANDT, J. H. "Setting strategy using variable ROI analysis". *The Journal of Business Strategy*, 5, n. 1, verão 1984, p. 77-79.

13. GRANGER, C. "The hierarchy of objectives". *Harcard Business Review*, maio/jun. 1963, p. 63-74.

# Estruturas de aprendizagem

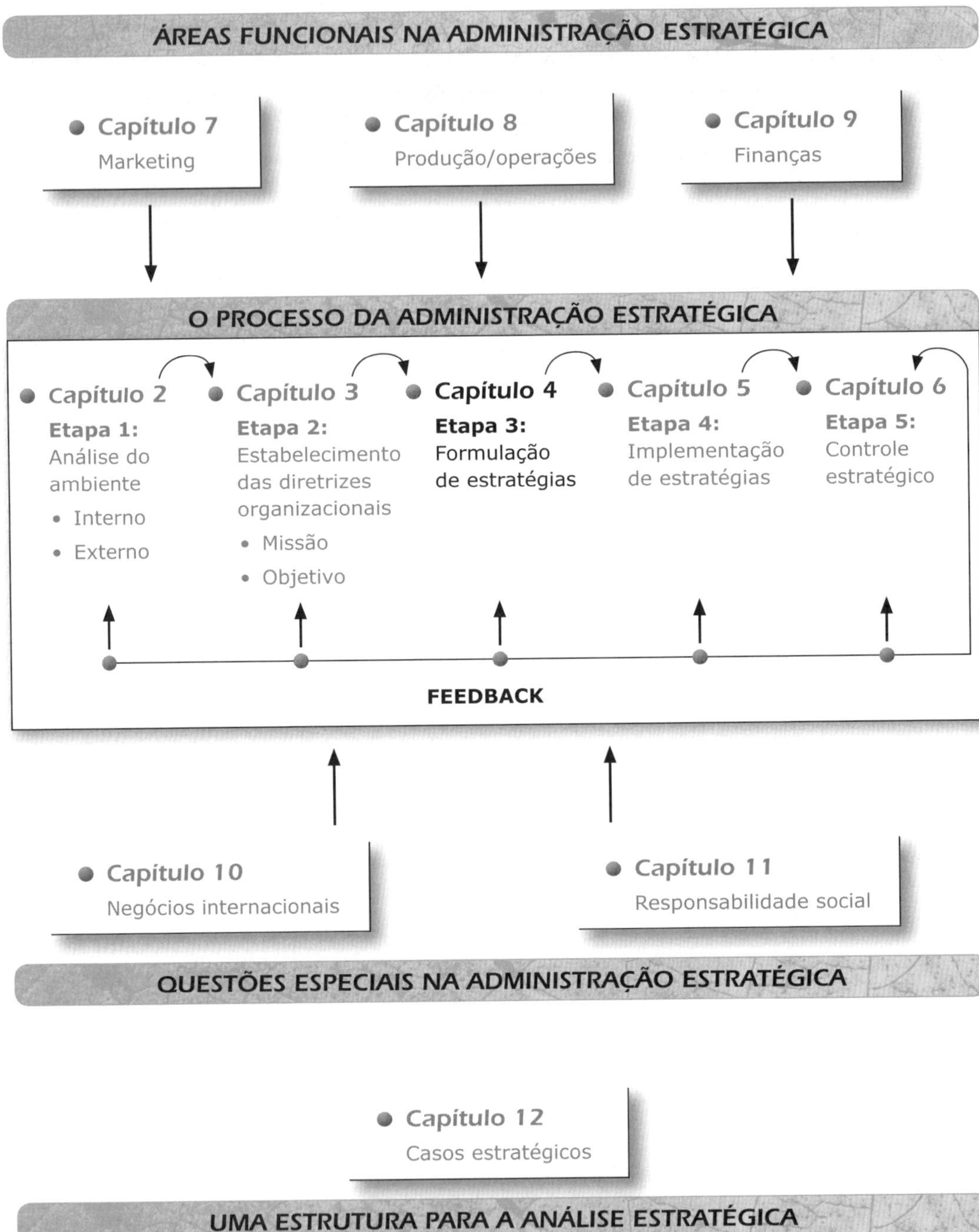

CAPÍTULO 4

# Formulação de estratégias

Formular estratégias implica determinar caminhos adequados para se alcançar objetivos. Isso inclui atividades como análise, planejamento e seleção de estratégias que aumentem as chances de a organização atingir suas metas.

Neste capítulo, abordaremos o processo de formulação da estratégia. Na primeira parte, recordaremos duas técnicas usadas na análise do ambiente, porque elas são essenciais para o desenvolvimento de estratégias de sucesso. Ambas as técnicas são ferramentas que fornecem informações úteis à formulação da estratégia nos níveis organizacionais, de negócios e funcionais.

Na sequência, discutiremos as seguintes modalidades: estratégias organizacionais formuladas para a realização dos objetivos globais da empresa; estratégias de negócios elaboradas para auxiliar cada departamento ou unidade de negócio, a fim de contribuir de modo efetivo para a organização da qual é subsidiária; e estratégias desenvolvidas por especialistas em diversas áreas funcionais, tais como finanças, marketing e recursos humanos. Embora analisadas separadamente, as três estratégias devem estar sincronizadas e coordenadas para trazer resultados eficazes.

Na parte final, analisaremos a formulação da estratégia considerando-se as restrições financeiras, as capacidades e a disposição da empresa para assumir riscos e enfrentar condições impostas pelo ambiente externo. Além disso, sugerimos diversos critérios que podem ser aplicados no processo de escolha de alternativas estratégicas.

•••

## FORMULAÇÃO DE ESTRATÉGIAS: DADOS DA ANÁLISE DO AMBIENTE

É da análise do ambiente que provêm as informações necessárias para que se inicie o processo de formulação de estratégias. Escolhemos duas abordagens para tratar desse processo: a análise de questões críticas e a análise dos fatores externos e internos.

### Análise de questões críticas

A análise de questões críticas fornece tanto a estrutura necessária para o estudo da situação atual da organização como propicia também a formulação de estratégias eficazes. Para realizá-la, é necessário, primeiro, responder a quatro questões básicas:[1]

1. *Quais são os propósitos e os objetivos da organização?* A resposta a essa questão informa aos administradores aonde a organização quer chegar. Conforme dito anteriormente, estratégias adequadas decorrem da missão e dos objetivos da organização.
2. *Para onde a organização está indo no momento?* A resposta revela se uma organização está atingindo suas metas ou, no mínimo, fazendo progressos satisfatórios.
3. *Que fatores ambientais críticos a organização enfrenta atualmente?* Essa questão enfoca tanto o ambiente externo quanto o interno. Se uma equipe de administração de nível médio, mal treinada (ambiente interno), e um aumento na pressão da concorrência (ambiente externo) são preocupações estratégicas essenciais, então qualquer estratégia, ao ser formulada, deve levar em conta essas questões.
4. *O que pode ser feito para que os objetivos organizacionais sejam alcançados de forma mais efetiva no futuro?* A resposta a essa pergunta resulta na formulação de estratégias para a organização. Assim, ela vai além da análise do ambiente e inclui os estágios de planejamento e seleção. Somente depois de os administradores terem refletido sobre as respostas das questões anteriores é que essa deve ser respondida. Em outras palavras: os administradores somente poderão formular estratégias organizacionais eficazes quando compreenderem claramente aonde a organização quer chegar, para onde ela está indo e qual o ambiente em que ela opera.

### Análise dos fatores externos e internos

A análise dos fatores externos e internos é uma ferramenta útil para o entendimento da situação global da organização. Essa abordagem tenta equilibrar oportunidades e riscos apresentados pelo ambiente externo com os pontos fortes e fracos de uma organização. Sugere que as questões-chave que enfrenta podem ser tratadas por meio de uma cuidadosa análise de cada um dos quatro itens analisados anteriormente. Na Tabela 4.1 há diversas questões-chave que os administradores devem considerar no momento da análise.

TABELA 4.1 Importantes considerações para análise dos fatores externos e internos

| **ANÁLISE EXTERNA** | |
|---|---|
| **Oportunidades** | **Riscos** |
| • Entrar em novos mercados ou segmentos?<br>• Aumentar a linha de produtos?<br>• Diversidade de produtos relacionados?<br>• Incluir produtos complementares?<br>• Integração vertical?<br>• Crescente pressão competitiva?<br>• Capacidade de mudar para melhor o grupo estratégico?<br>• Convivência com empresas rivais?<br>• Crescimento de mercado mais rápido?<br>• Outros? | • Provável entrada de novos concorrentes?<br>• Aumento das vendas de produtos substitutos?<br>• Crescimento mais lento do mercado?<br>• Política governamental restritiva?<br>• Vulnerabilidade à recessão e aos ciclos do negócio?<br>• Crescente poder de barganha dos clientes ou fornecedores?<br>• Mudanças de necessidades e gostos dos compradores?<br>• Mudança demográfica relevante? Outros? |
| **ANÁLISE INTERNA** | |
| **Pontos fortes** | **Pontos fracos** |
| • Uma fonte de competência distintiva?<br>• Recursos financeiros adequados?<br>• Boa habilidade competitiva?<br>• Atitude positiva dos compradores?<br>• Líder reconhecido no mercado?<br>• Estratégias de áreas funcionais?<br>• Economias de escala em crescimento?<br>• Isolado (pelo menos um pouco) da forte pressão de concorrentes?<br>• Dono da tecnologia?<br>• Vantagens de custo?<br>• Vantagens competitivas?<br>• Capacidade de inovação de produtos?<br>• Administração competente?<br>• Outros? | • Direção estratégica pouco clara?<br>• Posição competitiva desvantajosa?<br>• Instalações obsoletas?<br>• Lucratividade baixa em virtude de...?<br>• Falta de talento e profundidade administrativa?<br>• Falta de experiência ou competências-chave bem concebidas?<br>• Controles ruins na implementação da estratégia?<br>• Contaminação por problemas operacionais internos?<br>• Vulnerável a pressões da concorrência?<br>• Atraso em relação a pesquisa e desenvolvimento?<br>• Linha muito limitada de produtos?<br>• Imagem fraca no mercado?<br>• Desvantagens competitivas?<br>• Experiência de marketing abaixo da média?<br>• Incapaz de financiar as mudanças necessárias na estratégia?<br>• Outros? |

**Fonte**: Adaptado de THOMPSON JR., A. A.; STRICKLAND III, A. J. *Administração estratégica*. 15. ed. Porto Alegre: Bookman, 2008.

Embora as questões listadas na Tabela 4.1 possam ajudar diretamente na avaliação dos fatores internos e externos, boa parte do trabalho consiste em responder a elas de modo correto. Isso significa que a importância relativa de cada uma delas precisa ser determinada e seu impacto potencial sobre a formulação da estratégia, avaliado. Por essa razão, a importância relativa de cada questão pode variar de acordo com o nível em que a estratégia é formulada (nível organizacional, de negócios ou funcional). Explicaremos a diferença entre esses níveis de formulação de estratégia nas três partes seguintes. A seção "Módulo aplicado" é um bom exemplo porque oferece a oportunidade de acompanhar as habilidades desse tipo de análise em uma empresa de sucesso: Contém 1g, de São Paulo.

*módulo aplicado*

## PRÁTICA DE ANÁLISE PARA A EMPRESA CONTÉM 1G

### Introdução

A empresa Contém 1g surgiu em 1984, primeiro no segmento de roupas e, nove anos depois, passou para o segmento de cosméticos. Define-se como uma empresa feminina, inspiradora e criadora. Tem como missão criar, ensinar a usar e vender maquiagem, surpreendendo e encantando o maior número possível de mulheres, colaborando com a felicidade do maior número possível de pessoas. Tem mais de 200 pontos de venda e seus vendedores são maquiadores especialmente treinados, seguindo um plano de carreira que gradualmente os transforma em profissionais do time de primeira linha em termos de maquiagem, alcançando a posição 'Celebrity Artist Contém 1g. Make-Up'.

### A situação

Desde seu início, a empresa cresceu bastante, definindo sua fábrica como uma linha de produção em 'sistema boutique', usando máquinas de alta tecnologia, de várias procedências internacionais, as mesmas usadas pelas grandes empresas de cosméticos do mundo.

Abriu o sistema de franquias em 2000. Seus pontos de venda são projetados como um espaço de joalheria, no qual o cliente entra em contato com o produto; os vendedores maquiam as clientes e mostram como uma renovação é possível. O olhar-se ao espelho, maquiada, é pensado para ser lúdico, repleto de cores, um espaço de experiências. É como entrar em uma palheta de cores e se ver em uma tela.

Todavia, há vários concorrentes que começam a se instalar em shoppings, principalmente em quiosques, com vendedores (homens e mulheres) charmosos e preparados para apresentar os produtos de suas linhas de maquiagem. Até que ponto esses concorrentes da Contém 1g conseguem vender a experiência de 'sentir-se mais linda'?

### Exercício

A Contém 1g tem se saído bem no segmento em que atua. É usada e recomendada por maquiadores profissionais e já ganhou vários prêmios por ser uma linha de maquiagem de base mineral. Analise as oportunidades e riscos, pontos fortes e fracos desse negócio, principalmente com a entrada no mercado de produtos de maquiagem importados, como a linha de cosméticos que usa a lama negra, produto mineral extraído do Mar Morto.

## FORMULAÇÃO DE ESTRATÉGIAS ORGANIZACIONAIS

As estratégias organizacionais são formuladas pela alta administração e projetadas para alcançar os objetivos globais da empresa. Esse processo inclui duas tarefas relacionadas. Em primeiro lugar, elaborar e estabelecer estratégias gerais. Depois, definir e decidir o papel das diversas linhas de negócios da organização e quais recursos serão alocados. Nessa parte, vamos rever várias estratégias genéricas que uma empresa pode adotar e, então, discutiremos as diversas abordagens analíticas de um conjunto de negócios diferentes dentro de uma organização. Essas abordagens são chamadas modelos de carteira de negócios.

### Alternativas de estratégias de grande abrangência

Uma organização pode escolher uma ampla variedade de estratégias genéricas. Discutiremos algumas delas e em que condições cada uma poderá ser utilizada.

#### Estratégia de concentração

Uma estratégia de concentração é aquela em que a organização enfoca uma única linha de negócios. Por exemplo, o McDonald's se concentra na indústria de *fast-food*, e a Holiday Inn, no setor de hotelaria. Essa estratégia é usada por empresas que desejam obter vantagem competitiva por meio do conhecimento especializado e eficiente, além de evitar os problemas que envolvem a administração de muitos negócios. No entanto, essa estratégia apresenta um ponto desfavorável: se a indústria começa a encolher ou competidores agressivos passam a dominar o mercado, a empresa que se concentra em uma única especialidade corre o risco de ser eliminada, pois não tem outra linha de negócios à qual recorrer.

#### Estratégia de estabilidade

A organização que adota uma estratégia de estabilidade se concentra em sua linha ou linhas de negócios existentes e tenta mantê-las. Essa é uma estratégia utilizada em algumas situações. A de uma organização grande e que domine seu mercado, que pode escolher essa estratégia para evitar controles governamentais ou penalidades de um monopólio industrial. A situação de uma organização que ache que, além de ser dispendioso, o crescimento pode ter efeitos prejudiciais sobre a lucratividade. E, finalmente, a situação de uma organização, em uma indústria de baixo ou nenhum crescimento, que não tenha outras opções viáveis, e acaba sendo forçada a selecionar uma estratégia de estabilidade.

#### Estratégias de crescimento

Normalmente, as organizações buscam crescimento nas vendas, nos lucros e na participação no mercado como objetivo principal. As *estratégias de crescimento* podem ser obtidas por meio de recursos como as integrações vertical e horizontal, diversificação e fusões, além de *joint ventures*.

- *Integração vertical*. Essa estratégia envolve o crescimento por meio da aquisição de outras organizações no canal de distribuição. Quando uma organização adquire outras que são suas fornecedoras, ela se engaja na *integração inversa*. A organização que adquire outras empresas que estejam mais próximas do consumidor final do produto (tais como atacadistas e varejistas) está engajada na *integração direta*. A integração vertical é usada para obter maior controle sobre uma linha de negócios e aumentar os lucros por meio de maior eficiência ou esforço de vendas.

- *Integração horizontal*. Essa estratégia promove o crescimento por meio da aquisição de empresas concorrentes em uma mesma linha de negócios. É adotada no esforço de aumentar seu porte, vendas, lucros e participação potencial no mercado. Algumas vezes, essa estratégia é usada para se adquirir empresas menores, numa indústria dominada por apenas um ou alguns grandes concorrentes, tais como as de refrigerantes e computadores.
- *Diversificação*. Essa estratégia envolve o crescimento por meio da aquisição de empresas em outras indústrias ou linhas de negócios. Quando a empresa adquirida tem produção, tecnologia, produtos, canais de distribuição e/ou mercados similares aos da empresa compradora, a estratégia é chamada de *diversificação relacionada* ou *concentrada*. Ela é utilizada quando a organização pode se tornar mais eficiente ou provocar um impacto maior no mercado por meio do uso de recursos compartilhados.

Quando a empresa adquirida possui uma linha de negócios completamente diferente, a estratégia é chamada de *diversificação não relacionada* ou *conglomerada*. Essa estratégia é utilizada quando está envolvida no processo pelo menos uma das razões a seguir:

1. Organizações em indústrias de crescimento lento podem adquirir empresas em indústrias de crescimento rápido para aumentar sua taxa de crescimento global;
2. Organizações com excesso de caixa frequentemente descobrem que o investimento em outra indústria (especialmente uma de rápido crescimento) é uma estratégia lucrativa;
3. As organizações podem se diversificar para diluir seus riscos em diversos setores ou segmentos;
4. A organização adquirente pode ter uma administração talentosa, recursos financeiros e técnicos ou conhecimento de mercado que podem ser aplicados em empresas fracas de outro ramo industrial, na esperança de torná-las altamente lucrativas.
5. Fusões e *joint ventures*. Até agora, falamos de diversificação em termos de aquisição — ou seja, uma empresa que compra outra com dinheiro ou ações. Uma organização também pode crescer por meio de fusões e *joint ventures*. Na fusão, uma empresa se une a outra para formar uma nova organização. Na *joint venture*, uma organização trabalha com outra em um

projeto muito grande, que será controlado somente por ela. Similarmente, organizações de diferentes países podem trabalhar juntas para contornar barreiras comerciais no mercado internacional ou compartilhar recursos com mais eficiência. Por exemplo, a GMF Robotics é uma *joint venture* entre a General Motors e a Fanuc do Japão destinada a produzir robôs industriais.

## Estratégia de redução de despesas

Quando a sobrevivência de uma organização está ameaçada e ela não compete com eficiência, frequentemente são necessárias estratégias de redução de despesas. Os três tipos básicos de redução de despesas são rotatividade, desinvestimento e liquidação.

- *Rotatividade*. Essa estratégia é usada quando uma organização está funcionando precariamente, mas ainda não chegou a um estágio crítico. Normalmente essa estratégia implica não apenas livrar-se de produtos não lucrativos, com a finalidade de reduzir a força de trabalho e os canais de distribuição, como também de procurar outras maneiras de tornar a organização mais eficiente. Se a rotatividade for bem-sucedida, a organização pode, então, concentrar-se nas estratégias de crescimento.
- *Desinvestimento*. Essa estratégia caracteriza-se por vender negócios ou transferi-los para outras organizações. O desinvestimento é usado quando um negócio em especial não está sendo bem conduzido pela organização ou não atinge os objetivos estabelecidos para ele. Também pode ser usado para melhorar a posição financeira da organização.
- *Liquidação*. Nessa estratégia, o negócio é encerrado e seus ativos, vendidos. A liquidação é a última estratégia de redução de despesas posta em prática, porque normalmente resulta em perdas para acionistas e empregados. No entanto, em uma organização com diversos negócios, a perda de um deles causa, tipicamente, menos impacto negativo do que causaria em uma organização de negócio único.

## Estratégias combinadas

Organizações grandes e diversificadas usam muitas dessas estratégias combinadas. Por exemplo, uma organização pode procurar simultaneamente crescer por meio de aquisições de novos negócios, adotar uma estratégia de estabilidade para alguns de seus negócios existentes e descapitalizar outros. É óbvio que formular uma estratégia organizacional consistente em organizações grandes e diversificadas é complicado, pois várias estratégias diferentes em nível de negócios precisam ser coordenadas para que se atinjam plenamente os objetivos organizacionais desejados. Os modelos de carteira de negócios são projetados para ajudar os administradores a lidar com esse problema.

## MODELOS DE CARTEIRA DE NEGÓCIOS

Modelos de carteira de negócios são ferramentas que servem para analisar (1) a posição relativa de cada um dos negócios da organização em seu setor e (2) a relação entre todos os negócios da organização. Dois exemplos de abordagens para se desenvolver carteiras de negócios são a matriz de crescimento da participação do Boston Consulting Group (BCG) e a matriz multifator de carteira da General Electric (GE).

### Matriz de crescimento da participação da BCG

O Boston Consulting Group, empresa líder em consultoria de administração, desenvolveu e popularizou uma abordagem de formulação de estratégia chamada matriz de crescimento da participação, que é mostrada na Figura 4.1. A ideia básica dessa abordagem é que a empresa deve ter uma carteira equilibrada de negócios, de modo que alguns gerem mais dinheiro do que gastam e possam suportar outros negócios que precisem de caixa para se desenvolver e se tornar lucrativos. O papel de cada negócio é determinado com base em dois fatores: taxa de crescimento de seu mercado e sua participação nesse mercado.

O eixo vertical indica a *taxa de crescimento do mercado*, que é a porcentagem anual de crescimento do mercado (atual ou previsto) no qual o negócio opera.

FIGURA 4.1 Matriz de crescimento da participação da BCG

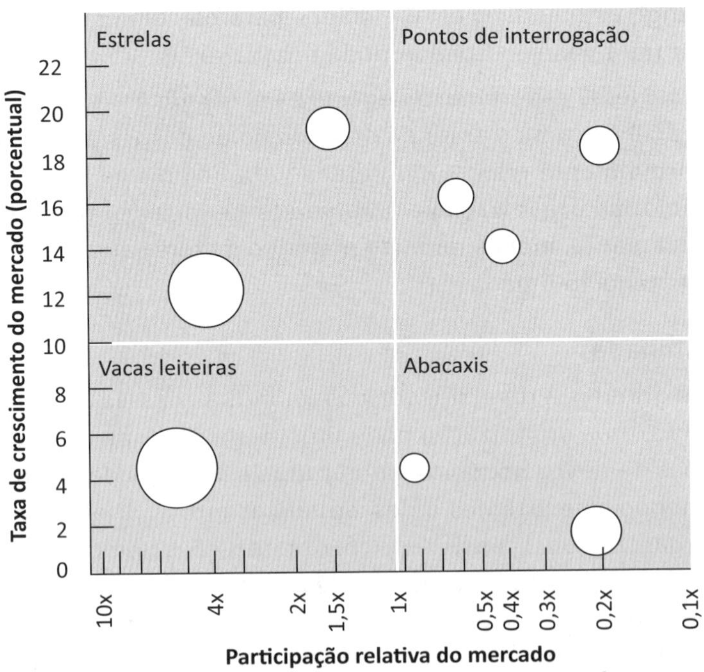


**Fonte**: Adaptado de HEDLEY, B. "Strategy and the business portfolio". *Long Range Planning*, fev. 1977, p. 12. Copyright 1977 by Pergamon Journals Ltd.

Qualquer índice abaixo de 10 por cento é considerado baixa taxa de crescimento, e, acima de 10 por cento, alta taxa de crescimento.

O eixo horizontal indica a *taxa de participação* ou *participação relativa no mercado*. Ela é calculada dividindo-se a participação da empresa no mercado (em unidades) pela participação no mercado de seu maior concorrente. Por exemplo, uma participação relativa de 0,2 no mercado significa que o volume de vendas do negócio é de apenas 20 por cento do volume de vendas dos líderes de mercado; uma participação relativa de 2,0 no mercado significa que os negócios têm um volume de vendas duas vezes maior que o segundo concorrente. Uma participação relativa de 1,0 no mercado é definida como a linha divisória entre a alta e a baixa participação. Cada um dos círculos na Figura 4.1 representa as receitas relativas de um único negócio; ou seja, um círculo maior representa mais vendas do que um círculo menor.

A matriz de crescimento da participação tem quatro células, e elas refletem as quatro possíveis combinações de alto e baixo crescimento com alta e baixa participação no mercado. Essas células representam tipos particulares de negócio, cada um com sua regra especial de representação na carteira completa de negócios. As células são identificadas como:

- *Pontos de interrogação*. Negócios da empresa que operam num mercado de altas taxas de crescimento, mas com baixa participação relativa. A maioria das empresas começa como pontos de interrogação, entram em um mercado de alto crescimento em que já existe um líder. Geralmente uma empresa considerada ponto de interrogação exige o aporte de grande quantidade de fundos: é necessário aumentar a fábrica e o número de equipamentos e manter o pessoal para acompanhar um mercado em rápido crescimento. Além disso, é preciso ultrapassar o líder. O termo 'ponto de interrogação' foi bem escolhido, porque a organização tem de optar entre continuar a investir no negócio ou abandoná-lo.
- *Estrelas*. Negócios de ponto de interrogação que se tornaram bem-sucedidos. Uma estrela é a líder em um mercado em rápido crescimento, mas que não gera necessariamente muito caixa. A organização gastou uma grande soma de dinheiro para acompanhar a taxa de crescimento do mercado e enfrentar os ataques dos concorrentes. Frequentemente, estrelas são usuárias, e não geradoras de caixa. Mesmo assim, é comum elas se tornarem lucrativas com o passar do tempo.
- *Vacas leiteiras*. Negócios em mercados cuja taxa anual de crescimento é menor que 10 por cento, mas que ainda assim têm a maior participação relativa no mercado. São chamados dessa maneira porque produzem muito caixa. A organização não precisa financiar uma expansão maior, porque a taxa de crescimento do mercado é baixa e o negócio é líder, com economia de escala e altas margens de lucro. A organização usa os negócios do tipo 'vacas leiteiras' para pagar suas faturas e dar suporte a outros negócios que requerem maior esforço para o seu desenvolvimento.

- *Abacaxis*. Negócios que têm uma participação fraca em mercados de baixo crescimento. De modo geral, proporcionam baixos lucros ou perdas, apesar de poderem gerar um mínimo de caixa. Frequentemente, tais negócios consomem mais tempo da administração do que merecem e precisam ser encerrados. No entanto, uma organização pode ter boas razões para manter um abacaxi, tal como uma esperada melhoria na taxa de crescimento do mercado ou uma nova chance de vir a liderar o mercado.[2]

## Alternativas estratégicas

Após traçar cada um dos negócios da organização na matriz de crescimento de participação, a etapa seguinte é avaliar se a carteira é saudável e bem equilibrada. Uma carteira equilibrada possui diversas estrelas e vacas leiteiras e poucos pontos de interrogação e abacaxis. Esse equilíbrio é importante porque a organização precisa de caixa não apenas para manter os negócios em funcionamento, mas também para desenvolver novos. Dependendo da posição de cada negócio, quatro estratégias básicas podem ser formuladas:

1. *Construir a participação no mercado*. Essa estratégia é apropriada para pontos de interrogação que devem aumentar a participação para se tornarem estrelas. Em alguns negócios, talvez seja preciso renunciar a lucros de curto prazo para obter participação no mercado e lucros a longo prazo.
2. *Manter a participação no mercado*. Essa estratégia é apropriada para vacas leiteiras com forte posição no mercado. O caixa gerado pelas vacas leiteiras é fundamental para apoiar outros negócios e financiar inovações. No entanto, é provável que o custo de se aumentar as participações das vacas leiteiras seja muito alto para tornar determinada estratégia lucrativa.
3. *Colheita*. A colheita envolve a exploração de tantas vacas leiteiras de um negócio a curto prazo quanto for possível, mesmo tendo de reduzir a participação do negócio no mercado, se necessário. Vacas leiteiras fracas, que parecem não ter um futuro promissor, são candidatas à colheita, do mesmo modo que pontos de interrogação e abacaxis.
4. *Desinvestir*. Implica vender ou liquidar um negócio porque os recursos dedicados a ele podem ser investidos de modo mais lucrativo em outros negócios. Essa estratégia é apropriada para os abacaxis e pontos de interrogação em que não vale a pena investir.

## Avaliação da matriz de crescimento da participação

A matriz de crescimento da participação foi uma das primeiras abordagens investigativas de relacionamentos entre os diversos negócios de uma organização e ajudou a despertar o interesse sobre esse assunto. Talvez sua principal contribuição tenha sido encorajar os administradores a visualizar a formulação da estratégia organizacional de maneira a integrar os negócios e adquirir uma visão de longo prazo. De fato, a matriz de crescimento da participação reconhece que negócios em diferentes estágios apresentam diferentes requisitos de caixa e fornecem diferentes contribuições para que os objetivos organizacionais sejam atingidos. A matriz de crescimento da participação é também uma abordagem simples que oferece uma visão geral atraente de uma carteira de negócios da organização.

No entanto, diversos problemas que surgem com essa abordagem sugerem que ela deve ser usada cautelosamente na formulação da estratégia.[3] Entre eles, estão:

- A matriz de crescimento da participação se preocupa em equilibrar o fluxo de caixa, enquanto é provável que as organizações estejam mais interessadas no retorno sobre investimento que os diversos negócios geram.
- Nem sempre fica claro qual participação e que mercado é relevante na análise. Por exemplo, muitos resultados diferentes seriam obtidos se a participação de mercado da Mercedes-Benz fosse determinada com base no mercado global de carros, em vez de somente no mercado de carros de luxo.
- A matriz de crescimento da participação se baseia na ideia de que existe um forte relacionamento entre participação no mercado e retorno sobre investimento. De fato, frequentemente se acredita que uma diferença de 10 por cento na participação do mercado seja acompanhada por uma diferença de 5 por cento no retorno sobre investimento. No entanto, uma recente pesquisa descobriu que esse relacionamento é muito mais fraco — uma mudança de 10 por cento na participação do mercado está associada a uma mudança de somente 1 por cento no retorno sobre o investimento.[4]
- Muitos outros fatores, além da participação no mercado, são essenciais à formulação da estratégia. Por exemplo, o tamanho e o perfil de crescimento do mercado e as competências distintivas da empresa e de seus concorrentes são influências importantes.
- A matriz de crescimento da participação não fornece assistência direta na comparação de diferentes negócios no que diz respeito a oportunidades de investimento. Por exemplo, não fica claro como é possível comparar dois pontos de interrogação para definir qual deve ser desenvolvido para se tornar estrela e qual deve ser liquidado.
- A abordagem oferece apenas recomendações de estratégias gerais sem especificar quais delas podem ser implementadas.

Assim, embora a matriz de crescimento da participação possa fornecer uma visão geral útil de uma carteira de negócios e possa apontar alguns importantes relacionamentos entre os negócios de uma organização, ela não fornece uma estrutura completa para a formulação de estratégia. Diversos outros modelos de carteiras têm sido desenvolvidos para contornar alguns dos problemas inerentes à matriz de crescimento da participação. A seguir, analisaremos um deles: multifator de carteira da General Electric.

## Matriz multifator de carteira da General Electric

Essa abordagem tem diversos nomes, incluindo matriz de nove células da GE, matriz de carteira de negócios das nove células da GE e matriz de pontos de negócios e atividades do mercado. Ela foi desenvolvida pela General Electric com o auxílio da McKinsey, uma empresa destacada em consultoria. A abordagem básica é mostrada na Figura 4.2.[5] Cada círculo nessa matriz representa o mercado inteiro, e a porção sombreada, a participação dos negócios da organização no mercado.

Cada um dos negócios da organização está traçado na matriz sobre duas dimensões: a da atratividade do setor econômico onde se situam os negócio e a de seus pontos fortes. Cada uma dessas dimensões é uma medida composta de diversos fatores. As duas dimensões facilitam o bom-senso para a formulação da estratégia, porque um negócio bem-sucedido típico é aquele inserido em um setor econômico atrativo e que apresenta pontos fortes efetivos. Ambas as dimensões são necessárias para produzir desempenho superior aos concorrentes.

Para usar essa abordagem, uma organização deve determinar quais fatores são mais influentes na definição da atratividade setorial e dos pontos fortes dos negó-

FIGURA 4.2 Matriz multifator de carteira da General Electric

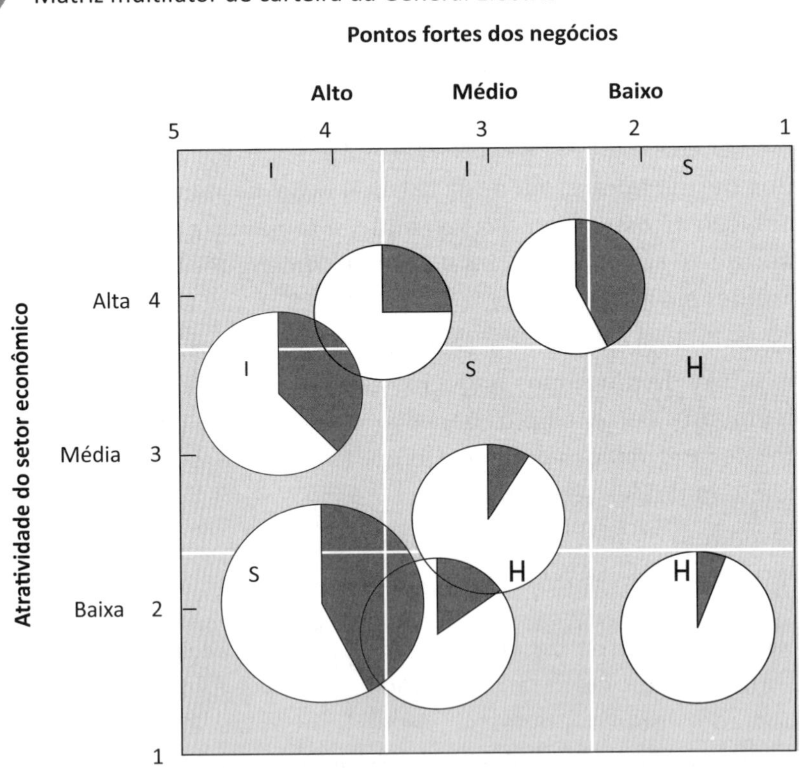


I – Investir/crescer • S – Investir seletivamente • H – Encolher/desinvestir

**Fonte**: HOFER, C. W.; SCHENDEL, D. *Strategy formulation: analytic concepts*. St. Paul, Minn.: West Publihing Company, 1978. Copyright 1978 by West Publishing Company. Reprodução autorizada pelos autores.

cios. A Tabela 4.2 lista alguns dos que normalmente são usados para identificar negócios nessas dimensões.

TABELA 4.2 Fatores que contribuem para a atratividade e pontos fortes de negócios do setor

| ATRATIVIDADE DO SETOR | PONTOS FORTES DO NEGÓCIO |
|---|---|
| **Fatores de mercado** | |
| • Tamanho (dinheiro, unidade ou ambos) | • Sua participação (na mesma medida) |
| • Tamanho dos segmentos-chave | • Sua participação nos segmentos-chave |
| • Taxa de crescimento por ano | • Sua taxa de crescimento anual |
| • Total | • Total |
| • Segmentos | • Segmentos |
| • Diversidade de mercado | • Diversidade de sua participação |
| • Sensibilidade a preços, características | • Sua influência sobre o mercado |
| • Repetitividade | • Atrasos e adiantamentos de vendas |
| • Sazonalidade | |
| • Poder de barganha de fornecedores poderosos | • Poder de barganha de seus fornecedores |
| • Poder de barganha de fornecedores 'amigos' | • Poder de barganha de seus clientes |
| **Concorrência** | |
| • Tipos de concorrentes | • Onde você está, como você se compara no que diz respeito a produtos, capacidade de marketing, serviços, pontos fortes na produção e finanças, e administração |
| • Grau de concentração | |
| • Mudanças no tipo e no mix | |
| • Entradas e saídas no mercado | • Segmentos em que você entrou ou dos quais saiu |
| • Mudanças na participação | • Mudança em sua participação relativa |
| • Substituição por nova tecnologia | • Sua vulnerabilidade a novas tecnologias |
| • Graus e tipos de integração | • Seu próprio nível de integração |

| ATRATIVIDADE DO SETOR | PONTOS FORTES DO NEGÓCIO |
|---|---|
| **Fatores econômicos e financeiros** | |
| • Margens de contribuição | • Suas margens |
| • Fatores de alavancagem, tais como economias de escala e experiência | • Sua escala e experiência |
| • Barreiras à entrada e saída | • Barreiras à sua entrada ou saída (tanto financeiras como não financeiras) |
| • Utilização da capacidade | • Sua utilização da capacidade |
| **Fatores tecnológicos** | |
| • Maturidade e flexibilidade | • Sua capacidade de enfrentar mudanças |
| • Complexidade | • Seu grau de experiência |
| • Diferenciação | • Tipos de sua experiência tecnológica |
| • Patentes e direitos | • Sua proteção de patentes |
| • Processo tecnológico de manufatura exigido | • Sua tecnologia de manufatura |
| **Fatores sociopolíticos em seu ambiente** | |
| • Atitudes e tendências sociais | • Resposta e flexibilidade de sua empresa |
| • Leis e regulamentos de agências do governo | • Capacidade de sua empresa em competir |
| • Influência sobre grupos de pressão e representantes do governo | • Agressividade de sua empresa |
| • Fatores humanos, tais como sindicalização e aceitação pela comunidade | • Relacionamento de sua empresa |

**Fonte**: ABELL, D. F.; HAMMOND, J. S. *Strategic market planning:* problems & analytical approaches. Englewood Cliffs, N.J.: Prentice-Hall, 1979, p. 214. Reprodução autorizada pela editora.

A próxima etapa no desenvolvimento dessa matriz é atribuir pesos para cada variável com base em suas importâncias em relação a outros fatores (por isso o seu peso total deve ser 1,0). Então, os administradores devem indicar, em uma escala de 1 a 5, quão baixa ou alta está a pontuação dos negócios em relação a cada fator. A Tabela 4.3 apresenta uma análise para um negócio. Esses cálculos mostram que os negócios recebem 3,45 na atratividade do setor e 4,30 nos pontos fortes do negócio. Desse modo, esse negócio deve ser classificado próximo à célula alto-alta da matriz.

TABELA 4.3 Ilustração de cálculos de atratividade industrial e pontos fortes dos negócios

| ATRATIVIDADE DO SETOR | PESO | PONTUAÇÃO (1-5) | VALOR |
|---|---|---|---|
| Tamanho do mercado global | 0,20 | 4,00 | 0,80 |
| Taxa de crescimento anual do mercado | 0,20 | 5,00 | 1,00 |
| Margem de lucro histórica | 0,15 | 4,00 | 0,60 |
| Intensidade da concorrência | 0,15 | 2,00 | 0,30 |
| Exigências tecnológicas | 0,15 | 3,00 | 0,45 |
| Vulnerabilidade inflacionária | 0,05 | 3,00 | 0,15 |
| Exigências de energia | 0,05 | 2,00 | 0,10 |
| Impacto ambiental | 0,05 | 1,00 | 0,05 |
| Social/político/legal | Deve ser aceitável = 1,00 | | 1,00 |
| **PONTOS FORTES DO NEGÓCIO** | **PESO** | **PONTUAÇÃO (1-5)** | **VALOR** |
| Participação no mercado | 0,10 | 4,00 | 0,40 |
| Crescimento da participação | 0,15 | 4,00 | 0,60 |
| Qualidade do produto | 0,10 | 4,00 | 0,40 |
| Reputação da marca | 0,10 | 5,00 | 0,50 |
| Rede de distribuição | 0,05 | 4,00 | 0,20 |
| Efetividade promocional | 0,05 | 5,00 | 0,25 |
| Capacidade produtiva | 0,05 | 3,00 | 0,15 |
| Eficiência produtiva | 0,05 | 2,00 | 0,10 |
| Custo unitário | 0,15 | 3,00 | 0,45 |
| Fornecimento de materiais | 0,05 | 5,00 | 0,25 |
| Desempenho de pesquisa e desenvolvimento | 0,10 | 4,00 | 0,80 |
| Pessoal administrativo | 0,05 | 4,00 | 0,20 |
| | 1,00 | | 4,30 |

**Fonte**: Baseado em KOTLER, P. *Administração de marketing.* 12. ed. São Paulo: Pearson, 2006.

### Alternativas estratégicas

Dependendo da classificação dos negócios na matriz, três estratégias básicas podem ser formuladas: investir/crescer, investimento seletivo e encolher/desinvestir. Negócios que caiam em células que formam uma diagonal do canto inferior esquerdo ao canto superior direito são negócios de força média, em que se deve investir apenas seletivamente. Negócios nas células acima e à esquerda dessa diagonal são os mais fortes; aqueles em que a organização deve empregar uma estratégia de investir/crescer. Negócios nas células abaixo e à direita da diagonal são fracos e sérios, candidatos à estratégia encolher/desinvestir.

### Avaliação da matriz de carteira multifator

Essa abordagem tem diversas vantagens sobre a matriz de crescimento da participação. Em primeiro lugar, ela fornece um mecanismo para a inclusão de infinitas variáveis relevantes no processo de formulação da estratégia. Segundo, conforme temos observado, as duas dimensões — atratividade industrial e força de negócios — são excelentes critérios para avaliar o sucesso do negócio em potencial. Terceiro, a abordagem força os administradores a serem específicos acerca de suas avaliações do impacto de variáveis especiais sobre o pleno sucesso do negócio.

No entanto, a matriz de carteira multifator também apresenta algumas das mesmas limitações da matriz de crescimento da participação. Por exemplo, ela não resolve o problema da determinação do mercado adequado e não oferece mais do que recomendações de estratégias gerais. Além disso, as medidas são subjetivas e podem ser muito ambíguas, especialmente quando são considerados negócios diferentes.[6]

Modelos de carteiras fornecem demonstrações gráficas para se analisar as relações entre os negócios das organizações grandes e diversificadas e podem ajudar na recomendação de estratégias. No entanto, nenhum desses modelos conseguiu fornecer uma abordagem universalmente aceita para lidar com essas questões. Modelos de carteiras nunca devem ser aplicados de modo mecânico, e quaisquer conclusões sugeridas devem ser cuidadosamente consideradas à luz de sólido julgamento e experiência administrativa.

## FORMULAÇÃO DE ESTRATÉGIAS DE NEGÓCIOS

Formular estratégias de negócios envolve a tomada de decisões em nível de departamento ou de unidade. Naturalmente, essas estratégias devem ser consistentes com a estratégia global da organização para uma linha específica de negócios. Uma abordagem útil para formular uma estratégia se baseia na 'análise competitiva', de Michael Porter. Nesta parte, investigamos a abordagem de Porter e três alternativas gerais de estratégias de negócios que derivam dela.

### Análise estrutural de forças competitivas

A abordagem de Porter se baseia na análise de cinco forças competitivas. Essas forças (ver Figura 4.3) incluem a ameaça de novos participantes, o poder de barga-

FIGURA 4.3 Elementos da estrutura setorial

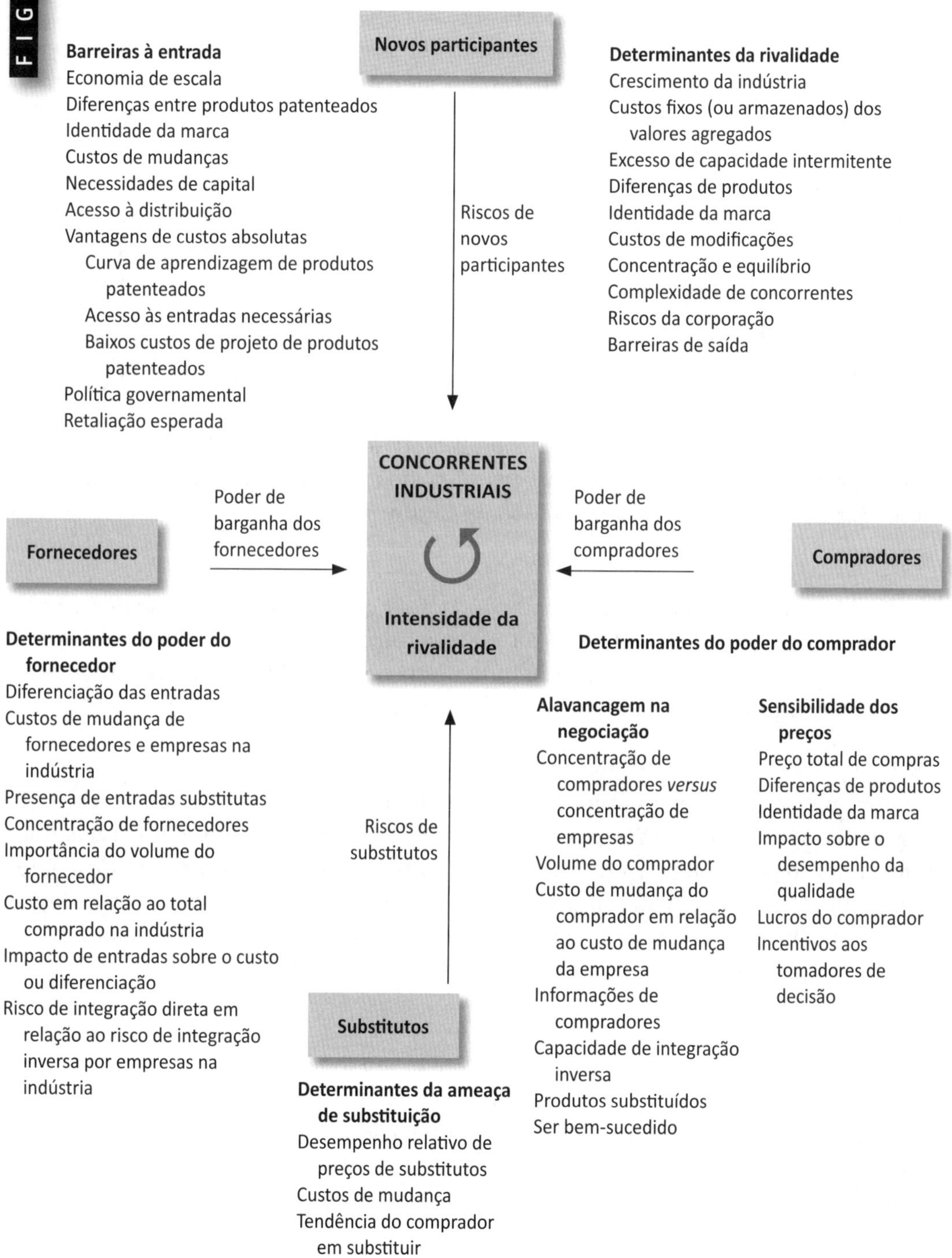


**Fonte**: Adaptado de PORTER, M. E. *Vantagem competitiva*. Rio de Janeiro: Campus, 1989.

nha dos fornecedores, o poder de barganha dos compradores, a ameaça de produtos substitutos e a rivalidade entre os concorrentes existentes.[7]

### Ameaça de entrada de novos participantes

Empresas que entram em determinado setor econômico trazem nova capacidade e um desejo de obter participação no mercado e nos lucros, mas a entrada efetiva depende, no entanto, de algumas barreiras (muitas delas são mostradas na Figura 4.3). Além disso, empresas já estabelecidas em um ramo industrial podem se beneficiar do efeito 'curva de experiência'. Ou seja, a experiência acumulada na produção e comercialização de produtos frequentemente coloca seu custo unitário abaixo do custo das empresas inexperientes. Em geral, quanto maiores as barreiras à entrada, menor a probabilidade de entrada de outras empresas na indústria.

### Poder de barganha dos fornecedores

Os fornecedores às vezes representam um risco competitivo em uma indústria porque podem aumentar o preço das matérias-primas ou reduzir sua qualidade. Fornecedores poderosos podem reduzir a lucratividade de um setor se as empresas não suportarem os aumentos de preços impostos por eles. Alguns determinantes do poder dos fornecedores são listados na Figura 4.3.

### Poder de barganha dos compradores

Os compradores competem com a indústria porque forçam uma baixa dos preços, barganham por melhor qualidade ou mais serviços e jogam os concorrentes uns contra os outros — tudo à custa da lucratividade do setor. Alguns determinantes do poder do comprador são mostrados na Figura 4.3.

### Ameaça de produtos substitutos

Em um sentido mais amplo, todas as empresas em um setor econômico estão competindo com empresas que produzem produtos substitutos. Os substitutos limitam o retorno potencial, impondo um teto aos preços que as empresas podem cobrar com lucro. Quanto mais atraente a alternativa de preço-desempenho oferecida por produtos substitutos, menor a cobertura dos lucros para o setor. Alguns determinantes do grau de risco de substituição são mostrados na Figura 4.3.

### Rivalidade entre concorrentes existentes

Este é o tipo convencional de concorrência, no qual as empresas tentam atrair clientes, tirando-os umas das outras. Estratégias como competição de preços, batalhas de propagandas, introdução de novos produtos e melhores serviços aos consumidores são frequentemente usadas para atrair clientes e tirá-los dos concorrentes. Alguns desses 'determinantes de rivalidade' são mostrados na Figura 4.3.

## Alternativas estratégicas

No esquema de Porter, a análise dessas cinco forças deve moldar o desenvolvimento da estratégia de negócios. Por exemplo, uma empresa tem maior oportunidade de obter alta lucratividade em setores econômicos caracterizados por altas barreiras à entrada de produtos substitutos e por concorrentes, compradores e fornecedores que sejam menos competentes. Embora poucos setores tenham essas características, a chave para a formulação da estratégia é analisar as oportunidades e restrições particulares no setor. Por exemplo, no caso de existirem barreiras à entrada, os novos concorrentes podem ter pouco interesse na formulação da estratégia. Podem se concentrar os esforços no esquema atual, em vez de mudar a estrutura do setor por meio da integração inversa (comprando de outros fornecedores), integração direta (comprando de outros participantes) ou integração horizontal (comprando de outros concorrentes).

Entretanto, a análise competitiva trata a rivalidade entre concorrentes e a formulação de estratégias com a intenção de ultrapassar o desempenho de outras empresas na indústria. Porter sugere que três estratégias gerais devem ser consideradas: liderança de custos, diferenciação e enfoque. A experiência e recursos exigidos e os requisitos organizacionais de cada uma dessas estratégias são mostrados na Tabela 4.4.

A *liderança de custos* permite a uma empresa retornos acima da média de seu setor, apesar da presença de grandes forças competitivas. No entanto, frequentemente essa estratégia exige grande participação no mercado ou outras vantagens, como acesso favorecido a matérias-primas ou rápido retorno de caixa para financiar a aquisição de mais equipamentos.

A *diferenciação* envolve criar e comercializar produtos exclusivos para o mercado de massa. As abordagens voltadas para a diferenciação incluem o desenvolvimento da imagem da marca (*jeans* Levi's), tecnologia única (equipamentos Macintosh), canais únicos (Tupperware), serviços ao cliente (IBM) ou similares. Em outras palavras, o ponto-chave para a diferenciação é obter uma vantagem que seja rapidamente percebida pelo consumidor. A diferenciação é uma estratégia viável para obter receitas superiores às da média do setor, porque cria posições facilmente defensáveis para competir com as cinco forças da concorrência.

*Enfoque* é, essencialmente, uma estratégia em que se segmentam os mercados e se apela somente para um ou alguns grupos de consumidores ou compradores industriais. A lógica dessa abordagem está no fato de que uma empresa que enfoque sua atuação a apenas alguns segmentos de mercado pode servi-los melhor do que aquelas empresas que procuram atender a todo o mercado. Por exemplo, produtos como automóveis Rolls-Royce e canetas Montblanc foram projetados para atrair o segmento mais alto do mercado e servi-lo bem, em vez de tentar concorrer no mercado de massa.

Cada uma dessas estratégias é projetada para dar à empresa uma vantagem competitiva, mas também implicam diversos riscos. Esses riscos estão listados na Tabela 4.5.

A abordagem de Porter oferece uma estrutura útil para a análise das forças competitivas e para a formulação de estratégias genéricas de negócios. Certamente,

TABELA 4.4 As três estratégias genéricas de Porter e seus requisitos

| Estratégia genérica | Experiências e recursos normalmente exigidos | Requisitos organizacionais mais comuns |
|---|---|---|
| Liderança de custos | Investimento sustentado de capital e acesso ao capital | Rígido controle de custos |
| | Experiência em engenharia de processos | Relatórios de controle frequentes e detalhados |
| | Intensa supervisão da mão de obra | Organização e responsabilidades estruturadas |
| | Produtos projetados com vistas à facilidade de fabricação | Incentivos baseados no estrito cumprimento de metas quantitativas |
| | Sistema de distribuição com baixo custo | |
| Diferenciação | Forte capacidade de marketing | Forte coordenação entre funções em P&D, desenvolvimento de produtos de marketing |
| | Engenharia de produto | |
| | Forte capacidade em pesquisas básicas | Mensuração subjetiva e incentivos, em vez de mensuração quantitativa |
| Enfoque | Reputação da corporação quanto à qualidade ou à liderança tecnológica | Benefícios destinados a atrair mão de obra altamente especializada, pesquisadores e pessoas criativas |
| | Longa tradição na indústria ou combinação única de experiências trazidas de outras indústrias | |
| | Combinação das políticas acima dirigida para uma meta estratégica em particular | Combinação das políticas acima dirigida para uma meta estratégica em particular |

**Fonte**: PORTER, M. E. *Vantagem competitiva*. Rio de Janeiro: Campus, 1989.

estratégias específicas e mais convenientes para a empresa dependem das características, oportunidades e restrições do setor. Uma posição relativa dos negócios na indústria também tem importante implicação nas formulações de estratégias, conforme ilustrado na seção "Módulo aplicado", a seguir.

TABELA 4.5 Riscos associados às estratégias genéricas

| Riscos da liderança de custos | Riscos da diferenciação | Riscos do enfoque |
|---|---|---|
| Liderança baseada em custo não se sustenta<br>• os concorrentes imitam<br>• a tecnologia muda<br>• outras bases para a liderança baseada nos custos são destruídas | A diferenciação não é sustentada<br>• os concorrentes imitam<br>• bases da diferenciação tornam-se menos importantes para os compradores | A estratégia de enfoque é imitada<br>O segmento-alvo torna-se estruturalmente não atraente<br>• erosão da estrutura<br>• a demanda desaparece |
| Perda da proximidade na diferenciação | Perda da proximidade de custos | Concorrentes amplamente visados dominam o segmento<br>• as diferenças do segmento em relação a outros se estreitam<br>• as vantagens de uma linha ampla aumentam |
| Os que enfocam nos custos conseguem custos ainda mais baixos em segmentos da indústria | Os que enfocam na diferenciação conseguem diferenciação ainda maior em segmentos | Novos concorrentes que enfocam subsegmentos da indústria |

**Fonte**: PORTER, M. E. *Vantagem competitiva*. Rio de Janeiro: Campus, 1989.

*módulo aplicado*

## ESTRATÉGIAS MILITARES PARA COMBATES NO SETOR DO NEGÓCIO

Os autores Al Ries e Jack Trout afirmam que as estratégias militares dão uma perspectiva útil sobre a competição na indústria. Eles sugerem que existem quatro tipos de combates e que cada um deles é apropriado para determinado competidor em certa indústria.

### Combate defensivo

As estratégias defensivas somente devem ser usadas por líderes de mercado, como a General Motors e a IBM. O combate defensivo é a ação de se manter no mercado, apesar dos concorrentes, por meio de estratégias que introduzam novos produtos e serviços que substituam aqueles que se tornaram absolutos. Os líderes de mercado bloqueiam as tentativas de inovação dos concorrentes, copiando seus produtos e lançando-os no mercado antes deles.

### Combate ofensivo

As estratégias ofensivas devem ser usadas pelas empresas que ocupam o 2º e o 3º lugares no setor, empresas que são grandes o suficiente para sustentar um ataque contra a líder do mercado. O combate ofensivo se concentra em dissecar os pontos fortes do líder e descobrir seus pontos fracos, onde é vulnerável a ataques. O ataque deve ter como alvo um único produto. Por exemplo, a Federal Express tornou-se líder do mercado e ultrapassou as demais concorrentes ao enfatizar o serviço Prioridade Um e sua alta confiabilidade.

### Ataque ao flanco

As estratégias de flanqueamento envolvem a ocupação de áreas não ocupadas (onde não existe mercado) e o acompanhamento de perto das inovações dos concorrentes, para surpreendê-los. Essa estratégia é ideal para empresas com menor capacidade competitiva, não para as líderes. Por exemplo, a Miller flanqueou o setor de bebidas com a cerveja Lite e dominou o mercado de cervejas suaves. Frequentemente, o flanqueamento é uma estratégia de alto risco, porque os líderes podem reagir, mas, quando bem-sucedida, pode resultar em uma estratégia altamente lucrativa.

### Ataque guerrilheiro

As estratégias de guerrilha requerem a descoberta de um nicho de mercado pequeno o suficiente para ser defendido, mas pronto para uma rápida retirada se necessário. Essa estratégia é ideal para empresas com pequena participação no mercado.

### Exercício de desenvolvimento da prática

Procure na Internet informações sobre a estratégia de guerra que vem sendo utilizada pelas empresas de telefonia celular no mercado brasileiro.

## FORMULAÇÃO DE ESTRATÉGIAS FUNCIONAIS

As estratégias funcionais são delineadas por especialistas de cada área da empresa. Coletivamente, descrevem as *tarefas* específicas que devem ser executadas para a implementação da estratégia. Os administradores de negócios e de áreas funcionais devem coordenar suas atividades para garantir que todas as estratégias sejam consistentes. A organização e a responsabilidade das áreas funcionais variam de empresa para empresa, mas as principais são pesquisa e desenvolvimento, operações, finanças, marketing e recursos humanos.

### Estratégia de pesquisa e desenvolvimento

Em muitos setores econômicos, as organizações não podem crescer nem sobreviver sem novos produtos, e o papel dos especialistas do departamento de pesquisa e desenvolvimento (P&D) é criar esses novos produtos para o negócio e para a organização.

O departamento de P&D descobre e desenvolve novas ideias para produtos, acompanhando o processo até que eles entrem em produção e sejam colocados no mercado. Isso envolve geração e refinamento de conceito, planejamento e desenvolvimento de produto e, talvez, até um teste real de marketing, semelhante ao discutido no Capítulo 7.

Os novos produtos desenvolvidos podem ser altamente lucrativos para uma organização, mas se o departamento for também pouco ágil, isso pode ser dispendioso e arriscado. Por exemplo, estima-se que somente um sétimo das novas ideias de produtos cheguem ao mercado e, claro, o tempo e o dinheiro alocados em pesquisa e desenvolvimento das outras seis ideias aumentam em muito os custos de P&D. Além disso, em média, de 30 a 35 por cento dos novos produtos fracassam depois de entrar no mercado, e isso significa que as estratégias de inovação — as que enfocam pesadamente o desenvolvimento de novos produtos — podem ser muito arriscadas.[8] Por essa razão, muitas organizações usam estratégias de imitação, isto é, elas copiam rapidamente novos produtos de concorrentes que estejam se saindo bem no mercado. Diversas empresas eletrônicas japonesas se deram bem copiando tecnologia norte-americana e, por dispensarem a maioria dos custos de P&D, melhoraram significativamente suas posições competitivas.

## Estratégia de operações

Especialistas nessa área analisam a tomada de decisão no que diz respeito à capacidade e à disposição da fábrica, dos processos de manufatura e produção e das necessidades de estoques. Dois aspectos importantes da estratégia de operações são o controle de custos e a melhoria da eficiência das operações de fábrica. O Capítulo 8 deste livro apresenta uma discussão detalhada sobre a estratégia de operações.

## Estratégia financeira

Os especialistas financeiros são responsáveis pela previsão e planejamento financeiros, avaliação de propostas de investimentos, garantia de financiamentos para os diversos investimentos e controle dos recursos financeiros. Eles contribuem para a formulação da estratégia, avaliando o impacto potencial das diversas alternativas estratégicas nos lucros e na condição financeira da empresa. O Capítulo 9 deste livro discute a estratégia financeira com mais detalhes.

## Estratégia de marketing

Os especialistas em marketing se concentram na determinação dos mercados adequados para as ofertas da empresa e no desenvolvimento do mix de marketing — que inclui quatro elementos estratégicos: preço, produto, promoção e canais de distribuição. O Capítulo 7 trata mais detalhadamente da estratégia de marketing.

## Estratégia de recursos humanos

Em linhas gerais, a função dos recursos humanos é atrair, avaliar, motivar e manter o número e perfil de funcionários necessários para conduzir o negócio de modo eficaz. Essa área também é responsável pelo planejamento de ações positivas e pela avaliação da segurança do ambiente de trabalho. Tomado de forma coletiva, o conjunto de decisões relativo a essas questões é a estratégia que cabe aos recursos humanos.

Assim como outras estratégias, a de recursos humanos baseia-se em análises interna e externa. A análise externa inclui, entre outras atividades, acompanhar as mudanças de leis e regulamentos que afetam os funcionários (como as relacionadas a oportunidades iguais de trabalho), mudanças no perfil dos trabalhadores, negociações com os sindicatos e análise das mudanças no mercado de trabalho. A análise interna inclui a investigação de áreas com problemas específicos, como baixa produtividade, alta rotatividade e altas taxas de acidentes de trabalho. Além disso, as estratégias dos recursos humanos podem envolver a análise e a proposição de mudanças na estrutura e no ambiente organizacional. Esses últimos tópicos serão discutidos no Capítulo 5. A Tabela 4.6 lista diversas considerações que os administradores de recursos humanos devem considerar ao analisar uma organização.[9]

TABELA 4.6 Características de empresas quanto à eficácia na administração dos seus empregados

| **Características de empresas de alta eficácia** | **Características de empresas de baixa eficácia** |
|---|---|
| Preocupação genuína com as pessoas; uma visão positiva quanto aos funcionários como recursos essenciais. | Não veem os funcionários como recursos importantes; mostram pouca preocupação com a força de trabalho. |
| Boas oportunidades de treinamento, desenvolvimento e carreira. | Administrada de forma autocrática ou burocrática; rígida e inflexível. |
| Pagam bem, bons programas de remuneração. | Pequeno ou nenhum desenvolvimento dos funcionários; processo de carreira interno não efetivo. |
| Capazes de manter os funcionários; baixa rotatividade. | Comunicação interna ruim. |
| Boa comunicação interna; comunicações abertas. | Políticas pouco claras ou desatualizadas, administradas e alteradas de modo inconsistente em tempos difíceis. |
| Alta administração comprometida com o RH. | Alta rotatividade. |
| Encoraja a participação dos funcionários. | |

**Fonte**: Adaptado de ALPER, S. W.; MANDEL, R. E. "What policies and practices characterize the most effective RH departments". *Personnel administrator*, v. 29, n. 11, 1984. Copyright 1984 by The American Society for Personnel Administration.

## CRITÉRIOS DE SELEÇÃO E RESTRIÇÕES NA FORMULAÇÃO DE ESTRATÉGIAS

Para formular estratégias que tornem os resultados eficazes, os administradores precisam de um conjunto de critérios gerais para julgar a qualidade das estratégias propostas e devem estar cientes das restrições de suas organizações. Nesta parte final do capítulo, discutiremos alguns critérios de seleção de estratégia e algumas das restrições mais comuns na formulação da estratégia.

### Critérios para a escolha de estratégias

Sabe-se que a obtenção ou a ultrapassagem de um retorno especificado sobre o investimento constitui um objetivo organizacional normalmente explícito. Contudo, é difícil prever com precisão qual será esse retorno ou, ainda, como ajustá-lo apropriadamente quando se fala em riscos. De acordo com David Aaker, as alternativas estratégicas devem ser aceitas à medida que atendam aos seguintes critérios:[10]

- Correspondam ao ambiente externo.
- Envolvam uma vantagem competitiva sustentável.
- Sejam consistentes com outras estratégias da organização.
- Forneçam flexibilidade adequada para a organização.
- Estejam de acordo com a missão da organização e com os objetivos de longo prazo.
- Sejam factíveis do ponto de vista organizacional.

Em certo sentido, esses critérios constituem um resumo útil sobre muitas questões discutidas neste e em capítulos anteriores. A seção "Exemplo ilustrativo" sugere três outras questões que os administradores devem responder ao levantar e comparar alternativas estratégicas.

*exemplo ilustrativo*

#### SELEÇÃO DA ESTRATÉGIA: DINHEIRO E BOM-SENSO

Quando escolhem estratégias, os administradores não podem se esquecer da seguinte equação básica:

$$\text{Lucro} = \text{Receitas totais} - \text{Custos totais}$$

Essa equação pode ser escrita de forma ainda mais detalhada:

$$\text{Lucro} = (\text{Unidades vendidas} \times \text{Preço de venda}) - [\text{Custos fixos} + (\text{Unidades produzidas} \times \text{Custos variáveis})]$$

É sempre conveniente perguntar a respeito de qualquer estratégia:

1. Que elementos da equação acima essa estratégia está destinada a influenciar favoravelmente?

2. Quais serão os prováveis efeitos da implementação dessa estratégia sobre os outros elementos da equação?
3. O efeito líquido dessa estratégia será positivo a longo prazo?

## Restrições para a adoção de estratégias

Os administradores buscam sempre estabelecer estratégias que otimizem as chances de se atingir os objetivos da organização. No entanto, é necessário considerar diversas restrições quando se planejam e selecionam estratégias organizacionais, de negócios ou funcionais:

1. *Disponibilidade de recursos financeiros*. Mesmo quando uma estratégia em particular parece ótima a uma organização, considerações devem ser feitas acerca do dinheiro necessário para financiá-la. Algumas empresas podem apresentar condições financeiras tão ruins que o empréstimo de grandes somas para financiar estratégias dispendiosas talvez esteja fora de questão. Nenhuma instituição financeira aceitaria assumir esse risco. Outras empresas evitam empréstimos ao máximo e tentam estipular limites quando pensam em extrapolar seus compromissos financeiros. Além disso, os acionistas podem esperar e exigir dividendos em uma base anual, o que pode limitar os lucros disponíveis para financiar estratégias novas e onerosas.
2. *Atitude frente a riscos*. Algumas empresas querem assumir somente níveis mínimos de risco, independentemente do nível do retorno potencial. Nesses casos, as estratégias aceitáveis podem ser limitadas àquelas que exponham a organização a riscos mínimos.
3. *Competências organizacionais*. Algumas outras estratégias excelentes podem exigir competências além das que a organização possui no momento. Por exemplo, uma empresa que tenha grande experiência de produção mas pouca de manufatura pode não ser capaz de executar uma estratégia que exija esforços maiores de marketing. Certamente, uma empresa pode desenvolver essa experiência ou contratar especialistas externos, mas tais movimentos podem violar as normas corporativas e gerar conflitos funcionais. De modo similar, as experiências organizacionais nem sempre são transferíveis de um mercado para outro, como a empresa Bauducco descobriu quando adquiriu a Visconti. Além disso, algumas excelentes estratégias exigem implementação muito rápida para ser bem-sucedidas; uma empresa que não tenha a capacidade de agir rapidamente, ou que tenha sérios problemas políticos internos, pode ter de ignorar tais estratégias.
4. *Relações entre canais*. Estratégias que exijam o desenvolvimento de novos canais de distribuição ou que envolvam novos fornecedores têm de considerar a disponibilidade dessas outras organizações e o interesse delas em trabalhar com a empresa. Algumas estratégias chegam a ser abandonadas

porque a empresa não pode estabelecer o próprio canal e não existem outras empresas disponíveis para executar tarefas de distribuição.

5. *Retaliação da concorrência*. Algumas estratégias podem ter o efeito inesperado de aumentar radicalmente os esforços dos concorrentes no mercado. Por exemplo, uma estratégia de redução de preços pode estimular a demanda de curto prazo para um produto — mas também pode resultar em uma desastrosa guerra de preços.

## RESUMO

A formulação da estratégia não pode ser iniciada até que os administradores responsáveis por sua elaboração entendam o contexto em que suas estratégias deverão ser implementadas. Assim, eles têm de se apoiar na análise do ambiente, que lhes fornecerá as informações de que necessitam. Neste capítulo, pesquisamos duas abordagens que enfocam a análise do ambiente na formulação da estratégia. O administrador que tiver respostas confiáveis para as quatro questões formuladas na análise das questões-chave pode estar mais seguro de que sabe onde a organização está, para onde ela está indo e o que provavelmente encontrará ao longo do caminho. De maneira similar, a análise dos fatores internos e externos fornece um modo de equilibrar as oportunidades e riscos previstos ou conhecidos do ambiente externo com os pontos fortes e fracos de uma organização.

A estratégia é formulada em três níveis distintos: nível organizacional, dos negócios e funcional. Elaboradas pela alta administração, as estratégias organizacionais são desenvolvidas para garantir que a empresa atinja seus objetivos gerais. São discutidas questões como se concentrar em uma única linha de negócio ou diversificar, procurar estabilidade ou oportunidades de crescimento e como reagir caso a estratégia organizacional estabelecida ocasione risco à sobrevivência da organização.

Também exploramos dois modelos de carteira de negócios criados para ajudar a alta administração a decidir como desenvolver os diversos negócios que compõem a empresa e como alocar recursos entre eles. A matriz de crescimento da participação permite aos administradores classificar cada empresa como ponto de interrogação, estrela, vaca leiteira ou abacaxi, determinar se a lista de negócios está bem equilibrada entre os quatro e determinar que estratégia é mais apropriada para cada empresa. A matriz de carteira multifator tenta quantificar os pontos fortes de um negócio e a atratividade do setor econômico em que ele opera. A soma desses dois números é usada como indicador na decisão entre investir agressivamente, seletivamente ou evitar outros investimentos. Ambos os modelos oferecem informações úteis em um interessante formato gráfico, mas é importante lembrar que eles não ditam o caminho a ser seguido e não são substitutos de um sólido julgamento gerencial e da experiência.

Abordamos a formulação da estratégia em nível de unidade de negócio ou de departamento a partir da perspectiva da análise de Michael Porter sobre as cinco forças competitivas: a ameaça de entrada de novos concorrentes, o poder de barganha dos fornecedores, o poder de barganha dos compradores, a ameaça de produtos substitutos e a rivalidade entre os concorrentes. Também discutimos sob que condições as estratégias de liderança global de custos, de diferenciação e de enfoque são apropriadas e os riscos associados a cada uma delas.

Do mesmo modo que as estratégias do negócio devem se encaixar nas estratégias organizacionais, as estratégias de cada área funcional devem ser consistentes com as estratégias dos negócios de que fazem parte. Abordamos inovação *versus* imitação na função de pesquisa e desenvolvimento, a responsabilidade da função de marketing pela seleção de mercados e pelo desenvolvimento de mix efetivos de marketing, o controle de custos e aumento da eficiência na função de operações, as tarefas de planejamento e controle dos especialistas financeiros e o papel dos recursos humanos de gerenciar, efetivamente, os funcionários.

Apresentamos os critérios que David Aaker sugere para se aplicar na seleção de alternativas estratégicas, com o lembrete de que é importante avaliar cada estratégia proposta, levando-se em conta o seu provável efeito sobre os lucros, receitas totais e custos totais. O capítulo é concluído mostrando que as decisões estratégicas em todos os níveis estão sujeitas a certas restrições, incluindo a disponibilidade de recursos financeiros, a atitude da empresa frente a riscos, seus relacionamentos com fornecedores e distribuidores e as prováveis respostas de concorrentes frente a suas ações. Todas devem ser ponderadas a fim de se fazer uma escolha mais adequada das alternativas estratégicas.

## lista de VERIFICAÇÃO

### Analisando a formulação de estratégias

1. A formulação da estratégia é o principal foco desse assunto ou caso?
2. A organização analisou cuidadosamente a situação ambiental em que está envolvida, ou o questionamento/análise dos fatores internos e externos ajudaria a enfocar a formulação da estratégia?
3. Que estratégia geral está sendo seguida e que outras estratégias teriam maior probabilidade de alcançar os objetivos organizacionais?
4. Essa é uma organização grande e diversificada, para a qual uma análise de carteira de negócios seria útil?
5. Há informações disponíveis suficientes para a administração desenvolver e analisar uma matriz de crescimento de participação ou uma matriz de carteira multifator?
6. Que estratégias de negócio o problema ou caso envolve?

7. Uma análise das cinco forças competitivas ajudaria os administradores a formular uma estratégia de negócio mais efetiva?
8. Que estratégias funcionais estão em questão no problema ou caso?
9. Que restrições existem quanto à formulação da estratégia?
10. Como a estratégia atual ou proposta pode ser avaliada se comparada aos seis critérios de seleção de estratégia?

A "Lista de verificação" a seguir traz questões baseadas neste capítulo. Use-a para analisar problemas de administração estratégica e casos que enfoquem a formulação de estratégias organizacionais, de negócio ou funcionais.

## NA PRÁTICA

### O sonho de toda criança: as fantásticas marcas de chocolate

"O ano era 1970. O momento era a entrada na universidade. O consolo era o chocolate. Ao sair das aulas do curso de preparação para o vestibular, eu passava diariamente em frente a uma loja da Kopenhagen. O dinheiro era curto, mas sempre havia uma sobrinha para comprar o produto mais cobiçado: Nhá Benta, um bombom recheado de merengue e coberto de chocolate ao leite. O gosto daquele doce não se apaga na memória. Era puro prazer."

A Kopenhagen é uma das marcas de chocolate mais conhecidas dentre aqueles que buscam um chocolate de primeira linha e a um preço acessível, quando comparado aos preços dos chocolates importados. Dentre os apaixonados por chocolate, quem nunca comeu os famosos bombons Cherry Brandy, a Língua de Gato (as crianças adoram!), os marzipãs, os biscoitos cobertos com chocolate, entre tantos outros produtos? E quem não tem saudade da famosa Bolinha de Fruta, um pão de mel recheado com geleia de figo, que saiu de linha há poucos anos?

Durante muitos anos, a Kopenhagen reinou sozinha nesse segmento. Fundada em 1928 por um casal de imigrantes da Letônia, começou oferecendo o marzipã, produto pouco conhecido dos brasileiros na época, e que seguia uma receita tradicional trazida da Europa. A primeira fábrica surgiu alguns anos depois, na cidade de São Paulo, introduzindo os chocolates, confeitos, biscoitos e produtos sazonais, como os ovos de Páscoa. Hoje a empresa tem mais de 200 lojas, oferecendo mais de 300 itens, personalizados de acordo com as diferentes linhas às quais os produtos pertencem. Emprega cerca de 1.100 funcionários e tem capacidade para processar mais de 500 toneladas de chocolate para épocas especiais.

Mas houve momentos difíceis. Nos anos 1990, a empresa ainda tinha uma administração familiar que não conseguia fazer a empresa se renovar. Foi então vendida e, para o novo dono, o desafio era reerguer a marca, que vinha enfrentando novos concorrentes que estavam se instalando no mercado, como a Cacau Show.

A Cacau Show surgiu de uma iniciativa de um jovem empreendedor de 17 anos: na Páscoa de 1988, ele vendeu cerca de 2 mil ovos de uma indústria de chocolate. Mas a surpresa veio na retirada dos produtos: os ovos vendidos, de 50 g, haviam saído de linha. Para honrar os compromissos, ele resolveu bancar a fabricação dos ovos, contratando uma senhora que fazia chocolate artesanal. Trabalhou muito, com prazo apertadíssimo, mas os produtos foram todos entregues. O lucro apurado, cerca de 500 dólares, foi o capital inicial da empresa, instalada num espaço de 12 $m^2$ na casa de seus pais.

A ideia da Cacau Show era ser uma empresa que oferecesse chocolate artesanal. Começou a desenvolver sua linha de produtos que conta atualmente com chocolates artesanais, minibolos, trufas, drageados, enfim, uma linha muito semelhante à dos produtos desenvolvidos pela Kopenhagen. Todavia, os preços da Cacau Show são bem menores e atendem a uma faixa de público que não pode pagar 150 reais por um quilo de chocolate.

A Cacau Show, à medida que foi crescendo, mexeu com o mercado de chocolates finos (diferente do mercado dos chocolates produzidos em alta escala por fábricas como Nestlé e outras). Os produtos, embora semelhantes aos da Kopenhagen em suas propostas e apresentações, têm características técnicas distintas: o chocolate, o tempo de batimento da massa (que influencia na textura), a origem do cacau, entre outras.

Para fazer frente a essa concorrência, embora os nichos de atuação fossem distintos, a Kopenhagen resolveu abrir uma nova marca que se parece em tudo com a Cacau Show, inclusive no nome: a Brasil Cacau. Seus produtos são mais industrializados do que os da Kopenhagen e atingem preços até cinco vezes menores. A Brasil Cacau abriu suas primeiras lojas próximas às da Cacau Show que, ironicamente, ao entrar no mercado instalou suas lojas próximas às da Kopenhagen. Pode-se dizer que, entre as três marcas, a Kopenhagem é a que concentra suas lojas próximas à população de maior poder aquisitivo. Mas a Cacau Show e a Brasil Cacau também têm lojas em bairros mais populares, além de em praças onde as três marcas convivem, como as imediações da Avenida Paulista, em São Paulo, na qual circulam pessoas de todos os poderes econômicos.

A entrada da Brasil Cacau incomodou muito a Cacau Show, que chegou a entrar com um processo contra a marca concorrente, alegando que esta havia feito cópia de seus produtos. A decisão judicial foi favorável à Cacau Show apenas na manutenção de sua exclusividade na produção de drageados e de alguns tipos de bombons. A Kopenhagen nunca discutiu a semelhança dos produtos da Cacau Show com os de sua marca.

No mundo de negócios de chocolate discute-se que a estratégia da Cacau Show deveria ser mais específica, porque pretende atender a todas as camadas de consumidores, o que se sabe não ser possível. Quem já degustou as três marcas sabe que todas são boas, mas têm sabores e qualidades diferentes. Os chocolates da Kopenhagen são considerados como tendo um sabor mais marcante, típico de chocolates de luxo. Todavia, os consumidores não muito exigentes acabam optando pelo preço, quesito no qual a Cacau Show e a Brasil Cacau ganham facilmente.

**Fontes**: Disponível em: <www.cacaushow.com.br>; <www.kopenhagen.com.br>; <www.brasilcacau.com.br>, 2010.

## QUESTÕES PARA DISCUSSÃO

1. Que estratégia geral está sendo adotada pela Kopenhagen para enfrentar a Cacau Show? A estratégia adotada atende a quais critérios?
2. Qual seria a estratégia geral a ser adotada pela Cacau Show para enfrentar novas concorrências?
3. Pesquise o mercado de chocolates e discuta quais são as outras marcas que podem influenciar o mercado da Cacau Show e da Cacau Brasil. Elas seguem estratégias gerais semelhantes às da Cacau Show e Cacau Brasil?

## LEITURAS ADICIONAIS

AAKER, D. A. *Administração estratégica de mercado*. 7. ed. São Paulo: Bookman, 2007.

GHEMAWAT, P. *A estratégia e o cenário dos negócios*. Porto Alegre: Bookman, 2000.

PORTER, M. E.; MONTGOMERY, C. A. *Estratégia*. Rio de Janeiro: Elsevier, 2004.

VIZEU, F.; GONÇALVES, A. *Pensamento estratégico:* origens, princípios e perspectivas. São Paulo: Atlas, 2010.

## NOTAS

1 Essa discussão se baseia em CERTO, S. C. *Princípios de administração moderna*. São Paulo: Pearson, 2003.

2 Essas descrições se baseiam numa discussão em KOTLER, P. *Administração de marketing*. 12. ed. São Paulo: Pearson, 2006.

3 Para uma completa discussão sobre esses problemas, ver DAY, G. S. "Diagnosing the product portfolio". *Journal of Marketing*, abr. 1977, p. 29-38; WENSLEY, R. "Strategic marketing: betas, boxes, or basics". *Journal of Marketing*, verão 1981, p. 173-182.

4 Ver JACOBSON, R.; AAKER, D. A. "Is market share all that it's cracked up to be?". *Journal of Marketing*, 1985, p. 11-22.

5 Essa discussão se baseia em KOTLER, P. *Administração de marketing*. 12. ed. São Paulo: Pearson, 2006.

6 AAKER, D. A. *Developing Business Strategies*. Nova York: John Wiley & Sons, 1995, p. 237.

7 Essa seção se baseia em PORTER, M. E. *Estratégia competitiva*. Rio de janeiro: Campus, 2004, cap. 1-2; PORTER, M. E. *Vantagem competitiva*. Rio de Janeiro: Campus, 1989, cap. 1.

8 CRAWFORD, C. M.; DIBENEDETTO, C. A. *New Products Management*. Boston: McGraw-Hill, 2000.

9 Para uma discussão completa sobre administração e estratégias de recursos humanos, veja HENNEMAN III, H. G.; SCHWAB, D. P.; FOSSUN, J. A.; DYER, L. *Personnel/Human Resource Management*. 3. ed. Homewood, Ill.: Richard D. Irwin, 1986.

10 AAKER, D. A. "How to select a business strategy". *California Management Review*, 1984, p. 167-175.

# Estruturas de aprendizagem

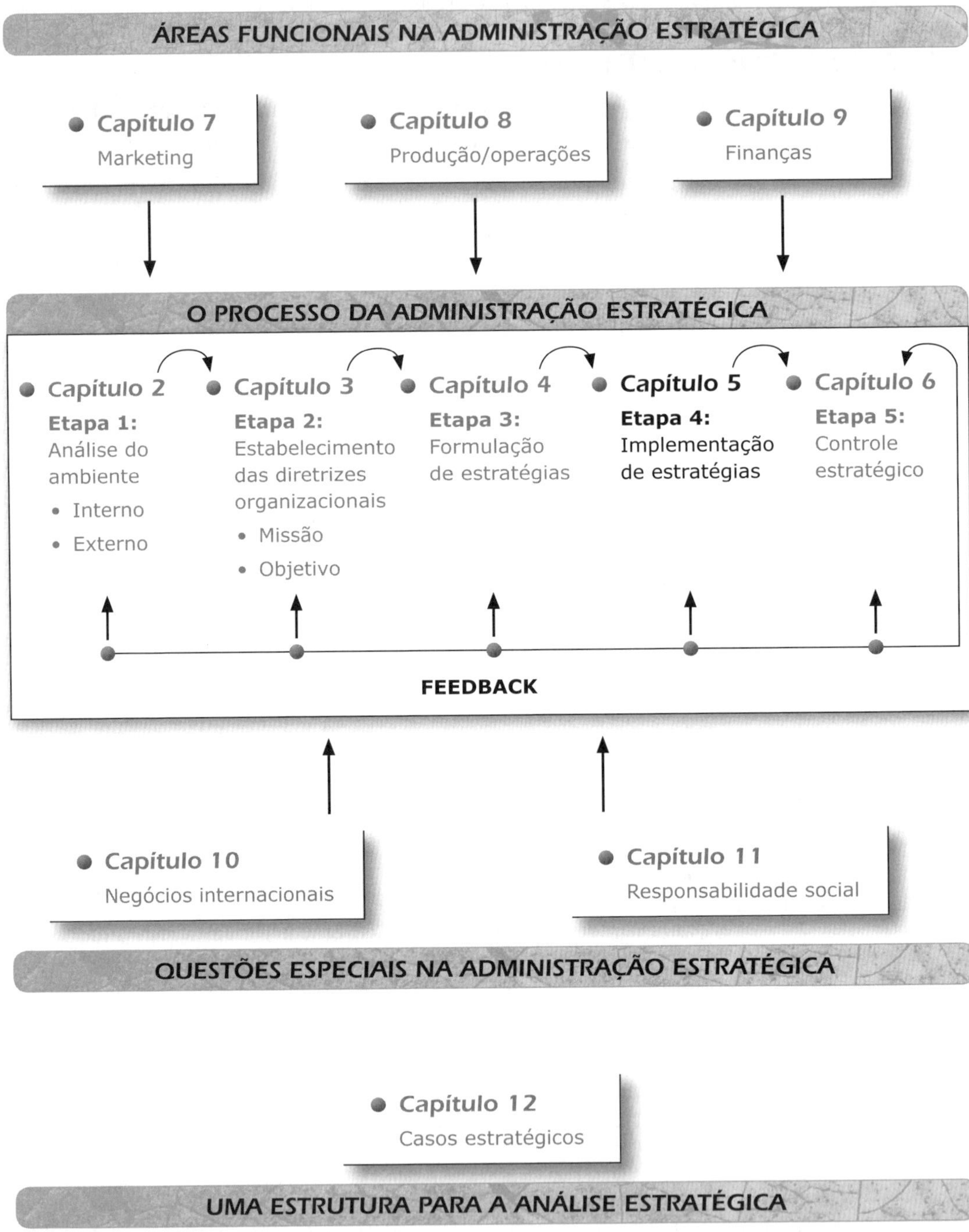

CAPÍTULO 5

# Implementação de estratégias

Nos capítulos anteriores, discutimos diversas e importantes questões que surgem à medida que os administradores formulam as estratégias. Neste capítulo, enfocaremos a implementação das estratégias, isto é, como colocá-las em prática.

• • •

## VISÃO CORPORATIVA SOBRE AS ESTRATÉGIAS

De acordo com Thomas Peters e Robert Waterman, o primeiro dos atributos de organizações excelentes e inovadoras está relacionado à visão da alta direção acerca da implementação.

Eles afirmam que mesmo buscando refletir sobre a tomada de decisões, as organizações não paralisam as suas atividades por conta disso. Em muitas delas, o procedimento operacional padrão é: 'Faça, resolva, tente'. "Por exemplo", diz um alto executivo da Digital Equipment, "quando temos um grande problema, reunimos dez altos executivos em uma sala durante algum tempo. Eles saem de lá com uma solução e a implementam". As organizações estão sempre experimentando coisas novas.[1]

Os administradores eficazes frequentemente trabalham entre uma coisa e outra, ou seja, entre a formulação e a implementação da estratégia. Em muitas organizações bem-sucedidas, nem todos os aspectos da estratégia são planejados detalhadamente, para, depois, serem implementados de acordo com um cronograma predefinido. Em vez disso, eles são parcialmente formulados, implementados, reformulados e ampliados a fim de capitalizar rapidamente as oportunidades estratégicas. Assim, apesar de neste capítulo abordarmos especificamente a implementação, é essencial que fique claro que tanto a formulação quanto a implementação influenciam-se mutuamente e evoluem juntas.

Na primeira parte do capítulo, investigamos como se relacionam formulação e implementação da estratégia — que devem ser bem pensadas para que o processo estratégico se efetive com sucesso. Então, propomos um modelo de implementação com cinco estágios. Ele é útil para tratar esse processo crucial em etapas como: (1) determinar quanto a organização terá de mudar a fim de implementar a estratégia em consideração; (2) analisar as estruturas formal e informal da organização; (3) analisar a 'cultura' da organização; (4) selecionar uma abordagem apropriada para implementar a estratégia; e (5) implementar a estratégia e avaliar os resultados.

## QUESTÕES NA FORMULAÇÃO E NA IMPLEMENTAÇÃO DE ESTRATÉGIAS

Para atingir seus objetivos, uma organização deve não somente formular, mas também implementar efetivamente suas estratégias. Se uma dessas tarefas for deficiente ou incompleta, é provável que o resultado ocasione uma redução de eficiência na estratégia global. A Figura 5.1 representa a importância de ambas as tarefas, no formato de matriz, e sugere os prováveis resultados em quatro possíveis combinações das seguintes variáveis: sucesso, roleta-russa, problemas e fracasso.[2]

*Sucesso* é o provável resultado obtido por uma organização quando ela tem uma estratégia claramente definida e a implementa com eficácia. Assim, todo o possível para garantir o sucesso foi feito. No entanto, fatores ambientais fora do controle da organização, como reações dos concorrentes ou mudanças imprevistas de necessidade ou hábitos dos consumidores, podem impedir que a estratégia seja bem-sucedida.

*Roleta-russa* envolve situações em que uma estratégia formulada com deficiências é bem implementada. Dela podem ocorrer dois resultados básicos. A boa execução pode contornar a estratégia deficiente ou, pelo menos, servir de alerta para

FIGURA 5.1 Diagnosticando problemas de estratégia

| | | FORMULAÇÃO DA ESTRATÉGIA | |
|---|---|---|---|
| | | Boa | Ruim |
| IMPLEMENTAÇÃO DE ESTRATÉGIA | Boa | Sucesso | Roleta-russa |
| | Ruim | Problema | Fracasso |

**Fonte:** Adaptado de BONOMA, T. V. *The marketing edge:* making strategies work. Nova York: The Free Press, 1985, p. 12. Reprodução autorizada por The Free Press, uma divisão da Macmillan, Inc.

os executivos de que a estratégia vai fracassar. Também é possível que o pessoal de vendas reconheça uma dificuldade na estratégia e mude suas abordagens na tentativa de encontrar outra que possa trazer mais eficácia. Por outro lado, a mesma execução adequada pode precipitar o fracasso da estratégia ruim: por exemplo, a rápida produção e a comercialização efetiva de um produto novo, mas que apresenta falhas no seu uso, podem precipitar o fracasso da estratégia. Por isso, é impossível prever exatamente o que pode ocorrer com as estratégias consideradas como roleta-russa — daí seu nome.

A *célula problema* é caracterizada por situações em que uma estratégia formulada adequadamente é implementada de maneira deficiente. Como os administradores quase sempre se concentram na formulação da estratégia, o problema real com a estratégia implantada com deficiência nem sempre é diagnosticado. Quando as coisas saem erradas, o mais provável é que os administradores reformulem a estratégia em vez de questionar se a implementação foi efetiva. Muitas vezes, uma nova estratégia (geralmente menos adequada) é implantada, mas continua não trazendo resultados eficazes.

*Fracasso* provavelmente ocorre quando uma estratégia formulada inadequadamente é implementada de maneira correta. Nessa situação, a administração encontra grandes dificuldades em voltar para a trilha correta. Se a mesma estratégia for mantida e implementada de outra maneira, é provável que também falhe. Se for reformulada e implementada da mesma maneira, o fracasso continuará sendo o resultado mais provável. Os problemas estratégicos aqui são muito difíceis de ser diagnosticados e superados.

É importante que essa análise esclareça duas coisas: em primeiro lugar, a implementação da estratégia é, no mínimo, tão importante quanto sua formulação. No entanto, quando os administradores formulam estratégias, eles simplesmente pressupõem que ocorrerá a implementação de maneira efetiva. É óbvio que *o que as organizações fazem* é, pelo menos, tão importante quanto *o que elas planejam fazer*. Em segundo lugar, é difícil, se não impossível, que a qualidade de uma estratégia formulada seja avaliada sem que haja a implementação. Diagnosticar por que uma estratégia falhou como roleta-russa, para descobrir como superar as dificuldades, exige que se analisem tanto a formulação quanto sua implementação.

A Figura 5.2 apresenta um modelo das principais tarefas envolvidas no processo. Analisaremos, no restante deste capítulo, cada uma detalhadamente.

## ANÁLISE DAS MUDANÇAS PROVOCADAS PELAS ESTRATÉGIAS

Durante a primeira etapa da implementação de uma estratégia, é importante que se tenha uma ideia clara de quanto a organização terá de mudar para que a implementação seja bem-sucedida. Algumas estratégias exigem somente alterações mínimas no modo como a empresa conduz os negócios no presente; outras exigem

FIGURA 5.2 Tarefas de implementação de estratégias

mudanças mais radicais. A implementação de uma nova estratégia de preços pode afetar somente algumas pessoas dentro da organização e causar pouco impacto nas operações diárias, por exemplo. No entanto, a criação, a produção e a comercialização de linhas de produtos diferentes podem exigir uma mudança radical em cada fase do processo do negócio.

A mudança estratégica pode ser vista como uma corrida contínua em que não há nenhuma variação na estratégia até que aconteça uma alteração *completa* na missão da organização. Para fins de análise, é útil dividir as mudanças estratégicas nos cinco estágios mostrados na Tabela 5.1. A vantagem de determinar o nível das mudanças estratégicas é que, ao conhecer melhor a situação, os administradores poderão ter uma ideia mais ampla dos problemas que provavelmente surgirão durante a implementação de uma estratégia em particular. Normalmente, a implementação se torna mais complexa à medida que se muda de uma estratégia de continuação para uma de redirecionamento organizacional, porque a quantidade de unidades organizacionais, pessoas e tarefas aumenta muito. Além disso, é mais provável que os problemas envolvidos no redirecionamento organizacional sejam novos e não familiares. Os cinco níveis de mudança estratégica e as implicações de cada implementação são analisados a seguir.

TABELA 5.1 Níveis de mudanças estratégicas

| | Setor | Organização | Produtos | Apelo de mercado |
|---|---|---|---|---|
| **Estratégia de continuação** | o mesmo | o mesmo | o mesmo | o mesmo |
| **Estratégia de mudança de rotina** | o mesmo | o mesmo | o mesmo | novo |
| **Estratégia de mudança limitada** | o mesmo | o mesmo | novo | novo |
| **Estratégia de mudança radical** | o mesmo | novo | novo | novo |
| **Redirecionamento organizacional** | novo | novo | novo | novo |

## Estratégia de continuação

Uma estratégia de continuação é aquela na qual se repete a mesma estratégia usada no período anterior. Como experiências e tarefas não familiares nesse nível são desnecessárias, efetivar uma implementação com sucesso é uma questão de monitorar as atividades para que sejam executadas conforme o planejado. Nesse nível, os efeitos da curva da experiência (aprendizado a partir de experiências anteriores) podem tornar a implementação mais efetiva e eficiente no que diz respeito a custo. Uma estratégia de continuação é mais simples de ser implementada, mas determinar se ela é de fato a abordagem apropriada vai depender dos resultados da análise do ambiente.

## Estratégia de mudança de rotina

Uma estratégia de mudança de rotina implica mudanças nos apelos normalmente usados para atrair consumidores. As empresas alteram seus apelos publicitários, atualizam as embalagens, praticam diferentes táticas de preços e podem substituir os distribuidores e métodos de distribuição durante o curso normal das operações. Como exemplo, podemos citar algumas empresas de alimentos, que mudam sua publicidade de acordo com o clima. Quando se prevê uma estação muito fria, os comerciais estimulam os consumidores a adquirir produtos para se aquecerem; terminado o frio, a mensagem incentiva os consumidores a adquirir outros produtos para se refrescarem. A implementação de tais estratégias exige atividades de planejamento e coordenação com as agências de publicidade e com intermediários. Em alguns casos, como ocorre quando as empresas oferecem uma significativa vantagem de preços para os intermediários ou para os consumidores, os administradores também devem coordenar suas atividades com as do pessoal de produção a fim de garantir estoques suficientes para atender ao aumento da demanda.

Um tipo importante de estratégia de mudança de rotina envolve a mudança de mentalidade dos consumidores com relação a determinado produto. O Quadro 5.1 apresenta as etapas envolvidas em uma abordagem de posicionamento de produto.

QUADRO 5.1 Uma abordagem operacional de posicionamento de produtos

1. *Identificar os concorrentes*. Nessa etapa, define-se o mercado-alvo para as ofertas da empresa. A Diet Coke, por exemplo, pode classificar seus concorrentes em (a) outros refrigerantes dietéticos tipo cola; (b) outros refrigerantes tipo cola; (c) outros refrigerantes regulares; (d) outras bebidas não alcoólicas; (e) outras bebidas. De modo geral, há um grupo primário de concorrentes (outras colas dietéticas) e um grupo secundário (outras colas e refrigerantes). Com base nisso, é importante que o consumidor identifique as situações de uso do produto por parte do consumidor.
2. *Identificar como os concorrentes são percebidos e avaliados*. Isso significa que é necessária a identificação das características do produto e associações feitas pelos consumidores, de modo que se possa definir a imagem que as marcas concorrentes tem no mercado.
3. *Determinar as posições dos concorrentes*. Essa etapa visa identificar como os concorrentes, e a própria empresa, se posicionam com relação a associações relevantes ao produto. Comparação multidimensional e outras abordagens multivariadas são úteis nesse estágio.
4. *Analisar os clientes*. Nesse estágio, é importante que se desenvolva um profundo conhecimento do comportamento dos diversos segmentos de mercado, incluindo o papel da classe dos produtos no estilo de vida do consumidor, além de seus hábitos, motivações e padrões de comportamento.
5. *Selecionar a posição*. Embora não exista receita para selecionar uma posição ótima, os critérios-chave de decisão incluem (a) natureza dos segmentos de mercado; (b) critérios econômicos, especialmente o potencial de mercado e a probabilidade de penetração do produto; (c) uma imagem consistente ao longo do tempo; (d) não criar expectativas erradas com relação ao produto.
6. *Monitorar a posição*. Uma estratégia de posicionamento deve ser monitorada ao longo do tempo para que possa ser avaliada até gerar diagnósticos para o estabelecimento de futuras estratégias. Isso implica pesquisas constantes e pode incluir uma ou mais técnicas, como a comparação multidimensional.

**Fonte:** Adaptado de AAKER, D. A.; SHANDY, G. "Positioning your product". *Business Horizons*, maio/jun. 1982, p. 56-62, *apud* PETER, J. P.; OLSON, J. C. *Consumer behavior:* marketing strategy perspectives. 3. ed. Homewood, Ill: Richard D. Irwin, 1992. Reprodução autorizada pela editora.

## Estratégia de mudança limitada

Uma estratégia de mudança limitada implica a oferta de novos produtos em novos mercados dentro da mesma classe geral de produtos. Existem muitas variações nesse nível de mudança estratégica, porque os produtos podem ser novos de muitas maneiras. Por exemplo, o Tylenol Extraforte era uma nova formulação do padrão que não exigia métodos radicalmente diferentes de produção e marketing, o que possibilitou a implementação de uma estratégia de vendas desse produto sem exigir mudanças maiores por parte da Johnson & Johnson. Por outro lado, a criação, produção e comercialização de produtos como TVs de alta definição, iPod, smartphone, notebooks, kindle e-reader, DVD players, blue-ray e câmeras de vídeo frequentemente trazem desafios novos e mais complexos de implementação.

## Estratégia de mudança radical

Uma estratégia de mudança radical abrange uma reorganização maior dentro da empresa. Esse tipo de mudança é comum quando ocorrem fusões e aquisições entre empresas do mesmo setor, como é o caso da Nestlé, que adquiriu a Garoto (ambas da indústria de alimentos). Tal aquisição deve ter sido particularmente complexa, especialmente se foram feitas tentativas de integrar completamente as duas empresas. A organização adquirente não somente obtém novos produtos e mercados, como também enfrenta problemas legais, a complexidade de desenvolver uma nova estrutura organizacional e (muito frequentemente) a necessidade de reconciliar estilos gerenciais, valores e crenças organizacionais conflitantes.

A estratégia de mudança radical também pode envolver muitas mudanças na estrutura organizacional e múltiplas aquisições e vendas de subsidiárias. Por exemplo, quando John F. Welch Jr. tornou-se executivo-chefe da GE, a empresa era vista como uma 'empresa PNB', cujo crescimento e prosperidade já tinham atingido uma posição de relevância econômica significativa. Welch propôs criar uma empresa que pudesse ir além dessa posição e prosperar mesmo em tempos econômicos difíceis. Eliminou níveis inteiros da hierarquia corporativa e transferiu recursos dos negócios de manufatura para os de serviços que apresentavam crescimento mais rápido e para os negócios de tecnologia. Automatizou as instalações de produção e eliminou 100 mil empregos, mais de um quarto da força de trabalho. Em seus primeiros cinco anos como executivo-chefe, vendeu 190 subsidiárias que valiam cerca de 6 bilhões de dólares e gastou 10 bilhões de dólares em 70 aquisições. Claramente, essa é uma estratégia de mudança radical, que pode eventualmente evoluir para um total redirecionamento organizacional.[3]

## Redirecionamento organizacional

Uma forma de redirecionamento organizacional envolve fusões e aquisições de empresas de indústrias diferentes. O grau de mudança estratégica depende de quão diferentes sejam os segmentos e de quão centralizada seja a administração da nova empresa. Quando a Philip Morris — fabricante de cigarros e bebidas — adquiriu a General Foods — fabricante de produtos alimentícios —, a ideia principal do redirecionamento era basicamente tornar uma organização mais diversificada em duas indústrias similares. No entanto, quando a GM adquiriu a Electronic Data Systems (EDS), existiam consideráveis diferenças entre as indústrias e entre os pontos de vista das duas empresas acerca da conduta apropriada de negócios. O código de conduta pessoal da EDS proibia que os funcionários consumissem bebidas alcoólicas na hora do almoço e o uso de sapatos enfeitados. Os funcionários da GM que foram transferidos para a EDS ficaram muito insatisfeitos com tais regras e mais de 600 pediram demissão. O presidente da GM teve de lidar com uma quase revolta quando tentou reconciliar as duas diferentes 'culturas corporativas'.[4]

Outro modo de redirecionamento organizacional ocorre quando uma empresa abandona uma indústria e aposta em outra. Por exemplo, quando uma pequena cervejaria não consegue mais concorrer na indústria de cerveja, redireciona seus esforços para as indústrias de transporte e embalagem. Similarmente, a American Can redirecionou seus negócios de embalagem para serviços financeiros e de varejo em meados dos anos de 1980.[5] Esse tipo de redirecionamento organizacional é a estratégia mais complexa de ser implementada, porque envolve mudanças na missão da empresa e pode exigir o desenvolvimento de um conjunto inteiramente novo de experiências e tecnologias.

## ANALISAR A ESTRUTURA ORGANIZACIONAL

Existem dois tipos básicos de estrutura organizacional. A *formal*, que representa o relacionamento hierárquico entre os diversos níveis de cargos e funções mostrados no organograma da organização. A *informal*, que representa o relacionamento social baseado nas amizades ou interesses compartilhados entre os diversos membros de uma organização, fica evidente nos padrões de comunicação normalmente conhecidos como 'rádio peão'.

Ao implementar uma estratégia, os administradores devem levar em consideração tanto a estrutura formal quanto a informal, por três razões. Em primeiro lugar, é preciso analisar se a estrutura organizacional existente promoverá ou dificultará o sucesso da implementação. Caso a estrutura organizacional apresente muitos níveis hierárquicos e a estratégia não possa ser implementada efetivamente ou alterada com rapidez, torna-se mais difícil obter o sucesso na sua implementação. Em alguns casos, a estrutura organizacional formal precisa ser totalmente alterada. Diversos escalões da estrutura organizacional da GE, por exemplo, foram eliminados e suas 15 áreas de negócios foram reagrupadas em três para tornar a empresa mais receptiva às mudanças e mais efetiva em termos de custos.

Segundo, é preciso definir quais níveis de administradores e quais pessoas dentro da organização serão responsáveis pelas diversas tarefas de implementação. Mudanças radicais de estratégia ou redirecionamento organizacional são tarefas típicas do presidente; já mudanças de rotinas podem ficar sob o controle dos escalões médios da administração.

Terceiro, a organização informal pode ser usada para facilitar o sucesso da implementação. Se diversos gerentes regionais consultam um ao outro para discutir questões relacionadas à implementação, essa rede informal pode ser usada para encorajar uma rápida execução de estratégias.

Os cinco tipos de estruturas organizacionais frequentemente encontrados são: simples, funcional, divisional, de unidades estratégicas de negócios (UEN) e estruturas-matriz.[6] Um diagrama esquemático de cada uma dessas estruturas é mostrado na Figura 5.3.

### Estrutura organizacional simples

Uma estrutura organizacional simples possui somente dois níveis, o do proprietário, que também é o seu administrador, e o dos funcionários. Esse tipo de estrutura

FIGURA 5.3 Os cinco tipos de estruturas organizacionais

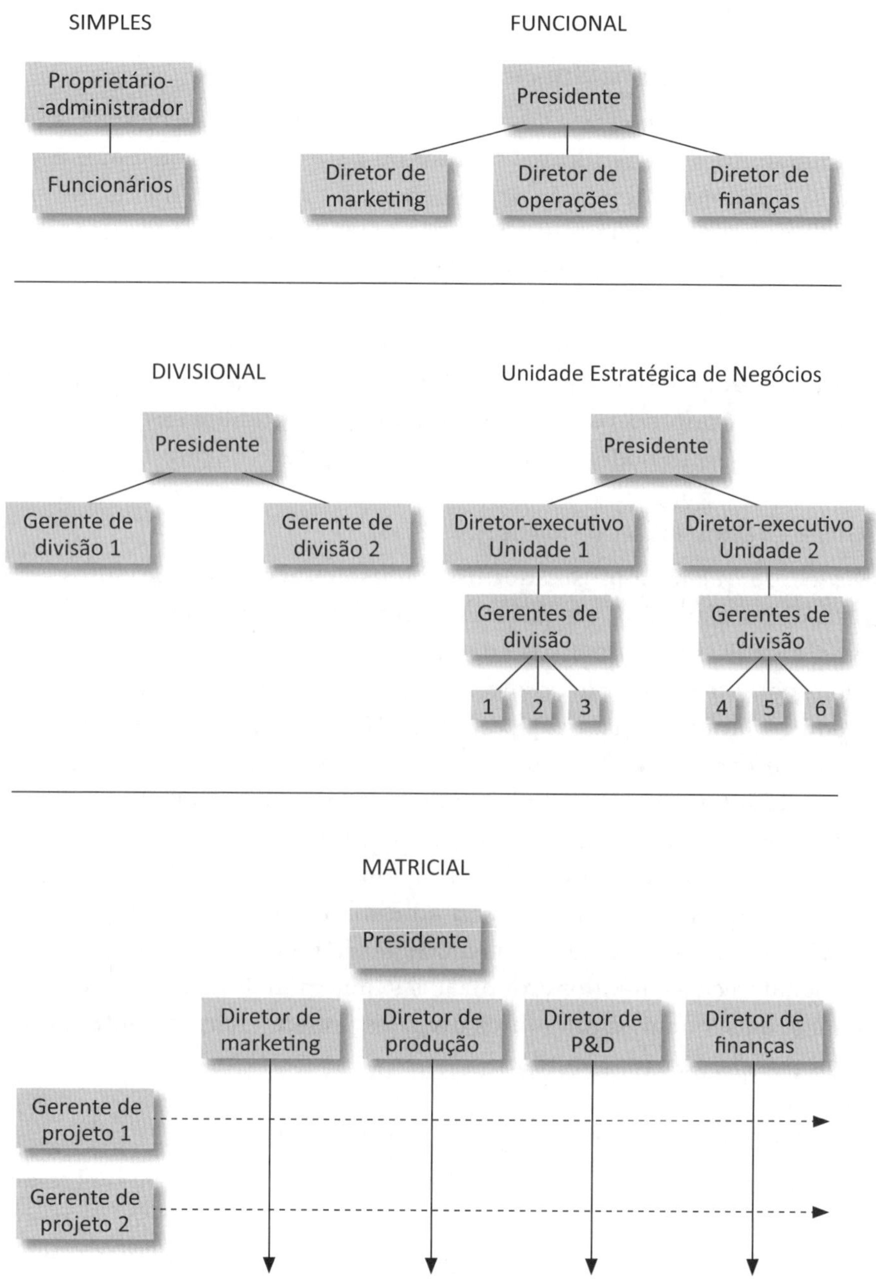


é típico de pequenas empresas que possuem apenas um ou poucos produtos, o que permite uma implementação rápida e flexível de estratégias. Essa é sua principal vantagem e também a razão por que, algumas vezes, as pequenas empresas podem concorrer com gigantes da indústria. No entanto, como o sucesso depende muito da experiência de uma única pessoa — o proprietário/administrador — para formular e implementar estratégias, muitas dessas organizações não sobrevivem por muito tempo.

## Estrutura organizacional funcional

Uma organização cresce e desenvolve diversos produtos e mercados relacionados; frequentemente, suas estruturas se alteram para refletir uma maior especialização nas áreas funcionais de negócios. Funções de linha como operações, marketing e pesquisa e desenvolvimento (P&D) podem ser organizadas em departamentos. As estruturas organizacionais funcionais também podem incluir diversos departamentos com equipes, como finanças e contabilidade ou pessoal e administração, que se reportam diretamente ao presidente. A especialização é uma das principais vantagens da estrutura funcional; ela promove o desenvolvimento de uma experiência maior em cada área. Contudo, essa estrutura pode gerar problemas de coordenação entre departamentos, que podem dificultar a sua implementação.

## Estrutura organizacional divisional

À medida que a empresa adquire ou desenvolve novos produtos em diferentes segmentos ou mercados, ela pode evoluir para uma estrutura organizacional divisional. Cada divisão pode operar de modo autônomo, sob a direção de um gerente, que se reporta diretamente ao presidente. As divisões podem se basear em linhas de produtos (automóveis, aviões etc.), mercados (consumidores, compradores industriais), áreas geográficas (norte, sul) ou canais de distribuição (lojas de varejo, vendas pela Internet). Cada divisão não somente tem a sua própria linha e funções hierárquicas para gerenciamento como também formula e implementa estruturas próprias com a aprovação do presidente. A organização global possui posições hierárquicas (como vice-presidentes ou administradores de operações) para auxiliar nas atividades de coordenação e na alocação de recursos. A estrutura organizacional divisional oferece às grandes organizações uma maneira de permanecer junto a seus mercados, mas, como as diferentes divisões podem competir entre si por recursos, também podem ocorrer conflitos.

## Estrutura de unidades estratégicas de negócios

Quando uma estrutura divisional se torna inviável porque o presidente possui divisões em excesso para administrar, as organizações podem se reorganizar em unidades estratégicas de negócios (UEN) ou grupos estratégicos. Essa estrutura agrupa diversas divisões entre si com base no critério da similaridade de linhas de produtos ou de mercados. Os diretores-executivos são os responsáveis pelo funcionamento das unidades de negócio e se reportam diretamente ao presidente. A estrutura UEN pode ser útil na coordenação de divisões que apresentam oportunidades estratégicas e desafios similares, facilitando a implementação da estratégia. No entanto, como ela impõe outra camada hierárquica de administração à estrutura, também pode reduzir a velocidade de tomada de decisão e retardar o processo de implementação, a menos que se descentralize a autoridade.

### Estrutura organizacional matricial

Uma estrutura organizacional matricial é usada para facilitar o desenvolvimento e a execução de diversos programas ou projetos. Conforme mostrado na Figura 5.3, cada um dos diretores de departamentos listados no topo possui responsabilidades funcionais para com todos os projetos, enquanto cada um dos administradores listados abaixo, na lateral, se responsabiliza pelo término do projeto e pela implementação da estratégia. Essa abordagem permite que os administradores dos projetos atravessem linhas departamentais e promovam uma eficiente implementação das estratégias. Contudo, essa abordagem tem uma desvantagem: frequentemente os funcionários ficam confusos sobre suas responsabilidades de trabalho, não sabem se são responsáveis perante o gerente do projeto ou perante seus administradores de grupo funcional.

É oportuno ressaltar que não há regras rígidas e fáceis para determinar qual estrutura organizacional é melhor para uma empresa em particular. Conforme a Tabela 5.2 ilustra, cada abordagem estrutural tem vantagens e desvantagens que os administradores devem considerar ao projetar uma nova estrutura organizacional ou mudar de uma para outra. Alterar a estrutura de uma organização normalmente implica uma mudança radical de estratégia que causa impacto, a longo prazo, no modo como as estratégias são formuladas e implementadas. De maneira geral, as maiores alterações na estrutura organizacional não têm a finalidade de resolver problemas que surgem na implementação rotineira ou em estratégias limitadas, embora sejam aceitáveis mudanças temporárias na estrutura para contornar problemas de implementação específicos.

Em suma, a análise da estrutura organizacional é uma etapa útil na implementação estratégica, porque ela obriga os administradores a considerar os efeitos da estrutura nas tarefas que devem ser realizadas. Em muitos casos, apenas a estrutura e o envolvimento do pessoal são adequados à implementação bem-sucedida. Em outros, uma alteração temporária na estrutura pode facilitar a implementação sem criar novos problemas. Em alguns outros raros casos, quando uma estrutura organizacional em particular se mostra ineficiente a ponto de impedir a implementação efetiva de uma estratégia, ela precisa ser revista. No entanto, antes que o administrador conclua que a estrutura de uma organização deve ser modificada, outros fatores devem ser considerados, e um dos mais importantes é a cultura da organização.

## ANALISAR A CULTURA ORGANIZACIONAL

Existem muitas definições de cultura organizacional. Para as finalidades deste livro, definiremos *cultura organizacional* como um conjunto de valores e crenças compartilhados que influencia a efetividade da formulação e da implementação da estratégia.

TABELA 5.2 Vantagens e desvantagens dos cinco tipos de estrutura organizacional

| **SIMPLES** | |
|---|---|
| **Vantagens** | **Desvantagens** |
| 1. Facilita o controle de todas as atividades do negócio. | 1. Depende muito do proprietário/administrador. |
| 2. Torna possível a rápida tomada de decisão e a capacidade de mudança de acordo com os sinais do mercado. | 2. Pode crescer de maneira pouco adequada à medida que o volume dos negócios se expande. |
| 3. Permite sistemas de motivação/recompensa/controle relativamente simples e informais. | 3. Não facilita o desenvolvimento de futuros administradores. |
| | 4. O proprietário/administrador se preocupa mais com assuntos do dia a dia e menos com estratégias futuras. |
| **FUNCIONAL** | |
| **Vantagens** | **Desvantagens** |
| 1. Incentiva de modo eficiente por meio da especialização. | 1. Promove a especialização estreita e potencial rivalidade que geram conflitos funcionais. |
| 2. Incentiva o desenvolvimento da experiência funcional bem-sucedida. | 2. Aumenta a dificuldade na coordenação funcional e na tomada de decisões interfuncional. |
| 3. Diferencia e delega as decisões operacionais do dia a dia. | 3. Pode causar conflitos na equipe. |
| 4. Mantém o controle centralizado das decisões estratégicas. | 4. Limita o desenvolvimento interno de administradores com visão mais ampla do negócio. |
| **DIVISIONAL** | |
| **Vantagens** | **Desvantagens** |
| 1. Exige coordenação e autoridade nos níveis mais baixos para a tomada de decisões. | 1. Alimenta potencialmente a competição pelos recursos corporativos. |
| 2. Aproxima o desenvolvimento e a implementação da estratégia dos ambientes divisionais únicos. | 2. Cria dificuldades com o aumento da autoridade de administradores divisionais. |
| 3. Libera o executivo principal da empresa para as tomadas de decisão estratégicas mais abrangentes. | 3. Alimenta o potencial para políticas conflitantes e de baixa articulação entre divisões. |

| Vantagens | Desvantagens |
|---|---|
| 4. Concentra-se fortemente na responsabilidade pelo desempenho. | 4. Aumenta a dificuldade de encontrar um método de distribuição de despesas gerais corporativas que seja aceito pelos diversos administradores responsáveis pelos lucros. |
| 5. Mantém a especialização funcional dentro de cada divisão. | |
| 6. Serve como base de treinamento para futuros administradores estratégicos. | |
| **UNIDADES ESTRATÉGICAS DE NEGÓCIOS (UEN)** | |
| **Vantagens** | **Desvantagens** |
| 1. Melhora a coordenação entre as divisões em razão dos ambientes de produto/mercado similares e das preocupações estratégicas. | 1. Coloca outra camada hierárquica entre as divisões e a administração corporativa. |
| 2. Melhora a administração estratégica e o controle sobre empresas grandes e diversificadas. | 2. Pode aumentar a concorrência pelos recursos da organização. |
| 3. Facilita o planejamento distinto e mais profundo dos negócios. | 3. Pode dificultar a definição do papel do vice-presidente do grupo. |
| 4. Direciona a responsabilidade sobre unidades de negócios distintas. | 4. Pode aumentar a dificuldade na definição do grau de autoridade dos diretores das UENs e dos gerentes divisionais. |
| **MATRICIAL** | |
| **Vantagens** | **Desvantagens** |
| 1. Acomoda uma grande variedade de atividades de negócios relacionadas à execução de projetos. | 1. Pode criar dificuldades ao permitir responsabilidade duplicada. |
| 2. Serve como boa base para o treinamento de administradores estratégicos. | 2. Demanda grande esforço de coordenação vertical e horizontal. |
| 3. Torna mais eficiente o trabalho dos administradores funcionais. | |
| 4. Alimenta a criatividade e multiplica as fontes de diversidade no trabalho. | |
| 5. Permite uma exposição mais ampla das gerências estratégicas para o negócio. | |

**Fonte:** Adaptado de PEARCE II, J. A.; ROBINSON JR., R. B. *Strategic management:* formulation, implementation, and control. 11. ed. Boston: McGraw-Hill Irwin, 2009. Reprodução autorizada.

A importância da cultura organizacional para a implementação de estratégias é tal que influencia o comportamento dos funcionários e motiva-os, ou não, a atingir ou ultrapassar os objetivos organizacionais. De maneira geral, o presidente e outros líderes anteriores e atuais de uma organização são os agentes-chave que influenciam a cultura organizacional de uma empresa. As organizações apresentam também diversas subculturas em divisões ou departamentos específicos que são influenciadas pelos administradores desses níveis.

As culturas organizacionais são desenvolvidas e reforçadas de diversas maneiras. Edgar Schein sugere que há cinco mecanismos principais de desenvolvimento cultural e cinco secundários.[7]

Os cinco mecanismos principais são:

1. *Aquilo a que os líderes prestam atenção e o que medem e controlam.* Os líderes podem conversar sobre o ponto de vista que cada um tem sobre a organização e o que querem que seja feito, ressaltando consistentemente os mesmos assuntos tanto em reuniões, observações e questionamentos casuais quanto em discussões sobre a estratégia. Se a qualidade do produto for um valor dominante a ser incutido nos funcionários, por exemplo, os líderes podem questionar de modo incisivo os efeitos de quaisquer mudanças propostas sobre esse tema.
2. *Reações dos líderes a incidentes críticos e crises organizacionais.* A maneira como os líderes lidam com as crises pode criar novas crenças e valores, além de revelar pressuposições organizacionais fundamentais. Quando uma empresa enfrenta uma crise financeira, mas não dispensa nenhum funcionário, por exemplo, a mensagem transmitida é que a organização vê a si mesma como uma 'família' que toma conta de seus membros.
3. *Papel deliberado na demonstração, ensino e condução.* O comportamento dos líderes nos cenários formal e informal tem um efeito importante sobre as crenças, valores e comportamentos dos funcionários. Por exemplo, se o presidente trabalha regularmente durante muitas horas e também nos fins de semana, os outros administradores devem refletir isso, despendendo mais de seu tempo ao trabalho.
4. *Critérios para a alocação de recompensas e cargos.* Os líderes podem comunicar rapidamente suas prioridades, relacionando recompensas e punições a comportamentos com os quais estão preocupados. Por exemplo, se um bônus pela ultrapassagem das cotas de produção ou vendas é concedido, os funcionários podem reconhecer o valor dessas atividades e concentrar seus esforços nelas.
5. *Critérios para recrutamento, seleção, promoção e aposentadoria de funcionários.* As pessoas que são contratadas e as que obtêm sucesso em uma organização têm algo em comum: elas aceitam os valores da empresa e comportam-se de acordo com eles. Por exemplo, se administradores orientados para a ação

e para a implementação de estratégias que se alinham de maneira efetiva e consistente subirem ao longo da hierarquia organizacional, as prioridades da organização se tornarão claras para os outros administradores.

A seção "Módulo aplicado" a seguir aborda alguns critérios sobre a cultura organizacional com base na empresa Droga Raia.

módulo aplicado

## DROGA RAIA

Ao entrar numa farmácia da rede Droga Raia, você se depara com uma foto antiga, amarelada, reproduzida como mural em uma das paredes do estabelecimento. A foto mostra uma farmácia característica das primeiras décadas do século passado, com suas estantes de madeira escura, repletas de vidros, e seus balcões com figuras sisudas atrás deles. Essa foto da Droga Raia, na cidade de Araraquara, interior de São Paulo, em nada se parece com as atuais drogarias da rede.

Em primeiro lugar, suas drogarias não vendem mais remédios manipulados; em segundo, o público tem acesso a produtos disponíveis nas estantes, como medicamentos não controlados e produtos de perfumaria, higiene, cosméticos. Medicamentos que exigem prescrição médica continuam em prateleiras e são disponibilizados pelos balconistas.

Hoje a empresa é uma das cinco maiores redes de drogarias do país. Em 2008, atingiu 638 lojas. Tem cerca de 5 mil funcionários em drogarias espalhadas pelos estados de São Paulo, Rio de Janeiro, Minas Gerais, Paraná e Rio Grande do Sul.

Seus compromissos com os clientes, público interno, fornecedores, comunidade e acionistas têm em comum o tema parceria, a relação de troca. Isso é muito evidenciado no Plano de Carreira da empresa, com sua política de primeiro emprego, que possibilita a admissão de jovens sem experiência para serem funcionários das lojas. Uma vez contratados, esses jovens são treinados e avaliados para poderem chegar a cargos de gerência de loja, que só são preenchidos por aqueles que iniciaram sua carreira no primeiro nível do Plano de Carreiras. Além disso, a empresa custeia 50 por cento dos cursos em nível superior de Farmácia e Administração. Assim, a empresa acredita que os funcionários se sentirão motivados a aderir à sua cultura.

### Exercício de desenvolvimento da prática

Com base nesse texto, analise quais mecanismos da cultura organizacional parecem estar presentes na cultura da empresa. Você também pode procurar informações adicionais na Internet ou em lojas da rede Droga Raia.

Além dos cinco mecanismos principais mencionados anteriormente, há cinco secundários que contribuem para o desenvolvimento da cultura organizacional. São eles:

1. *Desenho e estrutura da organização*. O projeto da estrutura da organização oferece aos líderes uma oportunidade de expressar suas pressuposições no

que diz respeito aos objetivos da empresa, bem como os melhores meios de atingi-los, a natureza humana e o desenvolvimento de relacionamentos adequados entre as pessoas.

2. *Sistemas e procedimentos organizacionais*. Alguns aspectos muito visíveis da vida organizacional são os ciclos de rotina diários, semanais, mensais, trimestrais e anuais, os procedimentos, relatórios para arquivar, formulários para preencher e outras tarefas recorrentes que têm de ser realizadas repetidamente. Por exemplo, a solicitação, por parte do presidente, de um relatório trimestral de desempenho de todos os administradores mostra os valores da organização e sua preocupação com esse grupo.
3. *Projeto do espaço físico, fachadas e edifícios*. Os líderes que seguem uma filosofia e um estilo de administração mais transparente o manifestam com frequência em suas escolhas arquitetônicas, projetos de interiores e decoração. Se um líder acredita em comunicações abertas, o espaço interno do escritório é dividido de modo que existam poucas áreas privadas ou barreiras ao fluxo de pessoas.
4. *Histórias, lendas, mitos e parábolas sobre eventos e pessoas importantes*. À medida que um grupo de trabalho se desenvolve e acumula história, um pouco dela vira mito sobre eventos e comportamentos dos líderes. Os cenários da seção "Exemplo ilustrativo" mostram alguns casos sobre o assunto.
5. *Declarações formais da filosofia, crenças e privilégios organizacionais*. Declarações explícitas de líderes de organizações sobre seus valores são uma forma efetiva de moldar a cultura organizacional.

exemplo ilustrativo

## HISTÓRIAS QUE INFLUENCIAM A CULTURA ORGANIZACIONAL

Histórias podem ser uma maneira efetiva de influenciar uma cultura organizacional. Boas histórias são memoráveis e ensinam aos funcionários os valores básicos da empresa. Não importa se elas são reais, mas sim que comuniquem valores e sejam repassadas para outros funcionários. Os exemplos a seguir ilustram histórias efetivas na comunicação de valores corporativos específicos.

Você se lembra de quando Ray Kroc (o fundador da rede McDonald's) visitou uma franquia da lanchonete em Winnipeg? Estava tudo certo com a loja, mas ele viu ali uma mosca, uma única mosca. Mesmo que fosse somente uma, aquilo não atendia ao padrão QSL&V (Qualidade, Serviço, Limpeza e Valor — o credo do McDonald's). Duas semanas depois, essa franquia de Winnipeg foi fechada. Você deve estar imaginando que, após essa história ter corrido o mundo, muitas franquias do McDonald's descobriram formas quase místicas de eliminar moscas — uma a uma — de suas lojas. A história é apócrifa? Isso não importa. O senhor Kroc fazia coisas assim.

Um executivo da Procter & Gamble conta uma história de uma ligação telefônica que recebeu, tarde da noite, há muitos anos. O executivo tinha acabado de ser promovido a diretor e a ligação vinha de seu gerente de vendas regional: "George, há um problema com uma barra de sabão aqui". 'Aqui', explica George, era a 480 quilômetros de distância. "George, você acha que pode chegar aqui até as seis e meia da manhã?" Nosso executivo continuou: "Isso parece ser mais do que um convite". E, finalmente, contou a moral da história: "Após completar 480 quilômetros atravessando as colinas do Tennessee, a uma velocidade de 110 quilômetros por hora para examinar uma maldita barra de sabão de 34 centavos, você entende que a Procter & Gamble é muito, mas muito séria quando se trata de qualidade do produto. Consequentemente, não é necessário um manual de 200 páginas que prove isso para você".

**Fonte:** Adaptado de PETERS, T.; AUSTIN, N. *A passion for excellence*. Nova York: Random House, 1985, p. 276-279. Reprodução autorizada pela editora.

Existe, portanto, diversos modos de desenvolver, manter ou alterar culturas organizacionais. Entretanto, mudar uma cultura organizacional é uma tarefa difícil, que, se tiver de ser feita, pode exigir muitos anos para se efetivar. De modo geral, desenvolver, alterar ou manter a rotina de estratégias poucos ambiciosas é algo que pode ser implementado na cultura organizacional já existente. Nesse caso, possivelmente as estratégias formuladas serão implementadas sem muito abalo na cultura da organização. Já no caso de mudanças radicais na estratégia e de redirecionamento organizacional, talvez seja necessária uma mudança a longo prazo na cultura da organização. No entanto, muitas vezes é mais eficiente manter separadas as culturas radicalmente diferentes das empresas adquiridas, a fim de evitar maiores choques culturais e os problemas potencialmente sérios resultantes dessa fusão.

## SELECIONAR UMA ABORDAGEM PARA A IMPLEMENTAÇÃO

Nesse estágio, a tarefa dos administradores é determinar uma abordagem que seja produtiva para a implementação da estratégia. Com base em suas pesquisas a respeito de práticas de administração em diversas empresas, David Brodwin e L. J. Bourgeois sugerem cinco abordagens fundamentais para a implementação de estratégias.[8] Essas abordagens variam: vão desde solicitar aos funcionários que implementem uma estratégia já formulada até oferecer condições profissionais para que o funcionário se desenvolva e tenha base para elaborar e implementar estratégias de autoria própria. Em cada abordagem, o gerente tem um papel muito particular no processo e usa métodos diferentes de administração estratégica. Brodwin e Bourgeois denominam essas cinco abordagens de Abordagem do comandante, Mudança organizacional, Colaborativa, Cultural e Abordagem da base ao topo ou crescente. A Tabela 5.3 apresenta uma visão geral de cada uma delas.

**TABELA 5.3** Comparação das cinco abordagens na implementação de uma estratégia

| ABORDAGEM | | | | | |
|---|---|---|---|---|---|
| **Fator** | **Comando** | **Mudanças** | **Colaborativa** | **Cultural** | **De base ao topo** |
| Como as metas são definidas? Em que lugar da organização (em cima ou embaixo) são estabelecidas as metas estratégicas? | Ditadas de cima. | Ditadas de cima. | Negociadas dentro da alta hierarquia. | Embutidas na cultura. | Declaradas vagamente a partir de cima, refinadas de baixo. |
| O que o sucesso significa? O que o resultado bem--sucedido significa para o processo de planejamento/implementação estratégico? | Um bom plano, se julgado pelos critérios econômicos. | Organização e estrutura que combinam com a estratégia. | Um plano aceitável com amplo apoio administrativo. | Um grande número de implementadores envolvidos. | Estratégias sólidas com líderes operacionais por trás delas. |
| Que fatores são considerados? Quais tipos de fato ou raciocínio lógicos são usados no desenvolvimento da estratégia para resolver conflitos entre estratégias propostas? | Econômicos. | Econômicos e políticos. | Econômicos, sociais e políticos. | Econômicos e sociais. | Econômicos, sociais, políticos e comportamentais. |
| Qual o nível típico de esforço necessário na organização:<br>1. Durante a fase de planejamento?<br>2. Durante a fase de implementação? | <br>Baixo.<br>Não se aplica. | <br>Baixo.<br>Alto. | <br>Alto.<br>Baixo. | <br>Alto.<br>Baixo. | <br>Alto.<br>Baixo. |
| Quão estritas são as exigências sobre o presidente para que a abordagem tenha sucesso? Conhecimento exigido do presidente: qual a capacidade do presidente de manter o pessoal informado acerca de todas as oportunidades e riscos estratégicos significativos? | Altas. | Altas. | Moderadas. | Baixas. | Baixas. |
| Poder exigido do presidente: qual o poder do presidente para impor um plano detalhado de implementação à organização? | Alto. | Alto. | Moderado. | Moderado. | Moderado. |

**Fonte:** BRODWIN, D. R.; BOURGEOIS III, L. J. "Five steps to strategic action". *California Management Review*, v. 26, n. 3, p. 78, primavera 1984. Copyright 1984 by Universidade da Califórnia.

## Abordagem do comandante

Nessa abordagem, o gerente se concentra na *formulação* da estratégia, aplicando análise e lógica rigorosas. O administrador pode desenvolver a estratégia sozinho ou supervisionar uma equipe de estrategistas encarregados de determinar o curso ótimo de ação para a organização. Ferramentas como matriz de crescimento da participação e análise do setor e da concorrência (veja Capítulo 4) são normalmente usadas pelos administradores que empregam essa abordagem. Tão logo a 'melhor' estratégia seja determinada, o administrador a transmite aos seus subordinados.

Em algumas organizações, a Abordagem do comandante ajuda a dar às operações uma perspectiva estratégica. Contudo, são necessárias três condições para que essa abordagem resulte em uma implementação bem-sucedida:

1. O administrador deve ter poder suficiente para *comandar* a implementação, ou a estratégia deve representar pouco risco ao *status quo*. A implementação sob essa abordagem sofre resistência caso a nova estratégia ponha em risco a posição dos funcionários.
2. Informações precisas e atuais devem estar disponíveis, e o ambiente deve ser razoavelmente estável. Se o ambiente estiver mudando rapidamente, a ponto de tornar as informações desatualizadas antes mesmo de ser assimiladas, sua implementação pode não ocorrer.
3. O administrador que formula a estratégia deve ficar isolado de tendências pessoais e de influências políticas que possam afetar o conteúdo da estratégia.

Uma desvantagem dessa abordagem é que ela tende a reduzir a motivação dos funcionários, uma vez que pode provocar a sensação de que eles nada têm a acrescentar na formulação da estratégia (e é pouco provável que funcionários que se sintam assim sejam um grupo muito inovador). No entanto, essa abordagem pode ser efetiva em empresas menores, dentro de setores mais estáveis. Ela funciona melhor quando a estratégia a ser implementada exige pouca mudança, como a estratégia de continuação ou a de mudança de rotinas.

Embora a Abordagem do comandante gere alguns problemas, ela é frequentemente defendida por alguns consultores de empresas, além de ser usada por administradores. Diversos fatores são responsáveis por sua popularidade. Em primeiro lugar, a despeito de suas desvantagens, ela oferece aos administradores uma perspectiva valiosa e permite que eles concentrem suas energias na formulação da estratégia. Ao dividir a tarefa da administração estratégica em duas etapas — 'pensar' e 'fazer' —, o administrador reduz a quantidade de fatores que precisam ser considerados simultaneamente. Em segundo lugar, administradores mais jovens parecem preferir essa abordagem porque ela permite que eles se concentrem nos aspectos quantitativos e objetivos de uma situação, em vez de em elementos qualitativos e subjetivos de interações comportamentais. (Muitos administradores jovens são mais bem treinados para lidar com os aspectos quantitativos e objetivos.)

Finalmente, tal abordagem pode suscitar em alguns administradores ambiciosos a sensação de poder, à medida que suas ideias e tomadas de decisão afetam atividades de centenas de pessoas.

## Abordagem da mudança organizacional

Enquanto o administrador que adota a Abordagem do comandante evita lidar diretamente com a implementação, a Abordagem da mudança organizacional verifica a melhor maneira de implementar uma estratégia na organização. Os administradores que aplicam essa abordagem sentem-se responsáveis por fazer a organização avançar em direção a novos objetivos. As ferramentas usadas para realizar essas tarefas são, em grande parte, comportamentais e incluem ações como mudar a estrutura da organização e da equipe a fim de concentrar a atenção nas novas prioridades, revisando os sistemas de planejamento e controle e usando outras técnicas de mudança organizacional.

Como na Abordagem da mudança organizacional são usadas ferramentas comportamentais, frequentemente ela é mais efetiva que a Abordagem do comandante e pode ser usada para implementar estratégias mais difíceis. Contudo, em razão das diversas limitações apresentadas pela Abordagem da mudança, seu uso, em empresas menores de setores econômicos estáveis, pode ser restrito. Ela não estimula os administradores a permanecerem informados sobre as rápidas mudanças no ambiente. Não lida com situações em que agendas políticas e pessoais desencorajam a objetividade entre os estrategistas. Como a direção da estratégia é 'de cima para baixo', ela está sujeita a alguns problemas motivacionais semelhantes aos da Abordagem do comandante.

Essa abordagem pode ser pouco efetiva sob condições incertas ou que mudem rapidamente, porque o administrador sacrifica uma importante flexibilidade estratégica ao manipular sistemas e estruturas da organização para apoiar uma estratégia em particular. Alguns desses sistemas (particularmente remuneração com base em incentivos) levam muito tempo para ser projetados e instalados. Caso o ambiente precise de uma nova estratégia, alterar o curso da organização pode ser difícil, porque ele foi estabelecido para apoiar a estratégia que se tornou obsoleta.

## Abordagem colaborativa

Na Abordagem colaborativa, o administrador responsável pela estratégia reúne a equipe de administradores a fim de explorar ideias e tentar formular e implementar a estratégia. Os administradores que têm perspectivas diferentes são encorajados a falar sobre elas com o objetivo de reunir novas contribuições provenientes dessas perspectivas múltiplas. O papel do administrador é o de um coordenador que usa todo o seu conhecimento de dinâmica de grupo para garantir que todas as boas ideias sejam discutidas e investigadas. Por exemplo, há alguns anos, a General Motors formou 'equipes de negócios' que consistiam em administradores de diferentes áreas funcionais. O papel da equipe era simplesmente trazer à tona diferentes pontos de vista acerca de quaisquer problemas estratégicos que surgissem. No caso da Esso, as principais decisões estratégicas eram tomadas por comitês de administração formados por todos os diretores internos e conduzidas pelo presidente. Cada membro do comitê tinha a função de realizar contato com os executivos de linha de uma ou mais das 13 filiais e subsidiárias da empresa.

A Abordagem colaborativa contorna duas limitações-chave inerentes às abordagens tratadas anteriormente. Uma vez que propicia a captura de informações fornecidas por administradores mais próximos das operações e oferece um fórum para a exposição de pontos de vista diversos, ela pode aumentar a qualidade e a presteza das informações incorporadas à estratégia. À medida que o grau de participação individual aumenta o comportamento com a estratégia, aumentam também as chances de uma implementação eficaz.

Apesar de a Abordagem colaborativa poder firmar mais compromissos que as abordagens anteriores, ela também pode resultar em uma estratégia pouco efetiva. O fato de ser negociada entre administradores com diferentes pontos de vista e objetivos pode reduzir as chances de a administração formular e implementar estratégias eficazes. Por um lado, é provável que uma estratégia negociada seja menos visionária e mais conservadora que uma criada por um indivíduo ou por uma equipe. Por outro, apostar e construir impérios com diversos administradores individuais resulta em uma estratégia que favorece uma área funcional em particular, mas que é menos sólida em termos de perspectiva estratégica global. Além disso, o processo de negociação pode levar tanto tempo que a organização perderia oportunidades e fracassaria se precisasse reagir com rapidez ao enfrentar ambientes em transformação.

Finalmente, uma crítica fundamental a esse tipo de abordagem está no fato de ela não consistir realmente em uma tomada de decisão coletiva do ponto de vista organizacional, porque, frequentemente, os altos administradores mantêm o controle centralizado. Essa abordagem preserva a distinção entre pensadores e realizadores, mas fracassa na utilização de todo o potencial humano da organização. Quando usada apropriadamente, pode encorajar a implementação efetiva, embora possa gerar problemas políticos dentro da organização, além de impedir a rápida e eficiente formulação e implementação da estratégia.

## Abordagem cultural

A Abordagem cultural acrescenta à Colaborativa os níveis inferiores da organização. Nessa abordagem, o administrador comunica e propõe os seus pontos de vista sobre a missão global da organização, além de permitir que os funcionários desenvolvam suas atividades de acordo com a missão. Tão logo a estratégia esteja formulada, o administrador efetua o papel de condutor, dando diretrizes gerais, ao mesmo tempo que encoraja a tomada de decisão individual com relação aos detalhes operacionais sobre a sua implementação.

As ferramentas de implementação usadas na elaboração de uma cultura organizacional forte variam desde simples noções, como a publicação do credo, a técnicas muito mais complexas, que envolvem o que pode ser chamado de 'controle de terceiro nível'. O controle de primeiro nível consiste na supervisão direta; o controle de segundo nível implica o uso de regras, de procedimentos e da estrutura organizacional para direcionar o comportamento. O controle de terceiro nível é mais sutil — e potencialmente mais poderoso. Consiste em influenciar o comportamento, moldando normas, valores, símbolos e crenças que os administradores e funcionários usam nas decisões do dia a dia.

A Abordagem cultural quebra parcialmente as barreiras entre os pensadores e os realizadores, porque cada membro da organização pode se envolver de algum modo tanto na formulação como na implementação da estratégia. A Hewlett-Packard é um exemplo bem conhecido de organização cujos funcionários compartilham uma forte consciência da missão corporativa. Todos eles sabem que a 'maneira de ser da HP' encoraja a inovação do produto em todos os níveis. A Matsushita, por sua vez, começa cada dia de trabalho com seus milhares de funcionários cantando o hino da empresa e recitando seu código de valores.

A Abordagem cultural parece funcionar melhor em organizações que tenham recursos suficientes para absorver o custo de montar e manter um sistema de apoio baseado em valores. Frequentemente são empresas em processo de rápido crescimento nos setores de alta tecnologia.

Ainda que essa abordagem tenha diversas vantagens, das quais pelo menos uma é exclusiva — a implementação de estratégias com elevada motivação —, também tem limitações. Em primeiro lugar, tende a funcionar somente em organizações compostas principalmente de pessoas informadas e de elevado nível educacional. Em segundo, leva muito tempo para ser implementada. Em terceiro, pode alimentar um forte senso de identidade organizacional e isso pode se tornar uma desvantagem; por exemplo, contratar pessoas para a alta administração que sejam de fora da empresa pode ser uma tarefa complicada, porque elas terão dificuldade de ser aceitas pelos outros executivos. Em quarto lugar, organizações que têm culturas bastante fortes reduzem as diferenças, desencorajam as tentativas de mudanças e alimentam a homogeneidade e a endogenia. Para lidar com essa tendência conformista, algumas organizações segregaram suas unidades de pesquisa e seus esforços de desenvolvimento de novos produtos, deslocando-os algumas vezes para locais distantes das outras unidades, com a finalidade de isolá-los da cultura corporativa.

A seção "Exemplo ilustrativo" propõe um bom exercício sobre essa abordagem.

## A Abordagem da base ao topo

O administrador que adota a Abordagem da base ao topo trata, ao mesmo tempo, da formulação e da implementação da estratégia. No entanto, ele não se concentra na realização de tarefas. Sua função é encorajar os subordinados a *exemplo ilustrativo*

## CREDO DA ORGANIZAÇÃO

Você viu no Capítulo 3 a apresentação do credo da Johnson & Johnson. Pesquise na Internet empresas brasileiras que tenham credos semelhantes, como o Boticário, que apresenta uma lista de suas crenças e um código de ética. Vale a pena analisar seus credos sobre sustentabilidade.

desenvolver, defender e implementar suas próprias estratégias. Essa abordagem difere das outras em diversos aspectos. Primeiro, em vez de a estratégia percorrer uma linha vertical descendente, ou seja, partir da alta administração para baixo, ela percorre uma linha vertical ascendente, isto é, sobe a partir de seus realizadores (vendedores, engenheiros, pessoal da produção), gerências de nível médio e supervisores. Segundo, a 'estratégia' se torna uma soma de todas as propostas individuais surgidas ao longo do ano. Terceiro, a equipe da alta administração molda as premissas dos funcionários — isto é, as noções que eles têm do que se constituiriam projetos estratégicos suportáveis. Quarto, o presidente, ou administrador responsável pela estratégia, cumpre mais o papel de juiz, avaliando as propostas, do que de estrategista-chefe.

Nas grandes organizações, complexas e diversificadas, o presidente não conhece ou entende todas as situações estratégicas e operacionais que cada divisão enfrenta. Por isso, se as estratégias precisam ser formuladas e implementadas de maneira efetiva, o presidente deve delegar poder estimulando, assim, a oportunidade de crescimento profissional e a rivalidade entre os funcionários.

A Abordagem da base ao topo apresenta diversas vantagens. Em primeiro lugar, ela encoraja os administradores de nível médio a formular estratégias efetivas e lhes dá a oportunidade de implementar os próprios planos. Essa autonomia aumenta a motivação individual para tornar a estratégia eficaz. Depois, estratégias desenvolvidas dessa maneira, com funcionários e administradores mais próximos das oportunidades estratégicas, têm mais probabilidade de serem operacionalmente sólidas e mais rapidamente implementadas. Contudo, essa abordagem exige (1) que existam recursos disponíveis para que os indivíduos desenvolvam boas ideias, livres dos ciclos de aprovação burocrática e (2) que haja tolerância para os casos de falhas inevitáveis. Além disso, converter uma organização que está acostumada a sistemas centralizados e orientações sempre de cima para baixo pode ser muito difícil, ter custo elevado e consumir muito tempo. Finalmente, essa abordagem não especifica como os administradores responsáveis pela implementação devem fazê-la. Em resumo, a Abordagem da base ao topo é viável para organizações complexas que atuam em setores dinâmicos.

## IMPLEMENTAR AS ESTRATÉGIAS E AVALIAR OS RESULTADOS

Neste estágio, o administrador tem uma ideia clara do nível de mudança estratégica que deve ser implementado. Além disso, com base em uma análise da estrutura e da cultura organizacionais, ele já pode saber quais fatores dentro de uma organização facilitarão ou impedirão a implementação. Uma abordagem de implementação é bem selecionada quando capitaliza oportunidades, pontos fortes e contorna, evita ou minimiza problemas em uma organização. Nesse estágio, a tarefa consiste em efetivar as estratégias e avaliar os resultados.

A implementação eficaz de estratégias exige quatro tipos básicos de habilidade de execução: a habilidade de interação, a habilidade de alocação, a habilidade de monitoração e a habilidade de organização.[9] Elas são discutidas a seguir e representadas na Figura 5.4.

A habilidade de *interação* é expressa pelo gerenciamento do comportamento do próprio administrador e de terceiros para atingir um objetivo. Dependendo do nível de mudança necessário, os administradores possivelmente terão de influenciar outras pessoas tanto dentro quanto fora da organização. Aqueles que mostram empatia — capacidade de entender como os outros se sentem — e têm boa experiência de barganha costumam ser os mais bem-sucedidos.

A habilidade de *alocação* decorre da capacidade dos administradores de planejar tarefas e cronogramas, dimensionar recursos financeiros e outros recursos de orçamento de modo eficiente. Administradores eficazes evitam concentrar recursos em programas consolidados e reconhecem que programas novos e arriscados frequentemente exigem maior investimento de recursos.

A habilidade de *monitoração* implica o uso eficiente de informações cuja finalidade é corrigir quaisquer desvios que surjam no processo de implementação. É importante dispor de um eficiente sistema de avaliação de resultados que ajude a

FIGURA 5.4 Quatro habilidades-chave para a implementação

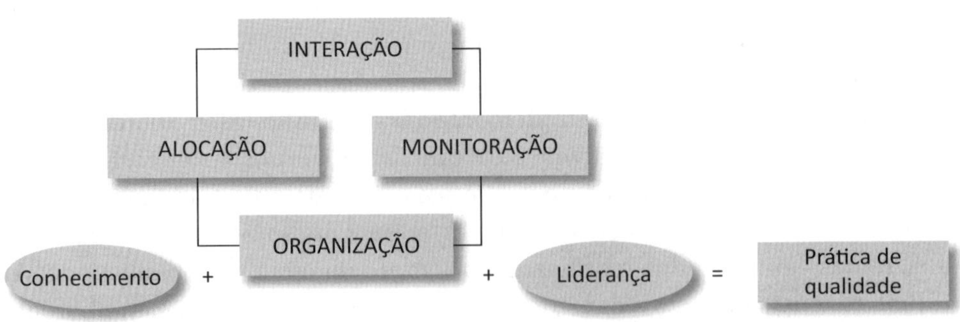


**Fonte:** Adaptado de BONOMA, T. V. *The marketing edge:* making strategies work. Nova York: The Fress Press, 1985, p. 117. Copyright 1985 by The Fress Press. Reprodução autorizada pela Free Press, uma divisão da Macmillan, Inc.

analisar o progresso da realização da estratégia e quaisquer problemas que possam ocorrer durante o processo.

A habilidade de *organização* consiste na capacidade de criar novas organizações informais ou redes cuja finalidade é detectar cada desvio assim que ele ocorra. É importante conhecer as pessoas de cada setor da organização (e também de fora dela) que, em virtude do respeito mútuo, parceria ou alguma outra ligação, possam vir a prestar ajuda umas às outras sempre que possível. Em outras palavras, 'personalizar' a organização informal para facilitar a realização de estratégia.

A implementação exige administradores que tenham experiências em adaptação, particularmente para contornar obstáculos e garantir que as tarefas sejam realizadas de modo eficiente. Por meio da implementação, eles devem avaliar se a estratégia está sendo bem efetuada e em que medida, além de observar se está atingindo os objetivos organizacionais. As questões sobre avaliação da estratégia são o assunto do próximo capítulo.

## RESUMO

Neste capítulo, explicamos por que a implementação é uma parte importante da administração estratégica, embora muitas vezes seja negligenciada. Depois de investigar como a qualidade da formulação e da implementação afeta as chances de sucesso de uma estratégia, apresentamos um modelo de cinco etapas sobre o processo de implementação.

Em primeiro lugar, é importante analisar uma estratégia proposta para saber quanto a empresa terá de mudar a fim de implementá-la com sucesso. As estratégias podem ser de continuação, sem nenhuma mudança; de mudança de rotina; de mudança limitada; e de mudança radical, com redirecionamento organizacional. Essa última, como sugere o nome, consiste em transformações radicais que, de modo geral, somente são enfrentadas em uma organização quando ela entra em um novo setor ou é objeto de uma fusão ou aquisição.

A etapa seguinte do processo de implementação estratégica consiste na análise das estruturas formal e informal da organização. A estrutura formal pode ser simples (proprietário/administrador); pode estar dividida em funções (como marketing, operações e finanças), divisões (refletindo diferentes linhas, áreas, canais de distribuição de produtos e similares) ou grupos de divisões conhecidos como unidades estratégicas de negócios; pode ainda apresentar estrutura organizacional de matriz, em que as responsabilidades funcional e de projetos podem se sobrepor. Cada estrutura tem pontos fortes e fracos, e identificar o impacto provável da estrutura na implementação da estratégia é sempre importante. A organização informal é utilizada para facilitar o sucesso da implementação.

A análise da cultura organizacional é importante tanto na formulação quanto na implementação de estratégias. A cultura organizacional consiste nos valores, crenças e atitudes da empresa que são compartilhados pelos funcionários. Comportamentos de líderes, critérios para recrutamento e remuneração de funcionários, regras e procedimentos, declarações formais do 'credo' da organização, histórias contadas sobre eventos e pessoas importantes na história da organização e até o arranjo físico do edifício — tudo pode contribuir para o desenvolvimento de culturas organizacionais efetivas e pode ser usado para moldar atitudes e comportamentos dos funcionários. Uma vez consolidada, a cultura organizacional torna-se resistente, e as mudanças estratégicas que a atingirem poderão ser pouco efetivas.

Em seguida, analisamos diversas abordagens para implementar uma estratégia em particular. Em primeiro lugar, há a Abordagem do comandante, em que o administrador formula uma estratégia e simplesmente instrui seus subordinados a implementá-la. Também útil é a Abordagem da mudança organizacional, que assume a eficácia da estratégia e orienta para a implementação as abordagens comportamentais das estruturas organizacionais em transformação. A Abordagem colaborativa, em que uma equipe administrativa é convidada a participar da formulação e da implementação da estratégia; e a Abordagem cultural, que democratiza a Abordagem colaborativa, envolvendo os níveis hierárquicos inferiores da organização, também podem ser empregadas. Finalmente, na Abordagem da base ao topo ou crescente, os subordinados são encorajados a implementar estratégias de sua própria autoria. Expusemos os méritos e as desvantagens de cada abordagem e mostramos as condições em que cada uma delas é mais adequada.

Finalmente, no que diz respeito ao processo de implementação e sua facilitação, observamos a importância da experiência dos administradores na interação e empatia com outras pessoas, na alocação de recursos, no monitoramento de progressos em direção às metas e na organização de novas redes informais à medida que vão surgindo novas necessidades. Os administradores com experiência são capazes de supervisionar efetivamente a implementação da estratégia e avaliar o processo de implementação à medida que ele se desenrola, adotando ações corretivas, quando necessário.

A seção a seguir, "Lista de verificação", resume a maioria dos pontos abordados neste capítulo. É interessante usá-la quando precisar analisar casos e problemas que envolvam a implementação da estratégia.

## lista de VERIFICAÇÃO

### Analisando a implementação da estratégia

1. A implementação estratégica é o principal foco da questão ou do caso?
2. Há informações disponíveis suficientes para que os administradores desenvolvam um plano de implementação detalhado?
3. Que níveis de mudança estratégica o problema ou caso envolve?
4. As estruturas organizacionais formal e informal existentes promovem ou impedem o sucesso da implementação?
5. O que pode ser feito para reformular a organização formal ou redirecionar a organização informal a fim de facilitar uma implementação eficiente da estratégia?

6. A cultura da organização apoiará ou limitará a implementação efetiva da estratégia?
7. Que tipo de abordagem de implementação deve ser mais eficiente?
8. Do ponto de vista global, a alta administração parece ter boas experiências no que diz respeito à implementação, como experiência em interação, alocação, monitoração e organização?
9. Quem é o responsável pela implementação da estratégia? Ele realmente tem autoridade para fazê-la?
10. Como, quando e onde a estratégia deve ser implementada?

## NA PRÁTICA

### O Grupo Abril

Em 1950, um italiano de 42 anos chamado Victor Civita, considerado visionário por seus contemporâneos, começava um negócio editorial no Brasil, utilizando direitos de uma empresa norte-americana, a Walt Disney. Um funcionário da época, ao ser entrevistado por Civita para um cargo na editora, dizia que ele "já estava totalmente embarcado no futuro", pela forma entusiasta com que se referia à sua editora, então localizada em algumas salas de um prédio no centro da cidade de São Paulo. Esse era o começo de uma revista em quadrinhos que contava a história de um famoso personagem nos Estados Unidos, mas que não era tão conhecido no Brasil: o Pato Donald.

Essa editora incipiente transformou-se em um gigante: o Grupo Abril — hoje um dos principais grupos de comunicação da América Latina. O Grupo é composto pela Editora Abril (publicações), Abril Digital (Abril.com e Abril no celular), Abril Educação (Editoras Ática e Scipione), Gráfica Abril, além dos serviços de database, marketing, assinaturas e distribuição. Atua nos segmentos de informação, educação e entretenimento (revistas, livros, vídeos, música, Internet, TV a cabo e multisserviços). É proprietária da MTV, lançada em 1990, a primeira TV segmentada do Brasil, com foco em música (bandas, videoclipes, blogs, entre outros), tendo conquistado expressivo reconhecimento na área em que atua.

Em termos editoriais, em 2009, a Abril publicou 373 títulos e teve uma circulação de cerca de 190 milhões de exemplares. Atingiu a marca de 28 milhões de leitores e de mais de 4 milhões de assinaturas. Dentre as dez revistas mais lidas no país, sete são da Editora Abril, com destaque para a revista *Veja*, que é a terceira maior revista semanal de informação do mundo e a maior fora dos Estados Unidos. No segmento de livros escolares, a Abril é líder de mercado, tendo publicado em 2009 mais de 3 mil títulos e alcançando 30% do mercado brasileiro, com a produção de 38 milhões de livros.

A gráfica do Grupo Abril, um dos destaques do grupo, tem perto de 1.100 funcionários, está localizada em um espaço de 45.000 $m^2$ e produz mais de meio bilhão de produtos impressos. É moderna em termos de sistemas, máquinas e equipamentos para produção. Também é a maior da América Latina e a primeira gráfica brasileira a ter um protocolo para controle de emissões de gases de efeito estufa, o que lhe rendeu prêmios internacionais por sua responsabilidade ambiental.

Em 2009, a Editora Abril continuou seus investimentos em novas mídias, como Internet e celulares, tendo como um dos principais destaques em Internet a marca Capricho. O site da Capricho é considerado o maior site *teen* do mundo, com 2,5 milhões de visitantes e 62 milhões de *page views* em 2009. Vê-se aí uma enorme diferença do público da primeira revista *Capricho*, em cuja capa aparecia uma mocinha romântica que mostrava as estrelas do céu para um rapaz, do público de hoje, cujas capas trazem heróis que protagonizam vampiros jovens e belos, personagens dos filmes de maior sucesso entre os jovens. Além desse site, a empresa mantém mais cerca de 80 sites, cada um deles voltado para um segmento de negócio do Grupo.

Para dar conta da distribuição e da comercialização de produtos do Grupo Abril nos principais canais de vendas no país, o grupo mantém a holding DCB, composta por quatro empresas, três para comercialização e uma para logística. Essa holding atende, além da Editora Abril, mais de 70 outras editoras, atingindo mais de 30 mil pontos de vendas e mais de 95% do potencial de consumo nacional.

O Grupo Abril também mantém a Fundação Victor Civita, criada em 1985, com o objetivo de melhorar a educação básica no país. Além da revista *Nova Escola*, voltada para a atualização de professores, a Fundação se envolve em atividades voluntárias que reforçam o papel da empresa na comunidade, na preservação ambiental, na participação social.

Segundo o próprio grupo, parte de seu sucesso está na forma como a empresa está estruturada. O organograma do Grupo Abril tem basicamente três níveis hierárquicos principais. No primeiro nível, estão: a Presidência Executiva, que tem quatro Vice-Presidências (Finanças, Controle e Serviços Compartilhados, Jurídica, Relações Institucionais e Recursos Humanos e Desenvolvimento Organizacional), a Diretoria de Auditoria, a Presidência da Editora Abril, A Diretoria Gráfica da Abril, a Diretoria-Geral da Abril Digital e a Diretoria-Geral do Grupo TV. No segundo nível, estão: a Presidência da Editora Abril, com quatro diretorias (Diretoria de Mídia Digital, Diretoria de RH e Administração, Diretoria de Serviços Editoriais e Diretoria de Planejamento e Controle). No terceiro nível, estão: as Unidades de Negócios (UN Veja, UN Segmentada I e II, a UN Negócios e Tecnologia), a Diretoria-Geral de Publicidade, a Veja Editorial, Colecionáveis e a Diretoria e Superintendência de Assinaturas. As UN Segmentadas I e II são responsáveis pelas revistas, sendo subdivididas em vários núcleos (como Núcleo Bem-Estar, Núcleo Moda, Núcleo Comportamento, dentre outros).

Essa estrutura do grupo é recente e mostra que 54 anos depois de sua fundação o Grupo Abril funciona com uma estrutura verticalizada na qual concebe, desenvolve, produz, comercializa e distribui todos os seus produtos.

O sonho inicial de Victor Civita, que no final da década de 1950 era usado para atrair colaboradores, concretizou-se. A pequena guarita de madeira localizada na entrada da primeira gráfica, numa rua de terra que futuramente seria a Marginal Tietê, em nada se assemelha ao moderno parque gráfico do grupo.

A ideia de veicular temas da literatura e da música clássica em fascículos ou em discos para serem adquiridos em bancas de jornal, como as coleções Gênios da

Pintura e Grandes Compositores da Música Universal, foram iniciativas pioneiras que tornaram acessível ao grande público um universo até então restrito a poucos intelectuais, e que hoje, em mídias modernas, chega a um público cada vez maior.

O desafio que se impõe ao grupo é completar cem anos mantendo-se atualizado em termos tecnológicos e, principalmente, atingindo uma população cada vez mais diversificada, porque mais gente tem acesso às mídias eletrônicas, e há muita exigência em termos de rapidez e qualidade de veiculação de conteúdos. E mais, preparando-se para uma realidade que muitos pensam ser possível em curto prazo: o fim da mídia impressa.

## QUESTÕES PARA DISCUSSÃO

1. Busque na Internet o organograma do Grupo Abril e procure o site da Rede Globo. Discuta se as estratégias das duas organizações podem ser comparadas, apresentando os argumentos a favor ou contra a possibilidade de se fazer essa comparação.
2. Quais as possíveis vantagens e desvantagens da estratégia de verticalização adotada pelo Grupo Abril?
3. Analisando o site do Grupo Abril, discuta de que maneira as diferentes áreas da empresa estão se preparando para um cenário mais 'virtual' em termos de veiculação da comunicação? Como esse cenário interage com a mídia impressa?

## LEITURAS ADICIONAIS

ANSOFF, H. I.; McDONNELL, E. J. *Implantando a administração estratégica*. São Paulo: Atlas, 1993.

DAFT, R. L. *Organizações:* teoria e projeto. São Paulo: Thomson Pioneira, 2002.

GONÇALVES, C. A. (coord.). *Manual de ferramentas de estratégia empresarial*. São Paulo: Atlas, 2008.

## NOTAS

1. PETERS, T. J.; WATERMAN JR., R. H. *In search of excellence*. Nova York: Harper & Row Publishers, 1982, p. 13-14.
2. Esta discussão se baseia em BONOMA, T. V. *The marketing edge:* making strategies work. Nova York: The Free Press, 1985, p. 12-14.
3. Ver PETRE, P. "What welch has brought at GE". *Fortune*, 7 jul. 1986, p. 43-47; HARRIS, M. A.; SCHILLER, Z.; MITCHELL, R.; POWER, C. "Can Jack Welch reinvent GE?". *Business Week*, 30 jun. 1986, p. 62-67.
4. WHITESIDE, D. E. "Roger Smith's campaign to change the GM culture". *Business Week*, 7 abr. 1986, p. 84-85.
5. Ver BIANCO, A. "Jerry Tsai: the comeback kid". *Business Week*, 18 ago. 1986, p. 72-80.
6. PEARCE II, J. A.; ROBINSON JR., R. B. *Strategic management:* formulation, implementation, and control. 11. ed. Boston: McGraw-Hill Irwin, 2009.
7. SCHEIN, E. H. *Cultura organizacional e liderança*. São Paulo: Atlas, 2009.
8. BRODWIN, D. R.; BOURGEOIS III, L. J. "Five steps to strategic action" *California Management Review*, primavera 1984, p. 176-190.
9. BONOMA, *op. cit.*, p. 112-121. Ver também BONOMA, T. V. "Making your marketing strategy work". *Harvard Business Review*, mar.-abr. 1984, p. 69-76.

# Estruturas de aprendizagem

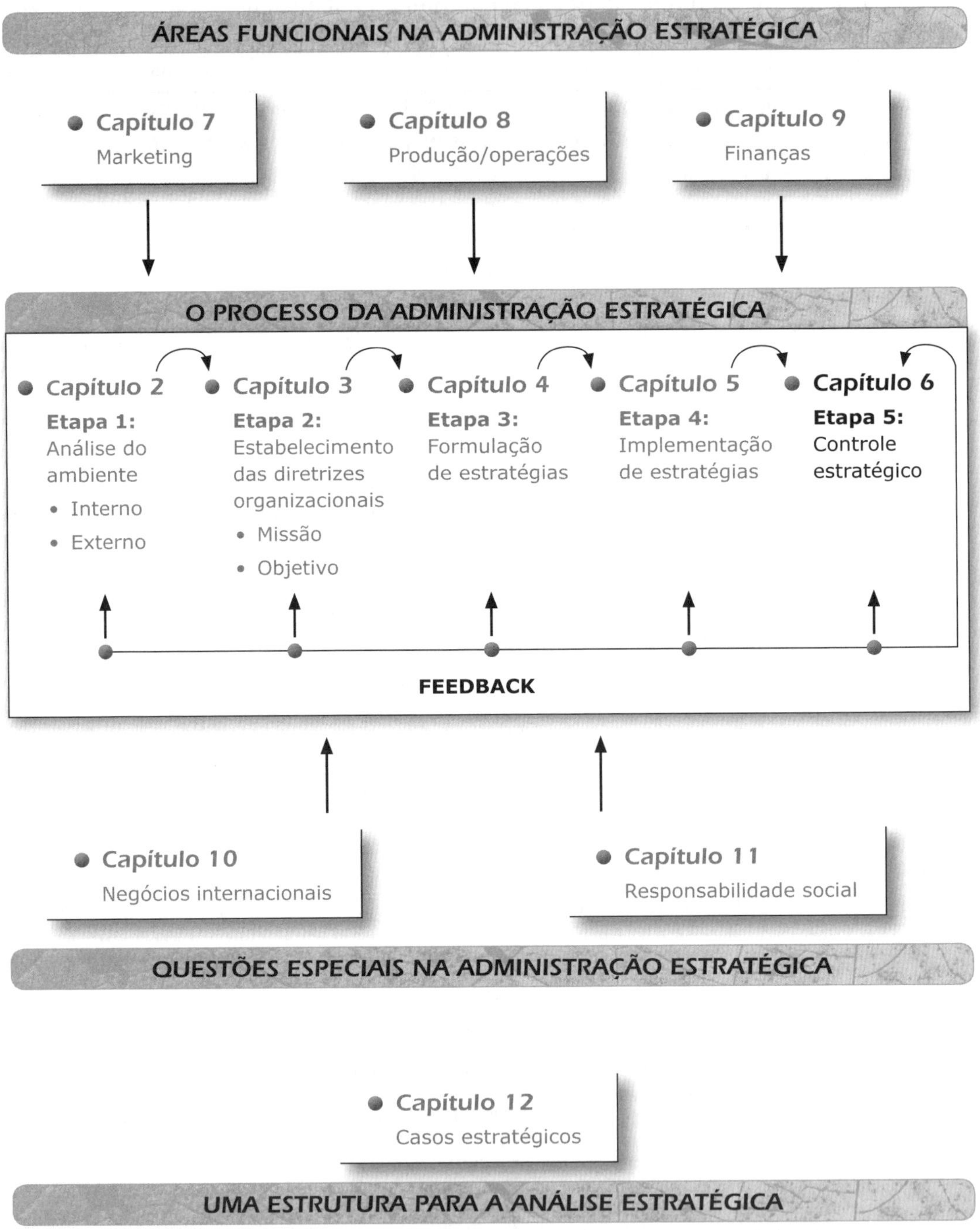

CAPÍTULO 6

# Controle estratégico

Os capítulos anteriores discutiram o processo de administração estratégica, analisando a sequência e as etapas relacionadas à análise do ambiente, ao estabelecimento de diretrizes organizacionais e à formulação e implementação de uma estratégia organizacional. Este capítulo enfatiza a última e principal etapa do processo de administração estratégica: o exercício do controle estratégico. Seu objetivo consiste em ensinar como controlar as estratégias de modo que elas ocorram conforme o planejado. Em primeiro lugar, examinaremos brevemente o controle organizacional como um todo. Dessa maneira, será possível entender como as questões mais específicas relacionadas ao controle estratégico se desenvolvem. Então, prosseguiremos definindo controle estratégico e explicando por que esse processo é realizado, parte principal deste capítulo.

O uso da 'auditoria estratégica' para medir o desempenho organizacional e diferenciar medida qualitativa e quantitativa será examinado em maior profundidade. Discutiremos as formas de comparar o desempenho real da organização com as metas e os padrões estabelecidos, e explicaremos como determinar a necessidade de ação corretiva.

O tópico principal trata da importância de se obter informações confiáveis para o controle estratégico. Para isso, analisaremos o uso de sistemas de gerenciamento de informações e, finalmente, a necessidade de a alta administração se comprometer com o sucesso do processo de controle estratégico.

• • •

## CONTROLE ORGANIZACIONAL E CONTROLE ESTRATÉGICO

Para entender as questões inerentes ao controle estratégico, é fundamental que tenhamos noção das questões mais amplas que fazem parte do controle organizacional. Por isso, é preciso analisar brevemente o controle organizacional como um todo antes de focar questões específicas do controle estratégico.

### Uma visão abrangente do controle organizacional

Na organização, controlar significa monitorar, avaliar e melhorar as diversas atividades que ocorrem dentro dela. Em primeiro lugar, definiremos o termo *controle* e, então, esboçaremos as características gerais de seu processo.

#### Uma definição de controle

Exercer controle é uma parte importante do trabalho de cada administrador. *Controlar* é fazer com que algo aconteça da forma como foi planejado. Por exemplo, se uma organização planeja aumentar o lucro líquido em 10 por cento induzindo o aumento da demanda do produto, controlar significa monitorar o seu crescimento e fazer modificações, se necessário, para garantir que o lucro líquido atinja realmente o esperado.

Para controlar, os administradores devem saber com clareza os resultados esperados de uma ação em particular. Somente assim é possível determinar se o que foi previsto realmente está ocorrendo e quais mudanças serão necessárias para garantir que se atinjam os resultados esperados. O controle existe para garantir que os planos se tornem realidade; portanto, é preciso entender o que de fato foi planejado.

#### Características gerais do processo de controle

Na prática, os administradores controlam de acordo com três etapas gerais: medição do desempenho; comparação desse desempenho com metas e padrões previamente estabelecidos; determinação da ação corretiva necessária para garantir que os eventos planejados realmente ocorram.

Essas etapas são recomendações amplas que abrangem a área de controle organizacional como um todo. Tipos mais específicos de controle organizacional (como de produção, de estoque, estratégico e de qualidade) baseiam-se nas mesmas três etapas, mas devem ser adaptados às exigências do tipo específico de controle que está sendo exercido.

Na Figura 6.1, um modelo geral descreve a forma como as etapas do processo de controle se relacionam. Nesse modelo, quando as medidas de desempenho são significativamente diferentes dos resultados planejados ou do padrão, a administração faz as correções para garantir que estes sejam alcançados. Por outro lado, quando o desempenho corresponde aos resultados planejados ou padrão, ou os supera, não há necessidade de ação corretiva e o trabalho continua sendo realizado normalmente.

## A APLICAÇÃO DO CONTROLE ESTRATÉGICO

Para entender a maneira como a administração deve aplicar o controle nas organizações, podemos começar analisando as aplicações específicas do controle estratégico. Em primeiro lugar, definiremos o controle estratégico; a seguir, explicaremos por que o controle estratégico é importante e, finalmente, traçaremos as etapas envolvidas no processo de controle estratégico.

FIGURA 6.1 Um modelo de processo de controle

**Fonte:** CERTO, S. C. *Administração moderna*. 9. ed. São Paulo: Pearson, 2003, p. 419.

## O controle estratégico

Controle estratégico é um tipo especial de controle organizacional que se concentra em monitorar e avaliar o processo da administração estratégica garantindo que esta funcione apropriadamente. Em essência, o controle estratégico é empreendido para garantir que todos os resultados planejados durante o processo de administração estratégica tornem-se realidade. Apesar de essa definição simplificá-lo demais e fazer com que pareça um tanto mecânico, na prática se percebe o quanto ele é desafiador e intrincado.

### A finalidade do controle estratégico

A finalidade mais importante do controle estratégico é ajudar a alta administração a atingir as metas organizacionais, monitorando e avaliando o processo de administração estratégica. Conforme já foi visto, esse processo resulta em uma avaliação do ambiente organizacional (análise do ambiente), no estabelecimento da missão e de metas organizacionais (estabelecimento das diretrizes organizacionais), no desenvolvimento de formas de lidar com a concorrência para atingir essas metas e cumprir a missão da organização (formulação da estratégia), e em um plano para traduzir a estratégia organizacional em ações (implementação da estratégia). O controle estratégico fornece o feedback desse processo, que é fundamental para se determinar se todas as etapas são apropriadas, compatíveis e se estão funcionando de maneira adequada.

Esse panorama indica que o controle estratégico consiste em uma garantia de realização da meta organizacional, monitorando e avaliando a efetividade do processo de administração estratégica. Entretanto, existem diversas outras razões para que se exerça o controle estratégico.[1] Algumas são apresentadas no Quadro 6.1.

QUADRO 6.1 Contribuições do controle estratégico

1. Avaliar uma estratégia de negócio no que diz respeito à validade e realidade, comparando-a com as metas corporativas, com a disponibilidade de recursos e estrutura estratégica geral (assumindo que a alta administração já tenha desenvolvido suas diretrizes com base nesses termos).
2. Assegurar ao presidente que o diretor da unidade de negócio ou da divisão conhece bem o negócio.
3. Avaliar as trocas que os executivos da alta administração fazem em ambientes em transformação — suas atitudes diante de riscos, as ênfases que dão às metas de longo prazo em comparação com as de curto prazo e as percepções realistas que têm no que diz respeito às mudanças dos padrões de custo e de concorrência, particularmente em ambientes inflacionários.
4. Firmar um compromisso mútuo entre a alta administração e o diretor de uma unidade de negócio, no qual a primeira compromete-se a alocar recursos e o segundo, em obter os resultados estabelecidos. Revisões subsequentes, tanto anuais como trimestrais, fornecem a monitoração e o acompanhamento do cumprimento do compromisso.
5. Negociar e integrar as questões estratégicas entre divisões interdependentes — especialmente críticas em organizações que funcionam sob alguma forma de estrutura matricial.
6. Ampliar o conhecimento de todos os participantes, incluindo o presidente.
7. Criar um fórum, algumas vezes informal, no qual não somente os dirigentes mas também os subordinados possam avaliar ânimo, motivação e atitudes intelectuais dos demais colegas executivos.

**Fonte:** CHARAN, R. "How to strengthen your strategy review process". *The Journal of Business Strategy*, v. 2, n. 3, inverno 1982, p. 51-52. Reprodução autorizada pela editora.

## O PROCESSO DE CONTROLE ESTRATÉGICO

Três etapas distintas, porém relacionadas, devem ser seguidas para se realizar o processo de controle estratégico dentro de uma organização. Como constituem um tipo especial de controle organizacional, essas etapas estão relacionadas com o modelo de controle geral da organização apresentado anteriormente. A partir dessas etapas, é possível medir o desempenho organizacional, comparando-o com as metas e padrões, e tomar as necessárias ações corretivas.

### Etapa 1: medir o desempenho organizacional

Antes de iniciar o processo de controle estratégico, os administradores devem tomar medidas que revelem o desempenho atual da organização. Para entender como isso funciona, é preciso considerar dois recursos importantes: (1) auditoria estratégica e (2) métodos para medir a auditoria estratégica.

#### A auditoria estratégica

A auditoria estratégica consiste numa avaliação das áreas afetadas pelo processo de administração estratégica dentro de uma organização. Esse tipo de auditoria pode ser muito amplo, enfatizando todas as facetas do processo, ou muito concentrado, enfatizando somente uma única parte. Além disso, a auditoria estratégica pode ser um tanto formal e ater-se estritamente às regras e aos procedimentos organizacionais estabelecidos, ou um tanto informal, permitindo que os administradores tenham liberdade para decidir que medidas organizacionais devem ser tomadas e quando.

Em suma, não existe um único método para realizar uma auditoria estratégica, e cada organização deve projetar e implementar seus próprios métodos de auditoria para atender a necessidades específicas. O Quadro 6.2 apresenta algumas orientações sobre como conduzir uma auditoria estratégica.

QUADRO 6.2 Como conduzir uma auditoria estratégica

Uma auditoria estratégica é constituída de três fases: diagnóstico para identificar como, onde e em qual prioridade é necessária uma análise mais detalhada; análise concentrada e geração, e teste de recomendações.

De modo geral, a objetividade e a capacidade de formular questões críticas e profundas são exigências para conduzir de modo produtivo uma auditoria estratégica.

**Primeira fase: Diagnóstico**

A fase de diagnóstico inclui as seguintes tarefas:

1. Revisar documentos-chave, como:
   - Plano estratégico.
   - Planos de negócios e operacionais.
   - Compromissos organizacionais.
   - Principais políticas que governam matérias como alocação de recursos e medição de desempenho.
2. Comparar o desempenho financeiro de mercado e operacional com os padrões e normas do setor econômico para identificar variações relevantes e tendências emergentes.
3. Compreender:
   - Principais papéis, responsabilidades e relato de relacionamentos.
   - Processo de tomada de decisão, bem como distinção de quais seriam as principais decisões.
   - Recursos, incluindo instalações físicas, capital, administração e tecnologia.
   - Inter-relacionamento entre equipes funcionais, unidades de negócio e operacionais.
4. Identificar implicações estratégicas para a estrutura da organização, padrões de comportamento, sistemas e processos.
   - Definir o inter-relacionamento e as ligações com a estratégia.
5. Determinar perspectivas internas e externas.
   - Analisar atitudes e percepções tanto da alta quanto da média administração e de outros funcionários importantes para avaliar seu grau de consistência no que diz respeito às diretrizes estratégicas da empresa. Uma maneira de se obter isso é por meio de entrevistas focalizadas e/ou questionários em que os funcionários identifiquem e apontem objetivos e assuntos que eles consideram mais importantes.
   - Entrevistar uma amostra de clientes, clientes em potencial e outros públicos-alvo. Isso pode ajudar a compreender de que maneira a organização é vista.

6. Identificar aspectos da estratégia que estejam funcionando bem. Formular hipóteses sobre oportunidades de melhoria e problemas com base nas descobertas anteriores, definindo como e em que ordem devem ser tratados.

**Segunda fase: Análise focada**

1. Testar as hipóteses relacionadas a oportunidades de melhoria e a problemas por meio da análise de assuntos específicos.
   - Identificar os inter-relacionamentos e dependências entre componentes do sistema estratégico.
   - Elaborar conclusões com relação aos pontos fracos na formulação da estratégia, deficiências de implementação ou interação entre os dois.

**Terceira fase: Recomendações**

1. Desenvolver soluções alternativas para capitalizar oportunidades e solucionar problemas.
   - Testá-las à luz de suas necessidades de recursos, riscos, recompensas, prioridades e outras medidas aceitáveis.
2. Desenvolver recomendações específicas.
   - Desenvolver um plano de ação integrado, mensurável e apoiado em um cronograma a fim de melhorar os resultados estratégicos.

**Fonte:** Adaptado de PRAGER, A. J.; SHEA, M. B. "The strategic audit". In ALBERT, K.J. (ed.). *The strategic management handbook*. Nova York: McGraw-Hill, 1983, p. 8-14. Reprodução autorizada pela editora.

## Métodos de medição na auditoria estratégica

Existem diversos métodos usados para medir o desempenho organizacional. Em geral, eles são divididos em dois tipos distintos: qualitativo e quantitativo. Embora útil, esse esquema nem sempre comporta todos os métodos, pois alguns são uma combinação dessas duas categorias.

**Medições organizacionais qualitativas.** São avaliações organizacionais que resultam em dados resumidos de modo subjetivo e estruturados antes que quaisquer conclusões sejam traçadas. É neles que se baseia a ação de controle estratégico. Muitos administradores acreditam que as medições organizacionais qualitativas são mais bem atendidas se for respondida uma série de questões críticas projetadas para refletir as facetas importantes das operações organizacionais. Não há uma lista unânime para tais questões, mas algumas podem ser úteis para os administradores. Veja o Quadro 6.3.

É interessante fazer com que os administradores formulem questões importantes durante uma medição qualitativa organizacional que se concentre nos procedimentos organizacionais adotados para desenvolver a estratégia. Veja a seguir algumas dessas questões:

1. *A estratégia organizacional é consistente internamente?* Consistência interna se refere ao impacto cumulativo de diversas estratégias sobre a organização.

QUADRO 6.3 **Exemplos de questões a serem formuladas em uma medição organizacional qualitativa**

- As políticas financeiras relacionadas com investimentos, dividendos e financiamentos são consistentes com as oportunidades que poderão surgir?
- A organização definiu, de modo suficientemente específico, em que segmentos de mercado e com que linhas de produtos pretende operar? As competências básicas necessárias ao sucesso foram claramente definidas?
- A organização possui um plano viável para se defender da concorrência com relação a essas competências e ainda obter uma vantagem?
- Os segmentos de negócios em que a organização opera fornecem oportunidades adequadas para que os objetivos corporativos sejam alcançados? Eles parecem suficientemente atraentes para que uma quantidade excessiva de investimentos seja feita no mercado por outras organizações? A provisão feita é adequada para desenvolver novas oportunidades atraentes de investimento?
- A administração e recursos como os financeiros, humanos e técnicos são adequados para manter um desempenho superior perante a concorrência em áreas-chave de resultados?
- A área de operações da organização detém maior competência que a concorrência? Em caso positivo, a direção pode esperar que isso gere retornos adequados para o investimento de capital? Há alguma justificativa para investir ainda mais nessa área, mesmo que seja somente para mantê-la?
- A organização selecionou segmentos de negócio que possam reforçar uns aos outros, contribuindo para o desenvolvimento de suas competências? Existem concorrentes com uma combinação de operações que lhes fornece oportunidades de se tornarem superiores em áreas-chave de resultados? O escopo da área de operações da organização pode ser revisado para melhorar sua posição perante os concorrentes?
- À medida que as operações são diversificadas, a organização reconhece e providencia os sistemas de administração e de controle especiais necessários?

**Fonte:** LAUENSTEIN, M. "Keeping your corporate strategy on track". *The Journal of Business Strategy,* v. 2, n. 1, verão 1981, p. 64. Reprodução autorizada pela editora.

As estratégias estão em conflito quanto a essa finalidade? Uma estratégia deve ser julgada não somente por si própria mas também por seus relacionamentos com outras estratégias organizacionais.

2. *A estratégia organizacional é consistente com seu ambiente?* A estratégia deve fazer sentido à luz do que está ocorrendo fora da organização. A estratégia organizacional é consistente no que diz respeito a regulamentos governamentais existentes ou novos, preferências e hábitos do consumidor em transformação ou alterações na oferta de mão de obra? A maioria das deficiências das organizações que surgem de inconsistências entre a estratégia e o ambiente deve-se à dificuldade em conciliar essas diversas variáveis. Mais precisamente, tais problemas aumentam simplesmente porque as organizações nem sempre fazem um esforço deliberado para tornar a estratégia e o ambiente consistentes.

3. *A estratégia é apropriada em relação aos recursos disponíveis?* Sem recursos apropriados, as organizações simplesmente não podem fazer com que as estratégias funcionem. Os recursos que a organização possui são suficientes para que se realize a estratégia proposta? Com dinheiro, pessoas, materiais ou máquinas insuficientes, não faz sentido adotar qualquer estratégia, mesmo que bem planejada.
4. *A estratégia organizacional é muito arriscada?* Estratégia e recursos, tomados em conjunto, determinam o grau de risco para a organização. Naturalmente, cada organização deve determinar a quantidade de risco (ou a potencialidade de suas perdas) em que ela deseja incorrer. Nessa área, a administração deve avaliar questões como: quantidade total de recursos que uma estratégia exige; a proporção dos recursos da organização que a estratégia consumirá; e o tempo que deve ser alocado.
5. *A duração da estratégia é apropriada?* Cada estratégia é projetada para que se atinjam algumas metas organizacionais dentro de determinado período de tempo. O tempo alocado para a implementação da estratégia e para alcançar as metas organizacionais é realista e aceitável, dadas as circunstâncias organizacionais? A alta administração deve garantir que o tempo disponível para implementar a estratégia e o tempo necessário para alcançar as metas sejam consistentes. Um descompasso entre essas duas variáveis pode impedir que as metas sejam alcançadas de modo satisfatório.

Os métodos de medição qualitativos podem ser muito úteis, mas suas aplicações envolvem significativa quantidade de julgamento. Conclusões baseadas em tais métodos devem ser avaliadas com muito cuidado, porque esse julgamento subjetivo, se exercido incorretamente, pode levar a resultados de auditoria inválidos. Ações de controle estratégico baseadas em resultados de auditoria imprecisos ou deficientes certamente limitarão a efetividade e a eficiência do processo de administração estratégica.

**Medições organizacionais quantitativas.** Ao contrário das medições organizacionais qualitativas, as medições quantitativas são avaliações organizacionais que resultam, como o nome sugere, em dados tratados quantitativamente. É neles que se baseia a ação de controle estratégico. Apesar de geralmente ser mais fácil tratar os dados capturados por meio de medições quantitativas do que por qualitativas, interpretar o que realmente significam e que ações corretivas eles indicam pode ser muito difícil e altamente subjetivo. Exemplos de medições quantitativas incluem a quantidade de unidades produzidas por período de tempo, o custo de produção, o nível de eficiência da produção, os níveis de rotatividade de funcionários e absenteísmo, os níveis de crescimento das vendas, o valor do lucro líquido, o nível de dividendos pagos e o retorno sobre o investimento, a participação no mercado e o nível de receitas geradas pela participação no mercado.[2]

Na prática, cada organização usa seus próprios métodos para medir quantitativamente o desempenho organizacional. Para uma discussão mais ampla sobre medição quantitativa de desempenho organizacional, veja o Capítulo 9, "Finanças na administração estratégica". Aqui, discutiremos brevemente três medições:

*Retorno sobre o investimento (ROI)*. A medição quantitativa normalmente usada que divide a receita líquida pelo total de ativos. O resultado indica a relação entre a quantidade de receitas geradas e a quantidade de ativos necessários para fazer a organização funcionar.[3] Naturalmente, um valor de ROI para um único ano pode não fornecer ao administrador muitas informações úteis. A comparação de valores ROI durante diversos anos ou trimestres consecutivos, ou a comparação de valores ROI com os de empresas similares concorrentes, normalmente gera um quadro mais completo do desempenho organizacional nessa área.

No entanto, os administradores devem ter em mente as diversas vantagens e limitações do ROI como medidor de desempenho organizacional.[4] Algumas dessas vantagens e limitações são apresentadas no Quadro 6.4.

O ROI constitui uma medida quantitativa extremamente útil, de modo que as limitações não devem desestimular seu uso. Aos administradores cabe entender essas limitações e complementar o ROI com outras medições de desempenho.

*Classificação* z. Essa medição quantitativa comum resulta de uma análise que pondera e soma numericamente cinco medidas que surgem de uma classificação global.[5] Essa marcação se torna a base de classificação das empresas como 'saudáveis', que aparentemente não irão à falência, ou como 'doentes', que têm chances de ir à falência. A fórmula é:

$$z = 1{,}2\, x_1 + 1{,}4\, x_2 + 3{,}3\, x_3 + 0{,}6\, x_4 + 1{,}0\, x_5$$

onde z é definido como um índice da 'saúde' global da organização. Todas as outras variáveis da fórmula ($x_1$, $x_2$ etc.) são explicadas na Tabela 6.1.

QUADRO 6.4 Vantagens e limitações do ROI como medida de desempenho organizacional

**VANTAGENS**

1. O ROI é um valor simples e amplo influenciado por um grande número de atividades da organização.
2. Ele mede a produtividade com que um diretor de unidade de negócio ou de divisão usa os recursos da organização para gerar lucros. Também é uma boa forma de verificar a precisão das propostas de investimento de capital.
3. É um denominador comum que pode ser comparado com o de muitas outras organizações.
4. Incentiva o uso dos ativos existentes de forma eficiente.
5. Incentiva a aquisição de novos ativos somente quando isso aumenta o retorno.

**LIMITAÇÕES**

1. É muito sensível à política de depreciação. Variações de depreciação entre divisões afetam seu desempenho. Técnicas de depreciação acelerada reduzem o ROI e entram em conflito com a análise de fluxo de caixa descontado, o capital orçamentário.
2. É muito sensível ao valor contabilizado. Fábricas mais antigas, com mais ativos depreciados, têm bases de investimento relativamente menores que fábricas mais novas (observe também os efeitos da inflação), o que provoca o aumento do ROI. Observe que os investimentos em ativos podem ser mantidos baixos ou os ativos dispostos, de modo a aumentar o desempenho do ROI.
3. Em muitas empresas que o utilizam, uma divisão 'vende' para outra. Como resultado, podem ocorrer transferências de preço. As despesas incorridas afetam os lucros. Como, na teoria, o preço de transferência deve se basear no impacto total sobre os lucros da empresa, alguns administradores podem ser prejudicados. Preços de transferência equitativos são difíceis de se determinar.
4. Se uma unidade de negócios ou divisão operar em uma indústria com condições favoráveis, e outra divisão, em uma indústria com condições desfavoráveis, a primeira delas automaticamente 'parecerá' melhor que a outra.
5. O período aqui é mais de curto prazo, e o desempenho dos diretores de unidades e de divisão deve ser medido em termos de longo prazo. Esse é o período de consideração das competências da alta administração.
6. O ciclo do negócio afeta fortemente o desempenho do ROI, apesar do desempenho gerencial.

**Fonte:** HIGGINS, J. M.; VINCZE, J. W. *Organizational policy and strategic management:* text and cases. 2. ed. Nova York: Dryden Press, 1986. Copyright 1983 by CBS College Publishing. Reimpresso com permissão de Holt, Rinehart e Winston, Inc.

O uso típico da classificação z resulta em um único número que varia de –5 a 10. De acordo com pesquisas feitas sobre classificações z, uma classificação abaixo de 1,8 indica uma tendência relativamente alta de falência. Empresas com classificação acima de 3,0 têm uma tendência relativamente baixa de ir à falência. Empresas com uma classificação entre 1,8 e 3,0 estão na área cinzenta. Conhecer e entender a classificação z para uma empresa em particular pode dar à alta administração uma ideia da saúde financeira da empresa e critérios para melhorá-la.

*Auditoria de* stakeholders. *Stakeholders* são pessoas que têm interesses nas atividades da organização por serem significativamente afetadas pela realização de seus objetivos,[6] tais como: acionistas interessados na valorização de ações e dividendos; sindicatos interessados em aumentos de salários e pacotes de benefícios; credores interessados nas condições de pagamento de dívidas da organização; fornecedores interessados em manter a organização como cliente; governos que veem a organização como pagadora de impostos, contribuindo assim para os custos de manutenção da comunidade; e grupos de interesse social, como órgãos de defesa do consumidor e ambientalistas.

Muitos administradores acreditam que uma medida muito útil de desempenho organizacional é a auditoria de *stakeholders* — resumo de informações geradas

TABELA 6.1 Uma explicação das variáveis contidas no cálculo de uma classificação z

| Variáveis | Discussão |
|---|---|
| $X_1 = \frac{\text{Capital de giro}}{\text{Ativos totais}}$ | Frequentemente encontrada em estudos sobre problemas de organizações, essa é uma medida dos ativos líquidos da empresa em relação à capitalização total. O capital de giro é definido como a diferença entre os ativos e as obrigações correntes. Características de liquidez e tamanho são consideradas de forma explícita. Normalmente, uma empresa que experimenta consideráveis perdas terá menores ativos líquidos em relação aos ativos totais. |
| $X_2 = \frac{\text{Receitas acumuladas}}{\text{Ativos totais}}$ | Essa é uma medida de lucratividade cumulativa ao longo do tempo e o valor do balancete usado. A idade da organização é considerada de forma implícita nessa proporção RA/AT baixa, porque não teve tempo de acumular muitos lucros. Dessa forma, pode-se argumentar que empresas mais novas sofrem discriminação nessa análise e as chances de serem classificadas como próximas da falência são relativamente maiores que as de empresas mais antigas. Mas essa é precisamente a situação no mundo real. A incidência de fracasso é muito maior em empresas recentes; mais de 50 por cento das novas empresas fecham nos primeiros cinco anos de existência. Deve-se observar que a conta dos lucros acumulados está sujeita à manipulação por meio de reorganizações corporativas e declarações de dividendos sobre ações. É concebível que se pode criar um comportamento por meio de uma substancial reorganização ou por dividendos sobre ações. |
| $X_3 = \frac{\text{Receitas antes de impostos e taxas}}{\text{Ativos totais}}$ | Esse índice é calculado dividindo-se as receitas de uma empresa antes dos descontos de impostos e taxas pelos ativos totais. Em essência, é uma medida da produtividade real dos ativos da empresa, subtraída de qualquer imposto ou fator de alavancagem. Como a própria existência da empresa se baseia no poder de geração de receitas de seus ativos, essa proporção parece ser particularmente apropriada para estudos que lidam com fracassos corporativos. Além disso, a insolvência em cima de falência ocorre quando as obrigações totais excedem um valor apropriado dos ativos da empresa com o valor determinado pelo poder de geração de receitas de seus ativos. |
| $X_4 = \frac{\text{Valor de mercado das ações}}{\text{Valor contábil das obrigações totais}}$ | O valor das ações é medido pelo valor combinado de mercado de todas as participações acionárias, preferenciais e ordinárias; já as obrigações incluem as de curto e longo prazos. Os valores contábeis de participações acionárias preferenciais e ordinárias podem ser substituídos pelo valor de mercado, quando os últimos não estiverem disponíveis. A substituição dos valores contábeis, especialmente no caso do componente ações ordinárias, deve ser reconhecida por procuração sem verificação estatística, já que o modelo foi montado usando-se valores de mercado (preço *versus* projeção de participação). A medida mostra quanto os ativos da empresa podem ser desvalorizados (medidos pelo valor de mercado da participação acionária mais dívidas) antes que as obrigações excedam os ativos e a empresa se torne insolvente. |

| Variáveis | Discussão |
|---|---|
| $X_5 = \frac{\text{Vendas}}{\text{Ativos totais}}$ | Por exemplo, uma organização com US$ 1.000 como valor de mercado de suas ações e uma dívida de US$ 500 pode experimentar uma queda de dois terços do valor de seus ativos antes da insolvência. Entretanto, a mesma empresa com uma participação acionária de US$ 250 ficará insolvente se o valor cair em apenas um terço. O giro de capital é uma medida financeira padrão que ilustra a capacidade de geração de vendas dos ativos da empresa. É uma medida da capacidade dos administradores em enfrentar ambientes competitivos. |

As variáveis $X_1$, $X_2$, $X_3$ e $X_4$ devem ser usadas no modelo como *frações decimais*; por exemplo, um valor de capital de trabalho/ativos totais igual a 20 por cento deve ser escrito como 0,20. Entretanto, a variável $X_5$ é normalmente um índice *maior que a unidade*; por exemplo, onde as vendas forem duas vezes maior que os ativos, a proporção deve ser escrita como 2,0.

**Fonte:** Adaptado de ALTMAN, E. I.; LAFLEUR, J. K. "Managing a return to financial health". *The Journal of Business Strategy*, v. 2, n. 1, verão 1981, p. 31-38. Reimpresso com permissão.

por diversos desses grupos. O tom e o conteúdo de tais informações podem ser um indicador extremamente valioso para o desenvolvimento da organização em direção a suas metas. A Tabela 6.2 lista diversos grupos de *stakeholders* e medidas que podem ser usadas na avaliação do desempenho organizacional a curto e longo prazos.

A seção "Módulo aplicado" é um bom exemplo, pois oferece a oportunidade de especular sobre como os diversos *stakeholders* teriam reagido à implantação de uma fábrica da GM no início da década de 1980, e como estão reagindo agora, após a situação da GM em meados de 2009, depois de anos sucessivos de perdas, fechamento de cerca de uma dúzia de fábricas e demissão de mais de 20 mil empregados.

TABELA 6.2 Exemplos de grupos de *stakeholders* e sugestões de medidas para avaliar o desempenho organizacional a curto e a longo prazos

| Categorias de *stakeholders* | Medidas de curto prazo | Medidas de longo prazo |
|---|---|---|
| Clientes | • vendas ($ e volume físico)<br>• novos clientes<br>• demandas dos novos clientes (expectativa) | • crescimento das vendas<br>• rotatividade da base de clientes<br>• capacidade de controlar preços |
| Fornecedores | • custo da matéria-prima<br>• tempo de entrega<br>• estoques<br>• disponibilidade de matéria-prima | • taxas de crescimento de:<br>custo da matéria-prima<br>tempo de entrega<br>estoques<br>novas ideias de fornecedores |

| Categorias de *stakeholders* | Medidas de curto prazo | Medidas de longo prazo |
|---|---|---|
| Comunidade financeira | • GPA*<br>• preços das ações<br>• quantidade de listas 'quentes'**<br>• ROE*** | • capacidade de convencer as bolsas quanto à estratégia<br>• crescimento no ROI |
| Funcionários | • quantidade de sugestões<br>• produtividade<br>• quantidade de reclamações | • número de promoções internas<br>• rotatividade |
| Congresso | • quantidade de novas regulamentações que afetam a empresa<br>• acesso a membros e pessoas-chave | • quantidade de novos regulamentos que afetam a indústria<br>• proporção de encontros 'cooperativos' em relação a 'competitivos' |
| Defesa do consumidor (DC) | • quantidade de reuniões<br>• número de encontros hostis<br>• quantidade de vezes em que se formam coalizões<br>• quantidade de ações legais | • quantidade de mudanças na política devido a DC<br>• quantidade de solicitações de ajuda iniciadas pela DC**** |
| Ambientalistas | • quantidade de reuniões<br>• número de encontros hostis<br>• quantidade de vezes em que se formam coalizões<br>• quantidade de reclamações a associações de proteção ambiental<br>• quantidade de ações legais | • quantidade de mudanças na política devido a ambientalistas<br>• quantidade de solicitações de 'ajuda' iniciadas por ambientalistas |

* Ganhos por ação.
** Listas a partir das quais os corretores financeiros recomendam aquisições de ações por parte de seus clientes.
*** Retorno sobre o patrimônio.
**** Chamadas em que a DC tenta engajar outras pessoas numa ação contra uma organização.

**Fonte:** Adaptado de FREEMAN, R. E. *Strategic management*. Boston: Ballinger Publishing, 1984, p. 179. Reprodução autorizada pela editora.

módulo aplicado

## AVALIAÇÃO DE ATITUDES DE *STAKEHOLDERS* EM FÁBRICAS DA GM

### Introdução

*Stakeholders* são grupos de indivíduos que têm interesse em atividades e negócios de determinada organização. Analise a seguir a situação da General Motors, nos anos de 1980 e de 2009-2010; a seguir, busque informações sobre a planta da GM do Brasil, em Gravataí, no Rio Grande do Sul, que produz o Celta, e sobre a planta da Volkswagen, em Resende, no Rio de Janeiro, que produz caminhões. Ambas são referências nacionais quando se fala em *stakeholders*.

A partir dos dados levantados, faça o exercício proposto ao final desta seção.

## A situação

Em junho de 1990, entra em ação a primeira linha de produção do Saturn, em uma planta que a General Motors Company havia anunciado como nova e revolucionária. Essa nova fábrica de automóveis foi instalada em Spring Hill, no Tennessee. Entre as questões importantes levantadas pelos seus projetistas estavam a qualidade de vida, o uso de equipes de trabalho, a montagem modular dos produtos e o uso de computadores para aumentar a eficiência e efetividade organizacionais. Tratava-se de um exemplo clássico da área de produção e inspirou muitos outros projetos.

Em junho de 2009, o sonho ruiu. A aguda crise financeira da GM colocou centenas de empregados da fábrica de Spring Hill — e milhares de residentes da cidade que dependiam das atividades econômicas em torno da fábrica — em uma situação incerta em relação a seu estado atual e futuro. Nos 20 anos de atuação da fábrica, a população da cidade cresceu cerca de 1.600 por cento. A produção do Saturn já havia parado dois anos antes e a fábrica havia assumido a linha de produção de outro veículo. Todavia, com a crise, não se sabia se a fábrica finalmente fecharia.

Busque informações atuais sobre a situação da General Motors na planta de Spring Hill, Tennessee, onde foi desenvolvido o projeto Saturn. A ilustração a seguir mostra como o projeto da fábrica foi originalmente proposto.

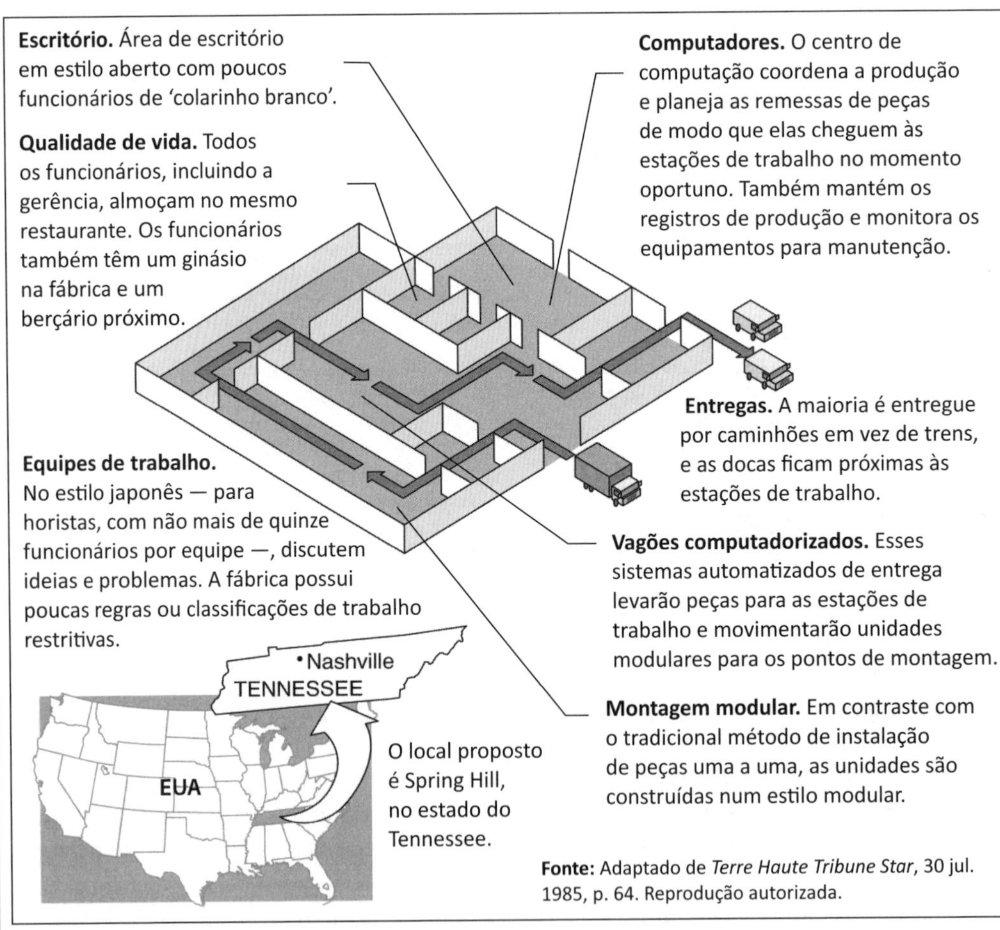


**Fonte:** Adaptado de *Terre Haute Tribune Star*, 30 jul. 1985, p. 64. Reprodução autorizada.

### Exercício

Busque informações sobre a situação atual da General Motors na planta de Spring Hill, Tennessee, onde foi desenvolvido o projeto Saturn, e no Brasil. Depois, procure características das linhas de montagem da GM, em Gravataí, principalmente da planta em que é montado o Celta, e da Volkswagen, em Resende. A seguir, liste os diversos grupos de *stakeholders* da GM, em Gravataí, e da Volkswagen, em Resende. Faça uma análise sobre a montagem modular e o uso de equipes de trabalho. Com base em sua análise, e considerando a situação enfrentada na planta de Spring Hill, o fim da produção do Saturn e a crise financeira da GM, que tipos de problemas podem ser detectados? E quais são as vantagens? O ocorrido em Spring Hill pode acontecer no Brasil? Quais seriam as possíveis consequências?

Como já foi observado, há diversas formas de medir o desempenho organizacional. Os administradores podem estabelecer e utilizar quaisquer métodos que melhor se adaptem às suas organizações. Entretanto, há uma importante diretriz que a administração deve seguir. As organizações devem medir o desempenho em todas as áreas críticas apontadas pelos objetivos organizacionais.

## Etapa 2: comparar o desempenho organizacional com os objetivos e os padrões estabelecidos

Os resultados das medições de desempenho organizacional devem ser comparados aos objetivos e padrões organizacionais estabelecidos, conforme foi discutido no Capítulo 3, "Estabelecimento das diretrizes organizacionais".

Os padrões são estabelecidos para refletir os objetivos organizacionais, como ´marcos´ que indicam níveis aceitáveis de desempenho organizacional. Os padrões específicos que as organizações realmente estabelecem variam de empresa para empresa. Como regra, a administração deve desenvolver padrões em todas as áreas de desempenho ligadas a objetivos organizacionais. Por exemplo, uma organização pode estabelecer padrões como:

1. *Lucratividade*. Indica qual o lucro que a empresa gostaria de ter em um dado período.
2. *Posicionamento do mercado*. Indica a porcentagem do mercado total que a empresa gostaria de ganhar de seus concorrentes.
3. *Produtividade*. Indica diversas taxas aceitáveis que devem orientar a geração dos produtos finais dentro da organização.
4. *Liderança de produto*. Indica que a inovação é crítica para o sucesso da organização a longo prazo. Os padrões de liderança de produto indicam que níveis de inovação fariam as pessoas ver os produtos da empresa como líderes do mercado.

5. *Desenvolvimento de pessoal*. Indica que o desenvolvimento dos integrantes da organização em todas as áreas é crítico ao sucesso organizacional contínuo e quais são os níveis de progresso razoáveis nessa área.
6. *Atitudes dos funcionários*. Indica atitudes que os funcionários devem adotar. Não somente os trabalhadores devem ser avaliados, quanto ao grau em que projetam suas atitudes, mas principalmente os administradores, quanto ao grau em que eles as desenvolvem em seus subordinados.
7. *Responsabilidade pública*. Todas as organizações têm certos deveres para com a sociedade. Os padrões nessa área indicam níveis aceitáveis de atividade dentro da organização direcionados à responsabilidade social.
8. *Equilíbrio entre os objetivos de curto e longo prazo*. Os objetivos de curto e longo prazos são necessários para manter uma organização saudável e bem-sucedida. Os padrões dessa área indicam quais são os objetivos de curto e longo prazos e os relacionamentos entre eles.

## Etapa 3: determinar a ação corretiva necessária

A ação corretiva é definida como uma mudança que o administrador faz no funcionamento de uma organização para garantir que ela alcance os objetivos organizacionais de modo mais efetivo e eficiente e trabalhe de acordo com os padrões estabelecidos. A ação corretiva pode ser tão simples quanto mudar uma peça de um produto ou tão complicada quanto substituir o presidente de uma empresa.

módulo aplicado

## PRÁTICA NA OPERAÇÃO DO PROCESSO DE CONTROLE ESTRATÉGICO NA KELLOGG

### Introdução

Vimos que o processo de controle estratégico consiste em três etapas principais: medir o desempenho organizacional, compará-lo com os objetivos e padrões e tomar a ação corretiva. Veja a seguir a situação na Kellogg e, então, faça o exercício. Isso o ajudará a analisar as experiências envolvidas na operação de um processo de controle estratégico.

### A situação

Suponha que você seja o responsável pelo planejamento da Kellogg, um fabricante de diversos tipos de cereais matinais. Você acabou de receber os resultados de uma pesquisa sobre o conteúdo nutricional de alimentos realizada recentemente pelo Instituto de Marketing de Alimentos dos Consumidores. Os resultados dessa pesquisa são mostrados no quadro a seguir.

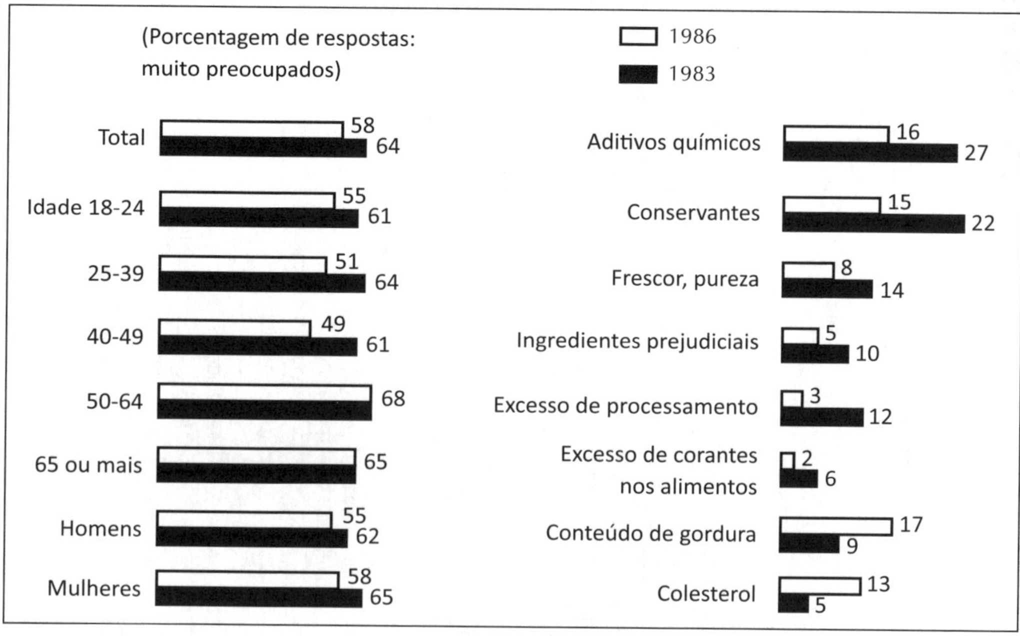


### Declínio da preocupação com o conteúdo nutricional

Você e sua família estão muito preocupados, preocupados, pouco preocupados ou nada preocupados com o conteúdo nutricional do que comem? O que mais preocupa você e sua família no que diz respeito ao conteúdo nutricional do que comem?

### Exercício de desenvolvimento da prática

Após ampla análise, você conclui que os resultados dessa pesquisa são válidos e significativos para o funcionamento de sua empresa. Que características especiais devem ser embutidas no processo de controle estratégico da Kellogg para garantir que os resultados da pesquisa sejam considerados de modo apropriado? Discuta essas características em detalhes.

**Fonte:** LARSON, E. "What's for dinner? Food specialists serve up some unexpected dishes". *The Wall Street Journal*, 3 nov. 1986, p. 37. Dados extraídos de Food Marketing Institute Survey of Shoppers. Reprodução autorizada por *The Wall Street Journal*. Copyright by Dow Jones Company, Inc. Todos os direitos reservados.

A base para determinar a maneira como a ação corretiva deve ser realizada é por meio do entendimento das etapas do processo de controle estratégico e o modo como elas se relacionam com as principais etapas do processo de administração estratégica. A Figura 6.2 resume as principais etapas do processo de controle estratégico e ilustra as relações entre ele e as principais etapas do processo de administração estratégica. Suponha-se que, em uma organização em particular, os objetivos e padrões organizacionais apropriados não estejam sendo atingidos e uma ação corretiva seja necessária. Conforme a Figura 6.2, tal ação pode incluir a busca por melhor desempenho organizacional, concentrando-se em uma ou mais das principais etapas da administração estratégica.

FIGURA 6.2 Relação entre o processo de administração estratégica e o processo de controle estratégico

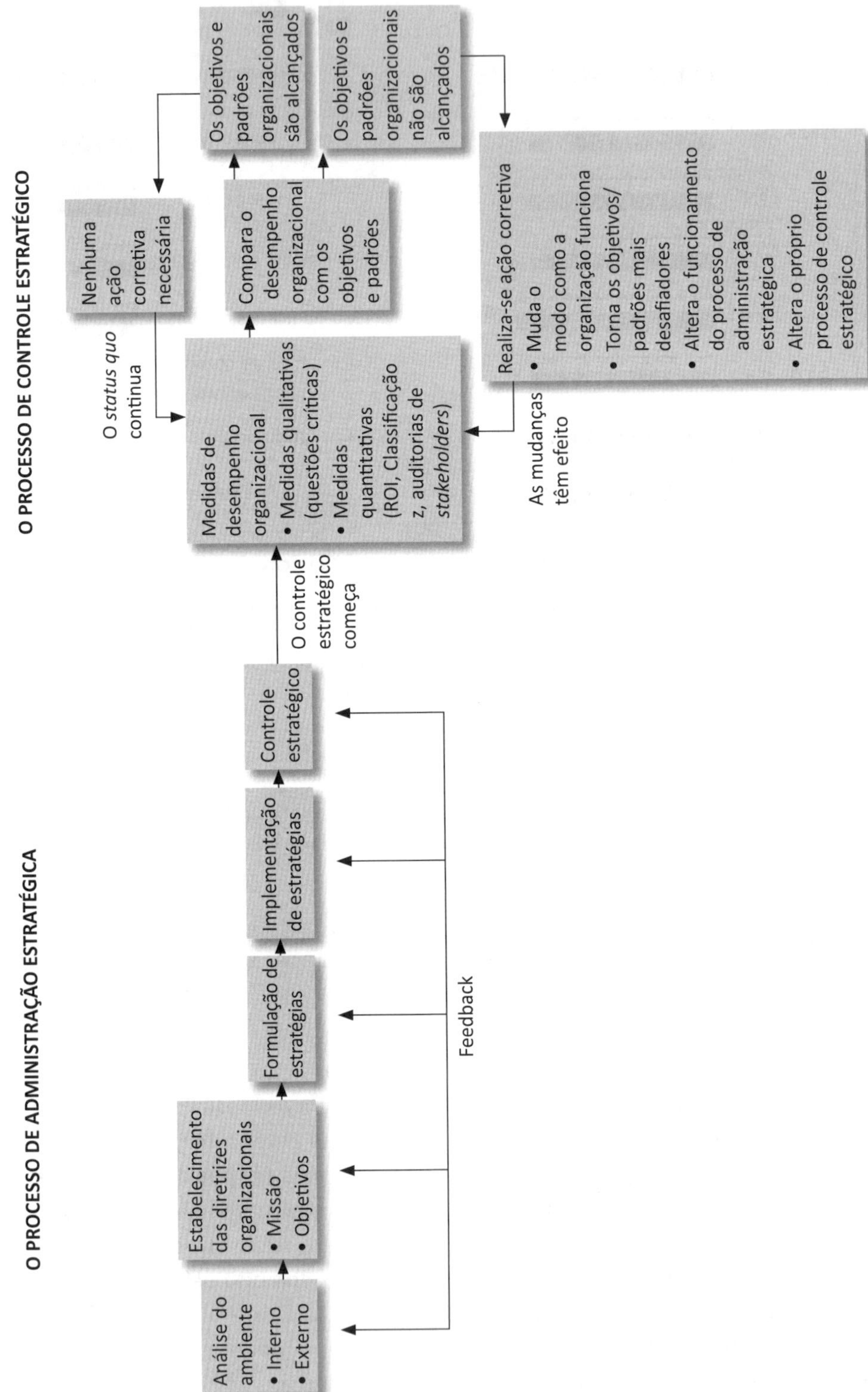

Certamente essa análise inclui o aperfeiçoamento do próprio processo de controle estratégico, de modo a melhorar a validade e a confiabilidade das medidas de desempenho organizacional.

Na maioria das situações, não é necessária correção se a organização estiver atingindo ou superando os objetivos e padrões estabelecidos. Entretanto, a administração não deve assumir automaticamente que seja esse o caso. Objetivos e padrões podem ter sido preestabelecidos em um nível muito baixo, caso em que deve ser tomada uma atitude corretiva imediata para torná-los mais desafiadores.

## INFORMAÇÃO

### A importância da informação no controle estratégico

Para obter sucesso no controle estratégico, os executivos devem dispor de informações válidas e confiáveis que reflitam as diversas medidas de desempenho organizacional. Sem tais informações, as ações para exercer o controle estratégico tornam-se altamente subjetivas e têm poucas chances de melhorar o desempenho organizacional. As informações são vitais ao controle estratégico eficiente.

### Sistemas de informação

Como as informações válidas e confiáveis sobre o desempenho organizacional são críticas para o controle estratégico, virtualmente todas as organizações desenvolvem e implementam algum tipo de sistema que forneça essas informações. A seguir, abordaremos dois deles: os sistemas de informações administrativas (SIA) e os sistemas de apoio a decisões de administração (SADA).

#### Sistema de informações administrativas (SIA)

Um sistema de informações administrativas consiste em uma rede de organização formal, assistida por computadores e estabelecida dentro de uma organização para fornecer, aos administradores, as informações necessárias à tomada de decisões em tempo real. Essas informações são usadas, em geral, para muitos e diferentes fins, mas uma parte significativa delas dá suporte ao controle estratégico.

Como a Figura 6.3 ilustra, operar um SIA é, em grande parte, uma questão de pôr em prática as seis etapas relacionadas.

Tão logo a administração estabeleça quais informações são necessárias ao controle estratégico, os dados adequados devem ser coletados e analisados e as informações resultantes, passadas aos integrantes da organização, geralmente da alta administração. Em seguida, a alta administração deve formular e implementar as atividades de controle estratégico à luz dessas informações. Finalmente, e de maneira contínua, a realimentação sobre os efeitos de se implementar essas atividades e sobre o funcionamento do próprio SIA deve ser usada como base para reunir as informações necessárias a fim de se ter um melhor controle estratégico no futuro.

FIGURA 6.3 Principais etapas na operação de um SIA

**O SIA e o nível da administração.** Como os administradores dos diversos níveis de organizações são responsáveis pela realização de diferentes tipos de atividades, o SIA deve ser flexível o suficiente para fornecer aos diversos níveis de administração as informações necessárias para a execução dessas atividades. A Tabela 6.3 resume as atividades típicas realizadas por administradores de níveis alto, médio e do nível operacional, e mostra que, apesar de o controle estratégico e outras tarefas de administração estratégica constituírem o foco primário da alta administração, todos os níveis de administração têm algum papel no processo de administração estratégica, e o SIA deve fornecer a eles as informações de apoio necessárias.

**Sintomas de um SIA ineficiente.** Como a efetividade do processo de controle estratégico depende em grande parte de medidas de desempenho válidas e confiáveis, os administradores devem avaliar continuamente o funcionamento do SIA para garantir que este atinja as necessidades de controle estratégico.[7] Naturalmente, assim que os sintomas forem reconhecidos, devem ser tomadas providências que eliminem qualquer deficiência que prejudique o SIA.

Entender os problemas relacionados ao SIA pode ser um tanto difícil — ou tão simples quanto ouvir os comentários dos controladores estratégicos. Tais pessoas

TABELA 6.3 Atividades mais comuns realizadas por administradores de diversos níveis da organização

| Nível organizacional | Características das atividades realizadas | Exemplos de atividades |
|---|---|---|
| Alta administração | • São orientadas para o futuro<br>• Envolvem elevada incerteza<br>• Envolvem muita avaliação subjetiva<br>• Envolvem ênfase na administração estratégica | • Estabelecimento de diretrizes organizacionais<br>• Execução de avaliação ambiental<br>• Definição de estratégias organizacionais |
| Média administração | • Um tanto orientadas para o futuro, mas não tanto como as atividades da alta administração<br>• Enfatizam a implementação das estratégias organizacionais | • Preparação de provisões de curto prazo<br>• Orçamentos<br>• Planejamento de recursos humanos |
| Administração operacional | • Enfatizam a produção diária<br>• Enfatizam o desempenho diário que reflete a estratégia organizacional e contribui para atingir os objetivos organizacionais de longo prazo | • Atribuição de tarefas para trabalhadores específicos<br>• Gerenciamento de estoques<br>• Supervisão de trabalhadores<br>• Gerenciamento de reclamações de trabalhadores<br>• Manutenção das regras e procedimentos organizacionais |

podem reclamar que existem muitas informações sobre assuntos pouco relevantes e que as informações estão tão dispersas pela organização que é necessário um grande esforço para se obter simples dados; que, não raro, outras pessoas omitem informações vitais por razões pessoais e, frequentemente, quando são transmitidas, já é tarde demais para terem qualquer utilidade. Ocorre também de as informações muitas vezes serem imprecisas e de não haver ninguém para confirmá-las.[8] Um dos focos centrais dos administradores deve ser as informações que eles mesmos detêm, tendo em vista que elas podem conduzi-los rapidamente à direção estratégica errada.[9]

Outros tipos de sintomas também podem denunciar um SIA que esteja funcionando de modo inadequado. São eles: 1) *sintomas operacionais*, que estão relacionados à forma de funcionamento da organização; 2) *sintomas psicológicos*, que refletem os sentimentos dos membros da organização; e 3) *sintomas de conteúdo do relatório*, que são mostrados na estrutura de relatórios gerados pelo SIA.

Tão logo fiquem cientes desses sintomas, os administradores devem agir para resolver as deficiências pelas quais o SIA é responsável. Entretanto, na prática, pode ser difícil determinar exatamente quais deficiências dentro de uma organização impedem a eficiência de um SIA. Responder às questões a seguir pode ajudar o administrador a identificar essas deficiências de controle estratégico.

- Como os administradores envolvidos no processo de controle estratégico obtêm informações?
- Os administradores envolvidos no controle estratégico podem usar melhor os seus contatos para obter informações?
- Em que áreas de controle estratégico o conhecimento dos administradores é deficiente e quais informações poderiam minimizar essas falhas?
- Os administradores envolvidos no controle estratégico tendem a agir antes de receber informações suficientes?
- Os administradores envolvidos no controle estratégico esperam tempo demais por informações, de modo que as oportunidades passam e eles acabam se tornando os responsáveis pelo atraso do processo?

## A ALTA ADMINISTRAÇÃO E O CONTROLE ESTRATÉGICO

Sabe-se que a alta administração é a principal responsável pela administração estratégica, tendo como um dos componentes críticos o controle estratégico. Assim, para que a alta administração seja capaz de tomar decisões de maneira eficaz, é imprescindível que ela entenda como funciona esse controle. Seu comportamento deve ser determinado e estável com relação ao estabelecimento e ao uso do sistema de controle. Para isso, recursos organizacionais devem ser alocados para apoiar tais atividades.

Na Figura 6.4, é apresentado um modelo que ilustra as variáveis importantes de um controle estratégico eficiente. De acordo com esse modelo, o controle implica alcançar um desses dois objetivos fundamentais: manter a condição estratégica já alcançada ou 'saltar' para uma nova diretriz estratégica se e quando isto for importante.

De acordo com esse modelo, para alcançar um desses objetivos, a alta administração deve garantir que quatro variáveis organizacionais inter-relacionadas sejam consistentes e integradas: 1) estrutura organizacional; 2) incentivos; 3) sistemas de informação e 4) sistemas de valores organizacionais e normas. Para manter a condição estratégica ou saltar para uma nova estratégia, a alta administração deve garantir:

1. Funcionários de comportamento compatível com a organização, o que pode ser obtido por meio de incentivos a eles.

FIGURA 6.4 Variáveis importantes para manter o controle estratégico

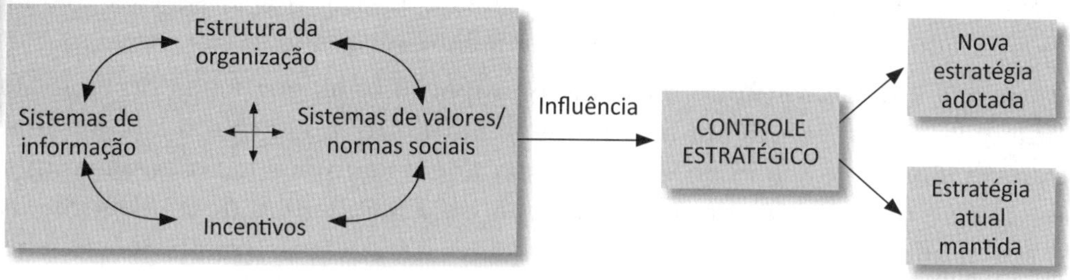


**Fonte:** Baseado no trabalho de LORANGE, P.; VANCIL, R. F.; DIETZ, S.; FELTON, A. P.; BOETTINGER, H. M. *Como projetar um sistema de planejamento estratégico.* São Paulo: Nova Cultural, 1986, 105 p. (Coleção Harvard de Administração; 12.)

2. Uma estrutura organizacional que contribua para que o objetivo seja alcançado.
3. Valores e normas da cultura organizacional consistentes com o objetivo.[10]
4. Disponibilidade de informação para atingir o objetivo.

## RESUMO

Exercer controle em organizações significa monitorar, avaliar e melhorar os diversos tipos de atividades que ocorrem dentro delas para fazer com que os eventos aconteçam da maneira planejada. O controle estratégico, um tipo especial de controle organizacional, concentra-se na monitoração e avaliação do processo da administração estratégica. Com isso, garante-se que o planejado realmente ocorra. Embora o controle estratégico tenha diversas finalidades dentro de uma organização, a mais relevante é ajudar os administradores a alcançar os seus objetivos. Existem três etapas básicas no processo de controle estratégico. A primeira é a medição do desempenho organizacional. Geralmente a administração usa a auditoria estratégica para determinar o que realmente está ocorrendo dentro da organização. A segunda é a comparação do desempenho organizacional com os objetivos e padrões, e, neste caso, a administração avalia se o que ocorreu como resultado do processo de administração estratégica é aceitável. A terceira é, na realidade, a tomada de ações corretivas quando necessário. Se os eventos ocorrerem em sintonia com os objetivos organizacionais estabelecidos, provavelmente não haverá necessidade de ação corretiva. Entretanto, se estiverem fora de sintonia, é possível que algum tipo de ação corretiva seja indispensável.

As informações que refletem medidas válidas e confiáveis das atividades organizacionais são um pré-requisito para o controle estratégico bem-sucedido. Reconhecendo a importância de ter disponíveis tais informações, a maioria das organizações estabelece sistemas de informações administrativas (SIA) e sistemas de apoio às decisões administrativas (SADA). Tipicamente, esses sistemas usam computadores em conjunto com sistemas de software especialmente projetados para fornecer à administração os dados e as informações necessárias sobre o desempenho organizacional. Uma vez estabelecidos, os sistemas de informação devem ser constantemente monitorados, o que garante seu funcionamento adequado.

A alta administração tem um papel importante na eficiência do controle estratégico. Ela deve projetá-lo e implementá-lo de modo que o comportamento apropriado de exercício do controle seja encorajado por meio de incentivos às pessoas, e que a estrutura organizacional seja facilitadora desse controle. Além disso, é importante que as informações necessárias a esse controle estejam disponíveis e possam apoiá-lo.

A seção "Lista de verificação" apresenta questões baseadas neste capítulo. Use-a para analisar problemas e casos de administração estratégica que enfoquem questões de controle estratégico.

**lista de VERIFICAÇÃO**

### Analisando o controle estratégico

1. O caso envolve questões de controle estratégico?
2. O controle estratégico descrito no caso preenche todas as suas finalidades?
3. Surgem questões acerca do papel e da conduta das auditorias estratégicas?
4. As medidas — quantitativas e qualitativas — de desempenho organizacional foram empregadas adequadamente?
5. Os interesses dos diversos grupos de *stakeholders* estão sendo considerados?
6. Estão sendo definidos padrões de desempenho adequados à organização e comparados com o desempenho organizacional?
7. A ação corretiva necessária está sendo tomada?
8. Foi estabelecido um sistema de informações administrativas (SIA)? Ele está funcionando eficientemente?
9. O sistema de apoio a decisões administrativas (SADA) está sendo empregado adequadamente?
10. Os diversos níveis de administração estão envolvidos no processo de controle estratégico?

## NA PRÁTICA

### O maior banco do Brasil: o Banco do Brasil

Em maio de 2009, o Banco do Brasil retomou sua posição como maior instituição financeira em ativos do Brasil. Havia perdido sua posição após a fusão dos bancos Itaú e Unibanco. O Banco assumiu uma estratégia de crescimento que se acentuou nos últimos anos, com as aquisições do Banco Nossa Caixa, do Banco do Estado de Santa Catarina e do Banco do Piauí.

Com essas aquisições o Banco expandiu a sua carteira de crédito, mantendo volumes de inadimplência ligeiramente superiores ao do ano anterior às aquisições (3,3 por cento contra 2,5 por cento), mas ainda assim inferiores aos volumes apresentados pelo Sistema Financeiro Nacional (4,4 por cento). Essa posição do Banco do Brasil gerou um alerta para as demais instituições financeiras do país. Afinal, para essas, havia o risco de perda de fatia de mercado, pois o Banco do Brasil havia alcançado seus expressivos resultados financeiros reduzindo as taxas de juros e elevando o volume de crédito. Segundo agentes do Banco Central, não havia nenhuma irregularidade sendo cometida, o Banco apenas estava dando uma lição de uso de padrões de eficiência.

Essa posição mostra como uma empresa precisa se modernizar e se adaptar para poder manter sua liderança. Afinal, o Banco do Brasil foi a primeira instituição financeira do país, tendo sido fundado em 1808 por dom João VI, constituindo-se, em 1809, no quarto emissor de moeda do mundo (só havia bancos emissores na Suécia, na Inglaterra e na França). Suas primeiras atividades estavam fortemente atreladas à movimentação do tesouro da Casa Real, o que levou o banco a passar por uma série de instabilidades quando a família real deixou o Brasil levando, consequentemente, seu capital. Apesar disso, o banco se manteve até 1829, quando foi promulgada uma lei que o extinguia sob acusações de que, como emissor de moeda, contribuía para a desvalorização do meio circulante. Em 1833, o Banco do Brasil voltou à cena com uma nova lei que o reinstalou, mas que ainda previa ingerência do governo em suas atividades. A situação se alterou a partir de 1851, quando o Visconde de Mauá e outros investidores fundaram outro banco, batizando-o também de Banco do Brasil.

Esse segundo banco, que tinha um capital altíssimo para a época (10 mil contos de réis), assimilou o primeiro Banco do Brasil e se juntou ao Banco Comercial do Rio de Janeiro, mantendo o nome original. Assim, em 1854, o Banco do Brasil começou a funcionar sem interferência do governo em suas operações, instalando-se definitivamente como banco comercial, embora ainda mantivesse forte ligação com o governo; ainda era emissor de moeda, papel que cumpriu até 1866, quando se transformou num instituto de depósitos, descontos e empréstimos. Nos anos subsequentes, o banco assumiu o papel de fomentador econômico, destinando recursos para a agricultura e indústria; também tinha uma função de destaque na política de incentivo ao comércio internacional, o que se consolidou com a criação de sua Carteira de Comércio Exterior (Cacex) em 1953.

Essa posição do Banco como agente de transformação se manteve até 1986, quando deixou de ser detentor da Conta Movimento mantida pelo Banco Central. Essa conta lhe garantia suprimento automático de recursos e sua extinção provocou uma mudança radical nos negócios do banco, que passou a captar recursos em segmentos de mercado nos quais não tinha nenhuma experiência. O banco se estabelecia, a partir de então, como um conglomerado financeiro, abrindo no ano seguinte quatro subsidiárias: BB Financeira, BB Leasing, BB Corretora de Seguros e Administradora de Bens e BB Administradora de Cartões de Crédito.

Com o Plano Real em 1994, houve uma grande reviravolta no setor bancário com a tendência de estabilização monetária, pois os bancos haviam perdido a facilidade dos ganhos obtidos pela aplicação de recursos no mercado financeiro. O Banco do Brasil, nesse momento, foi forçado a se 'reinventar', sendo obrigado a se modernizar para conseguir competir com as demais instituições financeiras, a despeito de ser um banco governamental com uma responsabilidade social explícita.

Era preciso uma reestruturação, o que foi feito no final da década de 1990. Uma série de medidas foram propostas para garantir a sobrevivência da empresa em ambientes de alta competitividade. Foram feitos investimentos em atualização tecnológica e foi revista toda a rede de agências do banco. Nova arquitetura organizacional foi delineada e o Banco começou a atuar com unidades de negócios e unidades de função, visando obter maior flexibilidade e rapidez de resposta. Criou uma nova política para gestão de ativos, com campanhas para recuperação de créditos e maior captação de recursos. Pela primeira vez em sua história, criou um programa de demissão em massa, embora voluntário, desligando de uma só vez cerca de 14 mil funcionários.

Como as reestruturações têm um preço, o Banco fechou o ano de 1996 com um prejuízo histórico, na ordem de quase 8 bilhões de reais, que se sabia ser oriundo de sua reestruturação, vez que o Banco estava ajustando seus créditos de liquidação duvidosa. No ano seguinte, o banco voltou a apresentar lucro na ordem de 573 milhões de reais, modesto, porém indicador de reversão da situação desfavorável.

Vários outros ajustes foram sendo feitos nos anos seguintes, fossem para otimizar as operações, fossem para se adequar às disposições da Resolução 2.554 do Conselho Monetário Nacional, voltada para controles internos. Surgiram a diretoria e unidades de controle, como Contadoria, Controladoria e Controles Internos.

Nos anos 2000, o Banco se consolida como banco múltiplo, passando a ter o mesmo papel dos demais bancos do sistema bancário brasileiro e usando novos canais de comunicação com o cliente, como a Internet. Nesse período, faz novas alterações em sua configuração, dividindo a diretoria executiva em dois níveis: conselho-diretor, composto por presidência e vice-presidências, e demais diretores. O conselho-diretor focalizou as ações estratégicas e o relacionamento institucional, enquanto os diretores passaram a responder pela condução dos negócios. Com essa configuração o processo decisório se descentralizou, e o Banco passou a considerar quatro pilares negociais: atacado, varejo, governo e recursos de terceiros. No final de 2009, o Banco do Brasil atingiu um lucro líquido considerado histórico, de

R$ 10,15 bilhões. Seus ativos atingiram a marca de R$ 709 bilhões, tendo um índice de eficiência de 40,7 por cento.

Tem uma base de 53 milhões de clientes, cobre grande parte do território nacional, estando presente em mais de 3.800 cidades, com quase 5 mil agências e mais de 18 mil postos de atendimento. Todos os seus números são expressivos frente ao mercado financeiro nacional, com atendimento a vários setores da economia.

O Banco do Brasil vem ganhando vários prêmios ao longo dos anos. Em 2004, ganhou o prêmio oferecido pela Associação Brasileira das Companhias Abertas, por se destacar na elaboração de seus relatórios anuais, mostrando transparência e qualidade de informações. Foi a única instituição brasileira a ganhar o prêmio. Em 2009, recebeu o prêmio Alide de Reconhecimento das Boas Práticas nas Instituições Financeiras de Desenvolvimento, além de ser um dos três finalistas do Prêmio Financial Times de Finanças Sustentáveis 2009, na categoria 'Banco Sustentável em Mercados Emergentes'.

Ao que parece, sua posição de liderança tende a se consolidar.

## QUESTÕES PARA DISCUSSÃO

1. Esse caso analisa questões de controle estratégico? Explique.
2. Que etapa do processo de controle estratégico é mais importante para garantir a continuidade do sucesso do Banco do Brasil?
3. Como as medidas qualitativas de desempenho organizacional para a análise do controle estratégico no Banco do Brasil podem ser consolidadas diante da aquisição de outras instituições?

## LEITURAS ADICIONAIS

CERTO, S. C. *Administração moderna*. 9. ed. São Paulo: Pearson, 2003.

GHOSHAL, S.; TANURE, B. *Estratégia e gestão empresarial*. Rio de Janeiro: Campus, 2004.

RAMPERSAD, H. K. *Scorecard para performance total*. Rio de Janeiro: Campus, 2003.

THOMPSON JR., A. A.; STRICKLAND III, A. J. *Planejamento estratégico: elaboração, implementação e execução*. São Paulo: Thomson Pioneira, 2000.

TURBAN, E.; WETHERBE, J. C.; MCLEAN, E. *Tecnologia da informação para gestão*. 3. ed. Porto Alegre: Bookman, 2004.

## NOTAS

1. ROUSH, C. H. "Strategic resource allocation and control". In: GUTH, W. D. (ed.). *Handbook of business strategy*. Boston: Warren, Gorham & Lamont, 1985.
2. JUSTUS, R. T.; JUDD, R. J.; STEPHENS, D. B. *Strategic management and policy:* concepts and cases. Englewood Cliffs, N.J.: Prentice-Hall, 1985, p. 144.

3. Ver LOUDERBACK, J. G.; MANNERS JR., G. E. "Integrating ROI and CVP". *Management Accounting*, abr. 1981, p. 33-39.
4. HIGGINS, J. M.; VINCZE, J. W. *Strategic management and organizational policy:* text and cases. Nova York: Dryden Press, 1986, p. 228.
5. ALTMAN, E. I.; LAFLEUR, J. K. "Managing a return to financial health". *The Journal of Business Strategy*, v. 2, n. 1, verão 1981, p. 31-38.
6. FREEMAN, E. *Strategic management: a stakeholder approach.* Boston: Pitman, 1984, p. 25.
7. DAY, G. S. "Tough questions for developing strategies". *Journal of Business Strategy*, inverno 1986, p. 60-68.
8. PETER, J. P.; DONNELLY JR., J. H. *A preface to marketing management.* Dallas, Tex.: Business Publications, 1985, p. 38.
9. GRAY, D. H. "Uses and misuses of strategic planning". *Harvard Business Review*, jan./fev. 1986, p. 89-97.
10. LINKOW, P. "HRD at the roots of corporate strategy". *Training and Development Journal*, maio 1985, p. 85-87.

PARTE 3

# Áreas funcionais na administração estratégica

A Parte 3 se detém na análise de áreas mais específicas da administração estratégica e examina três das principais áreas funcionais das organizações: marketing (Capítulo 7), operações (Capítulo 8) e finanças (Capítulo 9).

Os estudantes que participaram recentemente de cursos nessas áreas devem considerar esses capítulos uma revisão que aborda os principais tópicos, questões e técnicas utilizadas. Para aqueles que não entraram em contato com o assunto, os capítulos 7, 8 e 9 podem dar um panorama básico do tema.

# Estruturas de aprendizagem

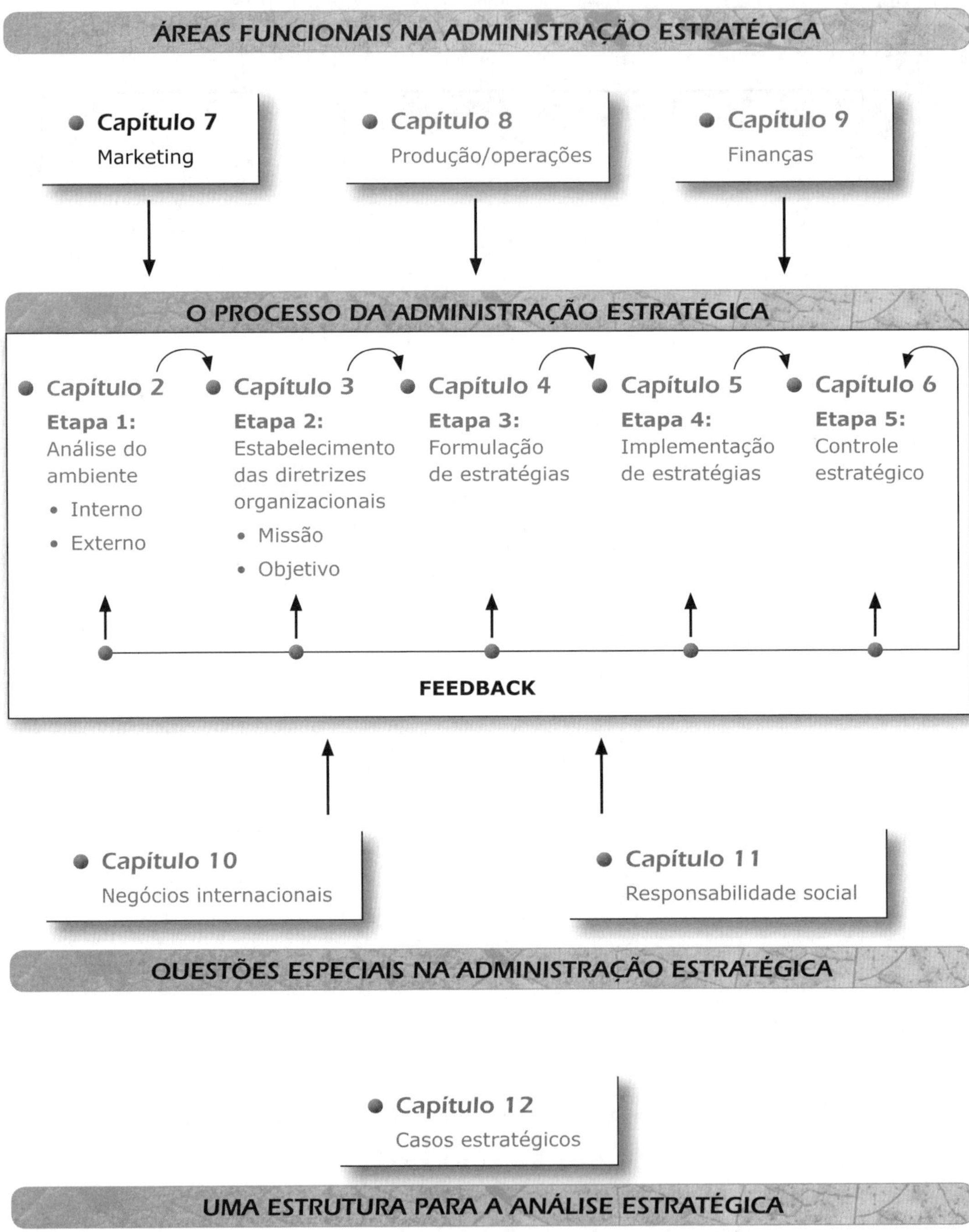

CAPÍTULO 7

# Marketing na administração estratégica

A função do marketing é facilitar as trocas entre uma organização e seus consumidores finais, compradores industriais ou clientes,[1] e estas devem atrair e manter os clientes para gerar vendas e lucros.[2] Sendo assim, este livro apresenta inúmeras questões de administração estratégica que contribuem para a criação de estratégias eficazes de marketing, como a análise do ambiente, que é um aspecto crítico no desenvolvimento de uma estratégia de marketing, visto que mudanças no ambiente organizacional podem conduzir tanto a oportunidades quanto a restrições no que se refere a um marketing bem-sucedido.

A missão organizacional e os objetivos fornecem estrutura e direção às estratégias de marketing. Por exemplo, se uma empresa adota o objetivo de aumentar o lucro líquido em 15 por cento ao ano, essa meta tem implicações importantes no desenvolvimento de novos produtos e no marketing de produtos já existentes. Além disso, mudanças nas estratégias de marketing dos concorrentes têm impacto direto sobre as oportunidades de uma organização.

Finalmente, funções de administração estratégica como planejamento, análise, implementação e controle influenciam diretamente o desenvolvimento de estratégias de marketing, cujo principal foco é o conhecimento daquilo que se ajusta ao consumidor ou o influencia, no esforço de aumentar as vendas e a participação no mercado, aumentando, assim, os lucros a longo prazo — um dos habituais objetivos de uma organização.

Neste capítulo, trataremos o processo de desenvolvimento de estratégias eficazes de marketing. Vamos iniciar discutindo a análise da relação consumidor-produto, um aspecto crítico do desenvolvimento da estratégia de marketing. Depois, consideraremos as diferentes formas pelas quais é possível 'segmentar um mercado' ou dividi-lo em grupos de consumidores similares. Em seguida, é hora de explorar o processo de projeção estratégica de mix de marketing, e, por fim, examinaremos a implementação e o controle da estratégia de marketing nas empresas. A Figura 7.1 fornece uma visão geral desse processo.

FIGURA 7.1 O processo estratégico de marketing

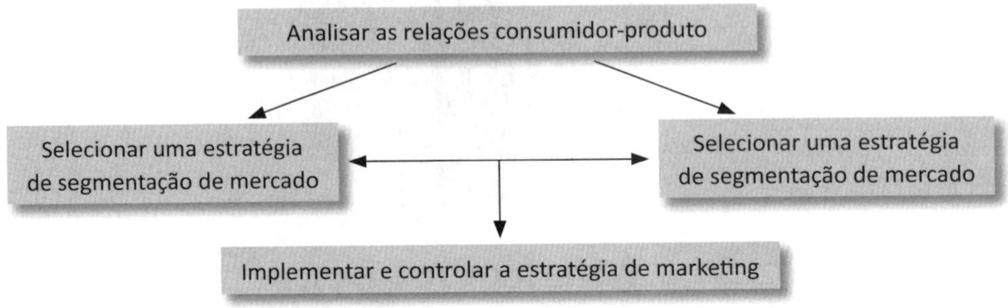


## ANÁLISE DO RELACIONAMENTO CONSUMIDOR-PRODUTO E CLIENTE-SERVIÇO

A primeira etapa na preparação de uma estratégia de marketing é a análise das relações consumidor-produto e cliente-serviço. Nessa etapa, é necessário descobrir por que os consumidores compram um produto ou serviço em especial, o que este significa para eles e quais suas expectativas e satisfação com relação ao seu consumo ou uso. Testes e pesquisas de mercado podem ajudar a responder a essas questões e pesquisas sobre dados secundários e estudos de hábitos gerais de compra fornecem um bom conhecimento sobre o perfil do consumidor que a organização pretende conquistar.

Podemos classificar os produtos em *produtos de consumo* — aqueles comprados pelo usuário final, o consumidor — e *produtos industriais* — aqueles que são direcionados aos compradores industriais. Cada tipo de produto ainda pode ser classificado nas categorias mostradas na Tabela 7.1. Os produtos de consumo são geralmente classificados como 'de conveniência', 'comum' ou 'especial', de acordo com o grau de envolvimento dos consumidores com o produto e do tempo e esforço que serão investidos em sua compra. Os produtos industriais estão classificados em cinco categorias básicas — segundo o papel que exercem no processo de fabricação. A Tabela 7.1 sugere também algumas das características básicas desses produtos e considerações que devem ser feitas na hora de comercializá-los. Desse modo, a simples classificação de um produto fornece diretrizes úteis para o desenvolvimento de uma estratégia de marketing.

Ainda que a classificação de produtos seja um ponto inicial útil na análise das relações consumidor-produto e cliente-serviço, o estudo sobre esses consumidores é um ponto fundamental nesta análise. Considere um produto simples como uma pasta de dentes. Quais são algumas das razões pelas quais os consumidores compram esse produto? Parece claro que os diferentes consumidores procuram diferentes benefícios nesse produto. Evitar cáries, manter o hálito fresco, exercer atração sexual, possuir dentes mais brancos e remover placas bacterianas podem diferir em grau de importância para os vários consumidores.

**TABELA 7.1** Categorias de produtos e considerações de estratégias de marketing

| A. Produtos de consumo | | | |
|---|---|---|---|
| **Tipo de produto** | | | |
| **Características e considerações de marketing** | **Conveniência** | **Comum** | **Especial** |
| *Características* | | | |
| 1. Tempo e esforço despendido pelo consumidor no ato da compra | Muito pouco | Considerável | Não se pode generalizar: os consumidores podem ir à loja mais próxima e comprar com esforço mínimo ou podem ter de ir à loja mais distante e gastar muito tempo e esforço |
| 2. Tempo gasto planejando a compra | Muito pouco | Considerável | Considerável |
| 3. Após ter surgido, em quanto tempo a vontade é satisfeita? | Imediatamente | Tempo relativamente longo | Tempo relativamente longo |
| 4. Preço e qualidade são comparados? | Não | Sim | Não |
| 5. Preço | Baixo | Alto | Alto |
| 6. Frequência de compras | Frequente | Não habitual | Não habitual |
| 7. Importância | Sem importância | Frequentemente, muito importante | Não se pode generalizar |

*Considerações de marketing*

| **Tipo de produto** | | | |
|---|---|---|---|
| **Características e considerações de marketing** | **Conveniência** | **Comum** | **Especial** |
| 1. Extensão do canal de distribuição | Grande | Pequeno | Muito pequeno |
| 2. Importância do varejista | Qualquer loja simples é relativamente sem importância | Importante | Muito importante |
| 3. Número de pontos de vendas | Tantos quanto possível | Poucos | Poucos: frequentemente, apenas um em um mercado |
| 4. Rotatividade do estoque | Alta | Muito baixa | Muito baixa |
| 5. Margem bruta | Baixa | Alta | Alta |
| 6. Responsabilidade pela propaganda | Do fabricante | Do varejista | Responsabilidade conjunta |
| 7. Importância de mostruário no ponto de venda | Muito importante | Pouco importante | Pouco importante |
| 8. Propaganda usada | Do fabricante | Do varejista | Ambos |
| 9. Marca ou nome de loja importante | Nome da marca | Nome da loja | Ambos |
| 10. Importância da embalagem | Muito importante | Pouco importante | Pouco importante |

| B. Produtos de Consumo | | | | | |
|---|---|---|---|---|---|
| **Tipo de produto** | | | | | |
| **Características e considerações de marketing** | **Matéria-prima** | **Peças fabricadas e materiais** | **Instalações** | **Equipamento acessório** | **Suprimento operacional** |
| **Exemplos** | **Minério de ferro** | **Blocos de motores** | **Alto-forno** | **Prateleiras de armazém** | **Clipes para papéis** |
| *Características* | | | | | |
| 1. Preço unitário | Muito baixo | Baixo | Muito alto | Médio | Baixo |
| 2. Tempo de vida | Muito curto | Depende do produto final | Muito longo | Longo | Curto |
| 3. Quantidade comparada | Grande | Grande | Muito pequena | Pequena | Pequena |
| 4. Frequência de compra | Entrega frequente; contrato de compra de longo prazo | Compra não frequente, mas entrega frequente | Muito pouco frequente | Razoavelmente frequente | Frequente |
| 5. Padronização de produtos concorrentes | Muito grande; graduação importante | Muito grande | Muito pequena; feito sob encomenda | Pouca | Muita |
| 6. Limitações de fornecimento | Limitado; o fornecimento pode ser aumentado lentamente ou não | Normalmente sem problemas | Sem problemas | Normalmente sem problemas | Normalmente sem problemas |

| **B. Produtos industriais** | | | | | |
|---|---|---|---|---|---|
| **Tipo de produto** | | | | | |
| **Características e considerações de marketing** | **Matéria-prima** | **Peças fabricadas e materiais** | **Instalações** | **Equipamento acessório** | **Suprimento operacional** |
| **Exemplos** | **Minério de ferro** | **Blocos de motores** | **Alto-forno** | **Prateleiras de armazém** | **Clipes para papéis** |
| *Considerações de marketing* | | | | | |
| 1. Natureza do canal de distribuição | Pequeno, sem intermediários | Pequeno; revendedor apenas para pequenos compradores | Pequeno; sem intermediários | Intermediário | Intermediário |
| 2. Período de negociação | Difícil de generalizar | Médio | Grande | Médio | Curto |
| 3. Concorrência de preço | Importante | Importante | Não importante | Fator não principal | Importante |
| 4. Serviço pré-vendas/pós-vendas | Não importante | Importante | Não importante | Importante | Muito pequeno |
| 5. Simulação de demanda | Muito pequena | Moderada | Pessoal de vendas muito importante | Importante | Não muito importante |
| 6. Preferência de marca | Nenhuma | Geralmente baixa | Alta | Alta | Não muito importante |
| 7. Contrato de compra antecipado | Importante; usa-se contrato de longo prazo | Importante; usa-se contrato de longo prazo | Habitualmente não se usa | Habitualmente não se usa | Habitualmente não se usa |

**Fonte:** STANTON, W. J.; FUTRELL, C. *Fundamentals of marketing*. 8. ed. Nova York: McGraw-Hill, 1987, p. 195-198. Reprodução autorizada pela editora.

Similarmente, desempenho, economia, status e estilo variam em importância entre os consumidores que pretendem comprar um automóvel. Desse modo, realizar a análise das relações consumidor-produto pode ajudar a organização a definir melhor o segmento de mercado mais adequado aos produtos que ela oferece.

Quanto aos serviços, algumas diferenças e peculiaridades precisam ser destacadas em relação aos produtos. Fazer a distinção entre produto e serviço nem sempre é simples, do ponto de vista do cliente, pois ambos estão associados de alguma maneira. Todo serviço precisa de algum tipo de produto, tanto quanto todo produto tem um mínimo de serviço que o acompanha. Por exemplo, um cabeleireiro aplica produtos de higiene e beleza nos seus clientes, um eletrodoméstico novo oferece sempre garantia de assistência técnica gratuita por um prazo determinado ao consumidor.

Apesar dessa associação com os produtos, os serviços podem ser classificados especificamente em quatro categorias: 'indústrias de serviços', 'serviços de massa', 'lojas de serviços' e 'serviços profissionais'. A Tabela 7.2 aponta algumas das características básicas dos serviços com exemplos dos tipos de negócios relacionados.

Assim como a classificação de um produto, a do serviço fornece orientações para se levar em conta na estratégia de marketing.

A seção "Módulo aplicado" dá a você a oportunidade de testar sua habilidade em realizar uma análise da relação consumidor-produto/cliente-serviço.

TABELA 7.2 Classificação dos serviços[3]

| Intensidade da mão de obra | Interação e personalização | |
|---|---|---|
| Baixa | Indústrias de serviços<br>• Empresas aéreas<br>• Transporte de cargas<br>• Hotéis<br>• Balneários, recreação e lazer | Lojas de serviços<br>• Hospitais<br>• Oficinas mecânicas<br>• Serviços de manutenção |
| Alta | Serviços de massa<br>• Varejistas<br>• Vendas no atacado<br>• Escolas<br>• Atendimento de bancos | Serviços profissionais<br>• Médicos<br>• Advogados<br>• Contadores<br>• Arquitetos |

**Fonte**: ROGER, S. W. "How can service survive and prosper?". *Sloan Management Review*, v. 27, n. 3, 1986, p. 25, *apud* FITIZSIMMONS, J. A.; FITZSIMMONS, M. J. *Administração de serviços:* operações, estratégia e tecnologia da informação. 4. ed. Porto Alegre: Bookman, 2005, p. 43.

módulo aplicado

# ANÁLISE DO CONSUMIDOR DO LUXO

## Introdução

Temos observado a importância da análise das relações consumidor-produto/ cliente-serviço como ponto inicial para o desenvolvimento de uma perfeita estratégia de marketing. Analise a situação seguinte e, então, faça o exercício.

## A situação

Recentemente uma revista publicou uma reportagem sobre casamentos. Uma das noivas, cuja festa era apresentada na reportagem, declarava haver escolhido pessoalmente todos os fornecedores e conseguido uma economia para o pai, que era o investidor, na ordem de R$ 150 mil. Veja bem: economia...! A noiva disse ter economizado nos aspectos convencionais para poder investir mais na iluminação e som da festa, uma 'balada' para 300 convidados.

Casar parece uma atividade 'normal' para grande parte da população. Envolve escolha de uma cerimônia (um ritual que pode ou não ser religioso), os contratos oficiais (casamento no civil, pactos pré-nupciais etc.), a escolha dos trajes dos noivos, da festa, a viagem pós--casamento (a lua de mel) e assim por diante. Após lerem a referida reportagem, vários casais acabaram ficando assustados: será que para casar seria necessário gastar no mínimo R$ 500 mil para se poder fazer uma festa de médio padrão para 200 convidados? Claro que não, se o casal optar por algo que saia dos padrões do mercado de luxo.

O segmento de 'casamentos' cresceu muito nos últimos anos, até porque houve uma retomada da importância do casamento cerimonial. Embora se saiba que haja espaço para casamentos de vários orçamentos, chamam a atenção da classe média as cifras apontadas no que se denomina mercado de luxo, e esses casamentos que são supereventos estão dentro dessa categoria.

Mas o luxo pode ser visto em diferentes tipos de produtos, basta circular pelos locais onde eles são oferecidos. Pode-se encontrar uma geladeira que custa R$ 40 mil, jogos de lençóis por R$ 5 mil, garrafas de vinho por R$ 2 mil, cruzeiros em veleiros com capacidade para 25 pessoas e em locais não frequentados por excursões convencionais (sem preço no anúncio), vestidos de festa que custam a partir de R$ 20 mil, e assim por diante. Um pequeno chaveiro de couro, de uma grife italiana, por exemplo, pode custar R$ 800. Panelas especiais a R$ 5 mil, afiador de faca a R$ 450, e outros tantos itens de cozinha fazem parte desse universo. Após a venda de iates, o proprietário faz a escolha dos acessórios que personificarão o barco; essa escolha é feita em locais nos quais os proprietários chegam de helicóptero, são recebidos por uma equipe que inclui mordomo, chefe de cozinha, especialistas em bebidas, estilistas e outros profissionais que, além de recepcionar o proprietário com serviços, bebidas e comidas especiais, o ajudarão a criar um ambiente no iate que represente o seu estilo de vida. E os vestidos de noiva? Ah! Esses não têm preço... máximo. Dependem do sonho da noiva.

Esse mercado do luxo vende emoções e movimentou no Brasil, em 2009, cifras acima de US$ 7 bilhões, aproximadamente. Apesar da crise de 2008, que gerou um recesso geral em 2009, esse mercado não se abateu como outros segmentos de negócios; na verdade, no Brasil ele cresceu quase 10 por cento. A venda de automóveis, perfumes, joias, roupas e acessórios, assim como bolsas e calçados, hotelaria, comida, bebida, turismo, imóveis, entre outros produtos, todos relacionados à exclusividade, cresce cada vez mais. A cidade de São Paulo vem se consolidando como um dos polos desse tipo de mercado no Brasil, atraindo um segmento de pessoas que vêm para fazer compras.

Os shoppings de luxo se multiplicam, bem como as lojas em ruas especializadas nesse mercado. Todos têm por perto uma estrutura de hotelaria, de alimentação diferenciada e de entretenimento. A classe A vem crescendo no Brasil e é esse segmento da sociedade que responde pela maior parte do consumo de luxo. Clientes que buscam luxo estão dispostos a pagar os preços elevados, mas fazem questão da presença de serviços diferenciados e de qualidade. E, surpreendentemente, os clientes brasileiros gostam de parcelar os pagamentos desses produtos, o que não ocorre em outros países. Talvez seja um reflexo da ascensão social.

### Exercício

Conforme exposto no texto, o mercado do luxo vem crescendo no Brasil. Suponha que você esteja prestando consultoria a uma pequena empresa de moda, que já existe no mercado e é reconhecida pelo estilista de seus trajes e pela qualidade de materiais e do acabamento de suas roupas. Produz trajes de festa femininos. Essa empresa, todavia, está querendo crescer. Quer sair da posição de ateliê, de um pequeno espaço fechado no qual circulam apenas aqueles que conhecem a marca, migrando para uma grife de luxo, que atenda a classe A, exclusivamente. Seu objetivo é instalar-se em um dos shoppings de luxo. Esses shoppings fazem exigências específicas para a entrada de novas lojas, porque mantêm um determinado portfólio. Além disso, esse tipo de traje sofre a concorrência de vestidos importados da China e Índia, entre outros, que aqui chegam a preços e modelos que agradam à classe B, mas não à A, principalmente porque não usam materiais de luxo e não são exclusivos. Baseando-se nas restrições de entrada nesse mercado, explique como você faria sua análise das relações consumidor-produto/cliente-serviço para essa nova marca. Procure informações sobre o Shopping Iguatemi São Paulo, um dos mais renomados e antigos shoppings de luxo do Brasil, e seu portfólio de produtos. Isso o ajudará a entender essas relações.

## SELEÇÃO DE UMA ESTRATÉGIA DE SEGMENTAÇÃO DE MERCADO

A lógica da segmentação de mercado é muito simples: ela se baseia na ideia de que um produto ou serviço habitualmente não tem condições de atrair todos os consumidores. As metas de aquisição dos consumidores e clientes, seus conhecimentos sobre os produtos e os serviços, o envolvimento na compra e o comportamento diante dela variam muito. Por essa razão, os estrategistas de marketing concentram seus esforços especialmente em satisfazer e conquistar grupos específicos de consumidores e clientes em vez de toda a população. A *segmentação de mercado* é o processo de agrupar consumidores ou clientes similares e selecionar o(s) grupo(s) mais adequado(s) para o atendimento pela empresa. Os mercados são selecionados tendo como base seu tamanho, o potencial de lucros e até que ponto eles podem ser definidos e atendidos eficazmente pela organização.

Normalmente, é feita uma pesquisa para definir cuidadosamente mercados em particular, e diversos critérios são utilizados em conjunto para segmentar esses mercados e desenvolver 'perfis' de consumidores. Basicamente, os mercados de consumo, os industriais e os de serviços podem ser divididos em quatro critérios de segmentação — geográfico, demográfico, psicográfico e de benefício —, apresentados sucintamente na Tabela 7.3.

## Segmentação geográfica

Para muitos produtos, a segmentação geográfica é útil na definição inicial dos mercados. Por exemplo, o mercado de barracas de praia, guarda-sóis, ventiladores, aparelhos de ar-condicionado e roupas leves está concentrado nas regiões Nordeste e Norte do Brasil. Restaurantes do tipo *fast-food*, como o McDonald's, usam informações sobre o índice populacional e densidade demográfica para ajudá-los a escolher locais para suas lojas. Como os dados sobre as bases de segmentação geográfica são acessíveis — é possível obtê-los por meio de fontes públicas —, a coleta de tais informações é um modo barato de explorar o mercado em potencial.

## Segmentação demográfica

As variáveis demográficas são muito usadas na segmentação de mercados. Muitos produtos e serviços são projetados para grupos definidos com base em sexo (roupas, cosméticos, cabeleireiros), idade (brinquedos, festas) e renda (automóveis, hotéis). Elas também são usadas em conjunto com outras bases de segmentação para melhor caracterizar mercados específicos. Por exemplo, o principal mercado para cervejas leves é composto de homens na casa dos 30 anos e que estão ansiosos por se manterem saudáveis e bem-dispostos. Nesse perfil de mercado, sexo e idade são variáveis demográficas e preocupação com saúde e peso são variáveis psicográficas.

## Segmentação psicográfica

A segmentação psicográfica, ou por *estilo de vida*, inclui o estudo de atividades dos consumidores (trabalho e lazer), interesses (família, trabalho e comunidade) e opiniões (política, questões sociais e negócios). Com base na similaridade de suas respostas, os consumidores são distribuídos empiricamente em vários grupos de estilos de vida. Talvez a mais conhecida segmentação psicográfica seja a tipologia desenvolvida pela empresa SRI International, para a população norte-americana, com o título de Valores e Estilos de Vida[4] (veja Quadro 7.1). Essa abordagem divide os consumidores em quatro grupos principais:

1. *Consumidores guiados pela necessidade*. São aqueles que compram principalmente para satisfazer necessidades básicas, como as de subsistência.
2. *Consumidores guiados por influências externas*. São aqueles que compram levados pelo desejo de impressionar outras pessoas.
3. *Consumidores guiados por influências internas*. São aqueles incitados por um desejo de autossegurança.

TABELA 7.3 Critérios de segmentação de consumidores e clientes

| Mercados consumidores | |
|---|---|
| **Critérios de segmentação** | **Categorias-base** |
| *Geográfico:* Região | Litoral Sul; litoral Nordeste; Centro-Oeste; Centro-Sul; Serras |
| Densidade demográfica | menos de 5.000; 5.000–19.999; 20.000–49.999; 50.000–99.999; 100.000–249.000; 250.000–499.999; 500.000–999.999; 1.000.000–3.999.999; 4.000.000 ou mais |
| População | urbana; suburbana; rural |
| Clima | quente; frio |
| *Demográfico:* Idade | menos de 6; 6–12; 13–19; 20–29; 30–39; 40–49; 50–59; + 60 |
| Sexo | masculino; feminino |
| Tamanho da família | 1–2; 3–4; + 5 |
| Ciclo de vida familiar | jovens solteiros; jovens casados, sem filhos; jovens casados, filhos jovens com menos de 6 anos; jovens casados, filhos jovens de 6 anos ou mais; meia-idade, casados, com filhos; meia-idade, casados, sem filhos menores de 18 anos; meia-idade, solteiros; outros |
| Renda | menos de R$ 5.000,00; R$ 5.000,00–R$ 7.999,00; R$ 8.000,00–R$ 9.999,00; R$ 10.000,00–R$ 14.999,00; R$ 15.000,00–R$ 24.999,00; R$ 25.000,00–R$ 34.999,00; R$ 35.000,00 ou mais |
| Ocupação | profissional liberal e técnico; administrador, funcionário público e proprietário; empregado de escritório; vendedor; aposentado; operário; agricultor; estudante; dona de casa; desempregado |
| Educação | ensino fundamental ou menos; ensino médio incompleto; ensino médio completo; superior incompleto; superior completo; pós-graduação incompleta; pós-graduação completa |
| Religião | católica; protestante; judaica; outras |
| Raça | branca; negra; oriental; outras |
| Nacionalidade | brasileira; japonesa; argentina; francesa; alemã; italiana; outras |
| *Psicográfico:* Classe social | baixa-baixa; baixa-alta; baixa-média; alta-média; baixa-alta; alta-alta |
| Estilo de vida | conservador; sofisticado; liberal |

| Personalidade | submisso; agressivo; extrovertido |
|---|---|
| Mercados consumidores | |
| **Critérios de segmentação** | **Categorias-base** |
| *Cognitivo e comportamental:* Atitudes | positiva; negativa; neutra |
| Benefícios procurados | conforto; economia; prestígio |
| Fase de aptidão | desatento; atento; informado; interessado; desejoso |
| Risco percebido | Alto; moderado; baixo |
| Grau de inovação | Inovador; seguidor imediato; seguidor retardatário |
| Envolvimento | Baixo; alto |
| Postura de lealdade | Nenhuma; alguma; total |
| Taxa de uso | Nenhuma; pequena; média; pesada |
| Situação | Não consumidor ou não cliente; ex-consumidor ou ex-cliente; consumidor/cliente em potencial; consumidor/cliente atual |
| Fidelidade ao fornecimento | Adquire de um, dois, três ou mais fornecedores |
| Tamanho da empresa | Pequena, média ou grande em relação à indústria |
| Tamanho médio das compras | Pequeno; médio; grande |
| Taxa de uso | pequena; média; intensa |
| Aplicação do produto | Manutenção; fabricação; componente de produto final; administração |
| Tipo de negócio | Fabricante; varejista; atacadista |
| Localização | Norte; Sul; Leste; Oeste |
| Status do comprador | Comprador novo; comprador ocasional; comprador frequente; não comprador |
| Importância do atributo | Confiança no fornecimento; preço; serviço; durabilidade; conveniência; reputação do fornecedor. |

**Fonte:** PETER, J. P.; OLSON, J. C. *Consumer behavior:* marketing strategy perspectives. Homewood, Ill.: Richard D. Irwin, 1987, p. 477-478. Reprodução autorizada pela editora.

QUADRO 7.1 Nove valores e estilos de vida norte-americanos

**Consumidores guiados pela necessidade**

**Sobreviventes** (4% da população norte-americana adulta) Esses consumidores têm idade avançada e são muito pobres. De modo geral, são viúvos e vivem apenas da renda da seguridade social. Alguns já nasceram pobres e assim permaneceram no decorrer da vida; outros tornaram-se pobres em virtude da falta de iniciativa ou problemas decorrentes da idade avançada. O entretenimento dessas pessoas consiste em assistir à televisão; os produtos e serviços básicos são comprados tendo em vista o preço (baixo).

**Sustentadores** (7% da população norte-americana adulta) Esses consumidores são irados, desconfiados, ansiosos, combativos e vivem à beira da pobreza. Ao contrário dos *sobreviventes*, os *sustentadores* nunca deixam de ter esperanças; eles procuram por uma vida melhor. Em geral, possuem grandes famílias e são bastante cuidadosos no ato da compra.

**Consumidores guiados por influências externas**

**Conservadores** (38% da população norte-americana adulta) Esses consumidores simbolizam a geralmente chamada classe média norte-americana. Tradicionais, conservadores e antiquados, preferem o *status quo* ou a tradição e não gostam de mudar. Preferem se adaptar a ser fora do comum e seguem as regras da sociedade. Valorizam a casa e a família e procuram segurança.

**Imitadores** (10% da população norte-americana adulta) Esses consumidores são pessoas que se esforçam para ser como aquelas que consideram ricas e bem-sucedidas. São o grupo mais influenciado por outras pessoas. Ambiciosos, competitivos e ostentadores, muitos foram alunos de escolas técnicas e poucos têm nível universitário. Os imitadores estão em um estágio de transição turbulenta; a maioria deles não passará para a posição *empreendedores*. Eles são consumidores e clientes emergentes.

**Empreendedores** (20% da população norte-americana adulta) Esses consumidores são os que impulsionam e guiam as pessoas que construíram 'o sistema' e o comandam. São executivos de empresas, profissionais liberais como médicos, advogados, cientistas, políticos, atletas e artistas de sucesso. Eles vivem confortavelmente e, com isso, definem o padrão de vida para grande parte do país. São os principais consumidores de produtos e serviços de luxo e sofisticados.

**Consumidores guiados por influências internas**

**Eu sou eu** (3% da população norte-americana adulta) Esses consumidores são jovens e em período de transição entre o modo de vida influenciado por aspectos externos e internos. Muitos são estudantes na faixa dos 20 anos, possuem bastante energia e uma vida ativa, mas essa transição não raro se dá em total desordem e confusão de identidade pessoal, já que muitos são filhos de pais *empreendedores*. Assim, comprar roupas e outros artigos pode ser um modo de diferenciá-los de seus pais e firmar os próprios valores.

**Experimentadores** (5% da população norte-americana adulta) Muitos desses consumidores passaram do estágio *Eu sou eu* há poucos anos. Tendem a ser artísticos, liberais e procuram experiências diretas com outras pessoas, assuntos e eventos. São muito educados, ativos e se empenham em atividades sociais, que variam de esportes ao ar livre à apreciação de vinhos. Muitos estão quase na faixa dos 30 anos e preferem produtos naturais.

**Socialmente conscientes** (11% da população norte-americana adulta) Esses consumidores são bem-educados, prósperos, politicamente liberais e profundamente preocupados com questões sociais. Têm aproximadamente 40 anos de idade e são líderes de movimentos de defesa do consumidor, de redução da poluição ambiental e de proteção aos animais selvagens. Muitos andam de bicicleta ou usam um carro econômico, isolam sua casa ou instalam aquecimento solar, além de comerem somente alimentos orgânicos, preparados sem aditivos químicos, frequentarem restaurantes de produtos naturais e academia de ginástica.

**Consumidores guiados por influências externas e internas**

**Integrados** (2% da população norte-americana adulta) Esses consumidores são psicologicamente maduros e encontram vantagens no poder e na utilidade das influências externas e internas. Possuem grande habilidade em ponderar consequências e resolver problemas difíceis. Tendem a ser abertos, autoconfiantes, expressivos e atentos a nuances sutis, normalmente ganham o respeito e a admiração das pessoas ao seu redor. Geralmente são de meia-idade ou idosos.

**Fonte:** Adaptado de MITCHELL, A. *The nine american lifestyles:* who we are & where we are going. Nova York: Macmillan Publishing Company; e *The values and lifestyles program*. SRI International, Calif.: Menlo Park, 1983. Reprodução autorizada pela editora.

4. *Consumidores que combinam influências externas e internas*. São aqueles que integram os grupos guiados por motivos sociais e pessoais.

A pesquisa descobriu ainda que os hábitos de compra diferem em função do estilo de vida. Por exemplo, no mercado de carros, os *empreendedores* tendem a comprar carros luxuosos; os *conservadores*, carros visando à família; os *socialmente conscientes*, carros econômicos; e os *imitadores* e *experimentadores*, carros de alto desempenho.

Enfim, as abordagens de segmentação psicográfica são usadas para obter uma grande quantidade de informação sobre consumidores em potencial.

## Segmentação de benefício

Nessa abordagem de segmentação, há o conceito de que os *benefícios* que as pessoas procuram ao consumir um dado produto são as razões reais para a existência de um determinado segmento de mercado. Essa abordagem tenta medir os sistemas de valores e as percepções que o consumidor tem sobre as diferentes marcas de uma classe de produtos ou serviços. Um exemplo clássico de uma segmentação de benefício é identificado no mercado de creme dental. Conforme se vê na Tabela 7.4, quatro segmentos básicos foram identificados: sensorial, sociável, de ansiedade e independente.

Esses segmentos têm implicações importantes em muitos aspectos da estratégia de marketing, incluindo a escolha da mídia de propaganda, a duração de um comercial e a apresentação do produto. No mercado de creme dental, por exemplo, tubos coloridos podem ser adequados para o segmento sensorial, ao passo que embalagens aquosas (que ajudam a identificar a fluoretação) podem agradar o grupo dos ansiosos. Da mesma forma, tubos brancos e de aparência etérea talvez sejam adequados para os sociáveis, preocupados com a brancura dos dentes. Assim, a segmentação de benefício é uma abordagem útil para a pesquisa do significado e do valor que os

TABELA 7.4 Segmentação de benefício no mercado de creme dental

| | Segmento sensorial | Segmento sociável | Segmento ansioso | Segmento independente |
|---|---|---|---|---|
| **Principal benefício procurado** | Gosto e aparência do produto | Brilho nos dentes | Prevenção de cáries | Preço |
| **Referência demográfica** | Crianças | Jovem com menos de 20 anos | Famílias grandes | Homens |
| **Características comportamentais especiais** | Usuários de pasta de dente sabor hortelã | Fumantes | Usuários frequentes | Usuários frequentes |
| **Marcas preferidas mais comuns** | Colgate | Ultra Brite | Crest | Marcas mais baratas |
| **Características de estilo de vida** | Hedonista | Ativo | Conservador | Orientado por valores sociais |

produtos e suas marcas têm para os consumidores. Há também inúmeros exemplos com serviços de hotelaria, restaurantes, companhias aéreas e outros.

O Quadro 7.2 lista algumas questões que podem ser feitas quando se analisa a relação consumidor-produto e cliente-serviço baseada na segmentação de mercado.

## ESTABELECENDO UMA ESTRATÉGIA DE MIX DE MARKETING

O mix de marketing para produtos é composto de produto, preço, promoção e canais de distribuição (ou locais). No caso de serviços, os especialistas adicionam mais três elementos, as pessoas, a evidência física (espaço físico, equipamentos, relatórios, apresentações) e o processo de entrega-atendimento.[5] Esses elementos são as variáveis controláveis que as organizações usam para se adaptar ao mercado-alvo ou para influenciá-lo. A fim de alcançar seus objetivos, as organizações devem desenvolver estratégias em que esses elementos estejam sincronizados. Discutiremos cada um deles em detalhes, já que constituem as principais técnicas usadas pelas organizações na obtenção de vendas, lucros e participação no mercado.

### Estratégia do produto e do serviço

A sobrevivência de muitas organizações depende do êxito no desenvolvimento e na comercialização dos novos produtos ou serviços, bem como da capacidade de gerenciá-los durante seu ciclo de vida. Para entender como funciona esse processo,

QUADRO 7.2 Questões importantes na relação consumidor-produto e cliente-serviço na segmentação de mercado

1. Por que os consumidores compram esse produto/serviço?
2. O que ele significa para os consumidores/clientes? É importante comprá-lo?
3. O que, em termos funcionais, organizacionais e sociais, o produto/serviço faz pelos consumidores?
4. Em que situações é comprado e usado?
5. Quais são as dimensões adequadas para segmentar o mercado para esse produto/serviço?
6. É necessário pesquisar a segmentação de mercado? Se sim, quais são os custos e benefícios?
7. O segmento de mercado é amplo o bastante para a empresa atendê-lo de forma lucrativa?
8. Esse segmento pode ser atingido eficientemente, dado os recursos da organização?
9. A concorrência é forte demais para que a organização atraia consumidores para esse mercado-alvo?
10. Quais as implicações dessa análise para a estratégia de marketing?

**Fonte:** PETER, J. P.; DONNELLY JR., J. H. *Marketing management:* knowledge and skills. Nova York: McGraw-Hill/ Irving, 2004.

é importante conhecer os estágios pelos quais um produto ou serviço deve passar para que seja bem-sucedido. A seguir, examinaremos diversas características que fazem parte da estratégia do produto e do serviço, ou seja, que influenciam no seu sucesso.

### Estágios na vida de um produto ou serviço

A vida de um produto ou serviço bem-sucedido pode ser dividida em sete estágios, conforme mostrado na Figura 7.2. Os estágios que vão da geração de conceitos e seleção do produto à introdução representam o processo de desenvolvimento do novo produto/serviço; os estágios entre a introdução e o declínio do mercado representam as fases do seu ciclo de vida tradicional. Descreveremos brevemente cada um desses estágios.

## Desenvolvimento do novo produto ou serviço

### Geração de conceitos e seleção

Novos produtos e serviços surgem de ideias ou conceitos. Desse modo, a primeira etapa no seu desenvolvimento inclui a geração e a seleção desses conceitos. Eles podem vir de diversas fontes, como de consumidores, clientes, concorrentes, departamentos de vendas e pesquisas encomendadas pelas próprias empresas, além dos departamentos de pesquisa e desenvolvimento. Em geral, o que toda empresa busca nessa etapa é determinar os tipos de produtos ou serviço que ela pode desenvolver para um determinado mercado ou segmento.

FIGURA 7.2 Estágios na vida de um produto ou serviço

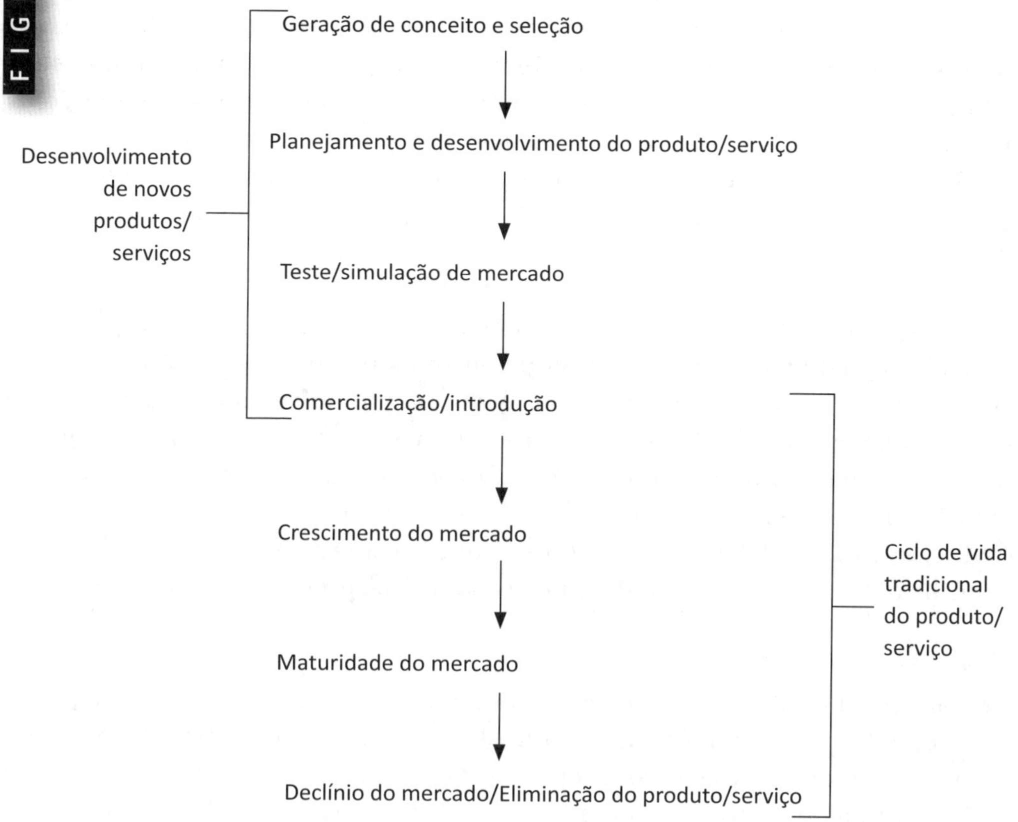


## Planejamento e desenvolvimento do produto ou serviço

Esse estágio abrange avaliação, planejamento e desenvolvimento adicionais dos conceitos de produto ou serviço que tenham passado pela seleção inicial. Esses conceitos são formalizados em um plano que inclui a análise de fatores tais como produção, marketing, finanças e concorrentes e os resultados do protótipo, quando for o caso. Se o plano confirmar a possibilidade de fabricação do produto e resultar em estimativas de vendas e lucros favoráveis, então é hora de pesquisar as reações dos futuros consumidores e clientes. Geralmente isso é feito por meio de um teste ou uma simulação de mercado.[6]

## Teste/simulação de mercado

Nesse estágio, são pesquisadas as reações dos consumidores e clientes em relação ao produto ou serviço. Em geral, os produtos são testados comercialmente em cidades especiais, para que seja determinado seu potencial de vendas. No entanto, existem dificuldades com os testes de mercado, além de terem sempre um custo elevado.

Por essas razões, algumas empresas têm adquirido ou desenvolvido testes simulados de mercado. No caso de produtos de consumo, esses testes se baseiam em uma pequena amostragem de público. Integrantes da amostra examinam anúncios e promoções de diversos produtos, incluindo o que está sendo testado. Os compradores dispõem, então, de uma loja simulada ou de uma loja real em que suas compras são registradas. O comportamento e a espontaneidade dos consumidores para voltar a comprar aquele item são analisados por meio de softwares, cujo conjunto de equações simulam o mercado. Alguns desses softwares conseguem fazer prognósticos muito precisos das qualidades e deficiências de um novo produto.

### Comercialização/introdução

Se os resultados do teste e outros elementos do planejamento de negócios forem favoráveis, o produto ou serviço é introduzido no mercado. Esse é o último estágio do processo de desenvolvimento de um novo produto ou serviço e o primeiro de seu tradicional ciclo de vida. Os principais objetivos desse estágio são sensibilizar o consumidor ou o cliente e convencê-lo a experimentar o produto ou serviço. A Figura 7.3 mostra uma típica curva de vendas de um produto ou serviço em seu ciclo de vida tradicional. A parte tabulada dessa figura mostra as outras características e mudanças de estratégias à medida que o produto ou serviço 'envelhece'.

### Crescimento do mercado

Nesse estágio, as vendas começam a aumentar rapidamente e o produto ou serviço pode se tornar lucrativo. É possível que haja uma expansão do mercado por causa do aumento das compras repetidas pelos compradores antigos e por uma grande quantidade de novos compradores que foram por estes influenciados. Conforme mostra a Figura 7.3, o objetivo principal nessa fase é estabelecer uma sólida posição entre os distribuidores e os usuários do produto.

### Maturidade do mercado

Nesse estágio, as vendas começam a crescer mais lentamente, eventualmente recuam e, talvez, declinem. Muitos dos consumidores e clientes que sempre compraram o produto ou serviço o colocam à prova para continuar a comprá-lo ou não. A competição torna-se muito intensa e alguns concorrentes são forçados a sair do mercado ou fundir-se com outras empresas. Conforme a Figura 7.3 sugere, um objetivo importante nesse ponto é manter e fortalecer a fidelidade do consumidor.

### Declínio de mercado ou eliminação do produto ou do serviço

Dadas algumas circunstâncias, o produto ou serviço é eliminado por não manter uma boa lucratividade. Entretanto, se houver oportunidades para revitalizá-lo, elas devem ser consideradas com cuidado, antes de se pensar em eliminá-lo. É possível, por exemplo, agregar novos usos e características ao produto e expandir o serviço ou procurar por novos mercados.

FIGURA 7.3 Elementos da estratégia de marketing no ciclo de vida do produto e do serviço

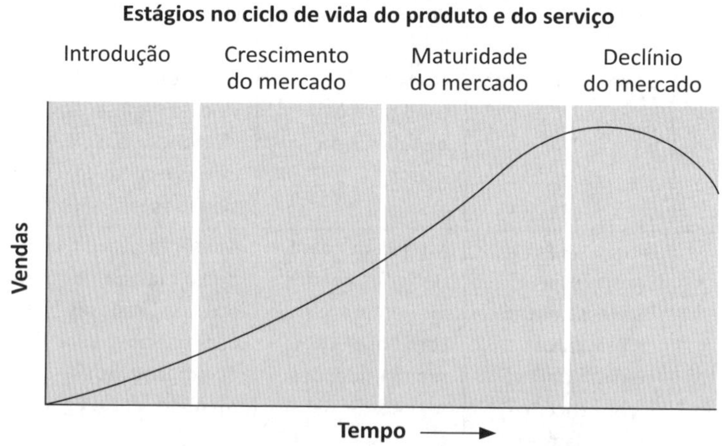


| | Introdução | Crescimento do mercado | Maturidade do mercado | Declínio do mercado |
|---|---|---|---|---|
| Concorrência | Sem importância | Alguns imitadores | Muitos rivais competindo por um pedaço do mercado | Poucos em quantidade, com rápida saída de concorrentes fracos |
| Estratégia geral | Estabelecimento de mercado; convencer os antigos usuários a testar o produto ou o serviço | Penetração no mercado; convencer a maior parte do mercado a preferir a marca | Defesa da posição da marca; verificação da invasão dos concorrentes | Preparações para remoção; adicionam-se à marca todos os possíveis benefícios |
| Lucros | Desprezíveis por causa dos altos custos de produção e marketing | Alcançam o nível máximo como resultado de preços altos e demanda crescente | Aumento da concorrência reduzindo a margem de lucro e de lucros totais | O volume em declínio eleva os custos para níveis que eliminam completamente os lucros |
| Preços de venda | Altos, para recuperar os altos custos de lançamento | Altos, para tirar proveito da grande procura por parte dos consumidores | Aceitar a concorrência; é necessário evitar guerra de preços | Suficientemente baixos para permitir rápida liquidação de estoques |
| Distribuição | Seletiva, já que é construída lentamente | Intensiva; faz uso de pequenos descontos, já que os distribuidores estão ansiosos por vender | Intensiva; fortes concessões comerciais para manter espaços nas prateleiras | Seletiva; pontos de venda menos rentáveis são lentamente abandonados |

| | **Introdução** | **Crescimento do mercado** | **Maturidade do mercado** | **Declínio do mercado** |
|---|---|---|---|---|
| Estratégias de propaganda | Dirigida às necessidades de quem se antecipa | Chama a atenção do mercado como um todo para os benefícios da marca | Usa a propaganda como um veículo para se diferenciar das outras marcas similares | Enfatiza o preço baixo para reduzir estoques |
| Ênfase na propaganda | Alta, para gerar consciência e interesse entre os primeiros consumidores e convencer os comerciantes a abrigar a marca | Moderada, para deixar as vendas aumentarem com base em recomendações verbais de clientes satisfeitos | Moderada, já que a maioria dos compradores conhece as características da marca | Despesas mínimas necessárias para a retirada do produto do mercado |
| Despesas de vendas e promoções para o consumidor | Fortes, para atrair grupos-alvo, com amostras, cupons e outros atrativos | Moderado, para criar preferência pela marca (para esse trabalho, a propaganda é mais adequada) | Forte, para encorajar a mudança de marca, esperando converter alguns compradores em usuários fiéis | Mínima, para permitir que a marca se fixe por si mesma |

**Fonte:** Adaptado de ZIKMUND, W.; D'AMICO, M. *Marketing*, 2. ed. Nova York: John Wiley & Sons, 1986, p. 255. Reprodução autorizada pela editora.

## Razões para o sucesso do produto ou do serviço

Por que alguns produtos e serviços têm vida longa e lucrativa enquanto outros são um fracasso? Não existem respostas simples para essa questão, mas diversos fatores são parcialmente responsáveis pela aceitação do produto ou do serviço. Dois dos mais importantes são a vantagem competitiva e o significado do produto.

## Vantagem competitiva

Sob a perspectiva da estratégia de marketing, a vantagem competitiva provém de características de um produto ou serviço que o levam a ter um desempenho superior aos dos concorrentes. Acreditamos que a vantagem competitiva é o indicador mais importante do sucesso do produto e deve ser considerada sempre que a estratégia for estabelecida.

No que se refere à tecnologia, muitas vezes é difícil manter uma vantagem competitiva, porque os concorrentes prontamente a copiam ou a aperfeiçoam, como os produtos ligados a imagem, som, telefonia, *fast-food* e hotelaria.

Assim, embora a vantagem competitiva seja o elemento mais importante para estratégias lucrativas de marketing, é necessário que ela provenha de algo que não seja apenas a tecnologia ou uma determinada modificação no produto. Só assim será possível mantê-la. Dessa forma, uma importante fonte de vantagem competitiva sustentável é o significado do produto.

## Significado do produto

Pesquisas de marketing reconhecem que os produtos e serviços possuem características simbólicas e que o consumo de alguns bens pode depender mais de seu significado social do que de sua utilidade funcional e prática. No que diz respeito à marca, é importante considerar o que ela é capaz de evocar na mente dos consumidores.

Para muitas classes de produtos, o que é oferecido no mercado é relativamente homogêneo quanto ao seu 'valor de uso' para o consumidor, mesmo que produtos e marcas tenham participações drasticamente diferentes na divisão do mercado. Por exemplo, sabe-se que poucos consumidores têm condições de diferenciar as diversas marcas de cerveja pelo sabor. Mesmo assim, a participação no mercado muda de forma radical, em parte por causa das imagens de marca que foram criadas. Da mesma forma, marcas de jeans como Levi's, Diesel e Forum são muito similares em aparência, preço e qualidade. Mesmo que essas marcas tenham significados importantes para os consumidores e simbolizem diferentes valores, há uma boa diferença na participação no mercado se levarmos em conta outras marcas. O jeans Guess?, por exemplo, obteve vendas de 200 milhões de dólares nos três primeiros anos do seu lançamento. Grande parte de seu público-alvo era composto de jovens que procuravam mostrar uma identidade diferente da dos usuários de marcas tradicionais, como a que seus pais usavam, o que mostra que a vantagem diferencial da marca Guess? poderia estar ligada a uma imagem de símbolo de uma nova geração de usuários de jeans.

Significado do produto e imagem adequada da marca realmente podem ser mais importantes que a superioridade tecnológica. Por exemplo, o microcomputador da IBM não era o mais veloz nem o mais avançado do mercado e seu desenho de teclado também era criticado. A IBM não foi a pioneira na introdução do PC e tinha pouca experiência no mercado de bens de consumo. Entretanto, ela dominou inicialmente o mercado de PCs, talvez porque detivesse uma imagem de excelência como fabricante de computadores de grande porte. Hoje, ela vende infraestrutura de sistemas de processamento colaborativo, servidores, soluções em tecnologia da informação e armazenamento de dados e informações, atuando tanto com produtos quanto com serviços.

O Quadro 7.3 lista diversas perguntas que devem ser feitas quando se analisam estratégias de produto.

O significado do produto ou do serviço e a imagem da sua marca são também criados por outros elementos do mix de marketing, como o preço, a promoção e os canais de distribuição, que serão tratados a seguir.

QUADRO 7.3 Algumas perguntas a serem feitas na análise de estratégias de produto e serviço

1. Que processos a organização usa para desenvolver novos produtos ou serviços?
2. Como eles são avaliados?
3. Que sucessos anteriores a organização teve no desenvolvimento de novos produtos ou serviços?
4. Em qual estágio do ciclo de vida o produto ou serviço está?
5. Que consumidores compõem o mercado-alvo e como reagem ao produto ou serviço?
6. Qual é a sua vantagem competitiva?
7. Essa vantagem competitiva tem condições de ser sustentada ou ela pode ser facilmente copiada pelos concorrentes?
8. O significado do produto ou serviço ou a imagem da marca é um fator importante no mercado? E qual é a imagem da empresa entre os consumidores e clientes?
9. Que estratégias de produto ou serviço os concorrentes estão usando? Estão obtendo algum êxito?
10. Que mudanças nas características do produto ou serviço poderiam ser feitas para melhorar vendas, lucros e participação no mercado?

## Estratégia de preço

A estratégia de preço aparece em cena em três situações: 1) quando uma organização está introduzindo um novo produto ou serviço e estabelece seu preço inicial; 2) quando uma organização está considerando uma mudança no preço a médio prazo de um produto ou serviço já existente; e 3) quando uma organização está considerando uma mudança de preço a curto prazo, ou seja, uma redução para estimular a demanda. No caso dos serviços, essa definição é mais complexa porque envolve elevada intangibilidade, os clientes têm necessidades diferentes, é mais difícil a sua padronização em relação aos produtos e há uma variedade muito ampla de provedores.

Três importantes características que influenciam a estratégia de preços são as do consumidor e do cliente, da organização e da concorrência.

### Características do consumidor e do cliente

A natureza do mercado-alvo e suas reações diante de um dado preço ou a sua mudança são as principais considerações na estratégia de preço. Para alguns produtos ou serviços, os consumidores e clientes podem aceitar o preço alto como indicador de qualidade, e, assim, o preço baixo não estimula demanda. Para muitos produtos e serviços, o preço é usado para segmentar consumidores em termos de mercados de prestígio, de massa e econômico. Além disso, o preço é usado para criar imagens de produto ou serviço e marca. Por exemplo, a cerveja Schincariol vem sendo promovida como a que tem um sabor tão bom quanto a Brahma, mas com um preço menor. Dessa forma, posiciona-se como uma barganha para o consumidor. Outros produtos, como o uísque Chivas Regal, os automóveis Audi e as malas Vuiton estão ligados ao prestígio, em parte com base em seus altos preços. De maneira semelhante, pagam-se altos honorários para os serviços dos escritórios de advogados e de consultórios médicos de elevado prestígio profissional, assim como para hospedar-se em um hotel do padrão do Fasano ou do Copacabana Palace.

## Características da organização

Diversas características da organização influenciam as estratégias de preço. Primeiro, a variável 'custo' para um produto ou serviço define seu limite mínimo de preço. O preço deve, pelo menos, cobrir os custos variáveis de fabricação, promoção e distribuição, e deve gerar algum lucro. Segundo, os objetivos da organização influenciam a estratégia de preço, afinal, um dos objetivos do preço é alcançar retorno sobre investimento consistente com os objetivos da organização. Terceiro, a natureza do produto influencia a estratégia de preço. No caso de um serviço, essa característica pode ser ilustrada na diferença entre o atendimento em um hotel, em um consultório médico, em um voo ou em uma mercearia de bairro.

Frequentemente, produtos de luxo e da moda, por exemplo, têm preços mais altos, e, muitas vezes, produtos perecíveis precisam ter preços mais baixos para promover vendas mais rápidas. Finalmente, o estágio do ciclo de vida que um produto ou serviço alcançou pode influenciar a estratégia de preço. Uma estratégia de preços seletiva implica a definição de preços relativamente altos logo no início do ciclo de vida do produto e, a seguir, uma gradual diminuição desses preços, quando os concorrentes entram no mercado. Em geral, a estratégia seletiva é usada quando a organização possui o monopólio temporário e a demanda do produto ou serviço não é muito sensível ao preço. Por outro lado, uma estratégia de penetração por meio de preços envolve a definição de um valor relativamente baixo no início do ciclo de vida do produto, prevendo-se seu aumento em um estágio posterior. Essa estratégia é utilizada quando a empresa espera que a concorrência entre no mercado de modo rápido e quando a demanda é fortemente influenciada pelo preço. Além disso, ela é também muito útil para obter grandes economias de escala e criar rapidamente um amplo mercado.

## Características da concorrência

A natureza dos concorrentes — quantidade, tamanho, estrutura de custo e reações históricas a mudança de preços — influencia a estratégia de preço. Uma organização pode fixar seu preço abaixo ou acima do da concorrência, dependendo de fatores tais como sua própria estrutura de custo, vantagem competitiva — capacidades financeira e de marketing.

O Quadro 7.4 lista diversas perguntas que devem ser feitas quando se analisam estratégias de preço.

QUADRO 7.4 Algumas perguntas a serem feitas na análise de estratégias de preço

1. Quão importante é o preço para os consumidores/clientes-alvo desse produto ou serviço?
2. Os consumidores/clientes desse produto ou serviço consideram o preço um indicador de qualidade?
3. Como vários preços afetarão a imagem do produto ou serviço ou da sua marca?
4. Quais são os custos variáveis do produto ou serviço? Os consumidores pagarão um preço que os cubra, mais um nível desejado de lucro?
5. Quais são os objetivos da organização e que preço deve ser recomendado para que se atinjam esses objetivos?
6. O produto é distinto ou perecível a ponto de as estratégias de preço serem afetadas?
7. Em que estágio do ciclo de vida está o produto ou serviço e que influência ele tem sobre a estratégia de preço?
8. As condições garantem uma estratégia seletiva de preços ou de penetração?
9. Quais são os preços dos produtos ou serviços concorrentes?
10. Como a concorrência reagirá ao preço inicial ou a uma pretendida mudança de preços?

## Estratégia de promoção

A estratégia de promoção inclui a seleção do mix adequado de ferramentas promocionais para acompanhar objetivos específicos. Quatro tipos de ferramentas de promoção podem ser usados para informar, persuadir e lembrar os consumidores, clientes ou compradores industriais, atuais e potenciais.

1. *Propaganda* é qualquer forma paga de apresentação não pessoal e promoção de ideias, bens ou serviços por meio de um patrocinador identificado. (Os exemplos incluem comerciais em TV e rádio, Internet, revistas e anúncios em jornais.)
2. *Promoção de vendas* é um incentivo de curto prazo que encoraja a compra ou a venda de um produto ou serviço. (Os exemplos incluem competições, jogos, prêmios e cupons.)
3. *Publicidade* é qualquer forma gratuita de apresentação não pessoal de ideias, bens ou serviços. (Um exemplo é a discussão de um novo produto em um programa de TV ou na Internet.)
4. *Venda pessoal* é a comunicação direta e pessoal entre vendedores e compradores em potencial com o propósito de fazer uma troca.

Conforme mostra a Tabela 7.5, cada uma dessas ferramentas de promoção tem diversas vantagens e desvantagens. Nenhum método é, por si só, o melhor, e as decisões do mix de promoção dependem de diversos fatores. Por exemplo, embora as vendas de produtos e serviços, como notebook, contas bancárias, seguros, aplicações financeiras, consórcios e automóveis, sejam influenciadas pela propaganda, habitualmente é exigida alguma venda pessoal — ou, melhor, um

TABELA 7.5 Vantagens e desvantagens das principais ferramentas de promoção.

| PROPAGANDA | |
|---|---|
| **Vantagens** | **Desvantagens** |
| Pode alcançar muitos consumidores simultaneamente. | Pode ser desperdício de dinheiro se os consumidores atingidos não forem os compradores em potencial. |
| Oferece custo relativamente baixo para exposição. | É um dos principais alvos da ação dos concorrentes em virtude de sua alta visibilidade. |
| É excelente para criar uma imagem para a marca. | Oferece pouco tempo de exposição da mensagem. |
| Oferece alto grau de flexibilidade e uma variedade de mídias pode ser escolhida; pode atender a muitos objetivos de promoção. | Pode ser rápida e facilmente selecionada pelos consumidores. |
| **PROMOÇÃO DE VENDAS** | |
| **Vantagens** | **Desvantagens** |
| Pode estimular a demanda por reduções de preços de curto prazo. | Pode influenciar principalmente a fidelidade à marca por parte dos consumidores, para que estoquem a um preço menor, e resultar em menos novos consumidores por algum tempo. |
| Oferece uma ampla variedade de ferramentas a serem escolhidas. | Pode ter impacto apenas a curto prazo. |
| Pode ser efetiva para mudar o comportamento do consumidor. | Pode prejudicar a imagem da marca e os lucros pelo uso excessivo de ferramentas de promoção de vendas relacionadas a preço. |
| Pode facilmente ser combinada a outras ferramentas de promoção. | Se efetiva, pode facilmente ser copiada pela concorrência. |
| **PUBLICIDADE** | |
| **Vantagens** | **Desvantagens** |
| Pode ser positiva e estimular a demanda de custos como 'propaganda grátis'. | Conteúdo das mensagens não pode ser completamente controlado. |
| Pode ser percebida pelos consumidores como merecedora de mais credibilidade por não ser paga pelo vendedor. | Nem sempre está disponível. |
| Pode receber mais atenção porque as mensagens não são selecionadas rapidamente como ocorre com muitas propagandas. | Raramente é uma ferramenta de promoção de longos prazos para marcas, já que as mensagens são repetidas apenas um número limitado de vezes.<br>Pode ser negativa e prejudicar as vendas e a imagem da empresa, do produto e da marca. |

| VENDA PESSOAL | |
|---|---|
| **Vantagens** | **Desvantagens** |
| Pode ser a ferramenta mais persuasiva de promoção, já que o pessoal de vendas pode influenciar diretamente o comportamento do comprador. | Tem alto custo por contato. |
| Permite duas formas de comunicação. | Pode ser dispendiosa e difícil, já que envolve treinamento e motivação. |
| É frequentemente necessária para produtos tecnicamente complexos. | Tem pouca atratividade como carreira, o que dificulta o recrutamento. |
| Permite direcionamento do esforço promocional. | Se mal realizada, pode prejudicar as vendas e a imagem da empresa, do produto e da marca. |

contato direto entre vendedores e compradores — para que os negócios possam ser fechados.

Produtos comuns como leite e xampu são vendidos aos consumidores por estímulo de propaganda e promoção de vendas, mas é necessária a intermediação pelos varejistas que estão em contato direto com o público. Em geral, projetar estratégias de promoção envolve três etapas: determinar os objetivos da promoção, formular seu plano e desenvolver seu orçamento.

## Objetivos de promoção

O Quadro 7.5 lista alguns objetivos gerais da promoção. Saber quais deles são adequados a cada situação depende, em parte, dos resultados da análise inicial da relação consumidor-produto ou cliente-serviço. Há, naturalmente, muitas relações possíveis entre consumidores, clientes e produtos ou serviços, e elas conduzem a diferentes objetivos de promoção. Por exemplo, considere as seguintes situações:

- *Os consumidores não estão cientes da marca, mas têm necessidade do produto.* Nessa situação, um objetivo adequado para a promoção é informar os consumidores sobre a existência da marca e demonstrar seus benefícios e usos. Muitas empresas promovem novos produtos por meio da propaganda e de amostras ou experimentação grátis. Em tais situações, os objetivos da promoção são fixados para aumentar o percentual de conhecimento de um produto por parte dos consumidores.
- *Os consumidores conhecem a marca, mas compram da concorrência.* Nessa situação, um objetivo adequado de promoção é demonstrar a superioridade da marca da empresa. Os objetivos de promoção podem ser fixados para aumentar a participação no mercado ou mudar o comportamento dos consumidores.

QUADRO 7.5 Alguns objetivos gerais das estratégias de promoção

1. Aumentar o conhecimento da marca.
2. Aumentar o conhecimento do consumidor quanto ao produto ou serviço e à marca.
3. Mudar as atitudes do consumidor quanto à organização.
4. Mudar as atitudes do consumidor quanto à marca.
5. Aumentar as vendas a curto prazo.
6. Aumentar as vendas a longo prazo.
7. Construir uma imagem corporativa.
8. Construir e posicionar a imagem da marca.
9. Anunciar uma redução de preço.
10. Informar ao consumidor o local da venda.
11. Desenvolver fidelidade para com a marca.
12. Assegurar aos consumidores a qualidade da marca.
13. Fechar uma venda.
14. Fazer prospecção de consumidores.
15. Fazer que os consumidores experimentem o produto.
16. Inibir a compra de marcas concorrentes.
17. Informar aos consumidores os termos favoráveis de crédito.
18. Aumentar a clientela e a fidelidade para com a loja.
19. Reduzir conflitos.
20. Informar, persuadir e lembrar os consumidores.

- *Os consumidores estão atentos à marca; eles a compram, mas algumas vezes também compram da concorrência.* Nessa situação, um objetivo fundamental de promoção pode ser o desenvolvimento de um alto grau de fidelidade para com a marca. Um exemplo típico dessa prática é a oferta de cartões de fidelidade em lojas e companhias aéreas que acumulam vantagens ao consumidor que volta mais vezes às compras.
- *Os consumidores estão atentos à marca e a compram consistentemente.* Nessa situação, o objetivo fundamental de promoção pode ser o reforço da compra por meio da propaganda, de contatos telefônicos ou pela Internet. Por exemplo, tem sido comum os vendedores de automóveis, assim como aqueles de produtos de luxo, se comunicarem com os consumidores após algum tempo, encorajando-os a voltar a comprar a mesma marca.

## Plano de promoção

Nesse estágio, são tomadas decisões com relação à estrutura desejada do mix de promoção e é desenvolvido um plano para realizá-la. Essas decisões e planos se baseiam em objetivos determinados no estágio anterior, que, por sua vez, dependem da análise da relação consumidor-produto ou cliente-serviço.

Conforme temos observado, o mix de promoção consiste em propaganda, promoção de vendas, publicidade e venda pessoal. Nesse estágio, a tarefa é determinar em que grau e situação cada uma dessas ferramentas será usada. Além disso, as mensagens de promoção, mídia e horários adequados são determinados com base nos objetivos da empresa para o produto, sua natureza e hábitos de compra e uso da mídia que os consumidores/clientes-alvo demonstram.

Muitas dessas decisões dependem de o produto ou serviço ser novo ou estar no último estágio do ciclo de vida. Se for novo, deve ser considerada a necessidade de uma venda induzida, além da análise de quais territórios — e o tamanho deles — o produto cobrirá; há também questões relacionadas a remuneração e a sua administração. É importante que se desenvolvam a imagem da marca e os apelos apropriados.

O gerenciamento da força de vendas ou as decisões de anúncios precisam ser considerados também para os produtos ou serviços existentes. Às vezes, eles precisam ser revistos. Além disso, para um produto ou serviço existente, é preciso considerar outras formas de promoção, levando em conta a mensagem, a mídia e os horários adequados. Nessa situação, a tomada de decisões exige a identificação de métodos promocionais alternativos que possam aumentar a eficiência do mix de promoção.

### Orçamento de promoção

Há muitos métodos para estabelecer orçamentos de promoção. Por exemplo, algumas empresas usam o *método da disponibilidade de recursos*, que aloca a quantia de que a empresa pode dispor. Outras usam o *método da porcentagem sobre vendas*, alocando uma porcentagem especial (por exemplo, 5 por cento) da venda atual ou prevista para a promoção. Outras empresas, ainda, usam o *método da paridade com a concorrência*, definindo orçamentos de promoção que coincidam com as despesas dos concorrentes. Cada um desses métodos tem suas vantagens e desvantagens, mas muitos especialistas em promoção defendem o que é chamado de *método de tarefa* ou *método objetivo e de tarefa*.

O método de tarefa é uma abordagem que compreende três estágios. Uma empresa que usa o método de tarefa, em primeiro lugar, determina seus objetivos de promoção. Depois, ela formula um plano de promoção detalhando as tarefas específicas que devem ser realizadas para alcançar os objetivos. A terceira etapa é estimar os custos de realização de todas as tarefas promocionais que foram selecionadas. A soma desses custos representa o orçamento para a promoção. Pode ocorrer de o valor calculado ser maior do que a organização pode dispor ou mais do que a administração está disposta a investir, o que exigirá ajustes no plano.

O Quadro 7.6 lista diversas perguntas que devem ser feitas quando se analisam estratégias de promoção.

## Estratégia do canal de distribuição

Um canal de distribuição é a combinação dos meios pelos quais são comercializados os produtos de uma organização, independentemente se o público-alvo são os consumidores finais, compradores industriais ou clientes. Nos *canais diretos*, as indústrias não se utilizam de intermediários para vender aos clientes. Nesses casos, a empresa geralmente produz sob encomenda especificada previamente pelo cliente, como é a fabricação de máquinas e equipamentos para a produção de bens por outras empresas. Nos *canais indiretos*, elas utilizam um ou mais revendedores para levar o produto a esses usuários. Um exemplo aqui são os supermercados e lojas de varejo em shopping centers e em ruas de comércio. O Quadro 7.7 lista alguns tipos de intermediário geralmente usados em canais de distribuição no mercado, apesar de não ser muita clara a delimitação da atuação de cada um deles.

Os fabricantes usam intermediários porque, muitas vezes, não se julgam tão eficientes na realização de funções de marketing ou porque não têm os recursos financeiros ou a competência para vender diretamente para os consumidores. O Quadro 7.8 lista as principais funções realizadas em canais de distribuição. É importante observar que, independentemente de serem realizadas pelo fabricante ou por um ou mais revendedores, normalmente todas essas funções devem ser

**QUADRO 7.6** Algumas perguntas que devem ser feitas quando se analisam as estratégias de promoção

1. Qual é o mercado-alvo do produto ou serviço e a que fontes de informação sobre ele os consumidores têm acesso?
2. Quais são os objetivos globais da promoção e quais os objetivos específicos de cada ferramenta de promoção?
3. Qual é o mix adequado de propaganda, de promoção de vendas, de publicidade e de vendas pessoais?
4. Quem é responsável pelo planejamento, organização, implementação e controle da estratégia de promoção?
5. O que as diversas formas de promoção deveriam comunicar sobre o produto?
6. Quais tipos e combinações de mídia pessoal e não pessoal devem ser usados? Considere pessoal de vendas, Internet, TV, rádio, painéis, revistas, jornais e mala direta.
7. Por quanto tempo a empresa deve usar essa estratégia de promoção antes de substituir sua abordagem ou método?
8. Qual é a sequência adequada para propaganda, promoção de vendas, distribuição de publicidade e vendas pessoais?
9. Quanto deve ser gasto em cada uma das diversas formas de promoção? E no total?
10. Como a eficiência da promoção será medida?

QUADRO 7.7 Principais tipos de intermediários na venda de produtos

*Revendedor:* qualquer intermediário que transita entre os mercados do fabricante do produto e o consumidor final.

*Agente:* qualquer revendedor com autorização legal para agir em nome do fabricante.

*Representante do fabricante:* um revendedor, escritório comercial ou mesmo pessoa física, que vende o produto, mas normalmente não tem a propriedade legal ou a posse física do bem.

*Atacadista:* um revendedor que fornece para muitos outros revendedores, os varejistas. Esse termo normalmente se aplica ao mercado consumidor.

*Varejista:* um revendedor que vende para os consumidores finais.

*Agente de vendas:* alguém que vende a produção de uma indústria em troca de uma comissão ou por uma remuneração fixa, mas que não tem posse física ou propriedade legal do bem.

*Distribuidor:* um termo impreciso, habitualmente usado para descrever um revendedor que realiza diversas funções de distribuição, incluindo vendas, manutenção de estoques, concessão de crédito, e assim por diante.

QUADRO 7.8 Atividades realizadas nos canais de distribuição

*Vendas:* fechar negócios junto a atuais ou potenciais consumidores.

*Compras:* comprar diversos produtos de diversos vendedores, normalmente para revenda.

*Fornecimento:* providenciar uma variedade de itens (frequentemente inter-relacionados) para potenciais consumidores.

*Financiamento:* oferecer crédito a potenciais consumidores para facilitar a transação; fornecer fundos para vendedores, ajudando-os a financiar seus negócios.

*Armazenagem:* proteger o produto e manter estoques para oferecer um melhor serviço ao consumidor.

*Retalhar:* comprar em quantidade e dividir os itens da forma desejada pelos consumidores.

*Classificar:* avaliar os produtos e identificá-los conforme a qualidade.

*Transporte:* mover fisicamente o produto entre a indústria e o consumidor.

*Informações de mercado:* informações necessárias às indústrias sobre as condições do mercado, inclusive expectativas quanto a volume de vendas, tendências de moda e níveis de preço.

assumidas por alguém. Assim, é necessário decidir quem cumprirá cada tarefa e como.

Se levarmos em conta a diversidade de intermediários, funções realizadas e tipos de produtos oferecidos aos consumidores pelos canais, a tarefa de selecionar e projetar um canal de distribuição é um tanto complexa. Entretanto, em muitos negócios, os concorrentes usam essencialmente a mesma estrutura de canais de distribuição e os mesmos tipos de intermediários. Nesses casos, um fabricante pode ter de usar os canais tradicionais para competir dentro do setor. Por exemplo, marcas de produtos alimentícios consumidas em nível nacional são vendidas, de modo geral, em diversos supermercados, e automóveis são vendidos por meio de revendas autorizadas. Provavelmente, esses canais são altamente eficientes e, por isso, adequados para vender os produtos.

No caso dos serviços, os canais assumem características diferentes, não físicas, pois o local pode não ser relevante quando se trata, por exemplo, de informações, documentos e outras transações que podem ser feitas pela Internet, como as reservas de hotéis, compras virtuais e tantas outras. Serviços de saúde e beleza, contudo, são geralmente vendidos em diversas lojas de varejo.

As quatro principais preocupações no projeto de canais de distribuição são a cobertura de distribuição, o controle do canal, o custo total da distribuição e a flexibilidade do canal.

## Cobertura de distribuição

Por causa das características do produto, do ambiente necessário para vendê-lo e das necessidades e expectativas de potenciais compradores, a cobertura de distribuição pode variar. Entre seus tipos, há a *distribuição intensiva* — que envolve a venda do produto por meio do maior número possível de atacadistas e varejistas —, a *distribuição exclusiva* — que envolve o uso de apenas um revendedor em determinada região — e a *distribuição seletiva* — que envolve o uso de um número limitado de revendedores por área geográfica.

A distribuição intensiva é adequada para muitos bens de conveniência por causa de seu baixo valor unitário e a alta frequência de compra. Já a distribuição exclusiva é geralmente empregada para aumentar o esforço de vendas para o produto de um fabricante. Revendedoras de veículos são exemplos de acordos de distribuição exclusiva, enquanto o setor de utensílios e mobília domésticos habitualmente se baseia na distribuição seletiva, que se apoia na reputação e na qualidade de serviço do varejista em particular.

Os serviços têm na Internet um meio bastante eficiente para isso.

## Controle do canal de distribuição

Um importante fator na estratégia de canais de distribuição refere-se ao controle que uma organização busca ter sobre o marketing de seus produtos. De modo geral, quanto maior for o controle da indústria, mais direto e exclusivo será o canal. Exemplo disso é a indústria automobilística que autoriza revendedores dando-lhes a aparência de serem uma extensão da marca. Entretanto, muitas vezes um canal é mais eficientemente operado por um intermediário do que pelo próprio fabricante. Por exemplo, um grande varejista, como a rede de supermercados Pão de Açúcar, pode ajudar a distribuir produtos de pequenas fábricas que produzem bens com a marca própria dessa rede varejista.

## Custo total de distribuição

O conceito de custo total de distribuição sugere que os canais devem ser projetados para minimizar custos se os outros fatores permanecerem iguais. Assim, se o uso de um sistema de atacadistas e varejistas for mais barato do que vender diretamente para os consumidores, tal sistema acaba sendo selecionado (se as outras coisas permanecerem iguais). Entretanto, é mais importante considerar os efeitos de um canal sobre as vendas, os lucros, o mix total de marketing e o nível de serviço a consumidores, que são necessários para que o produto obtenha êxito.

## Flexibilidade do canal

Uma das razões pelas quais a estratégia de canais de distribuição deve ser escolhida de modo cuidadoso é que ela habitualmente envolve compromissos de longo prazo. Os canais não são mudados com tanta frequência como outros elementos do mix de marketing. Por exemplo, arrendamentos ou locação de espaço de longo prazo para uma loja de varejo e contratos de longo prazo com revendedores limitam a flexibilidade de uma organização. Em geral, quanto mais incerto o ambiente, menos favoráveis são os canais que envolvem compromissos de longo prazo.

O Quadro 7.9 lista diversas perguntas que devem ser feitas quando se analisam estratégias de canais de distribuição.

**QUADRO 7.9** Perguntas que devem ser feitas enquanto se analisa a estratégia de canais de distribuição

1. Qual é o mercado-alvo para esse produto ou serviço e onde esses consumidores/clientes habitualmente o compram?
2. Qual é a natureza do produto ou serviço e quais problemas e oportunidades essas informações sugerem para a distribuição?
3. Como os concorrentes distribuem produtos e serviços similares a esse e como eles podem obter êxito?
4. Qual é o custo de distribuição dos diversos canais alternativos?
5. Que grau de cobertura de mercado é necessário para alcançar o mercado-alvo?
6. Quão competente deve ser a organização para conseguir administrar diversos tipos de canais?
7. Que intensidade de controle sobre os canais a organização deseja ter?
8. Os revendedores adequados estão disponíveis e dispostos a distribuir e comercializar o produto ou serviço?
9. Qual é o poder relativo da organização em relação ao mercado perante os diferentes tipos de revendedores?
10. O fabricante pode se dispor a realizar todas as funções de marketing? Pode fazê-las de forma eficiente?

## IMPLEMENTAR E CONTROLAR A ESTRATÉGIA DE MARKETING

Implementar uma estratégia de marketing envolve colocá-la em prática de acordo com uma programação predefinida. Mesmo as mais eficientes estratégias nem sempre conseguem respeitar rigorosamente um cronograma. Assim, a organização deve monitorar de perto e coordenar a sua implementação. De maneira geral, podem ser necessários ajustes na estratégia básica por causa de mudanças no ambiente. Por exemplo, a introdução de um novo produto ou serviço pela concorrência pode acelerar ou atrasar a implementação da estratégia.

Controlar a estratégia de marketing envolve três etapas. Em primeiro lugar, são medidos os resultados das estratégias implementadas. Em segundo, os resultados são comparados com os objetivos estabelecidos. Em terceiro lugar, os administradores avaliam se a estratégia está alcançando os objetivos fixados. Se a resposta for positiva, é preciso decidir se alguma mudança na estratégia traria algum benefício. Caso contrário, é preciso avaliar se os objetivos são irreais ou se as estratégias são simplesmente ineficientes. Se uma estratégia for julgada ineficiente, uma nova deverá ser definida.

Medir os efeitos de uma estratégia pode envolver consideráveis pesquisas de mercado. Por exemplo, medir os efeitos de uma estratégia projetada para 'aumentar a qualidade do produto em 25 por cento' normalmente inclui, em primeiro lugar, uma pesquisa dos membros do mercado-alvo para estimar as mudanças de comportamento dos consumidores. Entretanto, estratégias de marketing projetadas para atender a outros objetivos, como aumento das vendas, dos lucros ou da participação no mercado quase sempre podem ser avaliadas pelo exame de informações como os registros de vendas da organização.

## RESUMO

Este capítulo tratou do processo de análise de mercado e suas regras na administração estratégica. A primeira etapa da preparação de uma estratégia de marketing é analisar a relação consumidor-produto ou cliente-serviço. É interessante classificar bens em termos de produtos para consumidores finais ou compradores industriais. Além disso, produtos de consumo podem ser divididos em produtos de conveniência comuns e especialidades, com base no trabalho ou na despesa que o consumidor terá para adquiri-los. Existem esquemas de classificação similares para ajudar as empresas a comercializar bens industriais. Qualquer pesquisa que esclareça as razões pelas quais os consumidores compram certos produtos pode ajudar a entender melhor os mercados-alvo.

A segmentação de mercado é o processo de divisão de um mercado em grupos de consumidores similares e a seleção daqueles mais convenientes. Para alguns produtos, a segmentação geográfica é a mais eficiente. Para outros, a segmentação demográfica — como sexo, idade e renda — é mais efetiva. Algumas vezes, a segmentação baseada no estilo de vida ou características psicográficas de um mercado é a mais eficiente, da mesma maneira que a segmentação em termos de busca de benefícios pessoais no consumo de um dado produto.

O mix de marketing é composto de produto, preço, promoção e canais de distribuição. Definir em qual dos sete estágios do ciclo de vida (conceito gerado por meio da eliminação) está o produto depende muito do modo como ele é comercializado. Outros fatores propiciam uma vantagem competitiva sustentável que pode ser desenvolvida funcionalmente ou por meio do significado do produto ou serviço. A estratégia de preços é influenciada pelas características do consumidor, da organização e competitivas. Há casos em que é necessário um preço baixo e casos em que o preço alto é mais eficaz. Os principais instrumentos para promover produtos são a propaganda, a promoção de vendas, a publicidade e as vendas pessoais. Escolher uma ou mais técnicas de promoção faz parte da decisão do mix de marketing. A seleção de um canal de distribuição — ou seja, a combinação de intermediários por meio dos quais a empresa comercializa produtos ao consumidor — é outra decisão crucial. Os canais convertem produtos para a forma desejada pelos consumidores, disponibilizam o produto onde e quando estes desejam comprá-lo e facilitam a transferência dos produtos do fabricante para o consumidor. Algumas vezes, o 'revendedor' pode ser eliminado, mas não as funções que realiza.

No curso da implementação de uma estratégia de marketing, é importante tentar fazer um planejamento e ser flexível o suficiente para se ajustar às mudanças necessárias do ambiente. O controle da estratégia de marketing implica medir os resultados da estratégia, determinar se ela está alcançando seus objetivos e, então, decidir que mudanças são necessárias para corrigir uma estratégia ineficaz.

A seção "Lista de verificação" apresenta questões baseadas neste capítulo. Use-a para analisar problemas e casos que enfoquem questões de marketing.

## Lista de VERIFICAÇÃO

### Análise de marketing

1. O assunto ou caso envolve relações entre uma organização e seus consumidores de produto(s) ou serviço(s)?
2. Por que o consumidor deve comprar o(s) produto(s) ou serviço(s) da organização em vez da oferta do concorrente? Ou seja, qual é a vantagem competitiva do ponto de vista do consumidor ou do cliente?
3. Quais são os segmentos de mercado adequados ao produto/serviço da organização? A empresa os identificou?
4. Esses segmentos de mercado são grandes o suficiente para serem atendidos com lucro? A organização pode atendê-los de forma eficaz?
5. Quais são os pontos fortes e fracos da atual estratégia de marketing da organização?

6. Os elementos da estratégia de marketing são consistentes e projetados para atingir os objetivos da organização?
7. Que elementos da estratégia de marketing são as maiores preocupações nesse problema ou caso? Ou seja, esse é um problema geral de desenvolvimento e implementação de uma estratégia de marketing ou ele está abordando apenas um tipo especial de decisão?
8. A organização tem boa experiência em marketing de produtos ou serviços? Ela é capaz de formular e implementar uma estratégia de marketing perfeita?
9. Que mudanças a estratégia de marketing deve sofrer para atingir os objetivos da organização?
10. Provavelmente, qual será o impacto de longo prazo que a estratégia de marketing atual ou sugerida terá sobre a organização?

## NA PRÁTICA

### O vinho espumante brasileiro: a guerra das bolhas

Quem nunca utilizou champanhe para brindar em alguma situação especial? Na maior parte das vezes, provavelmente você brindou com um espumante, um tipo de vinho que é efervescente. Contudo, só se deve chamar de *Champagne* um vinho branco espumante mundialmente conhecido, produzido na França na região de mesmo nome. A marca pioneira, Dom Pérignon, foi descoberta por esse monge em meados de 1670; em suas experiências, ele conseguiu 'domar' a fermentação dos vinhos dentro das garrafas, chegando aos cinco princípios básicos da produção do espumante denominado *Champagne*: mistura de diferentes vinhos da região, um sistema especial de prensagem das uvas para obter um sumo de uva cristalino, o uso de garrafas de vidro mais espesso para suportar a pressão dos gases de fermentação no interior da garrafa, o uso da rolha de cortiça, e o repouso e envelhecimento do vinho em adegas profundas, que mantenham a temperatura constante.

Esse método de produção, chamado champanhês, pode ser usado por produtores de vinho de outras regiões do mundo. Contudo, o título *Champagne* é protegido por acordos de demarcação; em 1927, foram demarcadas na França as regiões dos vinhedos onde se produz esse tipo de vinho: vinhas de Champagne, em Verzenay, sub-região de Montagne de Reims. Várias vinícolas se desenvolveram na região, criando vinhos e marcas que se tornaram mundialmente famosos, como a Veuve Clicquot e a Moët et Chandon.

No Brasil se produzem espumantes há cerca de 50 anos, na Região Sul. Todavia, até alguns anos atrás, eles eram genericamente chamados de sidra, a 'champanhe do pobre'. Todavia, técnicas modernas de plantio e de produção tornaram os vinhos espumantes brasileiros mais sofisticados. A qualidade da bebida melhorou bastante e começou a ser reconhecida nacionalmente junto a públicos mais exigentes nacionais e internacionais. Tornou-se uma bebida mais sofisticada, o que se refletiu inclusive no preço.

A quase centenária Vinícola Salton, situada em Bento Gonçalves (RS), detém cerca de 40 por cento do mercado de espumantes no Brasil, liderando o mercado. A Chandon no Brasil, filial da francesa Moët et Chandon, situada há 35 anos em Garibaldi (RS), é a líder em faturamento e produz espumantes com o mesmo método aplicado na região de *Champagne*, na França. É o espumante referência para os produtores nacionais.

Todavia, um dos grandes desafios para as vinícolas produtoras de espumantes foi mudar a ideia do consumidor sobre o produto. Primeiro, mostrando que espumante e o que se conhece como sidra são produtos completamente diferentes. Segundo, mostrando que espumantes podem ser consumidos em qualquer época do ano, e não apenas em épocas de comemoração, como Ano-Novo, casamentos ou outros eventos sazonais muito específicos. Foi necessário um grande esforço em ações de marketing para mudar o conceito do produto. As verbas publicitárias para o setor de vinhos e espumantes são menores do que as destinadas para mercados mais populares, como os de cerveja. O que se observa é que o marketing dos espumantes tem seguido um caminho diferenciado, buscando um público mais sofisticado, promovendo-se ações focadas. São feitas sessões de degustação em desfiles de moda, em lançamento de produtos, em sessões de teatro, entre outros canais que enfatizam relações públicas. Considera-se, no setor, que se faça o 'marketing de formiguinha'.

Todavia, ainda há espaço para aumentar o consumo desse tipo de bebida no Brasil. Uma campanha inovadora visando a esse crescimento foi a adotada pelo Miolo Wine Group. No verão de 2010, a empresa resolveu vender taças de espumante, servidas bem geladas, em uma praia de Santa Catarina. As vendas superaram muito as expectativas. Todavia, muitos dos frequentadores dessas praias vêm de cidades do Sul do País, onde o consumo de vinho faz parte da tradição, especialmente das colônias italianas. Será que esse sucesso de vendas se repetiria em outros locais do Brasil?

Outra estratégia que aparentemente vem sendo adotada pelos produtores é a divulgação dos prêmios que os produtores nacionais têm conquistado em exposições internacionais. Basta entrar nos *sites* das principais vinícolas e conferir. Concorrendo com produtores de regiões internacionalmente conhecidas, os espumantes brasileiros têm ganhado medalhas de ouro e prata.

O que se percebe nas próprias gôndolas dos supermercados é que essa estratégia de marketing parece ter gerado resultados. Há espumantes com preços que variam de R$ 20, aproximadamente, até perto de R$ 100. Pode-se dizer que, se o consumidor paga R$ 100 por uma garrafa de espumante nacional, ele já valoriza esse produto como um artigo diferenciado. Marcas tradicionais, como as anteriormente citadas, estão lado a lado com marcas pouco conhecidas pelo consumidor eventual, mas premiadas internacionalmente e conhecidas por aqueles que acompanham o segmento de vinhos.

Será que os espumantes encontraram, finalmente, o seu espaço entre os consumidores mais tradicionais e exigentes?

## QUESTÕES PARA DISCUSSÃO

1. Como a relação consumidor-produto afeta a escolha pelas estratégias do tipo 'formiguinha' em vez das estratégias de massa? Quais são os pontos fortes e fracos de cada uma dessas estratégias aplicadas aos espumantes?
2. À medida que os espumantes pretendem entrar no mercado de vinhos no Brasil, como eles alteram a segmentação do mercado?
3. Preço e promoção fazem diferença no mercado de vinhos? Pense nos aspectos: qualidade da bebida, procedência das vinhas, durabilidade dos diferentes tipos de vinho etc. Como os espumantes se situam dentro desses tipos de estratégia?

## LEITURAS ADICIONAIS


AAKER, D. A. *Administração estratégica de mercado*. 5. ed. Porto Alegre: Bookman, 2003.

HOOLEY, G. J.; SAUNDERS, J.; PIERCY, N. F. *Estratégia de marketing e posicionamento competitivo*. São Paulo: Makron, 2001.

KOTLER, P. *Marketing essencial:* conceitos, estratégias e casos. 2. ed. São Paulo: Pearson, 2004.

KOTLER, P.; ARMSTRONG, G. *Princípios de marketing*. São Paulo: Pearson, 2003.

KUMAR, N. *Marketing como estratégia*. Rio de Janeiro: Campus, 2004.

RUST, R. T.; ZEITHAML, V.; LEMON, K. N. *O valor do cliente*. Porto Alegre: Bookman, 2001.


## NOTAS

1. Este capítulo foi baseado em PETER, P.; DONNELLY JR., J. H. *Marketing management:* knowledge and skills. Plano, Tex.: Business Publications, Inc., 1986, seção III; e PETER, P.; OLSON, J. C. *Consumer behavior:* marketing strategy perspectives. Homewood, Ill.: Richard D. Irwin, 1987, seção V.
2. LEVITT, T. *The marketing imagination*. Nova York: The Free Press, 1983, p. 5.
3. FITIZSIMMONS, J. A.; FITZSIMMONS, M. J. *Administração de serviços:* operações, estratégia e tecnologia da informação. 2. ed. Porto Alegre: Bookman, 2000.
4. Ver MITCHELL, A. *The nine american life-styles:* who we are & where we are going. Nova York: Macmillan, 1983.
5. ZEITHAML, V. A.; BITNER, M. J. *Marketing de services:* a empresa com foco no cliente. 2. ed. Porto Alegre: Bookman, 2003.
6. MAIN, J. "Help and hype in the new-products game", *Fortune,* 7 fev. 1983, p. 60-64.

# Estruturas de aprendizagem

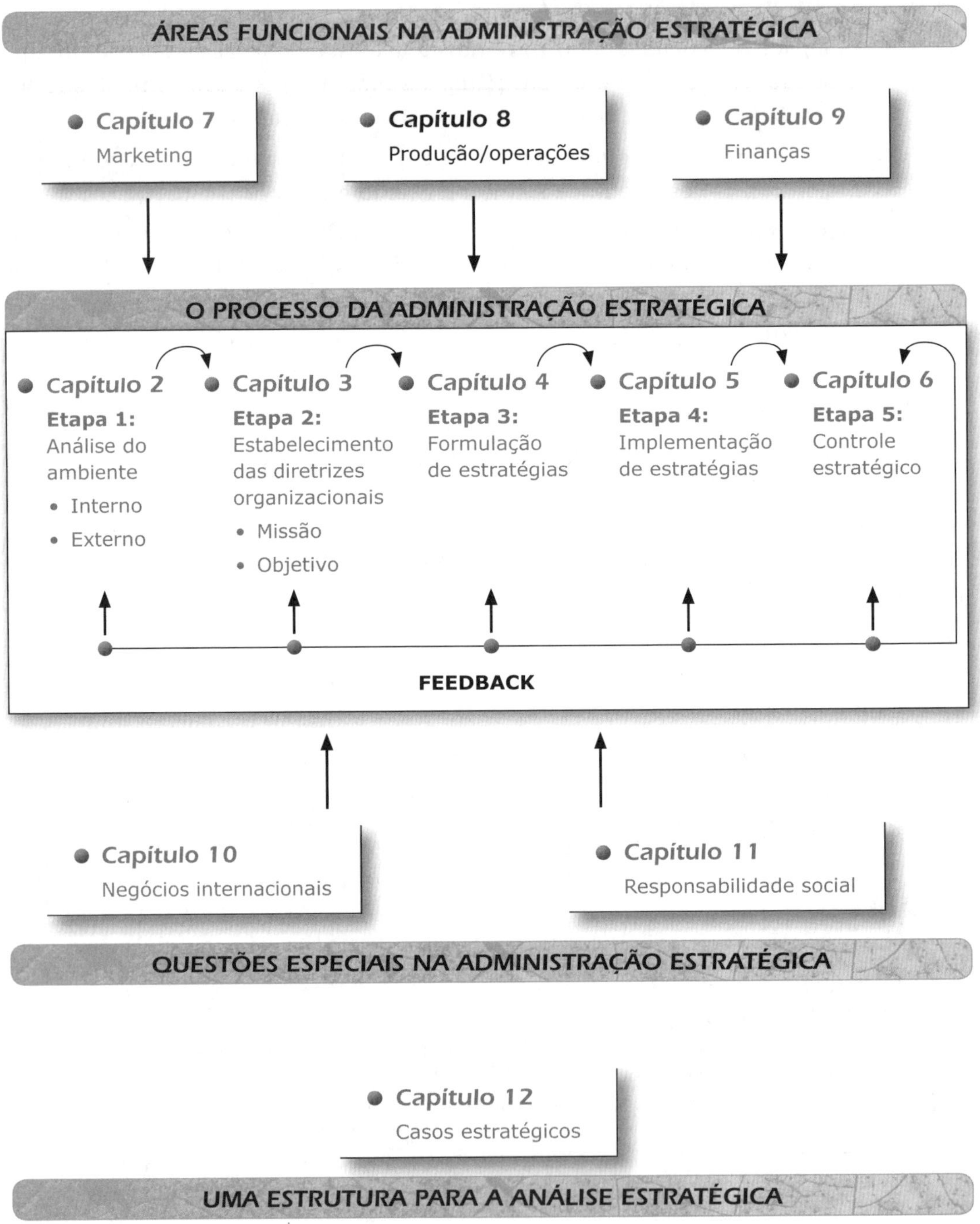

CAPÍTULO 8

# Operações na administração estratégica

Este capítulo trata da função de operações, uma das áreas essenciais das organizações. Na primeira parte, explicaremos o que vem a ser esta função, a relação dela com outras, e quais os diversos sistemas operacionais envolvidos na produção de bens ou prestação de serviços no ambiente de negócios.

Na segunda parte do capítulo, examinaremos a relação entre as operações e a administração estratégica. Demonstraremos a associação entre a estratégia de marketing e o tipo da função de operações, bem como a importância de se considerar as capacidades da área de operações ao formular a estratégia global da empresa. Em seguida, discutiremos decisões estratégicas para a função de operações, analisando especialmente aspectos de produção que tal função enfatizará. O projeto do produto é o último fator analisado dentro da estratégia de operações.

•••

## POSICIONAMENTO DAS OPERAÇÕES NAS ORGANIZAÇÕES

### A função de operações

Nas empresas, esta função é realizada por pessoas responsáveis pela produção de bens ou pelo fornecimento de serviços que a empresa oferece ao público. Também é chamada *função de produção,* e é uma das principais funções. Em uma empresa de transformação, a função de operações emprega o maior número de pessoas e é responsável pela maior parte dos ativos sujeitos a controles da empresa. Neste capítulo, a proposta é discutir as diversas atividades que a função de operações realiza e entender a sua relação com a administração estratégica.

## Outras funções

A função de operações é parte de um amplo sistema — a organização como um todo. Como tal, ela se inter-relaciona com outras funções na organização. Planos e ações de todos os integrantes da empresa devem ser mantidos em sintonia, caso se deseje que todos os setores da organização desenvolvam seus potenciais produtivamente.

### Atividades de apoio

Dentro de uma organização, as funções recebem ênfases variadas, dependendo da finalidade de cada uma, de seu ambiente externo e das pessoas que se ajustam nesse ambiente. Por exemplo, se uma empresa quer desenvolver um produto, devem ser realizadas atividades de pesquisa e desenvolvimento, projetos e ensaios de engenharia. Já em empresas não manufatureiras, a função de operações consiste em definir o serviço a ser oferecido e a forma pela qual ele deve chegar ao consumidor. Um restaurante, por exemplo, deve decidir se o atendimento será feito à mesa ou pelo sistema *self-service*.

Como as organizações precisam do trabalho humano, elas devem recrutar pessoal, treinar funcionários, e recompensá-los, de modo que todos possam se beneficiar dos lucros gerados por seu trabalho. Essa é a chamada função de pessoal ou de recursos humanos, que é essencial para a organização, pois a decisões são tomadas por pessoas, os processos e atividades são realizados por pessoas e as capacidades das organizações estão diretamente ligadas ao desempenho delas.

### Interdependência das funções

As principais funções dentro de uma empresa são interdependentes. Recursos financeiros e capacidade para produzir têm pouca importância se não houver mercado para o produto. Da mesma maneira, recursos financeiros e mercado consumidor têm pouco valor se não for possível fornecer o produto. E, consequentemente, capacidade de produzir e mercado para o produto não são suficientes se não houver o capital necessário para empregar pessoal, comprar matéria-prima e pôr as outras capacidades em ação.

Entre as atividades de apoio, a de comunicação social é importante para todas as demais. As atitudes do público podem interferir na venda de ações ou na obtenção de financiamentos externos, além de afetar as vendas da organização, o recrutamento de funcionários competentes e a reputação da empresa.

As atividades de comunicação social ilustram alguns dos inter-relacionamentos de funções dentro das empresas. Podemos dividir uma organização em pequenas unidades, de modo que cada uma esteja dentro da capacidade humana de entender e supervisionar, mas as partes ainda são apenas *partes*. Elas devem trabalhar juntas para que toda a organização seja funcional. Enfim, todas as funções de uma organização contribuem para o seu funcionamento e são interdependentes, ou seja, dependem do restante da organização, e são também fornecedoras internas.

## Uma visão geral da função de operações

A função de operações, como já foi dito, é também chamada de *função de produção* ou *função de produção e operações*. No passado, o termo 'produção' era usado por algumas pessoas para identificar apenas o fabricante de bens tangíveis; depois, o termo 'operações' passou a indicar também referências a operações de não manufaturados. Atualmente, o termo 'produção' tem um significado amplo e refere-se à produção tanto de bens como de serviços. Neste capítulo, os termos 'produção', 'operações' e 'produção e operações' dizem respeito tanto à função em ambientes industriais como de serviços.

As *operações de manufatura* realizam processos físicos ou químicos, como serrar, costurar, soldar, afiar, misturar ou refinar para converter algumas matérias-primas tangíveis em produtos também tangíveis. Todas as outras operações que não produzem de fato mercadorias podem ser chamadas de operações de serviços, com as quais os consumidores se relacionam simplesmente para obter algo não tangível, como educação, saúde, lazer ou entretenimento.

Há, contudo, empresas de serviços que fornecem mercadorias — tais como atacadistas ou varejistas —, embora não as fabriquem. São empresas que servem a seus clientes por meio de transportes, embalagem, armazenamento e outros serviços similares, sem realizar processos de manufatura.

Não obstante o principal critério para classificar operações seja descobrir se elas produzem mercadorias ou fornecem serviços, é preciso considerar que, além das situações anteriormente descritas, há casos em que o produto é vendido associado a um serviço. Há também muitos casos em que o serviço não pode ser realizado sem a utilização de produtos, como os de estética, saúde, limpeza, restaurantes e muitos outros.

### Fornecimento de um produto ou serviço

Quando vistos de modo geral ou conceitual, todos os tipos de sistemas de produção têm algumas características em comum. A mais óbvia é a finalidade: ser responsável pelo fornecimento das mercadorias ou serviços oferecidos pela organização. É esse sistema que deve transformar alguns conjuntos de entradas em um ou mais conjuntos de saídas. Os tipos de entrada, as transformações e as saídas variam entre as diversas operações. A Figura 8.1. esquematiza o conceito geral de um sistema de produção.

As operações de manufatura, por exemplo, transformam ou convertem certas entradas — como matérias-primas, capacitação da mão de obra, experiência administrativa, capital e receita de vendas — em produtos, que são então vendidos. Outras saídas são salários que se difundem na economia, efeitos ambientais, influências sociais e até fatores menos óbvios. Afinal, o sistema de produção faz parte de um sistema mais amplo — a organização —, que, por sua vez, faz parte de um sistema ainda mais amplo — a comunidade. Assim, à medida que os limites do

FIGURA 8.1 Esquema conceitual de um sistema de produção

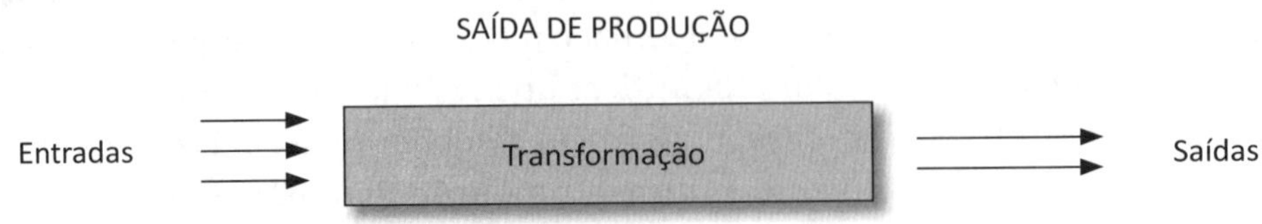


sistema se expandem, torna-se mais difícil acompanhar todas as entradas, saídas e transformações.

As operações de serviço também transformam um conjunto de entradas em um conjunto de saídas. Um restaurante usa certas entradas como carne, batatas, alface, as habilidades do *chef* e dos garçons e muitas outras. No processo de transformação, ocorrem o armazenamento de suprimentos, a mistura de ingredientes e a alteração das entradas pelo cozimento, congelamento, aquecimento e transporte apropriado às mesas na ocasião oportuna. As operações menos tangíveis envolvem o fornecimento de uma atmosfera agradável, talvez até com ofertas de entretenimento. As saídas incluem clientes satisfeitos (ou não). Outras saídas incluem salários e pagamento das compras que giram a economia e resíduos enviados para o sistema de coleta de lixo (que é outro sistema de serviços).

As instituições de ensino têm entradas como livros e conhecimentos para ajudar a formar indivíduos educados e capacitados como saída. Os hospitais usam medicamentos, equipamento científico, conhecimento profissional e atenção para transformar pessoas doentes em pessoas sadias. Lojas de consertos de veículos usam peças de reposição, equipamentos e conhecimento dos mecânicos para transformar mau funcionamento em saídas sem problemas. Todos os tipos de operações, então, transformam entradas em saídas.

Algumas operações são serviços para clientes, como os depósitos de mercadorias e armazéns frigoríficos que realizam uma função de estoque, para tornar a saída disponível em tempos diferentes daquele dos processos internos da empresa e das necessidades dos consumidores. Os atacadistas, os varejistas, os transportadores e o sistema postal, que fornecem operações de movimentação de materiais, realizam operações que mudam o local onde a saída está disponível.

De qualquer maneira, mesmo que as entradas, transformações e saídas possam variar, as características gerais da transformação de entradas em saídas são inerentes a qualquer operação.

## Operações de manufatura

O sistema de produção mais apropriado a uma organização geralmente está relacionado ao modo como ela conduz seu negócio, o que inclui os tipos de instalação e os métodos de produção utilizados por ela. Mais especificamente, o sistema de produção está ligado ao estágio em que a organização planeja manter estoques para servir seus clientes sem ter de considerar o tempo necessário para adquirir todos os materiais e convertê-los no produto final. Quando o pedido do cliente é recebido, os itens necessários para atendê-lo podem intencionalmente: 1) ser mantidos como mercadoria acabada, 2) ser mantidos como estoque-padrão, aguardando pela montagem, ou 3) ser mantidos ou pedidos como entradas básicas sem qualquer processamento. Os termos apresentados no parágrafo seguinte são usados para caracterizar o grau de processamento realizado após o recebimento do pedido do cliente.

Algumas empresas são produtoras do tipo *fabricar para estocar*, ou seja, fabricam bens que são finalizados e colocados no estoque antes do pedido do cliente. O produto é tirado da prateleira após o recebimento do pedido do cliente. Em contrapartida, algumas empresas fabricam sob encomenda. Nesse caso, de o produtor do tipo *fabricar sob encomenda*, o produto final é completado após o recebimento do pedido do cliente. Se o item for único, o cliente terá de esperar até que muitos dos materiais necessários à fabricação sejam comprados e que o trabalho de produção seja realizado, porque não é possível ao fabricante prever a solicitação de cada cliente e ter a matéria-prima e os componentes necessários em estoque para diminuir esse período entre a programação e o acabamento do produto. Além disso, incidem custos pelo estoque sem movimentação. Entretanto, se alguns componentes ou materiais são usados frequentemente pela empresa, o fabricante pode manter alguns deles em estoque — particularmente se o tempo gasto na compra ou produção desses itens for longo. Quando a empresa produz, antecipadamente e de acordo com um desenho-padrão, módulos opcionais que podem ser combinados conforme o pedido do cliente, diz-se que a empresa é um produtor do tipo *montar sob encomenda*. Um exemplo desse tipo de produtor é uma fábrica de automóveis que, em resposta aos pedidos dos revendedores, fornece carros com acessórios, como transmissão automática ou manual, ar-condicionado, sistema de som, opções internas e opções específicas de motor, bem como um tipo de carroceria ou cor. Quando o revendedor entra com o pedido, muitos dos componentes já foram encomendados, ou a sua produção já foi iniciada. Caso contrário, o tempo para entrega do automóvel seria longo.

Após essa breve introdução, analisaremos dois principais sistemas de produção, com seus tipos de instalação e métodos de produção.

## Produção em série

Na produção em série, o equipamento e as estações de trabalho são arranjados em sequência, de acordo com as etapas para conversão das matérias-primas de entrada em um componente ou uma montagem desejados. O andamento das tarefas é estabelecido e a configuração do equipamento raramente é substituída. O fluxo de materiais é relativamente contínuo durante o processo de produção. Esse tipo de produção é algumas vezes chamado de *produção repetitiva*, cujo volume de unidades distintas é alto e a sequência de fluxo de material, em geral, é fixa. Como o caminho do fluxo de materiais e o processamento das etapas são fixos, esse tipo de produção é usado para itens-padrão, do tipo *fabricar para estocar*. Exemplos disso são as linhas de produção ou linhas de montagem de telefones celulares, televisores, geladeiras ou outros produtos que possam ser produzidos e estocados em modelos-padrão. A produção em série pode ser usada também para itens feitos por encomenda se o volume dos bens encomendados for suficiente para justificar um sistema de produção fixo.

Há casos em que o processo é realizado de maneira sempre contínua e em grandes volumes, podendo ser utilizadas algumas reações físicas ou químicas, em vez de em unidades distintas. Entre os produtos desse tipo de operação incluem-se derivados de petróleo, cimento e produtos químicos líquidos. As indústrias que produzem esse tipo de produto são chamadas de *indústrias de processo*.

### Produção intermitente ou de oficina

Um sistema de *produção intermitente* ou *de oficina* difere dos sistemas em série porque é planejado para ser mais flexível. Esse tipo de sistema de produção é aquele em que os equipamentos ou estações de trabalho são agrupados e organizados de acordo com a função ou o processo realizado. Diferentes tipos de fluxo de produtos são divididos em lotes e correspondem a pedidos individuais. Cada lote pode ter um roteiro diferente nos centros de trabalho, dependendo dos requisitos de cada tipo de produto. Os produtos podem ser estocados ou feitos sob encomenda, mas geralmente esse tipo de produção está associado a empresas do tipo *fabricar sob encomenda*.

Sistemas de produção em série e intermitente estão em pontos quase extremos em uma reta, representando o grau de especificidade do sistema de produção (ver Figura 8.2). Em uma ponta da reta, estão as instalações de produção projetadas especificamente para produzir um item-padrão e otimizadas para a movimentação de materiais e etapas de produção necessárias para fabricar esse item. Próximo a outro ponto da reta, estão as empresas com produção do tipo *oficina*; elas não são ideais para fabricar um produto simples, mas são capazes de produzir uma grande variedade de itens. Muitas instalações de produção englobam características de ambas as abordagens de produção. Ou seja, elas estão localizadas em algum ponto da reta, entre a produção do tipo *intermitente* ou *oficina* e a produção *em série*: são os sistemas de produção híbridos.

Na ponta da finalidade flexível da reta está o tipo de operação de baixo volume, frequentemente conhecido como *projeto*. Normalmente, os projetos têm duração mais longa e, muitas vezes, o mesmo pessoal é alocado para um único projeto durante um período de tempo significativo. Na categoria de manufatura, os projetos incluem certos itens como navios, pontes, edifícios e máquinas especiais e de grande porte.

### Operações de serviços

Operações de não manufatura — mais conhecidas por *operações de serviço* — são aquelas que não produzem saídas tangíveis como ocorre com os produtos. O serviço

FIGURA 8.2 Grau de especificidade dos sistemas de produção

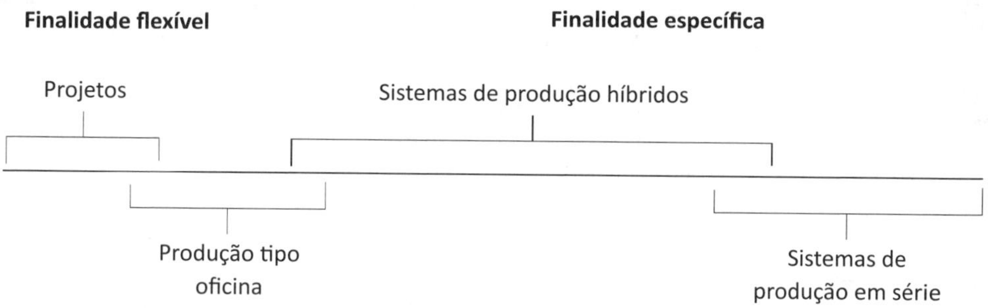


é intangível e não se conhece *a priori* o seu resultado, além do que a produção e o consumo se dão de forma simultânea no tempo e no espaço. Podem ser identificados quatro atributos essenciais dos serviços: simultaneidade, intangibilidade, interatividade e impossibilidade de se estocar.[1]

Do mesmo modo que as operações industriais, os serviços podem ser classificados de acordo com o grau de padronização de suas saídas — se são padronizados ou sob encomenda — de acordo com o processo que realizam. Os serviços padronizados podem ser ilustrados pelas cadeias de *fast-food*, companhias aéreas, atendimento bancário, provedores de banda larga, canal de TV a cabo e compras pela Internet. O desenvolvimento de projetos é um exemplo de serviço por encomenda, porque envolve atividades de uma equipe de pessoas durante algum tempo. Nessa categoria de serviços, um projeto pode se constituir em um pacote de software ou em um programa de treinamento. A Tabela 8.1 mostra um sistema de classificação para operações de manufatura e serviços baseado no grau de padronização de sua saída.

As operações de serviços podem ser divididas em categorias, de acordo com outro esquema classificatório que fornece critérios úteis para as questões de administração. Como já foi dito, algumas operações de serviços lidam principalmente com saídas tangíveis, ou seja, com mercadorias, mesmo que não as produzam. Entre elas, estão os distribuidores atacadistas e as empresas de transporte, que trabalham principalmente com a movimentação de materiais, empregando muitos dos princípios e técnicas de administração de materiais utilizados por uma operação de manufatura. Além disso, vale ressaltar que as práticas de manuseio e movimentação de materiais também são importantes em algumas operações de serviço que lidam com itens tangíveis.

É oportuno lembrarmos que as operações não fornecem mercadorias ou apenas serviços separadamente. Mercadorias podem ser fornecidas com serviços e vice-versa. Por exemplo, podemos obter as mesmas mercadorias de um armazém e de um restaurante (embora de modo diferente). O armazém fornece verduras, legumes, carnes, temperos, mas a um restaurante pagamos pelos serviços de selecionar esses fornecimentos, preparar e servir o alimento — embora o produto final seja neces-

TABELA 8.1 Classificação dos tipos de operações

| Tipos de operações | Produção de mercadorias | Operações de serviços |
|---|---|---|
| Projeto: Atividades de longa duração e baixo volume. | Construir uma ponte, represa ou casa; preparar um banquete. | Recursos de projetos, desenvolvimento de software. |
| Unidade ou lote: Atividades de curta duração e baixo volume, produzindo mercadorias ou serviços sob encomenda. | Produção do tipo oficina: fabricação do equipamento industrial; confecção de impressos personalizados; fabricação de tapetes. | Serviço sob encomenda: limpeza de carpetes; conserto de automóveis; prestação de serviços de cuidados à saúde e aconselhamento; prestação de serviço de cabeleireiro.<br>Tradução de livros em língua estrangeira para uma editora; desenho de fantasias para uma produção teatral; armazém público; fornecimento de serviços especiais de entrega. |
| Produção em massa: Atividades de curta duração e alto volume, produzindo mercadorias ou serviços padronizados. | Operação em série: fabricação de lâmpadas incandescentes, geladeiras, televisão, automóveis. | Serviço-padrão: fornecimento de alimentação rápida; apólice de seguro padronizada; serviço de transporte aéreo ou de ônibus urbano; lavagem a seco; atendimento bancário; serviço de correios; provedor de TV a cabo; distribuição e vendas no atacado de produtos padronizados. |
| Processos industriais: processamento contínuo de material homogêneo. | Operações em série: processamento químico; refinamento de petróleo; moagem de farinha; fabricação de papel. | |

sariamente um produto tangível. Quando um carro é consertado, o processo pode incluir a substituição e a instalação de algumas peças novas. O serviço é fornecido e administrado por alguém que conheça as peças que devem ser repostas, saiba como repô-las e como realizar a mão de obra.

As operações que lidam com serviços podem ser divididas de acordo com o grau de participação do cliente no processo. Uma grande quantidade de serviços é feita sob encomenda, e assim o cliente acaba por ter algum contato com o fornecedor. Entretanto, o cliente não estará presente durante a realização de alguns tipos de serviço, como lavagem de roupa ou conserto de um notebook. Sistemas com maior porcentagem de contato com o cliente são mais difíceis de se planejar e controlar pela interferência direta do cliente na sua operação.

A Tabela 8.2 apresenta uma classificação de operações de serviços exemplificando-os.

## AS OPERAÇÕES E A ADMINISTRAÇÃO ESTRATÉGICA

### Operações e a estratégia de marketing

A estratégia de marketing se relaciona diretamente com a configuração da área de operações nas organizações. O que a organização pretende vender precisa ser compatibilizado com a sua capacidade de produzir o bem ou serviço. Da mesma maneira, a produção pode oferecer diferenciais nos produtos e serviços que alterem a estratégia de marketing da empresa.

Basicamente, as estratégias de organizações que produzem sob encomenda tendem a diferir daquelas que se dedicam a um produto mais padronizado. A Tabela 8.3 mostra algumas características gerais da estratégia de marketing relacionadas a diferentes tipos de operações.

Geralmente, as organizações podem competir em razão de três características principais de seus produtos ou serviços:

1. *Qualidade*. Todas as características de um produto o tornam apropriado e confiável ao uso pretendido pelo cliente?

TABELA 8.2 Uma classificação de operações de serviços

| OPERAÇÕES DE SERVIÇOS | | |
|---|---|---|
| **Fornecimento de produtos tangíveis** | **Fornecedores de serviços** | |
| Serviço de correio<br>Serviço de biblioteca<br>Distribuidores atacadistas e varejistas<br>Exemplos:<br>Aparelhos de TV<br>Telefones celulares<br>Relógios<br>Geladeiras<br>Ar-condicionado | Serviços dos quais o cliente não participa<br>Exemplos:<br>Preparar guias de impostos<br>Projeto de arquitetura<br>Provedor de banda larga<br>Limpeza de roupas<br>Consertos de automóveis, aparelhos domésticos etc.<br>Emissão de escritura de imóvel ou atestados de antecedentes pessoais | Serviços dos quais o cliente participa<br>Exemplos:<br>Cuidados com a saúde<br>Cabeleireiro<br>Viagens<br>Treinamento<br>Academia de ginástica |

TABELA 8.3 Estratégias de marketing associadas aos vários tipos de operação

| Tipo de operação | Tipo de produto | Características típicas do processo | Características típicas da estratégia de marketing |
|---|---|---|---|
| Serviço<br>Projeto<br>Oficina | Fabrica sob encomenda conforme especificações do cliente. | Geralmente usa profissionais especialistas e equipamentos de finalidade geral; ênfase no planejamento inicial eficiente, qualidade e flexibilidade do trabalho. | Vende capacidades e habilidades diversificadas para atender as necessidades dos clientes; capacidade para realizar uma tarefa com qualidade; capacidade para conseguir prazos de entrega razoáveis. |
| Em série | Produz para estoque um produto projetado para ter as características desejadas pela maioria dos clientes em potencial. | Utiliza trabalhadores com menor habilidade; equipamento especializado, talvez automação; ênfase na eficiência e controle de custos; eficiente sistema de distribuição para tornar os itens rapidamente disponíveis. | Vende o desejo pelo produto e ainda preço, disponibilidade e serviço. A pesquisa de mercado é importante para assegurar que características do produto sejam adequadas ao mercado. |

2. *Preço*. O custo para o cliente é proporcional à vida útil do produto ou serviço e considerado razoável se comparado à qualidade do produto e outras relações qualidade-preço disponíveis no mercado?
3. *Disponibilidade*. O produto ou serviço pode ser obtido em um tempo razoável e competitivo?

Para ser bem-sucedido no mercado, o produto ou serviço deve ser julgado no mínimo como 'adequado' em relação a essas três medidas.

## Operações: um elemento essencial nas estratégias da organização

A função de operações é de grande valor como recurso na busca pela vantagem competitiva da organização. Como a área de operações deve produzir as mercadorias ou fornecer os serviços que o cliente compra, é ela que estabelece o nível de qualidade tanto quando um bem é produzido como quando um serviço é fornecido.

A função de operações costuma ser a responsável pela maior parte dos ativos humanos e de capital da empresa. Assim, grande parte do custo de um produto ocorre em operações, e esse afeta o preço que deve ser cobrado e a margem de lucro que pode ser obtida. Finalmente, a capacidade de desempenho da função de operações determina, em grande escala, a capacidade que a empresa tem de obter produtos disponíveis em número suficiente para satisfazer os compromissos de entrega.

É claro, então, que a função de operações exerce uma importante influência nos custos, qualidade e disponibilidade das mercadorias e serviços. Os pontos fortes e fracos de operações podem ter um grande impacto no sucesso das estratégias globais da organização. Por isso, a capacidade de operações deve ser cuidadosamente considerada enquanto essas estratégias são formuladas. Ao mesmo tempo, as decisões de operações devem estar consistentes com as estratégias globais, de modo que o potencial dos recursos de operações possa ser aproveitado na busca das metas da organização.

## Estratégia para operações

As decisões sobre estratégias tomadas pela alta administração afetam a maneira como essa função contribuirá para a eficácia competitiva da organização. Uma decisão sobre estratégia que é importante na condução e coordenação das ações de operações está relacionada com o posicionamento.

### Decisões de posicionamento

O *posicionamento* estabelece a ênfase que o sistema de produção dará a certas características para obter maior vantagem competitiva. Afinal, não importa quão demandado possa ser um produto ou serviço, a empresa não pode ter um que seja ao mesmo tempo de baixo custo, da mais alta qualidade e disponível imediatamente em grande quantidade em numerosos pontos de vendas.

Uma empresa de manufatura pode estabelecer explicitamente a prioridade relativa que dará às quatro características de desempenho: eficiência em termos de custo, qualidade, confiança e flexibilidade. Essas características de desempenho podem ser descritas sucintamente, como se vê a seguir:

- *Eficiência em termos de custo*. Uma organização que enfatize eficiência de custos verá que seu capital, mão de obra e outros custos operacionais serão mantidos baixos se comparados aos dos concorrentes.
- *Qualidade*. Uma organização que enfatize a qualidade se esforçará consistentemente por fornecer um nível de qualidade que seja superior ao de seus concorrentes, mesmo que isso signifique um custo extra.
- *Confiança*. Espera-se de uma organização que enfatiza a confiança que seus produtos estejam disponíveis ou que os serviços sejam realizados conforme as expectativas dos clientes.
- *Flexibilidade*. Uma organização que desenvolva flexibilidade pode responder rapidamente a mudanças no projeto ou mix do produto e, ainda, no volume de produção.

O conceito de posicionamento pode ser ilustrado por meio de uma pirâmide, dentro da qual a organização operaria consistentemente, conforme mostra a Figura 8.3. Cada ponto da pirâmide contém cada uma das prioridades relativas às quatro características de desempenho. Entretanto, a parte da pirâmide que a empresa buscará enfatizar é uma decisão estratégica da alta administração. Se cada parte de uma empresa tentar se mover na direção em que acredita haver um concorrente com melhor desempenho, então, todo o dinheiro, talento e esforço da organização não serão empregados eficientemente. Se tentar se mover em diversas direções simultaneamente, a empresa poderá perder o seu rumo, e os clientes não mais serão atraídos, porque não terão um tratamento consistente por parte dela.

Embora uma empresa não possa estar simultaneamente em todos os cantos da pirâmide mostrada na Figura 8.3, ela pode expandir a sua faixa. Deve-se pensar nessa expansão de forma consistente, como, por exemplo, reduzindo um ou mais de seus lados. Pode-se também diminuí-la (ou seja, realizar uma contração da pirâmide). Como resultado, a empresa pode cobrir uma porcentagem de sua pirâmide relativamente maior do que seus competidores e deixar menos espaço para um concorrente desenvolver uma competência diferente.

Um exemplo de contração da pirâmide pode ser encontrado na operação de numerosas empresas japonesas e sul-coreanas. Por meio de esforços cuidadosos e diligentes, essas empresas controlam os processos, evitando defeitos, e alcançam uma qualidade maior que seus concorrentes. Essas ações reduzem os custos de refugo, de conserto de defeitos na fábrica e de garantia em campo.

Quando as empresas melhoram simultaneamente a qualidade e o custo, cobrem uma grande parte da pirâmide relativa ao lado custo-qualidade, conforme mostrado na Figura 8.4(a). As organizações que realizam treinamento intenso, extensivo e continuado com seus funcionários dispõem de profissionais com muitas especia-

FIGURA 8.3 Possíveis posições da função de operações

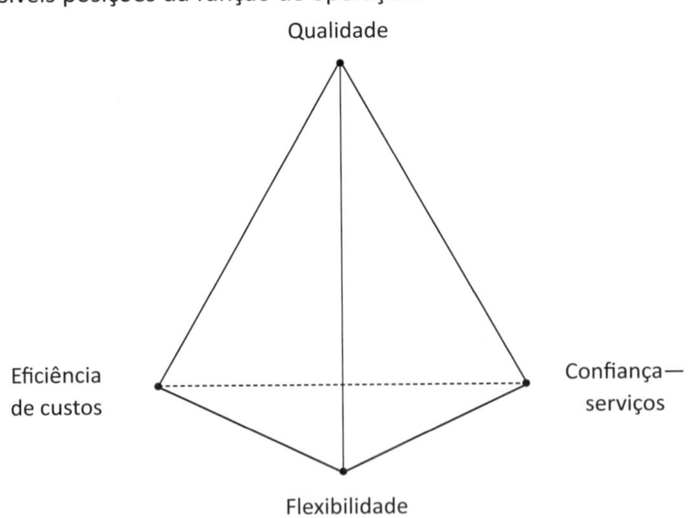

lizações. Essa força de trabalho versátil, aliada a organização e equipamentos de fábrica que podem ser facilmente substituídos, fornece maior flexibilidade sem um aumento significativo nos custos. O lado flexibilidade-custo da pirâmide pode, com isso, ser encurtado, conforme mostra a Figura 8.4(b). As empresas podem empregar esses ou outros meios para contrair diversos lados de suas pirâmides. Aquelas mais ágeis e com maior índice de sucesso na contração de suas pirâmides podem servir melhor seus mercados, de modo que a concorrência terá dificuldades para descobrir um ponto em que seja possível estabelecer uma competência distintiva.

A Tabela 8.4 mostra aspectos das operações relacionados às quatro características de desempenho já mencionadas. Os comentários da terceira coluna da tabela dizem respeito a uma empresa de serviços.

FIGURA 8.4 Contraindo a pirâmide

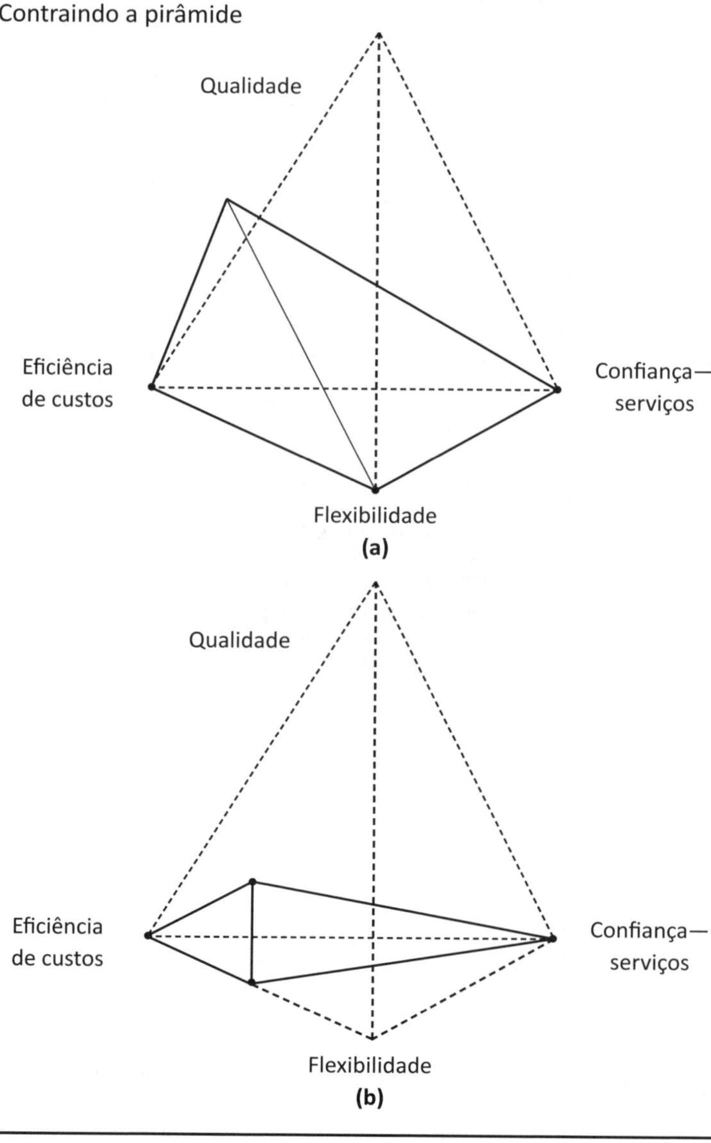

TABELA 8.4 Aspectos de operações relacionados às características particulares de desempenho

| Características de desempenho a ser enfatizadas | Vantagem que a produção de bens deve oferecer | Aplicabilidade a operações de serviços |
|---|---|---|
| **Eficiência de custo** | Despesas gerais baixas | Sim |
| | Equipamentos e instalações para fins especiais | Sim |
| | Utilização elevada da capacidade | Sim |
| | Controle rigoroso de materiais | Possivelmente |
| | Alta produtividade | Sim |
| | Baixo valor de salários | Sim |
| **Qualidade** | Profissionais especializados | Sim |
| | Precisão adequada de equipamento | Possivelmente |
| | Motivação pela satisfação com o trabalho | Sim |
| | Comunicação eficiente de padrões ou tarefas requeridas | Sim |
| **Confiança** | Sistema eficiente de planejamento | Sim |
| | Poucas falhas de equipamento | Sim |
| | Baixo absenteísmo, baixa rotatividade, ausência de greves | Sim |
| | Alto investimento em estoques | Possivelmente |
| | Comprometimento do pessoal para agir conforme o estabelecido | Sim |
| **Flexibilidade** | Fornecimento seguro e rápido | Sim |
| | Reserva de capacidade | Sim |
| | Profissionais multiespecializados que podem ser alocados | Sim |
| | Controle efetivo do fluxo de trabalho | Sim |
| | Equipamento versátil de processamento | Sim |
| | Pouco tempo de ajustes de processos e baixos custos | Possivelmente |
| | Integração de projeto e produção | Possivelmente |

A seção "Exemplo ilustrativo" trata de uma decisão estratégica — do tipo a longo prazo — para a Pormade, uma indústria de portas decorativas de madeira: a localização da fábrica. Além disso, apresenta uma discussão sobre a possibilidade de conciliar operações de processos industriais e operações de serviços, outra decisão estratégica cada vez mais presente para os administradores.

## Outras decisões

Assim que se define o posicionamento de uma empresa e essa postura é comunicada a todos os outros setores da organização, as decisões tomadas podem ser

exemplo ilustrativo

### ESTRATÉGIA DE LOCALIZAÇÃO: O CASO DA PORMADE

Várias empresas disputam a posição de melhor empresa para trabalhar. Ser incluída em uma lista internacional é uma das conquistas das que buscam competitividade no mercado. Afinal, pessoas podem ser recursos valiosos, raros, inimitáveis e que precisam ser organizados; em outras palavras, fazem parte dos recursos importantes da empresa. Há muito deixaram de ser apenas mão de obra.

A Pormade, fábrica de portas decorativas para o mercado de construção civil, é uma dessas empresas. Localizada em União da Vitória, no Paraná, tem excelência reconhecida tanto em produtos como em seu sistema de gestão. Sua linha industrial é totalmente automatizada, com equipamentos de última geração. Tem um rigoroso processo de controle de qualidade. Oferece serviços de várias naturezas, desde como instalar uma porta até informações técnicas para profissionais da área.

Essa empresa, todavia, está localizada numa cidade com 53 mil habitantes e distante 50 km de Curitiba, Paraná. Trata-se de uma região com tradição em produtos de madeira. Em termos operacionais, sua localização é estratégica tendo em vista a cadeia cliente-fornecedor. Mas isso não basta. É preciso ter pessoas que possibilitem a concretização da estratégia. E não tem sido fácil atrair talentos oriundos de grandes centros. Cidades pequenas têm sua vida própria e nem todos se acostumam a esse ritmo. A empresa já percebeu que é mais interessante contratar pessoas que viveram em cidades de médio porte porque essas têm mais chances de se adaptarem e permanecerem na empresa.

Reconhecendo essas dificuldades, várias ações ligadas à gestão de pessoas foram desenvolvidas ao longo dos últimos dez anos, como a abertura de uma escola de nível médio e formação complementar, com cursos de ginástica, de artesanato e programas de lazer estendidos inclusive aos familiares dos funcionários. Isso porque se constatou que, enquanto os funcionários tinham um crescimento profissional na empresa, não havia as mesmas oportunidades para seus familiares.

As pessoas contribuem com a empresa à medida que seu trabalho gera eficiência de custo, qualidade de flexibilização das operações, entre outros aspectos. É o que as torna recursos valiosos, raros e inimitáveis, ou seja, recursos estratégicos para a organização. Assim, ao se decidir sobre a localização de uma fábrica, deve-se considerar se será possível atrair e manter talentos na região onde ela está instalada.

mais consistentes. Afinal, a empresa poderá alcançar seus objetivos estratégicos quando todas as suas partes convergirem os esforços nesse sentido. Muitas decisões dentro da função de operações, além de estarem relacionadas com a decisão de posicionamento, relacionam-se umas com as outras. É possível estabelecer oito categorias principais de decisão estratégica para uma empresa industrial, conforme mostra o Quadro 8.1.[2] As quatro primeiras são geralmente reconhecidas como decisões de longo prazo, difíceis de reverter e, por esse motivo, mais prováveis de serem consideradas estratégicas. As quatro últimas parecem lidar com matéria 'tática' — ou seja, com decisões que se relacionam mais com questões operacionais do dia a dia. Entretanto, é importante ressaltar que essas questões têm impacto na estratégia de longo prazo.

## PROJETO DO PRODUTO: UM IMPORTANTE FATOR ESTRATÉGICO

Escolher o produto ou o serviço a ser oferecido ao mercado é uma das decisões básicas que uma organização tem de tomar. A identificação de um tipo geral de produto ajuda a reduzir a pesquisa a um nicho de mercado no qual a empresa pode buscar a sua vantagem competitiva. Além disso, é preciso detalhar o produto ou serviço específico a ser oferecido e como isso será feito.

As decisões sobre as especificações do projeto do produto afetam a seleção do processo tecnológico (uma das categorias de decisão do Quadro 8.1), que, por sua vez, afeta as despesas da empresa com a aquisição de equipamentos e instalações. O projeto do produto também interfere nas instalações utilizadas na sua fabricação e montagem, o que influencia os custos operacionais. Além disso, o projeto tem efeito sobre a aceitação e a percepção do mercado consumidor, já que está ligado diretamente à facilidade de se produzir um bem ou fornecer um serviço que apresente poucos ou nenhum defeito ou falha. Em decorrência disso tudo, o projeto do

QUADRO 8.1 Categorias de decisões de estratégia na produção de bens

1. **Capacidade:** quantidade, prazo, tipo.
2. **Instalações:** tamanho, localização, especialização.
3. **Tecnologia:** equipamento, automação, ligações.
4. **Integração vertical:** direção, extensão, equilíbrio.
5. **Força de trabalho:** nível de experiência, política de salários, segurança do funcionário.
6. **Qualidade:** prevenção de defeitos, monitoração, intervenção.
7. **Controle de materiais de planejamento de produção:** políticas de fornecimento, centralização, regras de decisão.
8. **Organização:** estrutura, sistemas de controle/remuneração, papel dos grupos de funcionários.

produto tem sérias implicações para o sucesso da organização a longo prazo, além de ser de grande importância estratégica.

Veja, a seguir, a relação entre o projeto e as decisões operacionais na produção de bens e de serviços.

## Projeto de operações de serviços

O resultado esperado do sistema de operações de uma empresa de serviços certamente afetará os tipos de entrada necessários e as capacidades que devem estar disponíveis para transformar essas entradas em algo desejado pelos clientes. Mesmo pequenas diferenças nas características do serviço ou na maneira como ele é fornecido podem afetar significativamente a tecnologia de processamento.[3]

Considere, por exemplo, a seguinte decisão tomada por uma rede de *fast-food* sobre as características de um produto. A empresa tinha de escolher entre servir batatas fritas frescas ou congeladas. Servir batatas frescas significaria que cada loja teria de selecionar, comprar, armazenar, descascar, armazenar novamente e, então, fritar e servir as batatas. Já o uso de batatas pré-processadas e congeladas exigiria que cada loja tivesse apenas de armazenar, fritar e servir as batatas. Além disso, as batatas pré-processadas fornecem um produto mais uniforme. Por esse motivo, foram selecionadas batatas fritas francesas pré-processadas e congeladas, o que reduziu o número de funcionários, a quantidade de espaço necessário, a necessidade de controle de qualidade e os problemas de controle de desperdício em cada loja.

Quando, por exemplo, um restaurante decide servir refeições pelo sistema *self-service* em vez de *à la carte*, significa que serão necessárias poucas pessoas para atender os clientes. Entretanto, para que o sistema funcione bem, o restaurante deverá manter um estoque de alimentos ou ser capaz de preparar pratos adicionais rapidamente, pois, no *self-service*, a administração não detém o controle do tamanho de cada porção, como acontece no sistema *à la carte*. Esse exemplo mostra que o modo como o produto é fornecido afeta os tipos de entrada necessários para que a saída seja eficaz — são as implicações operacionais.

## Projeto de operações de produção de bens

Uma empresa que produz bens deve equilibrar a necessidade de vender os seus produtos com a necessidade de produzi-los economicamente. O projeto do produto pode afetar a aparência deste, exigindo dos projetistas que observem esse aspecto. Como alguns detalhes do projeto podem exigir processos e equipamentos especiais na produção, a melhor hora para começar um programa de redução de custos é no momento em que o produto ainda está sendo desenhado. Tão logo o design do produto esteja acabado, uma avaliação de custo-benefício deve ser realizada, levando em conta a qualidade e a quantidade de materiais, mão de obra e equipamento de processamento que cada projeto alternativo exigirá. A empresa deve levar em conta que o cliente em potencial também fará a sua avaliação do custo-benefício antes de se decidir pela compra do produto. Alguns processos e materiais são mais dispendiosos que outros e apenas deverão ser usados se as funções do produto assim determinarem ou se a aparência estética dos resultados justificar o seu custo.

É comum a existência de projetos alternativos viáveis para um produto e para diversos métodos alternativos de produção, mesmo após o produto ter sido projetado. Os engenheiros de produção geralmente servem de consultores para os projetistas, ajudando-os a desenvolver projetos de produção.

Além disso, se a empresa quer desenvolver projetos econômicos e efetivos, é importante que os departamentos de projeto e de produção estejam coordenados de maneira harmônica.

Na análise de algumas das fábricas mais bem administradas dos Estados Unidos, descobriu-se que uma forte ligação entre os departamentos de projeto e de produção facilita a elaboração de projetos mais fáceis de se transformar em produtos comercializáveis. Aliado a isso, observou-se que essas empresas também se superaram na capacidade de "fabricar com qualidade, fazer escolha inteligente da automação, proximidade do cliente e lidar bem com sua força de trabalho".[4]

A seção "Módulo aplicado", por meio de operações na Cyrella, exemplifica como o projeto de produto compõe a administração estratégica. Veja a seguir.

módulo aplicado

## OPERAÇÕES E PROJETO DE PRODUTO NA CYRELLA

### Introdução

Vimos que o projeto do produto é uma importante questão de operações e estratégia. Observe a situação a seguir e, então, faça o exercício. Assim, você desenvolverá a habilidade de administrar o produto de forma mais eficiente, sabendo que ele é um componente da estratégia, além de estabelecer conexões entre o projeto do produto e as operações.

### A situação

O mercado imobiliário tem sofrido um crescimento expressivo nos últimos anos, tanto para o mercado de luxo, com imóveis cujos preços se iniciam na faixa de R$ 1,5 milhão, quanto para imóveis populares, com os programas de governo de apoio à casa própria. Há construtoras especializadas em vários segmentos do mercado e os produtos são desenvolvidos de acordo com as demandas dos segmentos aos quais se destinam. Movimenta-se um montante expressivo de valores, considerando-se que cerca de 500 terrenos são comprados por ano, só na Grande São Paulo, para lançamentos de novos produtos de médio e grande porte (condomínios, conjuntos de prédios etc.).

Entretanto, o desenvolvimento do produto começa muito antes da escolha da planta ou dos materiais de construção. A indústria de construção é complexa e envolve uma série de operações. Todavia, está intrinsecamente relacionada às incorporadoras. A Cyrella é uma das principais incorporadoras do Brasil nesse segmento. O desenvolvimento de produtos começa na identificação das áreas disponíveis para um empreendimento, bem como do seu entorno, para verificar a adequação dos serviços oferecidos ao público ao qual o imóvel a ser construído se destina. Analisa as viabilidades econômica e social do empreendimento num determinado local, pois, embora o ideal desse tipo de empresa seja ocupar todos os espaços disponíveis de uma cidade, isso não é possível. O mercado imobiliário é limitado por leis de zoneamento e normas ambientais.

Ao contrário de outras incorporadoras, que diversificam o risco investindo em outras regiões, a Cyrella tem uma política clara: expandir seu portfólio de empreendimentos de maneira agressiva na cidade de São Paulo e nas áreas metropolitanas ao redor de São Paulo, denominadas de Grande São Paulo. A Cyrella tem relacionamento com o mercado, identifica quais indicadores de um produto se adéquam aos clientes, e conhece sua competência especialmente num dos processos mais críticos para as incorporadoras: a escolha e compra de áreas para construção.

A fim de alcançar sua meta atual, a Cyrella criou uma diretoria específica para buscar oportunidades de negócios, seja identificando áreas livres, seja analisando espaços cujas construções atuais podem ser demolidas para criação de um novo bairro, com novo conceito. Quem faz essa prospecção é uma equipe de profissionais técnicos, composta tanto por corretores quanto por engenheiros e arquitetos, que tem como responsabilidade escolher os alvos e analisar a viabilidade de empreendimentos naqueles espaços. O objetivo dessa diretoria é conseguir 15 grandes áreas, até o final de 2010, para novas incorporações. Não será tarefa fácil.

### Exercício

Imagine que tenha aparecido para a Cyrella a oportunidade de compra de um terreno a 200 km de São Paulo, portanto fora do seu alvo de atuação e, consequentemente, de sua estratégia operacional. O empreendimento seria a construção de um shopping de desconto de multimarcas, voltado para o público da classe A, a exemplo de um já existente a cerca de 130 km de São Paulo (SP), o Outlet Premium. Embora a proposta possa ser considerada tentadora, há diversos problemas operacionais decorrentes desse deslocamento de foco. Liste três probemas que a Cyrella pode enfrentar e explique como um cuidadoso projeto desse novo produto poderia viabilizar a sua operação.

## RESUMO

Em uma organização, a função de operações é realizada por pessoas que produzem as mercadorias ou os serviços que a empresa oferece no mercado. Essa função deve ser compatível e consistente com outras funções organizacionais para que a empresa seja bem-sucedida. Em nossa discussão sobre a função de operações, distinguimos a produção de bens daquela de serviços. Além disso, caracterizamos as empresas de produção de bens como do tipo *fabricar para estocar*, *fabricar sob encomenda* ou *montagem sob encomenda* e estabelecemos as diferenças entre *produção em série*, *intermitente*, e de *oficina*. Com relação às operações de serviços, distinguimos aquelas que lidam com saídas tangíveis (apesar de não as fabricarem) das que lidam com saídas intangíveis, ou serviços.

Como a estratégia de marketing de uma empresa é parte importante de sua estratégia global, os administradores devem levar em contar o relacionamento entre o tipo de operação e a estratégia de marketing. As decisões sobre quais características de produção — eficiência do custo, qualidade, confiança ou flexibilidade — a função de operações enfatizará também são cruciais para o sucesso da empresa. O projeto de produtos é o terceiro fator-chave da estratégia. Ele afeta a seleção de processos tecnológicos, os custos de equipamentos e das instalações, a facilidade de produção de bens, a qualidade do produto e, consequentemente, a percepção dos clientes sobre a empresa.

A seção "Lista de verificação" traz questões fundamentadas neste capítulo. Ela pode ser muito útil na análise de problemas e casos de administração estratégica que girem em torno de questões de operações.

**lista de VERIFICAÇÃO**

### Análise das operações na estratégia de negócios

1. O assunto envolve produção real ou outras questões operacionais?
2. A função de operações, nesse caso, está integrada de maneira eficiente com outras funções da empresa, especialmente com o marketing?
3. A organização está envolvida na produção de bens ou serviços? Esse fato é de especial importância no caso?
4. Se a organização está envolvida na fabricação de bens, o processo de produção usado é apropriado à situação?
5. Se a organização está envolvida em uma operação de serviços, o processo existente é apropriado à situação?
6. As estratégias de operações empregadas no caso são consistentes com o tipo de função de produção?
7. A ênfase no uso de operações como elemento essencial à estratégia é suficiente?
8. As decisões de posicionamento do produto levam em conta a função de operações?
9. As decisões relacionadas a assuntos como capacidade, instalações, tecnologia, integração vertical, força de trabalho, qualidade, planejamento de produção e controle de materiais e organização são consistentes com o posicionamento do produto?
10. O projeto do produto, como fator estratégico, está ligado de modo apropriado à função de operações?

## NA PRÁTICA

### Negras, ruivas ou louras: em caso de cervejas, qual delas você prefere?

A loura sensual que aparecia num anúncio de cerveja, à época do Carnaval de 2010, foi um dos grandes sucessos de campanha promocional de cervejas. Pequenos trechos de filmes na televisão mostravam uma loura em imagens polêmicas, mas não se podia identificar quem era. Internautas foram convidados a tentar descobrir sua identidade, que só apareceu quando entrou no ar um comercial que mostrava uma atriz, personagem da alta sociedade internacional, que frequentemente se envolve em várias situações polêmicas, tomando uma cerveja na sacada de um prédio. O público, na rua, olhava extasiado para a moça e consumia a mesma cerveja, cujo nome mostrava o tom do que se pretendia como imagem para a nova marca de cerveja administrada pela Schincariol: a Devassa Bem Loura. Tratava-se da cerveja pilsen da microcervejaria Devassa, comprada pela Schincariol em 2007.

A briga por espaço no mercado de cervejas é conhecida, até pelo fato de que a cerveja faz parte da história dos povos, uma vez que seu processo de fabricação já era conhecido por civilizações que existiram há mais de 6 mil anos. Em escavações feitas por arqueólogos no Egito, no Oriente Médio e na Europa, foram encontrados textos, pinturas e artefatos que mostram receitas e o processo de fabricação da cerveja, além de ambientes usados como salas de degustação. Os sumérios (povo que habitava a Mesopotâmia, hoje Oriente Médio) não só fabricavam a cerveja como tinham leis para regulamentação da venda, do consumo, do preço e do volume de produção permitidos, que eram diferentes para cada classe social.

Acredita-se que a cerveja tenha sido transportada do norte da África e da Espanha para a Gália e Germânia, e que nessa última região ela tenha adquirido seu sabor amargo característico, decorrente da adição do lúpulo. Os historiadores datam de 1040 a fundação da primeira cervejaria, na Germânia, gerenciada por beneditinos. Isso marca a transição de uma produção totalmente artesanal, nos mosteiros, para uma linha de produção industrial, que ainda conserva, até os dias de hoje, a função do mestre-cervejeiro, que é responsável pelo controle de qualidade do produto.

Há diferentes tipos de cervejas, mas elas podem ser divididas basicamente em duas famílias: as Ales e as Lagers. As Ales usam leveduras da família *Saccharomyces cerevisiae* para o processo de fermentação, que se dá em temperaturas entre 16 e 24 °C; o processo de fermentação e maturação pode durar de 3 a 4 semanas e as cervejas resultantes têm sabores frutados, de paladar mais complexo. As Lagers utilizam leveduras da família das *Saccharomyces uvarum* para o processo de fermentação, que se dá em temperaturas entre 3,3 e 13 °C; o processo de fermentação e maturação pode durar de 4 a 12 semanas e o aroma das cervejas é mais suave e leve do que o da família Ales.

Além das leveduras, na composição da cerveja entram vários outros componentes que determinam seu sabor e aroma. O ingrediente utilizado em maior quantidade é a água. As condições físico-químicas de águas de determinadas regiões podem gerar padrões únicos de produto, sendo que no Brasil as águas propiciam a fabricação das cervejas claras e suaves. O malte, outro componente, é obtido a partir de um processo especial de germinação da cevada, que no Brasil é produzida principalmente no Rio Grande do Sul. O lúpulo, considerado o tempero da cerveja, não é produzido no Brasil, pois sua cultura exige climas frios; para a fabricação de cervejas brasileiras, importa-se o lúpulo dos Estados Unidos e da Europa. Além desses ingredientes básicos, também podem entrar outros cereais na formulação de uma cerveja, como o arroz, o milho e o trigo.

O processo de fabricação da cerveja tem quatro fases: 1) o cozimento, que inclui a moagem e a maceração do malte, a filtração do mosto (líquido açucarado decorrente do processo de maceração), a fervura do mosto — etapa na qual é adicionado o lúpulo —, a decantação e o resfriamento do mosto para fermentação; 2) a fermentação; 3) a maturação; 4) a fase final, de filtração e envasamento. O teor alcoólico final da bebida situa-se, geralmente, entre três e sete graus, dependendo do tipo de cerveja produzido, mas pode haver cervejas com teor alcoólico próximo de zero e outras com teores que ultrapassam 8,5 graus.

Por causa dos ingredientes utilizados e da procedência deles, o sabor e aroma das cervejas oscilam de uma região para outra, ainda que sejam mantidos o processo de fabricação e as proporções entre os ingredientes. Assim, cervejas da mesma marca, mas que tenham sido fabricadas com diferentes plantas, podem ser percebidas como diferentes na degustação. Para garantir a padronização do aroma e do sabor, as cervejarias precisariam utilizar ingredientes sempre da mesma procedência, o que não é viável economicamente para a produção em larga escala, por causa do custo do processo de importação e movimentação de matéria-prima.

Prometendo uma cerveja com qualidade superior, feita a partir de receitas tradicionais, com sabor que não oscila, as microcervejarias artesanais têm ocupado um espaço crescente no mercado de cervejas. Em geral, começam como *brewpubs*, microcervejarias que abrem restaurantes e choperias onde comercializam suas marcas.

As grandes produtoras de cerveja têm investido nesse segmento de produção mais artesanal, com a compra de microcervejarias. Foi o caso da compra da Baden Baden e da Cervejaria Devassa, pela Schincariol, em 2007. A compra das microcervejarias não implicou mudança em seus processos de fabricação artesanal; assim, elas continuam oferecendo produtos diferenciados no mercado, atendendo a públicos específicos.

A Baden Baden, localizada em Campos do Jordão, conhecida como a primeira cerveja gourmet do Brasil, teve como primeiro produto engarrafado a cerveja Red Ale, líder nacional na categoria. Trata-se de uma cerveja com cor avermelhada, aroma frutado e sabor no qual se destaca o malte; é uma cerveja do tipo inglês, forte e encorpada, considerada de 'alta fermentação'. Hoje a cervejaria oferece as cervejas Baden Baden Cristal, Bock, Golden, Red Ale, 1999, Weiss, Stout Dark e Ale.

Já a Cervejaria Devassa foi criada no Rio de Janeiro em 2000. Trata-se de uma marca *premium*, que oferece quatro tipos de cervejas: a Negra tropical Dark (Dark Ale); a Ruiva (Pale Ale); a Loura Tropical Lager (Pilsen); e a Índia (India Pale Ale).

Ambas as cervejarias são consideradas marcas *premium* e cada uma tem seu processo específico de fabricação de diferentes tipos de cerveja que se harmonizam com tipos especiais de alimentos e climas.

## QUESTÕES PARA DISCUSSÃO

1. Consulte os sites das cervejarias Baden Baden e Devassa para analisar o processo de fabricação delas. Esses processos de manufatura são distintos dos empregados pelas grandes cervejarias? Explique as diferenças, analisando as operações da Cervejaria Schincariol.
2. A estratégia de compra das microcervejarias pelas grandes cervejarias pode afetar as operações das microcervejarias?

## LEITURAS ADICIONAIS

CHASE, R. B.; JACOBS, F. R.; AQUILANO, N. J. *Administração da produção para a vantagem competitiva*. 10. ed. Porto Alegre: Bookman, 2006.

KRAJEWSKI, L. J.; RITZMAN, L. P.; MALHOTRA, M. K. *Administração de produção e operações*. 8. ed. São Paulo: Pearson, 2008.

PAIVA, E. L.; CARVALHO JR., J. M.; FENSTERSEIFER, J. E. *Estratégia de produção e operações*. Porto Alegre: Bookman, 2004.

SLACK, N.; CHAMBERS, S.; JOHNSTON, R. *Administração da produção*. 3. ed. São Paulo: Atlas, 2009.

## NOTAS

1. MEIRELLES, D. S. "O conceito de serviços". *Revista de Economia Política*, v. 26, n. 1, p. 119-136, jan./mar. 2006.
2. HAYES, R. H.; WHEELWRIGHT, S. C. *Restoring our competitive edge*. Nova York: John Wiley & Sons, 1984, p. 31.
3. THOMAS, D. R. E. "Strategy is different in service business". *Harvard Business Review*, jul./ago. 1980, p. 158-165.
4. BYLINSKY, G. "America's best-managed factories". *Fortune*, 28 maio 1984, p. 16-24.

# Estruturas de aprendizagem

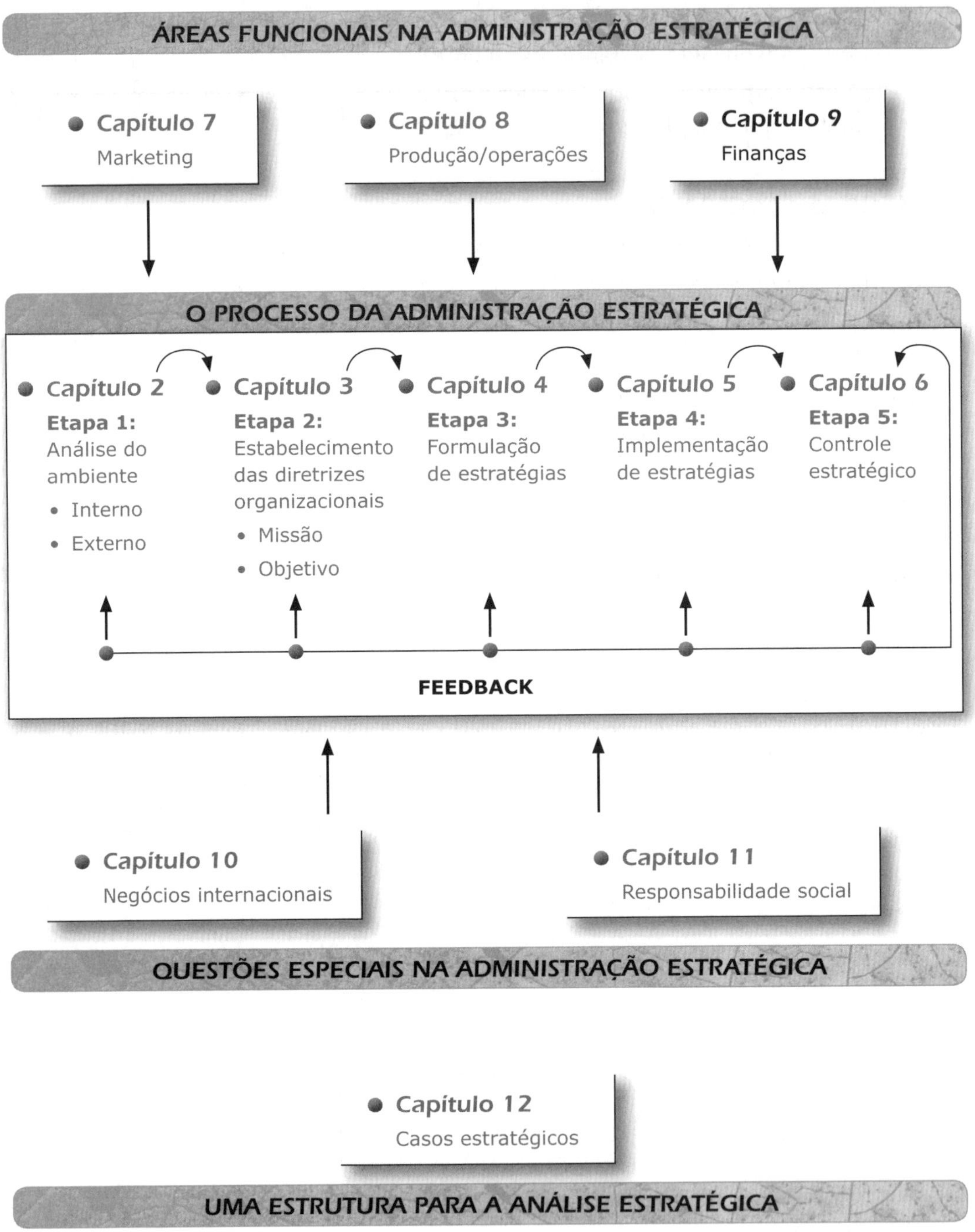

CAPÍTULO 9

# Finanças na administração estratégica

Diversos tipos de análise financeira são úteis à tomada de decisão na administração estratégica. Neste capítulo, mostraremos várias ferramentas que são habitualmente usadas na análise de problemas e casos na administração financeira.[1] Em primeiro lugar, discutiremos a análise dos indicadores financeiros, que é uma ferramenta útil na pesquisa da condição financeira de uma organização. A seguir, examinaremos a análise do ponto de equilíbrio, uma ferramenta simples de pesquisa do valor potencial de um investimento. Finalmente, descreveremos a análise do valor presente líquido, um método mais elaborado de exame das alternativas de investimento.

•••

## ANÁLISE DOS INDICADORES FINANCEIROS[2]

A primeira etapa é a análise dos *indicadores financeiros* da organização, que se baseia na informação fornecida pelo balanço e pela demonstração de resultados da empresa. Frequentemente analisadas em casos de administração estratégica, essas duas declarações financeiras são usadas para examinar a saúde da empresa. Assim, em primeiro lugar, revisaremos o balanço e a demonstração do resultado, e, depois, proporemos um processo de quatro etapas para executar uma análise dos indicadores financeiros.

A Tabela 9.1 apresenta o balanço de uma fábrica de equipamentos para uso industrial. O balanço é um resumo dos direitos e das obrigações de uma organização contra seu ativo em determinado período. Nesse quadro, representamos um balanço comparativo; em que os dados dos ativos e passivos da empresa abrangem mais de um período. Observe que aparecem dois tipos de ativos. O ativo circulante representa os ativos que se espera converter em ativos disponíveis dentro de um ano, ao passo que os permanentes representam os que devem ficar retidos por períodos mais longos. Similarmente, o passivo circulante

TABELA 9.1 Balanço ilustrativo de uma empresa de equipamentos

| **Ativo** | **31 dez. 2008** | **31 dez. 2009** |
|---|---|---|
| Caixa | 30 | 25 |
| Títulos negociáveis | 40 | 25 |
| Contas a receber | 200 | 100 |
| Estoque | 430 | 700 |
| **Total do ativo circulante** | **R$ 700** | **R$ 850** |
| Instalações e equipamentos | 1.000 | 1.500 |
| Investimentos a longo prazo | 500 | 900 |
| Outros ativos | 200 | 250 |
| **Total de ativos** | **R$ 2.400** | **R$ 3.500** |
| **Passivo e patrimônio líquido** | **31 dez. 2008** | **31 dez. 2009** |
| Pagamentos de compras | 150 | 200 |
| Pagamentos de dívidas | 100 | 100 |
| Provisões diversas | 25 | 100 |
| Provisões para tributos federais | 40 | 50 |
| **Total do passivo circulante** | **R$ 315** | **R$ 450** |
| Obrigações por financiamento | 500 | 1.000 |
| Debêntures | 85 | 50 |
| Participação de acionistas | 1.500 | 2.000 |
| **Total do passivo e participação dos acionistas** | **R$ 2.400** | **R$ 3.500** |

representa as quantias em dinheiro devidas que se espera pagar dentro de um ano; e outras obrigações são, por natureza, as quantias que seriam pagas em prazos mais longos.

A demonstração de resultados apresenta o desempenho financeiro das operações de uma organização durante um intervalo de tempo, normalmente um ano. Nesse tipo de declaração financeira, as vendas líquidas (vendas menos devoluções e abatimentos) são registradas na parte superior e, então, realiza-se a subtração de vários valores cujo resultado determina o lucro após o pagamento dos tributos (receita líquida). Na demonstração de resultados, esses valores incluem o custo de mercadorias vendidas, as despesas operacionais, depreciações, juros, taxas e outras despesas. A Tabela 9.2 apresenta a demonstração de resultados da mesma fábrica de equipamentos do exemplo anterior.

Organizações diferentes podem ter entradas bem diversas. No entanto, essas duas demonstrações financeiras — o balanço e a demonstração de resultados — são muito usadas nos relatórios destinados a fornecer um panorama da 'saúde' financeira de uma empresa. Além disso, elas apresentam uma grande quantidade de

TABELA 9.2 Demonstração de resultados para o fim do ano (31 dez. 2009) — em R$

| | | |
|---|---|---|
| Vendas | | 3.600 |
| Custo das mercadorias vendidas | | 2.700 |
| Lucro bruto | | 900 |
| Menos despesas operacionais | | |
| Vendas | 40 | |
| Geral e administrativo | 60 | 100 |
| Receita operacional bruta | | 800 |
| Menos depreciações | | 250 |
| Receita operacional líquida | | 550 |
| Menos outras despesas | | 50 |
| Lucro líquido antes do pagamento de juros e tributos | | 500 |
| Menos outras despesas | | 200 |
| Lucro líquido antes do pagamento dos tributos | | 300 |
| Menos impostos de renda federal e estadual | | 120 |
| Lucro líquido após o abatimento dos tributos | | 180 |

informações úteis para os administradores estratégicos. Entretanto, é muito difícil olhar para uma demonstração e determinar quão bem a organização está indo. Como saber se a empresa está realmente numa posição financeira sólida ou se essas demonstrações apontam problemas? Para responder a essas questões, precisamos comparar a situação financeira da empresa (no decorrer do tempo) com a de outras organizações de tamanho similar e com a média geral no mesmo setor. Essas comparações são essenciais à análise dos indicadores financeiros, e esta pode ser dividida em quatro etapas: (1) escolher os indicadores apropriados, (2) calcular os indicadores, (3) comparar os indicadores e (4) verificar problemas e oportunidades. Veremos uma etapa por vez.

## Escolha dos indicadores apropriados

Entre os diversos tipos de indicadores financeiros, incluem-se os graus de liquidez, de endividamento de atividade e de indicadores econômicos. Todos são importantes na avaliação do bem-estar financeiro de uma organização, e, embora os administradores estratégicos possam utilizá-los todos, alguns são muito específicos, e sua aplicação eficiente exige grande conhecimento de administração financeira.[3] Além disso, na análise de qualquer caso de administração estratégica que inclua demonstrações financeiras, os tipos de indicadores financeiros necessários variam bastante. Mas vale assinalar aqui que os indicadores de atividade, de grau de liquidez, e econômicos são considerados bastante úteis para apontar indícios de deficiências.

## Grau de liquidez

Uma das primeiras considerações financeiras que devemos ter ao analisarmos um assunto estratégico é a liquidez da organização. Liquidez refere-se à capacidade da organização de pagar suas obrigações de curto prazo. Se a organização não puder cumprir com suas obrigações de curto prazo, pouco pode fazer até que essa dificuldade seja corrigida. Em outras palavras, uma empresa nessas condições deve resolver seus problemas antes que o planejamento estratégico de longo prazo seja implementado.

Os dois indicadores mais usados habitualmente para pesquisar liquidez são a liquidez imediata e a seca (ou teste rigoroso). Acha-se a liquidez imediata dividindo-se o ativo disponível (dinheiro + estoques) pelo passivo circulante (dívidas imediatas). Ela mede a capacidade global de uma organização em satisfazer suas obrigações de curto prazo. Um método simples é verificar se a liquidez imediata está na proporção, por exemplo, de 2:1, embora o aceitável dependa muito do setor e do momento da economia.

A liquidez seca é determinada subtraindo-se o estoque do ativo circulante e dividindo-se o restante pelo passivo circulante. Como o estoque é o último ativo circulante disponível, a liquidez seca indica a reserva em dinheiro que uma organização tem disponível para pagar suas dívidas de curto prazo. Um método simples é verificar se o grau de liquidez seca está na proporção mínima, por exemplo, de 1:1, embora ela dependa do setor e do momento da economia, tal como a liquidez imediata. Nesse caso, não há folga para garantir o pagamento de cada real devido, surgindo o risco de não se pagar parte da dívida com relação a terceiros.

## Indicadores de atividade

Os indicadores de atividade, também chamados de indicadores de administração de ativos, identificam quão bem a organização lida com seus ativos. Para fins da administração estratégica, dois dos indicadores de atividade mais utilizados medem a *rotatividade do estoque* e a *utilização total do ativo*.

A *rotatividade do estoque* é determinada pela divisão das vendas pelos estoques. Se a empresa não está movimentando seu estoque tão rapidamente como no passado, ou tão rapidamente como outras empresas do mesmo setor, ela pode vir a enfrentar dificuldades. Talvez esteja sendo aplicado muito dinheiro em estoque pouco produtivo, ou a organização fracassando em colocar seus produtos no mercado de modo tão eficiente como antes.

Um segundo indicador útil de atividade é a *utilização total dos ativos*. É calculada dividindo-se as vendas pelo total do ativo. Ela mede o quão produtivamente os ativos da empresa estão sendo usados na geração de vendas. Se essa relação estiver bem abaixo da média do setor, talvez a administração não esteja usando seus ativos de modo efetivo.

## Indicadores econômicos

A lucratividade de uma organização é uma medida importante de sua eficiência. Embora os analistas financeiros sugiram que a meta de uma empresa seja aumentar a riqueza de seus acionistas, a lucratividade é uma medida usual para avaliar o sucesso da empresa.

Dois indicadores econômicos importantes são a margem de lucro sobre as vendas e o retorno sobre o investimento (ROI). A *margem de lucro sobre as vendas* é calculada dividindo-se os lucros, antes dos juros e tributos, pelas vendas. Se esse valor estiver diminuindo ao longo do tempo, ou estiver bem abaixo dos valores obtidos por outras empresas do setor, devem ser levantadas questões quanto ao desempenho da organização. O retorno sobre investimentos é calculado dividindo-se os lucros após os tributos pelo total de ativo. Essa relação também é chamada de *retorno sobre os ativos*, e os lucros obtidos após o abatimento dos tributos são conhecidos como *lucro líquido* ou *receita líquida*. Essa relação indica quão produtivamente a organização está comprando, usando e administrando os ativos. O retorno sobre investimentos é uma medida habitualmente discutida de desempenho da corporação.

## Cálculo dos indicadores

O passo seguinte na análise dos indicadores é calculá-los. A seguir, foram calculados cada um dos seis indicadores vistos até agora, usando dados derivados das demonstrações financeiras para o ano de 2009 da mesma empresa de equipamentos.

*Indicadores de liquidez*

$$\text{Liquidez imediata} = \frac{\text{Ativo disponível}}{\text{Passivo circulante}} = \frac{850}{450} = 1{,}88$$

$$\text{Liquidez seca} = \frac{\text{Ativo circulante} - \text{Estoque}}{\text{Passivo circulante}} = \frac{150}{450} = 0{,}33$$

*Indicadores de atividade*

$$\text{Rotatividade dos estoques} = \frac{\text{Vendas}}{\text{Estoques}} = \frac{3.600}{700} = 5{,}14$$

$$\text{Utilização total dos ativos} = \frac{\text{Vendas}}{\text{Total de ativos}} = \frac{3.600}{3.500} = 5{,}14$$

*Indicadores Econômicos*

$$\text{Margem de lucro sobre as vendas} = \frac{\text{Lucro antes de tributos}}{\text{Vendas}} = \frac{500}{3.600} = 0{,}14$$

$$\text{Retorno sobre investimentos} = \frac{\text{Lucro após tributos}}{\text{Total dos ativos}} = \frac{180}{3.500} = 0{,}05$$

## Comparação entre os indicadores

É importante ter em mente que nenhum indicador possui significado por si próprio. Em outras palavras, a comparação dos indicadores é essencial para que se obtenham informações efetivas das avaliações financeiras.

Os indicadores podem ser comparados de diversas formas: (1) por períodos de tempo, (2) em relação a empresas similares e (3) com a média das empresas do setor econômico em que a empresa atua. Os exemplos seguintes ilustram cada um dos diferentes tipos de comparações.

No primeiro caso, suponha que, em 2008, a empresa tenha realizado vendas de R$ 3.300, lucros antes de juros e tributos de R$ 600 mil, e lucros posteriores a tributos de R$ 200 mil. De posse desses números e com a informação do balanço de 31 de dezembro (fornecida na Tabela 9.1), podemos calcular os indicadores para 2008 e, então, compará-los com os de 2009 para pesquisar a tendência. A Tabela 9.3 apresenta essa comparação.

Para comparar os indicadores de uma organização com os de outras similares, o analista deve buscar informações sobre o setor.

A Tabela 9.4 compara os indicadores de 2009 daquela empresa com os de empresas de tamanho similar e com a média do setor. Ao preparar demonstrações comparativas como as mostradas nas tabelas 9.3 e 9.4, o analista deve interpretar o significado delas. Essa é a etapa final da análise dos indicadores.

## Verificação de problemas e de melhorias

As comparações entre os indicadores mostrados anteriormente sugerem que aquela empresa não apresenta uma sólida situação financeira e que sua posição tem declinado desde o ano anterior. Em termos de liquidez, embora estivesse em boa forma em 2008, sua posição em 2009 não foi favorável. Particularmente, dada a liquidez seca de 0,33, a empresa poderá enfrentar sérias dificuldades se seus cre-

TABELA 9.3 Comparação de indicadores financeiros entre 2008 e 2009

| INDICADORES FINANCEIROS | 2008 | 2009 |
|---|---|---|
| **Liquidez** | | |
| Imediata | 2,22 | 1,88 |
| Seca | 0,86 | 0,33 |
| **Atividades** | | |
| Rotatividade dos estoques | 7,67 | 5,14 |
| Utilização total dos ativos | 1,38 | 1,03 |
| **Lucratividade ou Econômicos** | | |
| Margem do lucro sobre as vendas | 0,18 | 0,14 |
| Retorno sobre o investimento | 0,08 | 0,05 |

TABELA 9.4 Comparação de indicadores financeiros com dados do setor econômico

| INDICADORES FINANCEIROS | EMPRESA | EMPRESAS DO SETOR COM ATIVOS DE 1-10 | MÉDIA DO SETOR |
|---|---|---|---|
| **Liquidez** | | | |
| Imediata | 1,88 | 1,8 | 1,8 |
| Seca | 0,33 | 0,9 | 1,0 |
| **Atividades** | | | |
| Rotatividade dos estoques | 5,14 | 7,8 | 7,9 |
| Utilização total dos ativos | 1,03 | 1,7 | 1,8 |
| **Lucratividade ou Econômicos** | | | |
| Margem do lucro sobre as vendas | 0,14 | 0,13 | 0,15 |
| Retorno sobre o investimento | 0,05 | 0,15 | 0,16 |

dores exigirem pagamentos imediatos. Parece que o estoque mantido era um tanto grande. Isso pode significar que seus produtos sofreram os efeitos de uma rápida mudança tecnológica e não venderam bem. Alternativamente, a empresa pode ter acumulado estoques esperando o aumento da demanda. Em qualquer caso, sua posição de liquidez precisa ser melhorada.

O aumento nos estoques também se refletiu na redução dos indicadores de atividade. A rotatividade dos estoques e a utilização total dos ativos declinaram, tendo ficado bem abaixo da média do setor. Talvez também tenham sido acumulados estoques de alguns outros ativos pouco produtivos ou obsoletos.

Em termos de lucratividade, embora a margem de lucro sobre as vendas tenha diminuído de 18 para 14 por cento, ainda está acima da margem de empresas de porte similar do setor econômico. Entretanto, o retorno sobre investimento está muito abaixo dos valores do setor e se retraiu bastante. Isso pode representar uma situação crítica para a empresa, particularmente se estiver tentando atrair novos investidores. Chegar a uma interpretação, entretanto, depende de muitos outros fatores. Se for uma empresa nova, por exemplo, pode ser que ela espere futuramente ter grande aumento nos lucros.

O que deve ficar claro na análise acima é que os indicadores oferecem um meio eficiente de avaliação do bem-estar financeiro de uma organização. O cálculo e a comparação dos diversos indicadores podem alertar os analistas para as áreas da administração estratégica que devem ser mais profundamente investigadas. Entretanto, os indicadores financeiros apenas apresentam sintomas das deficiências que ocasionam o fraco desempenho financeiro. Geralmente, pode-se discordar dessas causas fundamentais ao considerar outras informações relacionadas com a situação da administração estratégica.

Até nos casos em que um indicador financeiro da empresa parece igualar-se à média do setor, essa paridade não significa que a empresa esteja longe de dificuldades financeiras ou de outras deficiências de administração estratégica. Por exemplo, a empresa pode ter um claro diferencial competitivo que pode ser explorado para superar o desempenho médio do setor, porém não está tirando proveito disso. Ou pode ser que ela esteja em boa situação financeira naquele momento, mas que uma séria ameaça da concorrência apresente grandes possibilidades de eliminá-la num futuro próximo. Em suma, a análise dos indicadores financeiros é uma ferramenta muito útil, porém não pode substituir outros tipos de análises.

## ANÁLISE DO PONTO DE EQUILÍBRIO

A *análise do ponto de equilíbrio* é um modo simples de identificar o valor potencial de uma proposta de investimento. Ela é útil na análise de três importantes tipos de decisões na administração estratégica.

Quando se está pesquisando novos produtos, pode ajudar a determinar qual deve ser seu grau de penetração de vendas para:

1. Que a empresa alcance lucratividade.
2. Pode-se utilizá-la para estudar os efeitos de uma expansão geral no nível de operações de uma empresa.
3. Quando a empresa está considerando projetos de modernização e automação, em que o investimento em equipamento aumenta para diminuir custos variáveis, particularmente o custo da mão de obra, ela pode ajudar a administração a analisar as consequências da ação.[4]

O *ponto de equilíbrio* é aquele nível de vendas, em termos de unidades ou valor monetário, que cobre todos os custos de investimento em um projeto. Em outras palavras, é o nível no qual o rendimento total das vendas é exatamente igual ao total de custos necessários para se atingir essas vendas.

Para calculá-lo, um analista deve obter três valores. Primeiro, precisa saber o preço de venda por unidade do produto (PV). Segundo, o valor total dos custos fixos (CF), que são aqueles custos que não mudam, quer a empresa venda muitas ou poucas unidades produzidas. (Por exemplo, independentemente de a empresa produzir e vender um ou dez mil itens do produto, os salários dos funcionários deverão ser pagos, as máquinas para a produção deverão ser compradas e uma fábrica deverá ser construída. Outros custos fixos incluem pagamentos de juros, pagamentos de arrendamentos e provisões para o fundo de amortização.)

O terceiro valor necessário para o analista calcular o ponto de equilíbrio é o dos custos variáveis por unidade produzida (CV). Custos variáveis, como o próprio nome indica, são os que variam de acordo com o número de unidades produzidas. Por exemplo, cada equipamento produzido consome componentes elétricos e mecânicos, mão de obra para a construção e custos de fabricação, como eletricidade.

Com base nesses três indicadores, considere uma empresa do mesmo ramo que, após a análise de mercado, planejou vender seus novos produtos (PV) por R$ 5 mil.

Ao identificar todos os custos fixos (CF) para produzir o novo produto, chegou ao total de R$ 10 milhões. Para cada item produzido, a empresa estima que os custos variáveis (CV) sejam de R$ 3 mil.

Com essas informações, pode-se determinar o ponto de equilíbrio, dividindo os custos fixos totais pela margem de contribuição. A *margem de contribuição* é a diferença entre o preço de venda e os custos variáveis por unidade vendida. Algebricamente,

$$\text{Ponto de equilíbrio (em unidades)} = \frac{\text{Custos fixos totais}}{\text{Margem de contribuição}} = \frac{CF}{PV - CV}$$

Considerando as estimativas da empresa, descobrimos que

$$\text{Ponto de equilíbrio (em unidades)} = \frac{10.000.000}{5.000 - 3.000} = \frac{10.000.000}{2.000} = 5.000$$

Em outras palavras, a empresa deve vender cinco mil unidades do produto para equilibrar a receita com a despesa — ou seja, para o valor total das vendas ser igual ao total dos custos. Esse é um número muito útil. Ele informa ao administrador que, se as vendas nesse nível de preço forem menores que cinco mil, o projeto pode não ser viável do ponto de vista financeiro.

Alternativamente, o administrador pode querer saber o ponto de equilíbrio em termos do total de vendas em valores monetários em vez de em unidades. Certamente, se tiver sido feita a análise precedente, pode-se simplesmente multiplicar a quantidade de unidades referentes ao ponto de equilíbrio pelo preço de vendas: 5 mil unidades × R$ 5 mil = R$ 25 milhões. O ponto de equilíbrio em termos monetários pode ser calculado também diretamente, com a seguinte fórmula:

$$\text{Ponto de equilíbrio (em unidades)} = \frac{CF}{1 - \frac{CV}{PV}} = \frac{100.000.000}{1 - \frac{3.000}{5.000}} = \$\,25.000.000$$

Assim, a empresa deve produzir e vender 5 mil unidades do produto, que é igual a R$ 25 milhões em vendas, para equilibrar a receita com a despesa nesse projeto. No entanto, é certo que a empresa não vai querer apenas equilibrar a receita com a despesa, mas sim obter lucro. A partir daqui, a lógica da análise do ponto de equilíbrio pode ser estendida de maneira a incluir lucros (L).

Suponha, por exemplo, que a empresa decida ter um retorno mínimo de 20 por cento sobre os custos fixos para que o projeto seja considerado viável, ou seja, justifique o valor investido. Em números, a empresa precisa de R$ 2 milhões (20% × R$ 10.000.000) em receitas adicionais para justificar o investimento no projeto. Para calcular quantas unidades devem ser vendidas para alcançar esse nível de lucro, somamos o lucro aos custos fixos na fórmula anterior, conforme o exemplo:

$$\text{Equilíbrio mais lucro} = \frac{CF + L}{PV - CV} = \frac{10.000.000 + 2.000.000}{5.000 - 3.000} = 6.000 \text{ unidades}$$

Em valores monetários, a fórmula ficaria assim:

$$\text{Equilíbrio mais lucro} = \frac{CF + L}{1 - \dfrac{CV}{PV}} = \frac{10.000.000 + 2.000.000}{1 - \dfrac{3.000}{5.000}} = \text{R\$ } 30.000.000$$

A empresa deve produzir e vender 6 mil unidades do produto, o que equivale a R$ 30 milhões em vendas, se quiser alcançar o mínimo de vendas aceitável para o nível do lucro esperado. Esse cálculo é muito útil, porque considera a lucratividade necessária para se obter esse volume de vendas. Por exemplo, se o mercado todo tivesse uma demanda de 10 mil unidades, seria possível à empresa obter uma participação no mercado equivalente a 60 por cento, levando-se em conta a concorrência? Se a resposta for positiva, o projeto justificaria o investimento. Caso seja negativa, precisariam ser encontradas outras oportunidades ou ser mudado o plano estratégico. Se o preço do produto for reduzido, por exemplo, o aumento de vendas poderia trazer economias de escala e resultar num projeto lucrativo.

O gráfico elaborado para a apresentação da análise do ponto de equilíbrio, na Figura 9.1, representa os cálculos dos indicadores de que estamos tratando. Com base nesse tipo de gráfico, é possível observar as diversas relações entre vendas, custos fixos e custos variáveis, além dos níveis de lucros e das perdas sob várias condições.

A seção "Módulo aplicado" a seguir fornece a oportunidade de realizar uma análise de equilíbrio.

FIGURA 9.1 Apresentação gráfica do ponto de equilíbrio

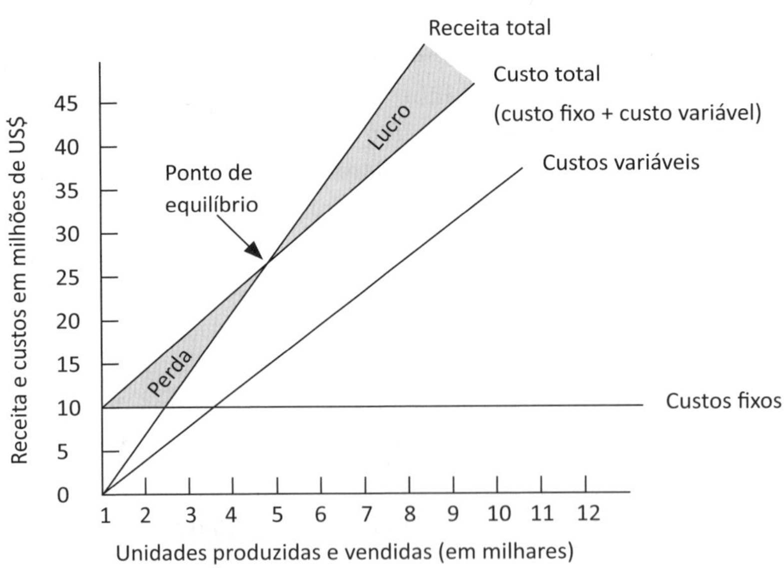

*módulo aplicado*

## ANÁLISE DO PONTO DE EQUILÍBRIO DE UM FABRICANTE DE RELÓGIOS

### Introdução

Temos visto a análise de equilíbrio de modo detalhado. Leia a situação e, então, resolva o exercício proposto. Isso o ajudará a desenvolver esse importante conhecimento.

### Situação

Uma empresa fabricante de relógios detinha 50 por cento desse mercado nos Estados Unidos e 20 por cento das vendas mundiais no final da década de 1990. Por volta de 2002, a empresa sofreu uma queda vertical na participação do mercado, caindo para 17 por cento e sofrendo perdas operacionais de aproximadamente US$ 100 milhões. Parte da dificuldade deveu-se ao fato de que a direção da empresa não reconheceu a força dos concorrentes. Quando ela finalmente lançou novos tipos de relógios, eles eram bem menos atraentes que os relógios dos concorrentes e seus preços finais eram 50 por cento superiores aos deles. Nesse momento, a empresa decidiu tentar reconstruir seu mercado e gastou mais de US$ 100 milhões para reequipar e redesenhar suas linhas de relógios de pulso e de mesa. Um dos resultados da nova linha de relógios de pulso foi o lançamento de uma coleção popular, com nova marca, para ser vendida em lojas de departamentos e joalherias por um valor acessível às classes de renda mais baixa.

### Exercício

Suponha que os relógios tenham um custo variável de US$ 30 por peça e que o total dos custos fixos para a coleção girem em torno de US$ 18 milhões. Se a empresa vender diretamente para revendedores e estes repassarem os relógios a um valor 50 por cento mais caro, qual é o ponto de equilíbrio da empresa para essa coleção? Quantos relógios terão de ser vendidos para que se obtenha um lucro de US$ 3,6 milhões? Agora, repita o exercício considerando que, no presente ano, a empresa tenha aumentado os custos variáveis em cerca de 27 por cento e que os custos fixos tenham subido apenas 18 por cento. Se as demais condições forem mantidas, qual o novo ponto de equilíbrio para os relógios populares? Quantos relógios desse tipo a empresa terá de vender para obter um lucro de US$ 5,4 milhões?

Embora a análise do ponto de equilíbrio seja uma ferramenta útil, ela apresenta limitações. Por exemplo, é necessário uma série completa dessas análises se for desejado considerar diferentes níveis de preços ou diferentes estimativas de custos fixos ou variáveis. Similarmente, é provável que muitos custos mudem em função de níveis de volumes diferentes. Por exemplo, para níveis altos de volume, mais empregados teriam de ser contratados e mais máquinas teriam de ser compradas, o que alteraria as diversas curvas de custos. A análise do ponto de equilíbrio é útil (e, em alguns casos, ela é a única técnica que pode ser aplicada); porém, frequentemente, são recomendadas análises mais detalhadas para investigar alternativas de investimentos. Uma dessas é a análise do valor presente líquido.

## ANÁLISE DO VALOR PRESENTE LÍQUIDO

Um tratamento detalhado da *análise do valor presente líquido* foge do objetivo deste livro. Apesar disso, mostraremos a sua utilidade para a administração estratégica, que é pesquisar o valor de uma proposta de investimento para uma organização ou para comparar alternativas de investimentos e determinar qual é a melhor delas do ponto de vista financeiro.

Essa análise se baseia no fato de que o dinheiro tem seu valor relacionado ao tempo. Por exemplo, $ 10 hoje valem mais que $ 10 no ano que vem, porque ele pode ser investido agora pelo prazo de um ano. Se os $ 10 fossem colocados em uma aplicação financeira e rendessem 6 por cento de juros, teríamos $ 10,60 depois de um ano. Assim, uma análise financeira que esteja considerando entradas e saídas de caixa que ocorrerão no futuro poderá usar a análise do valor presente líquido para 'descontá-lo' — ou seja, para avaliar o seu valor monetário hoje.

Para calcular o valor presente líquido de um investimento, é preciso dispor de diversos dados. Primeiro, deve ser calculado o custo total inicial de um investimento. Isso inclui todos os pagamentos feitos hoje para começar o projeto. Segundo, deve ser estimado o custo de capital da empresa. Terceiro, determinar a expectativa de vida do projeto. E, quarto, estimar o fluxo líquido de caixa do projeto. O *fluxo líquido de caixa* são as quantidades líquidas (entradas menos saídas de caixa) que a empresa recebe com o projeto a cada ano; incluem lucros após tributos (receita líquida) e depreciação.

A equação básica para se calcular o valor presente líquido é:

$$VPL = \frac{FLC_1}{(1+k)^1} + \frac{FLC_2}{(1+k)^2} + \ldots\ldots + \frac{FLC_n - I}{(1+k)^n}$$

onde

$VPL$ = valor presente líquido

$FLC$ = fluxo líquido de caixa a cada ano de vida do projeto

$I$ = total inicial do investimento

$k$ = custo de capital

Essa equação indica que o valor presente líquido de um investimento é igual ao fluxo líquido de caixa, descontado o custo de capital, menos o investimento inicial. Por exemplo, suponha que a empresa pretenda entrar para o mercado de produtos domésticos, além daquele de produtos industriais, e tem disponíveis as seguintes informações financeiras:

| | |
|---|---|
| Investimento inicial em equipamentos | R$ 1.500 mil |
| Vida útil do equipamento | 10 anos |
| Depreciação | 10% ao ano |
| Valor das despesas | R$ 200 mil |
| Lucro líquido anual | R$ 150 mil |
| Custo de capital | 10% |

Como os livros de administração financeira incluem tabelas de valor presente líquido, é mais fácil usar essas tabelas do que fazer os cálculos conforme os exemplos anteriores. A Tabela 9.5 apresenta o fluxo líquido de caixa — renda líquida (R$ 150 mil por ano) mais depreciação (R$ 150 mil por ano) igual a R$ 300 mil e um adicional de R$ 200 mil em 10 anos para o valor das despesas —; o fator de desconto apropriado para um custo de capital de 10 por cento e o valor presente daqueles fluxos de caixa. Como o valor presente do fluxo líquido de caixa é R$ 1.920.450, subtraindo-se o investimento inicial de R$ 1.500 chega-se a um valor líquido presente de R$ 420.450. Como esse valor é positivo, a empresa poderá investir e entrar no mercado de produtos domésticos.

Como os nove primeiros anos do fluxo líquido de caixa são os mesmos, seria muito mais fácil calcular o valor presente tratando esses nove anos como uma anuidade e multiplicar pelo total dos fatores de desconto dos nove anos — ou seja, R$ 300.000 x 5.759 = R$ 1.727.700. Adicionando o décimo ano (R$ 500.000 x 0.3855 = R$ 192.750) a essa quantidade, ficaria mais fácil de obter o valor presente de R$ 1.920.450. Quanto aos fatores de desconto, a Tabela 9.6 apresenta alguns daqueles mais utilizados para calcular o valor presente. Tabelas mais completas podem ser encontradas em livros de administração financeira.

A análise do valor presente líquido é um método útil para se examinar alternativas de investimentos. No entanto, seu emprego exige alguns conhecimentos de administração financeira e, por isso, na administração estratégica, esse tipo de análise deve ser aplicado quando os dados estiverem minimamente disponíveis.

**TABELA 9.5** Cálculo de valor presente (em R$)

| Ano | Fluxo líquido de caixa | Fator de desconto de 10% | Valor presente |
|---|---|---|---|
| 1 | 300.000 | 0,9091 | 272.730 |
| 2 | 300.000 | 0,8264 | 247.920 |
| 3 | 300.000 | 0,7513 | 225.390 |
| 4 | 300.000 | 0,6830 | 204.900 |
| 5 | 300.000 | 0,6209 | 186.270 |
| 6 | 300.000 | 0,5645 | 169.350 |
| 7 | 300.000 | 0,5132 | 153.960 |
| 8 | 300.000 | 0,4665 | 139.950 |
| 9 | 300.000 | 0,4241 | 127.230 |
| 10 | 500.000 | 0,3855 | 192.750 |
| | | | 1.920.450 |

TABELA 9.6 Exemplos de fatores de desconto do valor presente

| Ano | 8% | 10% | 12% | 14% | 16% | 18% |
|---|---|---|---|---|---|---|
| 1 | 0,9259 | 0,9091 | 0,8929 | 0,8772 | 0,8621 | 0,8475 |
| 2 | 0,8573 | 0,8264 | 0,7972 | 0,7695 | 0,7432 | 0,7182 |
| 3 | 0,7938 | 0,7513 | 0,7118 | 0,6750 | 0,6407 | 0,6086 |
| 4 | 0,7350 | 0,6830 | 0,6355 | 0,5921 | 0,5523 | 0,5158 |
| 5 | 0,6806 | 0,6209 | 0,5674 | 0,5194 | 0,4761 | 0,4371 |
| 6 | 0,6302 | 0,5645 | 0,5066 | 0,4556 | 0,4104 | 0,3704 |
| 7 | 0,5835 | 0,5132 | 0,4523 | 0,3996 | 0,3538 | 0,3139 |
| 8 | 0,5403 | 0,4665 | 0,4039 | 0,3506 | 0,3050 | 0,2660 |
| 9 | 0,5002 | 0,4241 | 0,3606 | 0,3075 | 0,2630 | 0,2255 |
| 10 | 0,4632 | 0,3855 | 0,3220 | 0,2697 | 0,2267 | 0,1911 |

## RESUMO

Este capítulo tratou de três ferramentas financeiras úteis para a administração estratégica. Discutimos a análise dos indicadores financeiros e examinamos três tipos deles: de liquidez, de atividade e de lucratividade. Sugerimos que esses indicadores devem ser aplicados rotineiramente em assuntos da administração estratégica que incluam informações de balanço e demonstração de resultados. Em seguida, discutimos a análise do ponto de equilíbrio como método para investigar o valor potencial de um investimento para uma organização. Ela permite à empresa determinar em que volume de vendas a renda total gerada pelo projeto iguala-se aos custos incorridos para se atingir aquelas vendas, e pode ser estendida para incluir os níveis de lucro desejados. Finalmente, apresentamos a análise do valor presente líquido como um método mais elaborado, porém útil, para analisar alternativas de investimentos, de modo que permita à empresa determinar o valor monetário atual do fluxo de caixa que ocorrerá no futuro.

A seção "Lista de verificação" reúne os principais pontos apresentados neste capítulo. Use-os para analisar problemas e casos que abordem questões financeiras na administração estratégica.

## lista de VERIFICAÇÃO

### Análise financeira na administração estratégica

1. O assunto inclui demonstrações financeiras que possibilitem uma análise de indicadores?

2. Uma análise de indicadores ajudaria a administração a compreender melhor as forças e as fraquezas da organização?

3. Qual é a condição financeira da organização? Ou seja, como compará-la com outra organização, tendo por base o setor econômico, no que diz respeito a medidas como grau de liquidez e indicadores de atividade e econômicos? Quais seriam as implicações da situação atual da empresa?

4. É preciso incluir a informação da deficiência para realizar uma análise do ponto de equilíbrio?

5. A análise do ponto de equilíbrio ajudaria a administração a avaliar uma proposta de projeto?

6. Dado um ponto de equilíbrio, a empresa será capaz de vender unidades suficientes para se tornar lucrativa?

7. A deficiência inclui informação necessária para que seja realizada uma análise do valor presente líquido?

8. Uma análise do valor presente líquido ajudaria a administração a avaliar as oportunidades de investimentos da empresa?

9. Dado um valor presente líquido positivo, há alguma razão pela qual a empresa não deva investir no projeto?

10. Se não há dados suficientes para realizar uma análise do ponto de equilíbrio ou de valor presente líquido, tal análise pode ser realizada se algumas hipóteses razoáveis forem assumidas? Por exemplo, é possível assumir o custo de capital para realizar a análise?

## NA PRÁTICA

### Americanas.com, Submarino, Shoptime, Blockbuster Online, Ingresso.com: comércio eletrônico é um bom negócio? O caso da B2W.

Em dezembro de 2006, foi constituída a B2W — Companhia Global de Varejo —, que é a empresa resultante da fusão da Americanas.com com a Submarino. A B2W é uma empresa de capital aberto, listada na Bovespa sob o código BTOW3, cujas informações contábeis são apresentadas de acordo com as normas expedidas pela Comissão de Valores Mobiliários e de acordo com o regulamento de listagem de Novo Mercado.

A B2W é líder no comércio eletrônico brasileiro, atuando por meio de diversos canais de distribuição — televendas (anúncios por televisão ou catálogos), quiosques e Internet. Oferece mais de 700 mil itens, em 30 categorias de produtos, em condições que a empresa considera vantajosas para o cliente final. Tem em seu portfólio as seguintes marcas: Americanas.com; Submarino; Shoptime; Blockbuster Online; Ingresso.com; Submarino Finance e B2W Viagens.

A visão da B2W é ser a maior empresa de comércio eletrônico do mundo, o que se desdobra em quatro objetivos: ser a melhor opção de compra, do ponto de vista dos clientes; ser o melhor retorno do investimento, do ponto de vista dos acionistas; ser uma ótima oportunidade de desenvolvimento profissional, para os colaboradores; ser um excelente canal de distribuição, para os fornecedores.

A empresa fez altos investimentos em infraestrutura de logística e em tecnologias usadas para o comércio eletrônico, o que a leva a ter vantagens em termos de custo operacional. Para a empresa, a qualidade de seus serviços está focada na simplicidade do processo de compra, como acontece no projeto 'Compra com 1 Click' na Submarino, que permite ao cliente cadastrar apenas uma vez seus dados pessoais, ficando estes disponíveis para outras compras. Além disso, a empresa investe na rapidez de entrega de seus produtos ou serviços.

A atuação da B2W pode ser analisada pelos seus resultados econômico-financeiros, conforme apresentados nos relatórios de divulgação de resultados disponíveis no espaço de relações com investidores em seu site.

Em termos de resultados econômico-financeiros, de 2008 para 2009 a empresa teve um crescimento da receita bruta da ordem de 14 por cento e do EBTIDA da ordem de 20 por cento. No texto a seguir, aparecem alguns dos destaques da empresa ao final de 2009, conforme apresentado em seu relatório de divulgação de resultados (4T09 e período de 2009 consolidado).

**Receita Bruta:** Crescimento de 16% no 4º Trim/09 e 14% em 2009

**Receita Líquida:** Crescimento de 31% no 4º Trim/09 e 22% em 2009

**EBITDA:** R$ 174 milhões no 4º Trim/09 e R$ 489MM em 2009

**Lucro Líquido:** R$ 14 milhões no 4º Trim/09 e R$ 48MM em 2009

**Capital de Giro Líquido:** melhor nível alcançado desde o 4º Trim/08

Em termos de resultados da controladoria, a B2W atingiu R$ 1,399 bilhão de receita bruta no 4º trimestre de 2009, um crescimento de 18 por cento em relação ao mesmo período de 2008.

Ao longo de todo o ano de 2009, atingiu R$ 4,790 bilhões, um crescimento de 14 por cento sobre 2008. Considerando o EBITDA, este atingiu R$ 158 milhões no 4º trimestre de 2009, variação positiva de 50 por cento contra o mesmo período de 2008, com margem de 14,9 por cento da receita líquida. Em 2009, o EBITDA atingiu R$ 441 milhões, com margem de 12,4 por cento da receita líquida, crescimento de 17 por cento superior a 2008.

Considerando seus resultados em 2009, a B2W espera, em 2010, otimizar todas as suas operações de modo a fazer frente ao cenário econômico que a empresa considera seja repleto de oportunidades.

## QUESTÕES PARA DISCUSSÕES

1. Compare os indicadores da B2W com os de outras empresas que atuem no segmento de comércio eletrônico. A posição otimista da empresa se sustenta?
2. Como crises mundiais (como a de 2008) podem afetar a situação financeira da B2W?
3. Analise os dados disponíveis para os investidores e discuta-os considerando o que poderia mudar com a entrada de novas empresas desse segmento no Brasil.

## LEITURAS ADICIONAIS

BRIGHAM, E. F.; HOUSTON, J. F. *Fundamentos da moderna administração*. Rio de Janeiro: Campus, 1999.

GITMAN, L. J. *Princípios de administração financeira*. 12. ed. São Paulo: Pearson, 2010.

GITMAN, L. J.; MADURA, J. *Administração financeira:* uma abordagem gerencial. São Paulo: Pearson, 2003.

MORANTE, A. S. *Análise das demonstrações financeiras:* aspectos contábeis da demonstração de resultado e do balanço patrimonial. 2. ed. São Paulo: Atlas, 2009.

## NOTAS

1. Este capítulo baseia-se, em parte, em PETER, J. P.; DONNELY JR., J. H. *Marketing management: knowledge and skills*. Plano, Tex.: Business Publications, Inc., 1986, seção 3.
2. No Brasil, as demonstrações financeiras são reguladas por legislação própria. Para maiores informações, veja resoluções do Conselho Federal de Contabilidade e legislação pertinente. Neste texto, mantivemos a estrutura apresentada originalmente, com adaptação para a nomenclatura usada no nosso país.
3. Para uma detalhada análise dos indicadores de questões como endividamento, crescimento e avaliação, consulte GITMAN, L. J. *Princípios de administração financeira*. 14. ed. São Paulo: Pearson, 2010.
4. Idem.

PARTE 4

# Questões especiais na administração estratégica

Os conhecimentos que você adquiriu nos seis primeiros capítulos podem ser aplicados com sucesso em diversos problemas e casos da administração estratégica. Entretanto, algumas situações talvez exijam conhecimentos específicos em determinadas áreas. Nessa parte, tratamos de assuntos com os quais, frequentemente, o administrador estratégico precisa estar familiarizado: negócios internacionais (Capítulo 10) e responsabilidade social (Capítulo 11). Após estudar cuidadosamente esta parte, você entenderá os problemas específicos que os administradores estratégicos enfrentam ao lidar com questões referentes a essas duas importantes áreas.

# Estruturas de aprendizagem

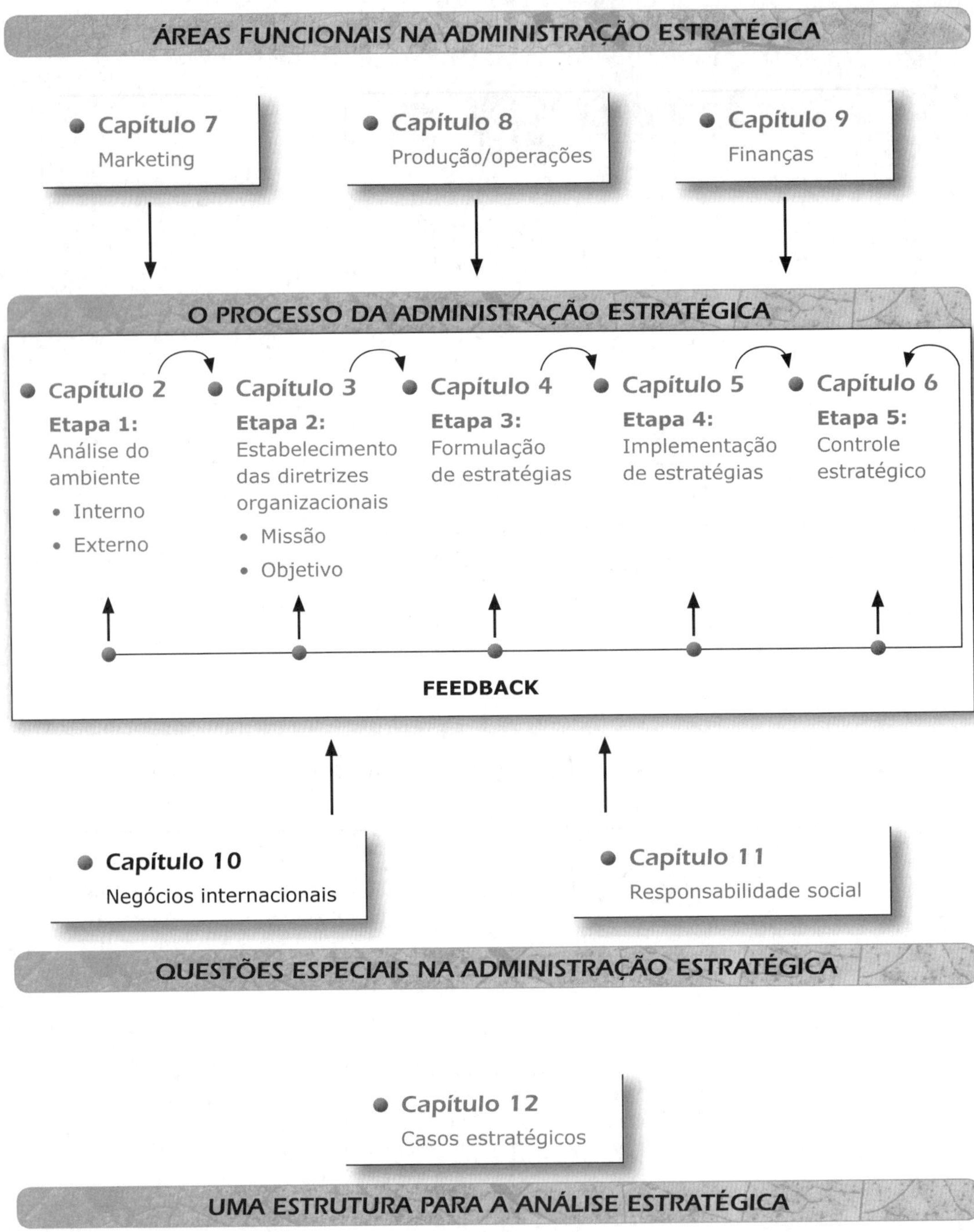

CAPÍTULO 10

# Administração estratégica e negócios internacionais

Este capítulo trata da administração estratégica para negócios com operações internacionais. Ao longo dos últimos anos, um número maior de empresas têm se envolvido cada vez mais com o ambiente internacional. Como é esperado que essa tendência continue, as questões internacionais também tendem a ser, cada vez mais, consideradas importantes na projeção e na implementação da estratégica organizacional bem-sucedida.

Este capítulo apresenta dois enfoques. Em primeiro lugar, analisaremos a situação das empresas internacionais em geral, inclusive a complexa natureza da administração internacional, as oportunidades e os riscos únicos envolvidos nos negócios internacionais, além das diversas formas que organizações multinacionais podem tomar. Então, traçaremos o processo de administração estratégica por meio de cinco etapas importantes na realização de atividades ligadas ao contexto internacional, as quais apresentam aspectos que os administradores devem levar em conta ao realizar atividades internacionais relacionadas à administração estratégica.

•••

## ENTENDER A CARACTERÍSTICA DOS NEGÓCIOS INTERNACIONAIS

Antes de aprender como praticar com êxito a administração estratégica no contexto internacional, os administradores devem compreender perfeitamente os princípios básicos da administração internacional. Analisaremos esses princípios em primeiro lugar, esboçando os fundamentos da administração internacional e, então, discutiremos a estrutura das corporações multinacionais.

## Administração internacional

Antes de analisarmos o impacto potencial das operações internacionais sobre a administração estratégica, é preciso esclarecer o que o termo 'administração internacional' realmente significa. Então, consideraremos as vantagens e desvantagens em potencial na condução dos negócios internacionais.

### Uma definição de administração internacional

Engajar-se na *administração internacional* é realizar atividades que estejam além das fronteiras nacionais. No que diz respeito à missão organizacional, significa dizer que a empresa passa a conduzir, ao menos parcialmente, negócios em um ou mais países estrangeiros. Com relação a esses negócios, as atividades podem ser pouco complexas — como a simples venda de um produto — ou mais complicadas — como fabricar o produto e distribuí-lo no mundo todo com o apoio de um sócio estrangeiro.

### Negócios internacionais: oportunidades e riscos

Há diversas vantagens em potencial que permitem à administração ganhar com iniciativa, continuidade ou aumento de seu envolvimento na esfera internacional. Por exemplo, uma empresa pode se voltar aos negócios internacionais a fim de obter as seguintes vantagens:

- *Baixar seu custo operacional em relação ao de seus concorrentes*. A administração pode conseguir baixar seus custos operacionais adquirindo matéria-prima de empresas comerciais estrangeiras que a oferecem a preços mais baixos do que os internos ou a produzindo em fábricas estrangeiras que pagam salários menores.[1] De acordo com David C. Garfield, presidente da Ingersoll-Rand, em uma empresa produtora de equipamentos para construção e mineração, com filiais no mundo inteiro, os salários médios são extremamente relevantes em qualquer tentativa de produzir produtos a preços competitivos. A média de salários para trabalhadores em fábricas norte-americanas é de aproximadamente US$ 12 por hora, incluindo o custo do benefício adicional; na indústria automobilística, esses custos ultrapassam os US$ 20 por hora. Nos países europeus industrializados, esses números são um terço menores; nos países em desenvolvimento, eles podem ser mais baixos que US$ 2 por hora.[2]
- *Aumentar as vendas e os lucros, envolvendo-se em situações menos competitivas*. Para a administração é possível que, para os produtos fornecidos pela empresa, o mercado interno seja muito competitivo se comparado ao mercado de outros países, para o mesmo tipo de produto. Nessa situação, o mercado estrangeiro pode representar uma promessa magnífica.
- *Garantir crescimento contínuo em relação a seus concorrentes*. Ao se envolver no ambiente dos negócios internacionais, a administração pode garantir crescimento relativo para a empresa em relação aos concorrentes. No setor

de publicidade, tem ocorrido fusão e aquisição de diversas organizações voltadas para o crescimento por meio da exploração de mercados estrangeiros.

Em relação às desvantagens em potencial no envolvimento em operações internacionais, podem ser citados os seguintes riscos:

- *Defrontar-se com muitas diferenças políticas, econômicas, culturais e de taxas.* Os administradores de uma organização orientada para o mercado internacional devem lidar simultaneamente com muitas questões de diversidade ambiental. Por exemplo, imagine que o diretor-superintendente de uma das principais empresas brasileiras tenha calculado recentemente que a taxa de inflação dentro do ambiente econômico de sua fábrica na Argentina deve aumentar, que o funcionário sueco contratado para trabalhar em uma filial de seu banco no Japão esteja tendo dificuldades para se ajustar à cultura japonesa e que as sanções econômicas ao Irã provavelmente impedirão a materialização de negócios recentemente consumados.[3] Questões dessa espécie quase inevitavelmente tornam muito mais complicada a administração da situação internacional do que de um cenário puramente doméstico.
- *Envolver-se em uma situação em que é muito mais difícil ter controle sobre os concorrentes.* Manter-se informado sobre a concorrência em dois ou mais países é muito mais difícil do que ficar a par do que acontece em uma única nação. A distância, o idioma e as diferentes atitudes locais aumentam essa dificuldade. Além disso, a presença variável de diversas mídias em diferentes países pode dificultar ainda mais a coleta e a transmissão de informações no cenário internacional do que na frente puramente doméstica.
- *Lidar com dois ou mais sistemas monetários.* Negociar com dois ou mais sistemas monetários, em vez de somente um, complica consideravelmente a gestão financeira. Tarefas como comparar a rotina de registros de unidades operacionais em diferentes países e transferir mercadorias entre essas unidades podem ser muito complicadas. Não somente por haver diferentes unidades monetárias para atribuir um valor aos ativos e às despesas da organização, mas também por causa da mudança dos valores das unidades a diferentes taxas.
- *Aumentar significativamente o risco político ao fazer negócios.* Nesse contexto, risco político é definido como uma potencial perda de controle sobre a propriedade ou benefícios de empreendimentos devido a ações de governos estrangeiros.[4] A Tabela 10.1 lista as condições que significam risco político, grupos que podem gerar risco político e alguns possíveis efeitos desse risco sobre as operações das organizações.

Vamos examinar um exemplo de como essa política de risco pode influenciar as operações das organizações. Há alguns anos, um pequeno concorrente local acusou uma subsidiária da Xerox de praticar subfaturamento. O Ministério do Comércio

TABELA 10.1 **Riscos políticos e o ambiente dos negócios internacionais**

| **Fontes de riscos políticos** | **Grupos por meio dos quais os riscos políticos podem ser gerados** | **Efeitos dos riscos políticos: tipos de influência sobre as operações internacionais das empresas** |
|---|---|---|
| Filosofias políticas de competição. | Governo no poder e suas agências operacionais. | Confisco: perda de ativos. |
| Agitação social. | Grupos parlamentares de oposição. | Expropriação compensada: perda de liberdade para operar. |
| Interesses investidos de grupos de negócios locais. | Grupos de oposição não parlamentares, como movimentos terroristas trabalhando dentro e fora do país. | Restrições operacionais: queda da participação no mercado. |
| Independência política recente ou por acidente. | Grupos de interesse comuns não organizados: trabalhadores, agricultores, minorias e assim por diante. | Características do produto, políticas de emprego, propriedade compartilhada localmente e assim por diante. |
| Conflito armado, rebeliões internas provocadas por forças políticas e terrorismo. | Governos estrangeiros ou agências governamentais internacionais como a União Europeia. | Perda da liberdade de transferência financeira, por exemplo, dividendos, pagamentos de juros, bens, pessoal ou direitos de propriedade. |
| Novas alianças internacionais. | Governos estrangeiros dispostos a entrar em conflito armado ou apoiar rebeliões internas. | Quebra ou revisão unilateral em contratos e acordos.<br><br>Discriminações tais como impostos, subcontratação compulsória.<br><br>Danos à propriedade ou a pessoas (sequestro), insurreições, revoluções, guerras e terrorismo. |

**Fonte:** ROBOCK, S. H.; SIMMONS, K. *International business and multinational enterprise*. 3. ed. Homewood, Ill: Richard D. Irwin, 1983, p. 347.

do país respondeu com novas restrições à Xerox, impondo tarifas sobre as matérias vitais que a empresa importava. O alto escalão da Xerox revisou a política de preços da empresa e, a partir de então, a Xerox passou a enfrentar dificuldades para estabelecer os seus preços — ao contrário de outros investidores estrangeiros naquele país. O incidente finalmente convenceu a administração da matriz de que ela não deveria ter ignorado o conselho dos administradores locais, que tinham alertado sobre o fato de que a estrutura de preços da empresa podia causar problemas políticos.[5]

A seção "Módulo aplicado" a seguir oferece a oportunidade de analisar vantagens e desvantagens (ou riscos) e decidir se valeria a pena uma das grandes Escolas de Samba do Rio de Janeiro se constituir como uma empresa de entretenimento, a Samba Entertainment, e criar espetáculos na Broadway, em Nova York, cidade norte-americana que é ícone em relação ao desenvolvimento de espetáculos musicais de luxo e onde a escola enfrentará inúmeras companhias que serão concorrentes poderosas.

módulo aplicado

## ANÁLISE DA SAMBA ENTERTAINMENT

### Introdução

Discutimos alguns dos prós e contras envolvidos na condução de negócios internacionais. Na maior parte das vezes, a discussão envolve a internacionalização de empresas prestadoras de serviços ou de manufaturas. Propõe-se, neste exercício, analisar um tipo de negócio cuja internacionalização é pouco discutida no Brasil: o setor de espetáculos musicais. É possível exportar as escolas de samba?

### A situação

#### A Broadway, em Nova York

Os primeiros espetáculos musicais da Broadway datam de 1866 e nada tinham em comum com os espetáculos das décadas de 1980 a 2000. Marcaram época os protestos apresentados em *Hair* (1968), o romantismo dos musicais *O Fantasma da Ópera* (o campeão em número de apresentações) e *A Bela e a Fera*, a crítica social em *Os Miseráveis* e a criatividade de *Cats*, entre tantos outros. *Cats* estreou primeiro em Londres, em 1981, e depois na Broadway, em 1982, onde ficou em cartaz ininterruptamente por quase 20 anos, de 1982 a 2000. O espetáculo foi apresentado concomitantemente em vários países, tendo sido traduzido para mais de 20 idiomas e apresentado em diversos lugares do mundo, estando em cartaz no Brasil no ano de 2010.

#### As Escolas de Samba – A Beija-Flor de Nilópolis

A Beija-Flor de Nilópolis foi fundada no Natal de 1948 como um bloco carnavalesco por um grupo de músicos amigos; recebeu o nome de Beija-Flor, inspirado em um Rancho que já existia em Marquês de Valença. Em 1953, o Bloco Associação Carnavalesca Beija-Flor já era vitorioso no bairro. Foi então que um dos componentes da ala de compositores resolveu inscrevê-lo na Confederação das Escolas de Samba, sendo alçado à condição de escola de samba do segundo grupo. No seu primeiro desfile oficial, em 1954, a escola foi campeã, garantindo o seu acesso ao primeiro grupo, ao qual pertencem as escolas de samba mais importantes.

Durante alguns períodos de sua história, a Beija-Flor foi rebaixada ao segundo grupo, mas chegou aos anos 2000 como uma das escolas de samba mais conhecidas no mundo. Nos anos de 2000 a 2009, ela alcançou cinco vezes o primeiro lugar e quatro vezes o segundo. É considerada uma concorrente de peso para as outras escolas de samba do Rio de Janeiro. Seus desfiles são marcados pelo luxo e pela criatividade, e envolvem cerca de 4 mil pessoas.

Fora do período de Carnaval, a escola promove vários shows no Brasil e no exterior, seja em eventos corporativos, em festas ou representando parte da cultura brasileira em eventos internacionais. Trata-se de uma organização especializada em espetáculos promovidos 'a céu aberto', impressionantes por sua grandiosidade e engenhosidade. Afinal, tudo acontece à frente do espectador e não há bastidores, como no teatro. Não há como 'descer o pano'.

### Exercício

Imagine que esteja em suas mãos o projeto de criar a Samba Entertainment para atuar na Broadway, em Nova York. Os grandes espetáculos que lá acontecem têm direitos autorais que são comprados por aqueles que desejam montá-los em outros circuitos, fora da Broadway. Quando isso acontece, os artistas são selecionados localmente, até porque as canções são apresentadas na língua do país. Os investimentos são altos e feitos por grupos de investidores ou por empresas especializadas.

Você acha que poderia montar um espetáculo na Broadway, apresentando o musical "A Escola de Samba Beija-Flor", sem perder a característica de uma escola de samba, com um enredo a ser apresentado (como uma ópera popular) e não apenas um show de ritmistas e passistas? Pense quais poderiam ser os riscos envolvidos, desde a captação de investidores, a adequação dos palcos ao tipo de espetáculo (que é um desfile, envolvendo não uma sequência de cenas, mas uma visão do conjunto) e, principalmente, a contratação de pessoas que compreendam os aspectos culturais associados ao samba. Seria possível vender os direitos autorais da peça para que esta fosse montada em outros países, com artistas locais?

**Fonte**: Site da Escola, <http://beija-flor.com.br>, 2010.

## Corporações multinacionais

Agora que já definimos o que é administração internacional e discutimos algumas das vantagens e desvantagens de conduzir negócios nessa dimensão, estamos prontos para analisar a corporação multinacional em si: o que são e quais as diferentes estruturas que elas podem assumir.

### O que são corporações multinacionais?

O termo 'corporação multinacional' apareceu no dicionário pela primeira vez em 1975, aproximadamente. Uma *corporação multinacional* é uma organização que movimenta operações significativas em mais de um país. A empresa que investe em operações internacionais é chamada de *empresa matriz*; o país no qual o investimento é feito é chamado de *país anfitrião*. No entanto, acima de tudo, a corporação multinacional vê a si mesma como um todo e, ao desenvolver e implementar uma estratégia, procura fazê-lo de modo unificado, ou seja, incluindo todas as áreas de envolvimento internacional.

### Que formas uma corporação multinacional assume?

Para uma empresa ser considerada globalizada, ela precisa completar seis estágios no desenvolvimento dos seus negócios. Neles, podem ser encontradas desde empresas que simplesmente exportam seus produtos até aquelas que internacionalizaram as propriedades de suas ações corporativas. A Tabela 10.2 define esses seis estágios. À medida que uma organização caminha do primeiro ao último, as questões internacionais que seus administradores devem enfrentar tornam-se mais complexas e difíceis de ser administradas.

## A ADMINISTRAÇÃO ESTRATÉGICA E O CENÁRIO INTERNACIONAL

Nesta segunda parte explicaremos como o processo de administração estratégica pode ser influenciado por questões internacionais. Mais especificamente, analisaremos as operações internacionais em relação às principais etapas do processo de administração estratégica: análise do ambiente, estabelecimento da diretriz organizacional e formulação, implementação e avaliação da estratégia. Nossos comentários aqui complementam os capítulos anteriores, porque analisam as etapas do processo da administração estratégica.

### Análise do ambiente das operações internacionais

No Capítulo 2, "Análise do ambiente", foi mencionado o que chamamos de componente internacional do ambiente organizacional. Nesse capítulo, veremos esse componente com mais detalhes, examinando a complexidade da análise e as diversas tendências do ambiente internacional.

#### Complexidade da análise do ambiente internacional de negócios

Para recordar, a análise do ambiente se constitui no processo de monitoração de um ambiente organizacional a partir do qual é possível determinar as linhas e opor-

TABELA 10.2 **Os seis estágios da multinacionalização de Jacoby**

| **Estágios** | |
|---|---|
| I | Apenas exporta seus produtos. |
| II | Estabelece organizações de vendas em países estrangeiros. |
| III | Licencia o uso de suas patentes e *know-how* para empresas estrangeiras que fabricam e vendem seus produtos. |
| IV | Estabelece fábricas em outros países. |
| V | Estabelece uma administração multinacional vertical. |
| VI | Internacionaliza a propriedade de ações da corporação. |

**Fonte:** Baseado em JACOBY, N. H. "The multinational corporation". *The Center Magazine*, maio 1970, p. 37-55.

tunidades presentes e futuras que provavelmente afetarão a realização das metas organizacionais. Esse processo é geralmente muito complexo. Envolve análise (1) dos componentes social, econômico, tecnológico, legal e político do ambiente externo; (2) dos componentes internacionais, de fornecedores, concorrência, clientes e trabalho do ambiente operacional; e (3) todos os componentes importantes do ambiente interno.

Realizar a análise do ambiente de uma corporação multinacional é geralmente muito complicado — exige mais tempo e esforço da administração — se comparado ao mesmo processo em uma empresa doméstica. Pode-se dizer que a maior complexidade do ambiente operacional de uma corporação multinacional tem a ver com os seguintes fatores:

1. As corporações multinacionais operam dentro de diferentes soberanias nacionais — ou seja, sob diferentes governos nacionais.
2. Funcionam sob condições econômicas muito diferentes.
3. Envolvem pessoas com sistemas de valores diferentes dentro de uma única organização.
4. Operam em lugares que experimentaram o desenvolvimento econômico em épocas diferentes — ou que podem ainda estar experimentando.
5. Geralmente precisam administrar os negócios a grandes distâncias.
6. Normalmente conduzem negócios em mercados que variam muito em população e área geográfica.

A Figura 10.1 ilustra algumas das afinidades entre esses fatores que influenciam a complexidade ambiental. Por exemplo, 'diferentes soberanias nacionais' normalmente geram 'diferentes sistemas legais, monetários e políticos'. Por sua vez, cada 'sistema legal' implica um conjunto único de 'direitos e obrigações' relacionado a tributos, propriedade, lei antitruste, leis de corporações e leis sobre contratos. Por esse motivo, a corporação multinacional precisa adquirir a experiência necessária para avaliar tais considerações legais, pois, ao contrário de uma corporação nacional, ela deve considerar essa complexidade ambiental como parte de sua análise do ambiente.

## Tendências no ambiente internacional

Muitas tendências significativas emergentes no ambiente internacional também têm implicações na concorrência internacional e, consequentemente, devem ser exploradas durante a análise do ambiente das corporações multinacionais. O ambiente internacional é caracterizado pelas seguintes tendências:[6]

- *Uma redução nas diferenças entre países.* Diferenças como receitas, custos de energia, práticas de marketing e canais de distribuições parecem estar se estreitando. A administração de uma corporação multinacional deve procurar saber se os países em que os negócios se realizam estão se tornando similares. Uma crescente similaridade entre tais países pode alterar a vantagem competitiva da organização ao fazer negócios em qualquer um deles.

**FIGURA 10.1 Os fatores ambientais internacionais e as suas implicações**

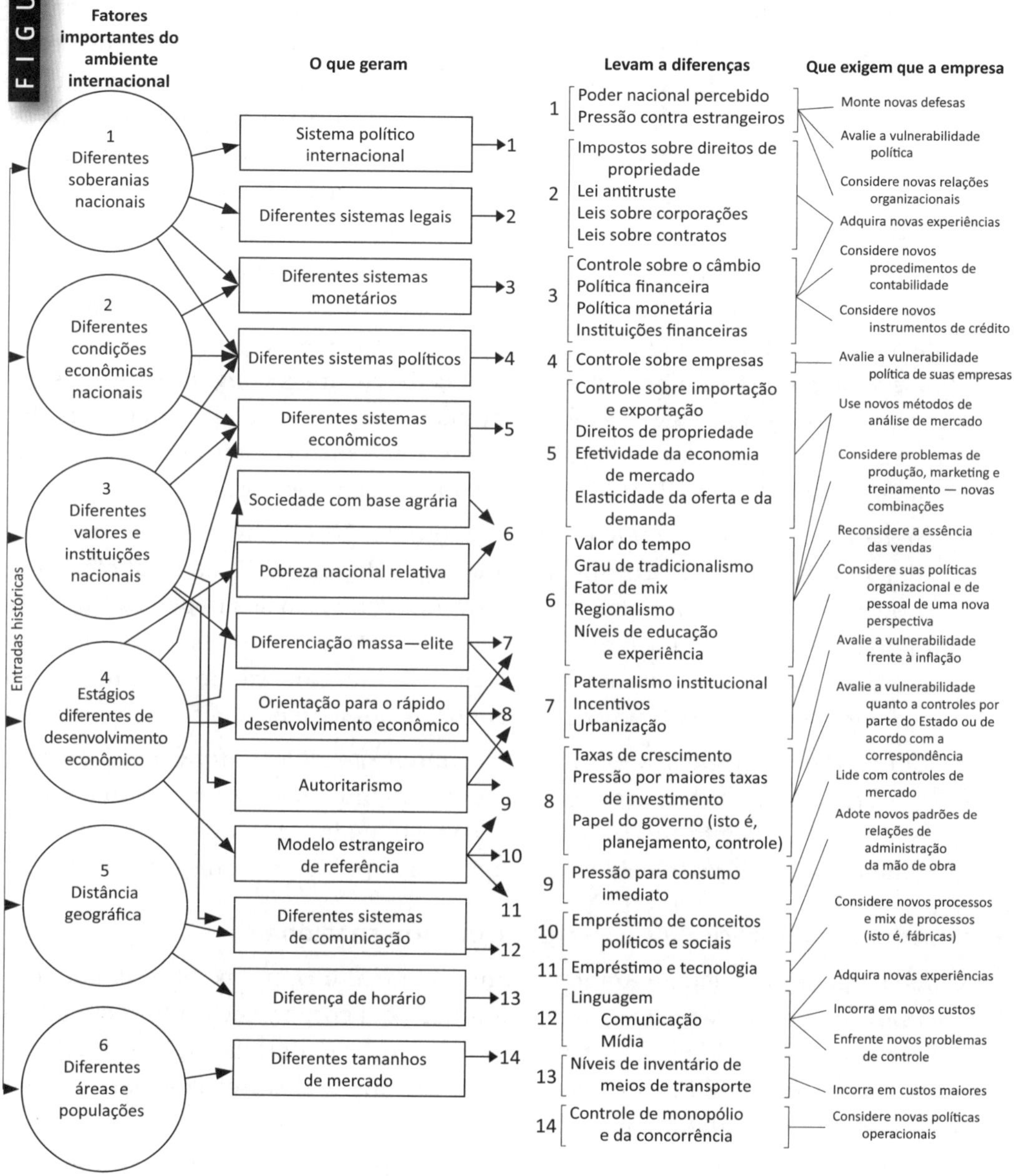


- *Política industrial mais agressiva.* Países como Estados Unidos, China, Japão, Alemanha e Coreia do Sul têm governos com orientações muito competitivas em relação aos negócios internacionais. No futuro, as políticas adotadas por esses governos provavelmente terão como objetivo tornar os negócios internacionais cada vez mais competitivos. Portanto, as corporações multinacionais devem acompanhar essa tendência com cuidado ao escolher o país em que competir.

- *Protegendo ativos exclusivos.* Um número cada vez maior de países parece estar determinando seus recursos estratégicos e os utilizando como fonte de vantagem competitiva. Talvez o mais óbvio exemplo seja a formação do cartel de produtores de petróleo conhecido como OPEP. Embora a efetividade desse cartel varie com o tempo, sua finalidade principal é clara: proteger o retorno gerado pela escassez de um recurso nacional, o petróleo. Diante disso, as corporações multinacionais devem acompanhar atentamente essa tendência protecionista, pois ela pode influenciar a longo prazo a disponibilidade e os preços de recursos exclusivos de um país e usados por outros.
- *Fluxo livre de tecnologia.* As melhorias tecnológicas têm fluído mais livremente de um país para outro. Naturalmente, esse fluxo crescente de tecnologia facilita o aprimoramento dos produtos ou processos de produção, tornando possível que mais empresas se tornem cada vez mais competitivas em seus respectivos ramos. Deve-se avaliar cuidadosamente essa tendência para determinar se (e, em caso positivo, quando) seus concorrentes podem se tornar mais fortes por meio do uso de tais avanços tecnológicos.
- *Mercados emergentes, novos, de larga escala.* Novos mercados como a Índia, a Rússia, a União Europeia e, um pouco depois, a China estabeleceram a possibilidade de um alto volume de negócios. Ansiosas por explorar as oportunidades que um mercado novo pode oferecer, diversas corporações multinacionais têm feito acordos com a China, por exemplo, para não só vender, mas também produzir mercadorias nesse país.
- *Concorrência de países em desenvolvimento recente.* Agora, mais do que nunca, os pequenos países em desenvolvimento estão se tornando concorrentes no ambiente internacional. Deve-se avaliar não apenas os maiores concorrentes já estabelecidos, mas também os países menores e em evolução.

## As diretrizes organizacionais e as operações internacionais

Como se pôde perceber, o ambiente internacional é complexo e algumas tendências significativas precisam ser consideradas pela corporação multinacional na análise de seu ambiente. Esta seção aborda a etapa da administração estratégica posterior à análise ambiental, ou seja, o estabelecimento de diretrizes para a organização que atua no ambiente internacional.

Assim como acontece com a organização puramente doméstica, após avaliar cuidadosamente os resultados da análise do ambiente, a organização multinacional deve traçar um rumo consistente com sua missão organizacional. Devem ser projetados o tipo e a extensão do envolvimento internacional desejado, porque as metas organizacionais apropriadas devem ser estabelecidas com base nisso.

Naturalmente, essas metas refletem o tipo e a extensão do envolvimento internacional esboçado na declaração de missão da empresa. Entretanto, os países onde estão localizadas as unidades frequentemente impõem restrições que podem afetar as metas estabelecidas pela corporação multinacional. A Tabela 10.3 lista diversos tipos de metas e algumas das restrições que países anfitriões podem impor a corporações multinacionais.

## Formulação da estratégia das operações internacionais

Seguindo o modelo geral de administração estratégica esboçado neste livro, a estratégia desenvolvida para uma organização deve refletir suas metas organizacionais. Estas, por sua vez, devem refletir a missão organizacional, apontada pelos resultados da análise do ambiente.

No entanto, quer a organização se concentre somente nas operações internas, quer se envolva também em operações internacionais, o propósito da estratégia é o mesmo: lidar com a concorrência. Em linhas gerais, as estratégias apropriadas são decisões que a organização pode tomar para lidar eficientemente com concorrentes.

Com essa intenção, ao longo dos anos têm sido formuladas diversas estratégias orientadas internacionalmente e seguidas com sucesso por muitas empresas. Quatro dessas estratégias mais amplamente usadas são investimento direto, acordos de licenciamento, *joint venture* e importação/exportação.

### Investimento direto

*Investimento direto* é simplesmente o uso dos recursos de uma empresa na aquisição de ativos em operações adicionais. No ambiente internacional, essa es-

TABELA 10.3 **Exemplos de metas organizacionais para multinacionais e restrições que países anfitriões podem impor a seu desenvolvimento**

| Tipo de meta organizacional | Restrição |
|---|---|
| De propriedade | O país anfitrião pode exigir um controle parcial ou majoritário das operações multinacionais. |
| De emprego | O país anfitrião pode exigir certas posições administrativas e tecnológicas para seus cidadãos. |
| De lucro | O país anfitrião pode especificar alguns níveis aceitáveis de treinamento para todos os seus cidadãos que são contratados pela corporação. |
| De treinamento | O país anfitrião pode especificar alguns níveis aceitáveis de treinamento para todos os seus cidadãos que são contratados pela corporação. |
| Tecnológica | Muitos países anfitriões procuram negócios baseados em tecnologia e se esforçam para elevar os níveis tecnológicos de empresas multinacionais que estão dentro de suas fronteiras. |

**Fonte:** MASON. R. H. "Conflicts between host countries and the multinational enterprise". *California Management Review*, outono de 1974, p. 5-14. Copyright 1974 by coordenadores da Universidade da Califórnia. Reprodução autorizada pelos coordenadores.

tratégia implica aquisição de ativos em operação ou novos ativos em um país para uma empresa de outro país.

Um exemplo da estratégia de investimento direto é o que aconteceu na Kawasaki, empresa de motocicletas. As motocicletas Kawasaki eram fabricadas principalmente no Japão e para o mercado japonês. Quando as vendas internas começaram a estacionar, a administração procurou outras oportunidades de crescimento. Algum tempo depois, a empresa estendeu as vendas aos Estados Unidos para encorajar o crescimento no estrangeiro, e, quase dez anos depois, implantou ali a primeira fábrica de montagem de motocicletas japonesas. Essa nova fábrica foi uma fábrica-irmã para a Kawasaki de Akashi, do Japão. A consequência foi que a produção da empresa norte-americana passou a contabilizar um terço das vendas globais da empresa.[7]

### Acordos de licenciamento

Um *acordo de licenciamento* é o direito que uma organização dá a outra de usar sua marca, suas especificações de produto e similares na venda de mercadorias ou serviços.

O comprador da licença espera lucrar com a venda dos produtos, ao passo que o vendedor lucra com a comissão cobrada sobre o próprio licenciamento. Quando a abrangência é internacional, o comprador e o vendedor de uma licença são de países diferentes, ou então o comprador de produtos os venderá em um país diferente daquele em que os comprou.

### *Joint ventures*

Uma *joint venture* é uma parceria entre duas empresas que desejam investir em negócios de interesse mútuo. As *joint ventures* internacionais envolvem organizações de diferentes países.

Quando a China aprovou a Lei de *Joint Ventures* usando investimentos chineses e estrangeiros, muitas empresas norte-americanas estabeleceram *joint ventures* com organizações chinesas. A Gillette e a R.J. Reynolds Tobacco foram pioneiras entre elas.

De lá pra cá, as empresas que se tornaram parceiras em tais investimentos gozam da vantagem de custos reduzidos no transporte de produtos norte-americanos para o mercado chinês. Já as empresas chinesas ganharam acesso à tecnologia mais avançada e a oportunidade de 'se posicionarem' e, eventualmente, entrar no lucrativo mercado norte-americano.[8]

### Importação/exportação

*Importar* é comprar mercadorias ou serviços produzidos em um país estrangeiro; *exportar* é vender mercadorias ou serviços para clientes em um país estrangeiro. Empresas de todos os portes estão atualmente envolvidas tanto com importação quanto com exportação.

Muitas delas preocupam-se com o crescente impacto dos produtos estrangeiros no seu mercado interno. Como consequência disso, adotam uma estratégia que pode ajudá-las a competir com as estrangeiras. Elas podem dificultar a entrada dos concorrentes estrangeiros em seu mercado interno entrando antes no mercado deles. Essa ação visa minar o fluxo de caixa e outros recursos necessários às empresas estrangeiras, impedindo que ingressem no mercado nacional. Por exemplo, a participação de 25 por cento da IBM no mercado de grandes computadores no Japão drenou os recursos da Fujitsu e da Hitachi, que tiveram de enfrentá-la em seu próprio país; em contrapartida, foi impossível para elas conquistar espaço no mercado norte-americano.[9]

A seção "Módulo aplicado" a seguir oferece a oportunidade para aplicar os conhecimentos aprendidos até agora sobre estratégia internacional: uma das principais empresas norte-americanas percebeu que enfrenta um risco em virtude da concorrência estrangeira.

*módulo aplicado*

## ESTRATÉGIA DOS NEGÓCIOS INTERNACIONAIS DA BRIGGS & STRATTON

### Introdução

Temos analisado diversos tipos de estratégia organizacional que podem ser desenvolvidos para o âmbito internacional. Observe a seguinte situação da Briggs & Stratton e, então, faça o exercício. Isso o ajudará a desenvolver habilidades para formular uma estratégia que enfoque questões internacionais.

### A situação

Durante quase meio século, a Briggs & Stratton, com base em Wisconsin, Estados Unidos, dominou o mercado de 12 milhões de pequenos motores parecidos com os da General Motors, usados em cortadores de grama, pequenos veículos e limpadores de neve. A Briggs & Stratton é uma força dominante não apenas nos Estados Unidos, mas em todo o mundo.

No entanto, a Briggs & Stratton é uma empresa que frequentemente corre riscos, perturbada não apenas por concorrentes norte-americanos, mas também por concorrentes brasileiros, como a Weg Motores do Brasil, e concorrentes japoneses, como a Honda. Assim que o mercado de motocicletas se estabilizou no começo dos anos 1980, a Honda concluiu que os pequenos motores oferecem uma extensão lógica para seus negócios. Como resultado, a empresa japonesa avançou sobre os mercados da Briggs & Stratton. Em 1984, ela gastou 12,5 milhões de dólares em propaganda de seus cortadores de grama e equipamentos para jardinagem. Analistas afirmam que isso representa 20 por cento dos gastos totais de publicidade da indústria, embora a Honda tenha passado a deter, então, apenas 2 por cento das vendas desse mercado.

De acordo com a empresa Briggs & Stratton, não existe mercado no Japão para cortadores de grama. A Stratton está certa de que a Honda está visando à sua empresa.

**Exercício**

Imagine que você seja um alto executivo da Briggs & Stratton. Que estratégias você usaria para enfrentar a Honda, a Weg ou outros fabricantes de pequenos motores que decidissem entrar na concorrência pelo mercado de cortadores de grama?

## Implementação de estratégias nas operações internacionais

Implementar uma estratégia com bases internacionais geralmente é considerado um desafio muito maior que fazê-lo em uma empresa de âmbito local.

As operações internas de uma corporação multinacional são normalmente organizadas de modo diferente de suas operações externas. Para obter a eficácia nos resultados da implementação de uma estratégia organizacional orientada internacionalmente, a administração deve entender de que maneira os segmentos interno e externo operam e responder às exigências produtivamente. A Tabela 10.4 resume diversos fatores operacionais de uma empresa e sugere como eles podem diferir em operações nacionais e estrangeiras, levando em conta que a empresa matriz está localizada nos Estados Unidos. Naturalmente, as diferenças influenciam as estratégias, fazendo com que sejam implementadas com elevada ou baixa eficiência.

Há ainda diferenças significativas na maneira como as organizações são administradas nas diversas partes do mundo. O modo como as decisões são tomadas, o método pelo qual o desempenho da organização é avaliado e controlado, como as políticas são desenvolvidas e usadas, como ocorrem as comunicações e de que maneira os métodos de administração são aplicados são bastante diferentes quando se comparam organizações localizadas em regiões ou países distintos. Por exemplo, a Tabela 10.5 apresenta em detalhes as diferentes maneiras de se administrar no Ocidente em relação ao Oriente Médio. Ao analisá-la, é possível perceber que implementar com eficiência uma estratégia que consiga combinar uma organização do Ocidente com uma do Oriente Médio é uma tarefa um tanto difícil.

## Avaliação estratégica e ambiente internacional

Como já foi abordado, uma estratégia precisa ser avaliada durante sua implementação e, internacionalmente, não deve ser diferente. Essa avaliação é importante para que seja analisada a eficácia dos resultados de determinada estratégia, de modo que, ao se comparar sua efetividade com alguns padrões predeterminados, seja possível fazer as mudanças necessárias. Como vimos no Capítulo 6, isso faz parte do controle estratégico de uma organização.

Os indicadores financeiros usados para medir o desempenho internacionalmente também são muito usados internamente. Segundo muitos administradores financeiros, o mais importante indicador financeiro na avaliação de operações estrangeiras é o retorno sobre o investimento (ROI).[10]

Entretanto, aplicar tal padrão de medida financeira é arriscado quando se está avaliando o desempenho de operações em diferentes países, afinal, diferentes moedas,

TABELA 10.4 Fatores operacionais que se diferenciam na atuação norte-americana e na internacional

| Fator | Operações nos EUA | Operações internacionais |
|---|---|---|
| Idioma | O mesmo em todo o país. | O local e o inglês precisam ser usados em quase todas as situações. |
| Cultura | Muito conhecida. | Diversificada, tanto entre os diversos países como dentro de um mesmo país. |
| Política | Estável. | Muitas vezes pode se tornar instável. |
| Economia | Relativamente estável. | Grandes variações entre os diversos países. |
| Interferência governamental | Média e razoavelmente previsível. | Podem ocorrer rápidas mudanças. |
| Mão de obra | Mão de obra disponível conhecida. | Algumas vezes há inadequação de mão de obra, exigindo treinamento e adaptação dos métodos de trabalho. |
| Financiamento | Mercados financeiros conhecidos. | Mercados financeiros muito diferentes. Fluxo de capitais pode estar sujeito a controles governamentais. |
| Pesquisa de mercado | Dados mais fáceis de serem coletados. | Dados mais difíceis de serem coletados. |
| Publicidade | Disponibilidade de mídia já testada; poucas restrições. | Mídia desconhecida; muitas restrições; quando há baixas taxas de alfabetização, ocorre menor eficiência da mídia impressa. |
| Moeda | Domínio sobre aquela do país. | Obrigatório o câmbio de uma moeda para outra; as taxas de câmbio e as restrições governamentais podem trazer dificuldades. |
| Transportes/ comunicações | Já bem conhecidos. | Algumas vezes inadequados ou desconhecidos. |
| Controles | Sempre uma dificuldade. Um controle centralizado geralmente é adotado. | Uma dificuldade pior. O controle centralizado não funcionará. Deve-se andar na 'corda bamba', entre a supercentralização e a falta de controle do excesso de descentralização. |
| Contratos | Grande conhecimento de como são assinados e cumpridos. | Podem ser suspensos e renegociados unilateralmente, por incentivo do governo do outro país. |

| | | |
|---|---|---|
| Relações de trabalho | Tipo de contrato já considerado na estratégia do negócio. | Em alguns lugares, não se pode demitir trabalhadores; pode haver participação obrigatória dos trabalhadores na administração; os trabalhadores podem procurar mudanças por meio do processo político em vez de negociação coletiva. |
| Barreiras comerciais | Não existem internamente. | Há sempre algum tipo de barreira que pode dificultar os negócios. |

**Fonte**: Adaptado de MURDICK, R. C.; ECKHOUSE, R. H.; ZIMMERER, T. W. *Business policy: a framework for analysis*. Nova York: Wiley Pub, 1984. Copyright 1984 by John Wiley and Sons, Inc. Reimpresso com permissão de John Wiley and Sons, Inc.

TABELA 10.5 **Diferenças entre os estilos de administração no Oriente Médio e no Ocidente**

| **Aspecto administrativo** | **Oriente Médio** | **Ocidente** |
|---|---|---|
| Projeto organizacional | Altamente burocratizado; supercentralizado, com o poder e a autoridade no topo; relações difusas; ambientes organizacionais ambíguos e imprevisíveis. | Menos burocratizado; maior delegação de autoridade; estrutura relativamente descentralizada. |
| Padrões de tomada de decisões | Planejamento *ad hoc*, decisões tomadas no nível mais alto da administração; baixo interesse em assumir os altos riscos inerentes à tomada de decisão. | Técnicas de planejamento sofisticadas; modernas ferramentas de tomada de decisão; sofisticados sistemas de informação. |
| Avaliação e controle de desempenho | Mecanismos de controle informais; verificações de desempenho rotineiras. | Sistemas de controle que se concentram na redução de custos e eficiência organizacional. |
| Políticas de mão de obra | Grande confiança nos contatos pessoais e na escolha de indivíduos da 'origem social correta' para preencher os cargos superiores. | Políticas de administração de pessoal sólidas. Normalmente as qualificações dos candidatos são a base para decisões de seleção. |
| Liderança | Estilo autoritário, com instruções rígidas; demasiadas normas de administração. | Menor ênfase na personalidade do líder, com maior peso para seu estilo e desempenho. |

| | | |
|---|---|---|
| Comunicações | A posição social, o poder e a influência da família são fatores sempre presentes; a cadeia de comando deve ser seguida rigidamente; as pessoas se relacionam umas com as outras de forma rígida e específica; as amizades são intensas e duradouras. | Normalmente enfatiza a igualdade; as pessoas geralmente se relacionam umas com as outras de forma descomprometida; as amizades não são intensas nem duradouras. |
| Métodos de administração | Geralmente antigos e consolidados. | Geralmente modernos e mais produtivos. |

**Fonte:** BADAWY, M.K. "Styles of mideastern management". *California Management Review*, v. 22, n. 2, 1980, p. 57. Copyright 1980 by coordenadores da Universidade da Califórnia.

taxas de inflação e leis de tributação contribuem para essa complexidade. Assim, na análise final, comparar operações em diferentes países, no que diz respeito ao desempenho financeiro, é muito difícil e pode ser um tanto subjetivo.

## RESUMO

Este capítulo analisou a administração estratégica para organizações envolvidas em negócios internacionais. A administração internacional é definida como a realização de funções de administração para além das fronteiras nacionais. A tendência das empresas de entrar com mais intensidade no ambiente internacional cresce em razão das vantagens potenciais, como baixos custos operacionais, aumento das vendas e lucros e crescimento continuado. Entre as desvantagens incluem-se muitos ambientes diversos — o que dificulta acompanhar a concorrência —, os diferentes sistemas monetários e o risco de interferências políticas ou mesmo revoltas da população.

As corporações multinacionais (organizações com operações significativas em mais de um país) enfrentam desafios específicos durante o processo de administração estratégica. Fatores como diferentes soberanias nacionais (governos) e diferentes valores nacionais tornam muito complexa a análise organizacional para tais corporações. Além disso, as tendências ambientais em uma escala internacional (como redução nas diferenças entre países) devem ser acompanhadas muito atentamente durante o processo de análise do ambiente. A corporação multinacional deve estabelecer as diretrizes internacionais, bem como as diretrizes locais, por meio da declaração da missão organizacional e das metas organizacionais. Entre as estratégias organizacionais específicas formuladas para corporações multinacionais incluem-se o investimento direto, acordos de licenciamento, *joint ventures* e importação/exportação.

No entanto, como as unidades do país e do exterior normalmente operam de modos diferentes, a implementação de tais estratégias para corporações multinacionais apresenta grandes desafios. Ao avaliar as estratégias, a administração das corporações multinacionais deve especificar padrões e garantir que a estratégia implementada atenda a eles. Entretanto, aqui também os diferentes regimes monetários (em alguns casos instáveis) e as leis de tributação podem tornar esse processo de avaliação muito complexo e um tanto subjetivo.

A seção "Lista de verificação" apresenta um resumo de questões baseadas neste capítulo. Use-a na análise de situações de administração estratégica que envolvam questões de operações internacionais.

## NA PRÁTICA

### Você já ouvir falar no Laboratório Cristália?

É o único laboratório brasileiro que produz medicamentos para o Programa Antiaids do Ministério da Saúde — desde a matéria-prima (princípio ativo) ao produto acabado.

Empresa 100 por cento nacional, foi fundada em 1972. Com apenas 40 anos de vida, esse Laboratório, cuja fábrica e centro de pesquisa e desenvolvimento estão localizados na cidade de Itapira, interior de São Paulo, já teve inúmeras premiações

**lista de VERIFICAÇÃO**

### Analisando operações internacionais

1. O assunto envolve questões de administração internacional?
2. Envolve uma corporação multinacional?
3. Após considerar tanto as vantagens como as desvantagens das atividades internacionais, você acha que a empresa deve se envolver nesse tipo de negócio?
4. A forma da corporação multinacional considerada parece apropriada a essa situação?
5. Os administradores responsáveis pelas operações internacionais da organização consideraram adequadas as tendências ambientais em relação ao cenário internacional e tomaram conhecimento da complexidade de se operar no ambiente internacional?
6. Há evidências de que a missão organizacional fornece diretrizes claras com relação ao envolvimento internacional?
7. As metas organizacionais analisam adequadamente as operações internacionais e refletem a missão organizacional?
8. O processo de formulação da estratégia dentro da organização reflete adequadamente as questões internacionais?
9. As questões internacionais são consideradas no curso da implementação da estratégia?
10. O processo de avaliação da estratégia leva em conta as questões internacionais?

por seu caráter inovador, figurando entre os primeiros lugares nessa categoria no ranking feito pelas revistas de negócios. Mas o reconhecimento mais importante talvez tenha sido o da Financiadora de Estudos e Projetos (Finep), empresa pública vinculada ao Ministério da Ciência e Tecnologia que investe em projetos selecionados com base em sua qualidade técnica, caráter inovador e importância para a comunidade científica e para o país. O prêmio veio em 2007, pelos esforços do Laboratório Cristália na pesquisa, desenvolvimento, produção e comercialização de medicamentos e produtos que contribuem para a saúde humana e o bem-estar da sociedade.

O Laboratório iniciou suas atividades atendendo às necessidades de hospitais brasileiros em especialidades da área de psiquiatria e, no decorrer dos anos, estendeu suas pesquisas e produtos para as áreas de anestesia e algologia (estudos da dor), tornando-se líder na América Latina nesses segmentos. Hoje oferece 180 medicamentos em 376 diferentes vias de administração e dosagens, produtos esses direcionados a hospitais, principalmente anestésicos e coadjuvantes. Também produz medicamentos nas áreas de urologia, psiquiatria, terapia intensiva, infectologia e dermatologia. Tem presença marcante no programa antiaids do governo brasileiro e é o único laboratório a produzir verticalmente, em solo brasileiro, ou seja, dos princípios ativos aos medicamentos que os contêm. Também fornece tecnologia para outras empresas, diminuindo a dependência do país em processos de importação de medicamentos. Embora seus produtos estejam presentes na vida de muitos brasileiros, poucos sabem com clareza o que o Laboratório tem como diferencial: a produção de moléculas, que geram princípios ativos, ou seja, substâncias que devem exercer os efeitos farmacológicos, ou, em outras palavras, as ações de um medicamento sobre o organismo. Isso só foi possível pela estratégia de inovação adotada pelo Laboratório desde o começo de suas atividades: estabelecer parcerias com núcleos de pesquisa renomados no Brasil, colocando o foco de sua estratégia na inovação, valorizando a área de pesquisa e desenvolvimento (P&D). São seus parceiros várias universidades federais e estaduais renomadas, bem como centros de excelência em pesquisa, como USP, Unicamp, Fiocruz, UFRJ, UFSM, UFSC, Unifesp, UFMG, UFRGS, UECE, Ufam, UnB, Incor, Nucel, Farmanguinhos, Irmandade Santa Casa de Misericórdia SP, Fundação Zerbini, Instituto Butantan, Lafepe, Laboratório Farmacêutico da Marinha e Hemobras. Mantém pesquisas conjuntas com mais de 100 pesquisadores de universidades e instituições. Também estabeleceu parcerias com entidades de pesquisa no exterior.

Essa estratégia de busca de parceiros resultou em uma série de produtos anestésicos locais e gerais, com formulação inédita, que foram patenteadas no Brasil, nos Estados Unidos, na União Europeia e na China. Com 177 pedidos de patentes em análise, e 15 já concedidas, é um caso inédito na indústria farmacêutica nacional. A estratégia atual da empresa é investir na descoberta de novas moléculas e medicamentos que sejam difíceis de serem copiados, principalmente medicamentos para Aids, anticoagulantes, cardiovasculares e formas revolucionárias de anestésicos.

Pela qualidade de seus produtos, a empresa foi escolhida para oferecer padrões de referência (*Reference Standards*) para a Farmacopeia Americana; em outras palavras, tanto nos Estados Unidos quanto nos outros 36 países que adotam essa farmacopeia como referência, os laboratórios devem empregar substâncias sintetizadas pelo Laboratório Cristália como padrão para garantir a qualidade dos princípios ativos fabricados ou utilizados para a produção dos medicamentos.

As atividades de exportação do Laboratório Cristália começaram em 1982, e o primeiro cliente foi o Governo de Moçambique. Hoje a empresa exporta princípios ativos e produtos acabados (medicamentos) para diversos países da América Latina, Ásia e Oriente Médio, como: África do Sul, África Subsaariana, Ilhas do Pacífico, Arábia Saudita, Argélia, Argentina, Bolívia, Chile, Colômbia, Costa Rica, Egito, El Salvador, Guatemala, Índia, Iraque, Irã, Jordânia, México, Líbano, Marrocos, Paquistão, entre muitos outros. Está presente nos cinco continentes. Compete com gigantes do ramo farmacêutico, empresas globais e que são muito mais antigas do que o Laboratório Cristália. A competição é acirrada e o caminho escolhido foi a inovação.

Até quando o Laboratório conseguirá continuar sendo 100 por cento nacional?

**Fonte**: Site da empresa <http://222.2cristalia.com.br>, 2010.

## QUESTÕES PARA DISCUSSÃO

1. Que forças agirão a favor e quais serão os possíveis ventos contrários para que o Laboratório Cristália abra fábricas em outros países, já que exporta para muitos deles?
2. Uma empresa de alta inovação, cujo sucesso está no desenvolvimento de novos produtos, pode internacionalizar seus centros de pesquisa? Discuta as vantagens e desvantagens dessa estratégia.
3. Analise o caso (ou entre no site do Laboratório Cristália) e descubra, analisando a Tabela 10.2, em qual dos seis estágios de multinacionalização a empresa se encontra atualmente. Será possível avançar para outros estágios? Justifique.

## LEITURAS ADICIONAIS

CAVUSGIL, S. T.; KNIGHT, G.; RIESENBERG, J. R. *Negócios internacionais:* estratégia, gestão e novas realidades. São Paulo: Pearson, 2009.

CHEREM, M. T. C. S.; SENA JR., R. *Comércio internacional e desenvolvimento:* uma perspectiva brasileira. São Paulo: Saraiva, 2004.

KEEGAN, W. J. *Marketing global*. 7. ed. São Paulo: Pearson, 2005.

MARIOTTO, F. L. *Estratégia internacional da empresa*. São Paulo: Cengage Learning, 2007.

MINERVINI, N. *O exportador*, 5. ed. São Paulo: Pearson, 2008.

VASCONCELOS, E. *Internacionalização competitiva:* Brasken, CCR, CSN, Dixtal, Embraer, Natura. São Paulo: Atlas, 2008.

## NOTAS

1. MAGAZINER, I. C.; REICH, R. B. *Minding America's Business*. Nova York: Harcourt Brace Jovanovich, 1982, p. 82.
2. GARFIELD, D. C. "The international challenge to U.S. business". *The Journal of Business Strategy*, v. 5, n. 4, primavera de 1985, p. 26-29.
3. Ver PALTROW, S. J. "Occidental petroleum hasn't always thrived from east bloc deals". *The Wall Street Journal*, 30 ago. 1984, p. 1. WYSOCKI JR., B. "How foreigners hired by japanese adjust to a new way of life". *The Wall Street Journal*, 24 mar. 1986, p. 1. THUROW, R. "Political drifting, an economy in chaos prevails in Yugoslavia". *The Wall Street Journal*, 8 maio 1986, p. 1.
4. FITZPATRICK, M. "The definition and assessment of political risk in international business: a review of the literature". *Academy of Management Review*, v. 8, n. 2, 1983, p. 249-254.
5. SHREEVE, T. W. "Be prepared for political changes abroad". *Harvard Business Review*, jul./ago. 1984, p. 111-118.
6. PORTER, M. E. *Estratégia competitiva:* técnicas para análise de indústrias e da concorrência. Rio de Janeiro: Campus, 1986.
7. SHANKS, D. C. "Strategic planning for global competition". *The Journal of Business Strategy*, v. 5, n. 3, inverno de 1985, p. 80-89.
8. DANIELS, J. D.; KRUG, J.; NIGH, D. "U.S. joint ventures in China: motivation and management of political risk". *California Management Review*, v. 27, n. 4, verão de 1985, p. 46-58.
9. WATSON, C. M. "Counter competition abroad to protect home markets". *Harvard Business Review*, v. 60, n. 1, jan./fev. 1982, p. 41.
10. DANIELS, J. D.; RADENBAUGH, L. H. *International business:* environments and operations. 3. ed. Revisão, Mass.: Addison-Wesley, 1982, p. 552.

# Estruturas de aprendizagem

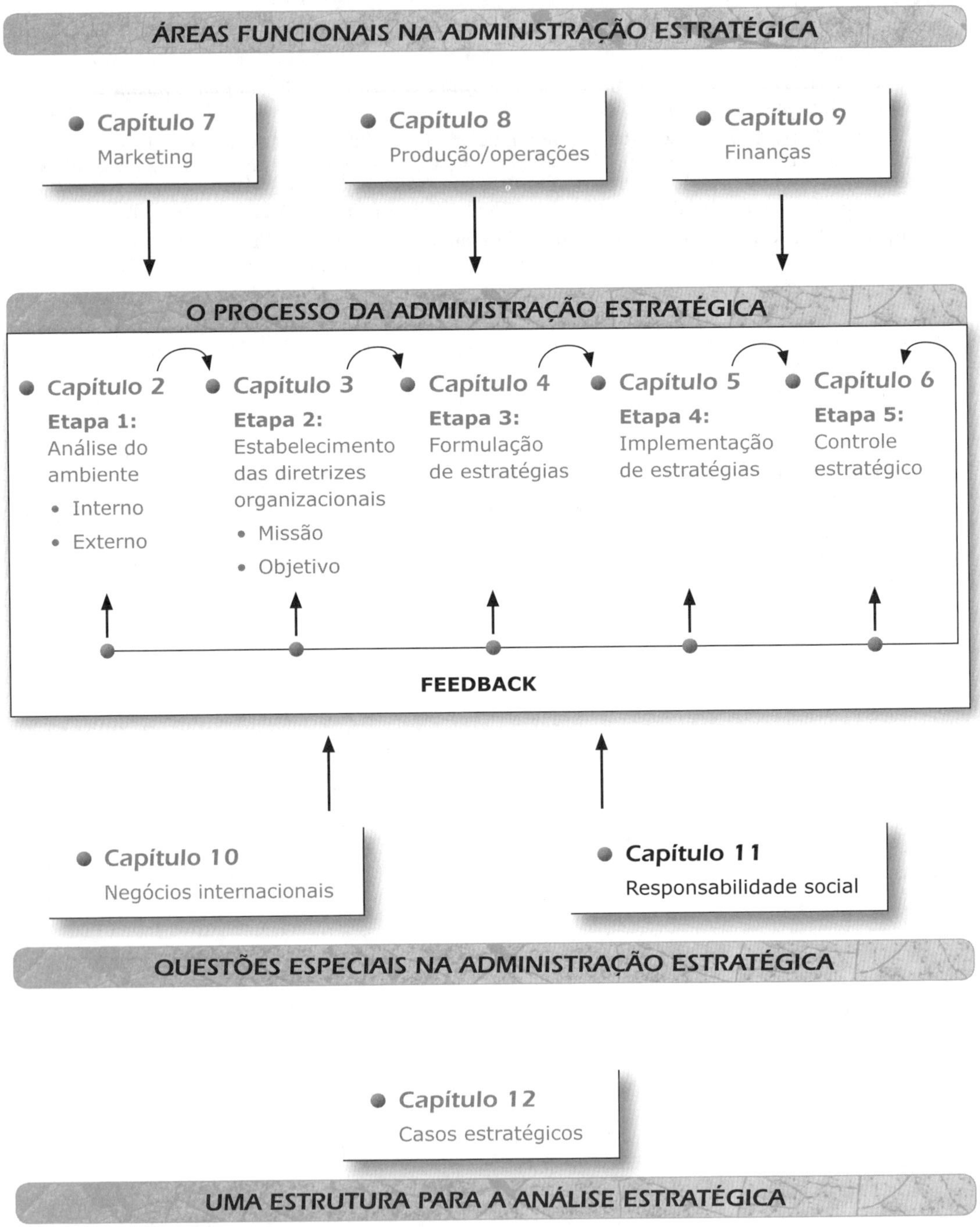

CAPÍTULO 11

# Administração estratégica e responsabilidade social

Neste capítulo, investigaremos as responsabilidades das empresas para com a sociedade. Na primeira parte, há uma revisão de argumentos a favor e contra o envolvimento delas em atividades ligadas à responsabilidade social. Em seguida, trataremos diversas áreas específicas em que questões relacionadas à responsabilidade social se intensificam, e apresentaremos uma análise de quatro diferentes modos de as empresas trabalharem a responsabilidade social: legal, político, competitivo e ético. Finalmente, sugeriremos um modelo para a análise de questões de responsabilidade social sob o ponto de vista da administração estratégica.

•••

## AS ORGANIZAÇÕES E A RESPONSABILIDADE SOCIAL

Os depositários de uma organização — ou interessados por ela (*stakeholders*) — são indivíduos ou grupos que apostam nos resultados das decisões da administração e têm o poder de influenciá-las. Os administradores de organizações bem-sucedidas têm obrigações para com muitos interessados diferentes, como:[1]

- *Consumidores*, para quem devem fornecer e comercializar eficientemente produtos seguros;
- *Funcionários e sindicatos*, a quem devem garantir ambientes seguros de trabalho e reconhecer seus direitos;
- *Acionistas ou proprietários*, por quem devem tentar aumentar o valor da empresa;
- *Fornecedores de materiais e revendedores de produtos*, com quem têm de lidar regularmente;
- *Financiadores de capital*, a quem devem reembolsar;
- *Comunidade local e a sociedade como um todo*, para evitar práticas que prejudiquem o ambiente em que vivem;

- *Concorrentes*, para evitar práticas desleais que desvirtuem o comércio;
- *Agências do governo e sociedade*, para obedecer às leis e respeitar a cidadania.

Alguns analistas argumentam que uma ou outra dessas obrigações é mais importante, mas acreditamos que todas elas devam ser consideradas. As empresas bem-sucedidas são poderosas forças na sociedade e, em razão disso, têm que assumir as suas responsabilidades.

## O DEBATE SOBRE A RESPONSABILIDADE SOCIAL

Tem sido difícil chegar a um consenso sobre o significado exato da responsabilidade social ou sobre o grau das obrigações de uma empresa para com a sociedade. Entretanto, para o propósito deste capítulo, definimos *responsabilidade social* como o grau em que os administradores de uma organização realizam atividades que protegem e melhoram a sociedade para atender aos seus interesses econômicos e técnicos. Em outras palavras, exercer a responsabilidade social da organização implica realizar atividades que podem ajudar a sociedade, ainda que não contribuam diretamente para aumentar a lucratividade da empresa.

Um dos maiores debates da literatura sobre administração estratégica é o envolvimento das organizações em atividades voltadas principalmente para responsabilidades sociais. O ponto de vista clássico afirma que as empresas não devem se envolver, enquanto o ponto de vista contemporâneo prega o contrário. A seguir, esses dois pontos de vista serão analisados para, depois, se traçar uma comparação entre eles.

### O ponto de vista clássico

O ponto de vista clássico sustenta que as empresas não devem assumir outra responsabilidade social senão a de dar tanto lucro quanto possível aos proprietários da empresa. Essa argumentação sustenta que os administradores das organizações são funcionários dos acionistas e devem obrigações apenas a eles. O economista Milton Friedman, um defensor desse ponto de vista, argumenta que

> *[...] existe uma, e apenas uma, responsabilidade social empresarial — usar seus recursos e empregá-los em atividades projetadas para aumentar seus lucros, desde que elas permaneçam dentro das regras do jogo, que são engajar-se na concorrência aberta e livre, sem logro ou fraude [...]. Poucas tendências podem minar tão completamente os fundamentos de nossa livre sociedade como a aceitação, por parte dos administradores das corporações, de outras responsabilidades sociais que não as de gerar tanto dinheiro para seus acionistas quanto possível. Essa é uma doutrina fundamentalmente subversiva.*[2]

Desse modo, do ponto de vista clássico, o papel dos administradores é produzir e comercializar mercadorias com eficiência — ou seja, de tal maneira que os proprietários da empresa recebam o mais alto lucro econômico. Realizar outras atividades de responsabilidade social é visto como perturbação do relacionamento econômico fundamental.

## O ponto de vista contemporâneo

Do ponto de vista contemporâneo, as empresas, como importantes e influentes membros da sociedade, são responsáveis por ajudar a manter e aumentar o bem-estar da sociedade como um todo. Forte defensor da responsabilidade social das corporações, Keith Davis[3] resume esse ponto de vista nas cinco proposições seguintes:

**A responsabilidade social surge com o poder social.** Essa proposição se sustenta na premissa de que as empresas têm significativa influência ou poder sobre questões sociais críticas, tais como empregos para minorias e poluição ambiental. Em essência, a ação coletiva de todas as empresas determina a proporção de minorias empregadas e a condição predominante do ambiente. Assim, como a empresa tem poder sobre a sociedade, esta pode e deve responsabilizar a empresa por condições sociais afetadas pelo uso desse poder.

**As empresas devem operar como um sistema de mão dupla, com recebimento aberto de informações da sociedade e divulgação também aberta de informações acerca de suas operações com o público.** As empresas devem estar dispostas a ouvir os representantes da sociedade para saber o que deve ser feito a fim de se aumentar o bem-estar social. Davis sugere que devem existir continuidade, honestidade e comunicação aberta entre as empresas e representantes da sociedade.

**Tanto os custos quanto os benefícios sociais de uma atividade, produto ou serviço devem ser calculados e levados em conta pela empresa.** A viabilidade técnica e a lucratividade econômica não são os únicos fatores que devem influenciar a tomada de decisão nas empresas. Também devem ser consideradas as consequências sociais, tanto de longo quanto de curto prazo, de todas as atividades do negócio, antes mesmo de serem iniciadas.

**Os custos sociais relativos a cada atividade, produto ou serviço são transferidos para os consumidores.** Não se pode esperar que as empresas financiem todas as atividades economicamente desvantajosas, mas sim as socialmente vantajosas. O custo da manutenção de atividades socialmente desejáveis deve ser transferido para os consumidores por meio de preços maiores de mercadorias ou serviços diretamente relacionados a essas atividades.

**Como os cidadãos, as empresas têm a responsabilidade de se envolver em certos problemas sociais que estejam fora de suas áreas normais de operação.** Se uma empresa tem capacidade para resolver um problema social, mesmo não sendo diretamente afetada por ele, deve também assumir a responsabilidade de ajudar a sociedade a resolvê-lo. Eventualmente, as empresas terão um aumento dos lucros provenientes de uma sociedade mais bem-sucedida em termos gerais, e, portanto, elas devem compartilhar com todos os cidadãos a responsabilidade pela melhoria da sociedade.

O Quadro 11.1 resume os principais argumentos a favor e contra o fato de as empresas assumirem responsabilidades sociais.

QUADRO 11.1 Resumo dos principais argumentos a favor e contra a responsabilidade social das empresas

**A favor da responsabilidade social**

1. É de interesse das empresas promover e melhorar a comunidade com a qual seus negócios são realizados.
2. As ações sociais podem ser lucrativas.
3. É ético se preocupar com a sociedade.
4. Melhora a imagem pública da empresa.
5. Aumenta a viabilidade do sistema empresarial. As empresas existem porque trazem benefícios à sociedade. A sociedade pode participar ou ficar fora de seus privilégios. Essa é a 'lei de ferro da responsabilidade'.
6. É preciso evitar regulamentação governamental.
7. Os valores socioculturais a exigem.
8. As leis não podem atender a todas as circunstâncias. Assim, as empresas devem assumir a responsabilidade de manter uma sociedade legal e ordenada.
9. O acionista é o grande interessado. Beneficia-se do preço das ações a longo prazo porque o mercado de ações procurará organizações com menor risco e abertas ao público; assim, terá uma melhor relação custo-benefício.
10. A sociedade oferece às empresas a oportunidade de resolver problemas sociais com os quais os governos não têm tido sucesso.
11. As empresas, para alguns grupos, são consideradas as instituições que possuem recursos financeiros e humanos capazes de resolver alguns problemas sociais.

A prevenção de problemas é melhor do que a cura — as empresas podem resolver os problemas antes que eles se tornem muito grandes.

**Contra a responsabilidade social**

1. Pode ser ilegal.
2. Negócios não podem se misturar com assuntos de governo.
3. As ações sociais não podem ser medidas.
4. Vai contra a maximização de lucros.
5. O custo da responsabilidade social é muito grande e eleva os preços.
6. Falta às empresas prática social para resolver problemas sociais.
7. Desvia a atenção das principais finalidades da empresa.
8. Desequilibra as contas públicas, porque o preço das mercadorias tem de aumentar para cobrir os custos dos programas sociais.
9. As empresas já têm muito poder. Tais envolvimentos farão com que elas se tornem muito mais poderosas.
10. Falta às empresas a experiência com ações de responsabilidade.
11. Tais envolvimentos de empresas não recebem amplo apoio público.

**Fonte:** MANSEN JR., R. J. "The social attitudes of management". In McQUIRE, J. W. (ed.). *Contemporary management*. Englewood Cliffs, N.J.: Prentice-Hall, 1974, p. 616. Reprodução autorizada pelo autor.

### Comparação dos dois pontos de vista

O ponto de vista clássico vê as empresas como entidades econômicas, ao passo que o ponto de vista contemporâneo as concebe como membros da sociedade. Embora as empresas exerçam claramente os dois papéis, o reconhecimento disso nem sempre responde à questão sobre como as empresas devem se envolver em atividades de responsabilidade social. Entretanto, em muitos casos, ambos os pontos de vista levam à mesma conclusão sobre o assunto. Por exemplo, quando a atividade é exigida por lei ou proporciona lucros, ambas as abordagens apoiam o envolvimento da empresa.

Os dois pontos de vista são conflitantes somente em situações em que as atividades de responsabilidades sociais (1) não são exigidas por lei e (2) não são lucrativas. Nesses casos, o ponto de vista clássico argumenta contra a realização da atividade; já o ponto de vista contemporâneo se posiciona a favor da realização da atividade, se os custos não forem muito grandes.

No geral, o equilíbrio entre o avanço social e os objetivos econômicos depende de muitos fatores, incluindo o porte da empresa, sua capacidade para investir em programas de responsabilidade social, a competitividade do setor, as consequências da omissão e o grau de atratividade do setor. Por isso, essas decisões dependem da questão específica e do tipo de responsabilidade social envolvida.

## ÁREAS ESPECÍFICAS DE RESPONSABILIDADE SOCIAL

Muitas questões têm sido levantadas acerca da responsabilidade social da empresa. O Quadro 11.2 apresenta quatro das mais discutidas áreas de preocupação e as diversas questões específicas relacionadas a cada uma delas. É importante ter em mente duas coisas:

- As empresas são consideradas entidades socialmente responsáveis à medida que atuam voluntariamente para manter ou aumentar o bem-estar social em vez de serem forçadas a fazê-lo apenas por determinação governamental. Por exemplo, tirar voluntariamente produtos do mercado quando há suspeita de defeitos antes de ser obrigada a fazê-lo é considerado um comportamento socialmente responsável.
- Raramente existem padrões precisos para determinar se uma empresa está agindo de modo socialmente responsável. Em alguns casos, as atividades de responsabilidade social de uma empresa podem ser comparadas com as de outras empresas do mesmo setor. Entretanto, nem sempre essa é uma boa medida. Por exemplo, considere a questão da segurança do produto. Embora se possa argumentar que todo produto deve ser completamente seguro ou não deve ser colocado no mercado, a imposição de tais padrões seria impraticável. Afinal, muitos dos problemas no que diz respeito às questões de segurança de produtos implicam debates sobre a falta inerente de segurança do que é oferecido ou o uso inseguro por parte do consumidor.

Similarmente, as respostas a muitas das questões listadas no Quadro 11.2 dependem de julgamentos sociais subjetivos e não de padrões precisos de conduta nos negócios.

## Pressões em relação à responsabilidade social

Conforme observamos, as empresas têm um poder considerável e podem influenciar marcadamente a sociedade. Entretanto, em nosso sistema social, há diversos

QUADRO 11.2 Áreas de preocupação de responsabilidade social

**Preocupação com o consumidor**

1. Os produtos são seguros e bem projetados?
2. Os produtos têm preços justos?
3. A propaganda é clara e não enganosa?
4. Os consumidores recebem tratamento razoável nas vendas pessoais?
5. Os contratos de crédito são firmados em termos claros?
6. Estão disponíveis informações adequadas sobre o produto?

**Preocupações com os funcionários**

1. Os funcionários recebem um salário justo?
2. Os funcionários trabalham em um ambiente seguro?
3. Os funcionários são contratados, promovidos e tratados de maneira justa, independentemente de sexo, raça, cor ou credo?
4. Os funcionários recebem treinamento e oportunidades educacionais especiais?
5. As pessoas com deficiências físicas têm oportunidades de emprego?
6. A empresa ajuda a reabilitar funcionário com problemas físicos, mentais ou emocionais?

**Preocupações com o ambiente**

1. O ambiente é adequadamente protegido contra a contaminação do ar e da água, barulho excessivo e outros tipos de poluição?
2. Os produtos e embalagens são biodegradáveis ou recicláveis?
3. Qualquer produto que apresente risco para a segurança da sociedade (como lixo tóxico ou solventes) é manuseado cuidadosamente e empregado de modo apropriado?

**Preocupações com a sociedade em geral**

1. A empresa apoia ações de diversidade por meio de compra ou de subcontratação preferencial de pessoas?
2. Apoio e doações são dados para ajudar a desenvolver e incentivar o ensino, a arte, a saúde e os programas comunitários?
3. O impacto social decorrente da localização de fábricas ou mudanças de locais é considerado pelos administradores que tomam essas decisões?
4. As informações relacionadas a aquisições, fusões ou desmembramentos da empresa são colocadas à disposição do público?

pontos e ponderações projetados para garantir que o poder das empresas não seja mal utilizado. A Figura 11.1 ilustra as quatro maiores pressões que podem inibir o uso inadequado do poder das empresas: legal, política, concorrente e ética.

## Pressões legais

A pressão legal é feita pelas legislações federal, estadual e local, e pelas agências reguladoras por meio das quais essas leis são aplicadas.

Diversas agências reguladoras e órgãos governamentais estão envolvidos no cumprimento dessas leis e na investigação de práticas comerciais. Além dos órgãos estaduais e municipais, os federais têm autonomia para regulamentar áreas de responsabilidade social em particular.

## Pressões políticas

Pressões políticas são aquelas exercidas por grupos com interesses especiais no controle das práticas comerciais. Esses grupos utilizam diversos métodos para influenciar os negócios e o Poder Legislativo, a fim de cancelar ou alterar a legislação, como a prática de *lobby* para persuadir diversas agências governamentais. Trabalham diretamente com funcionários ou consumidores.

## Pressões da concorrência

As pressões da concorrência são as ações que algumas empresas empreendem para superar umas às outras. Essas ações podem ser realizadas de muitas maneiras. Por exemplo, uma empresa pode processar outra ou alegar publicamente que a concorrente está envolvida em atividades fraudulentas. A Johnson & Johnson já

FIGURA 11.1 Principais pressões nas práticas dos negócios

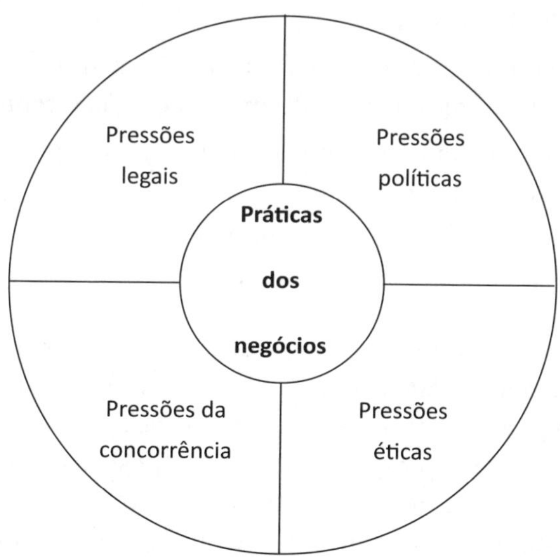

foi à justiça para evitar que concorrentes apresentassem sua marca de analgésico, Tylenol®, em anúncios comparativos.

Os concorrentes também se influenciam mutuamente quando seus poderes político, econômico e mercadológico se diluem. Por exemplo, em um ambiente de negócios muito concorrido, normalmente não é possível a uma única empresa dominar o fluxo de informações que chega aos consumidores. Por essa razão, reclamações da concorrência e diferentes acordos de preço oferecidos ao consumidor podem evitar que estes fiquem sob a influência de uma única empresa.

A sociedade também pode se beneficiar com produtos e serviços melhores, mais seguros e mais eficientes, que são frequentemente lançados em virtude da pressão da concorrência. Acima de tudo, a concorrência pode ajudar a equilibrar o poder da empresa dentro de uma indústria e a estimular o desenvolvimento de melhores ofertas de mercado.

## Pressões éticas

O último tipo de pressão sobre práticas de negócios que analisaremos abrange a ética e a autorregulação da conduta nos negócios. Muitos profissionais têm códigos de ética e muitas empresas possuem departamentos apropriados para lidar com reclamações de funcionários e consumidores.

Na análise de problemas relacionados a influências éticas, uma das dificuldades que se costuma apontar é a falta de um padrão de julgamento universal e simples, capaz de classificar uma ação como ética ou não. Cinco padrões éticos têm sido recomendados:[4]

1. *A regra de ouro.* Agir com os outros do mesmo modo que você espera que ajam com você.
2. *O princípio utilitarista.* Agir de modo a beneficiar ao máximo a maior quantidade possível de pessoas.
3. *Imperativo de Kant.* Agir de tal maneira que a atitude tomada possa ser uma regra universal de comportamento em relação às circunstâncias.
4. *A ética profissional.* Tomar atitudes que um grupo qualquer de colegas profissionais considere apropriadas.
5. *O teste da TV.* Pergunte: "Eu me sentiria à vontade explicando, em cadeia nacional de TV, por que tomei essa atitude?".

A aplicação desses padrões pode resultar em diferentes interpretações sobre o que é uma prática comercial ética. Afinal, acima de tudo, práticas éticas de negócio são uma questão de julgamento social. Até decisões sobre a segurança do produto não são sempre claras. Por exemplo, milhares de pessoas são mortas e feridas todos os anos por automóveis. Equipamentos do tipo *airbag* e freios ABS instalados nos automóveis podem reduzir as mortes e os ferimentos sérios. Entretanto, como os consumidores não estão dispostos a pagar o custo adicional pelo dispositivo de segurança, nem todos os veículos estão equipados com ele. Em outras palavras, o julgamento social público não é unânime em relação à necessidade desses equipamentos, como dispositivo de segurança em automóveis.

## ADMINISTRAÇÃO DA RESPONSABILIDADE SOCIAL

Muitos administradores vêm aceitando a ideia de que a responsabilidade social corporativa é parte da estratégia global de uma empresa. Os elementos-chave da administração com responsabilidade social são analisados a seguir.

### Análise do ambiente e as diretrizes organizacionais

Como todo elemento do desenvolvimento estratégico, a responsabilidade social começa com a análise do ambiente. Os administradores analisam tanto as oportunidades como os problemas do ambiente em relação a seus impactos sobre a sociedade e, então, decidem que áreas exigem maior investigação. As declarações de missão e objetivos da empresa orientam na determinação de quais áreas de responsabilidade social são de especial interesse.

### Formulação da estratégia

Assim que as áreas de interesse tenham sido identificadas e analisadas, começa a formulação da estratégia de responsabilidade social. O objetivo é desenvolver ações adequadas para lidar com ela, e existem muitas alternativas disponíveis para isso. Por exemplo, melhorar as garantias, instalar canais para recebimento de reclamações de consumidores, oferecer informações mais detalhadas no rótulo, retirar produtos do mercado e modificá-los são maneiras de lidar com o fraco desempenho deles.

### Implementação da estratégia

Implementar significa pôr em ação a estratégia formulada, o que implica atribuir responsabilidade a indivíduos e grupos, fornecer informações adequadas e realizar acompanhamentos que garantam a implementação eficiente da estratégia. Por exemplo, a Procter & Gamble, nos Estados Unidos, desenvolveu um departamento de serviço ao consumidor para lidar com reclamações e pedidos de informações. Em um ano, ela recebeu mais de 670 mil comunicados a respeito de seus produtos. O SAC da empresa contava com 75 funcionários — 30 para responder as mensagens e o restante, para analisar os dados. Obviamente, implementar essa estratégia exige consideráveis despesas e esforços, mas para a administração o sistema é muito efetivo, pois fornece 'um aviso antecipado' de dificuldades com seus produtos.[5]

### Controle estratégico

As atividades de controle estratégico voltadas para a responsabilidade social implicam a medição dos resultados da estratégia implementada e sua mudança, se necessária. As áreas específicas de responsabilidade social costumam ser:

1. *Econômica.* Deve ser feita uma medição para indicar se a empresa está ou não produzindo mercadorias e serviços realmente necessários às pessoas, se está remunerando de forma justa os funcionários ou os retendo etc. Essa medição ajuda a identificar o que a contribuição econômica da empresa está fazendo pela sociedade.
2. *Qualidade de vida.* Nessa área, a medição deve analisar se a empresa está melhorando ou degradando a qualidade de vida da sociedade. Produzir mercadorias de alta qualidade, lidar com funcionários e consumidores de maneira justa e fazer um esforço para preservar o ambiente natural podem ser indicadores de que a organização está melhorando a qualidade de vida geral.
3. *Investimento social.* Essa área lida com o fato de que a organização está investindo tanto dinheiro quanto recursos humanos na solução de problemas da comunidade social. A organização socialmente responsável deve estar envolvida com organizações comunitárias que promovam ensino, obras de caridade e cultura.
4. *Solução de problemas.* A medição nessa área deve analisar a maneira com que a empresa lida com os próprios problemas, e não com seus sintomas. Geralmente, atividades como participação em questões comunitárias de longo prazo e envolvimento em estudos sobre problemas sociais fazem parte de tarefas que lidam com problemas sociais.
5. Para a medição dessas responsabilidades sociais, é possível conduzir uma *auditoria social*, que pode ser realizada pelo pessoal da organização ou por consultores externos. As etapas básicas de uma auditoria social compreendem a monitoração, medição e avaliação relacionadas ao desempenho da responsabilidade social de uma empresa.

## RESUMO

Neste capítulo, tratamos da responsabilidade social na administração estratégica. Primeiro, esboçamos o ponto de vista clássico segundo o qual as organizações não devem assumir nenhuma responsabilidade social além de suas obrigações para gerar lucro. Depois, avaliamos o ponto de vista contemporâneo, no qual as empresas têm a responsabilidade de manter e aumentar o bem-estar de toda a sociedade. Mostramos que muitas das atividades empresariais são apoiadas tanto pelo ponto de vista clássico quanto pelo contemporâneo, e que o grau de envolvimento da empresa para alcançar objetivos puramente sociais depende de diversos fatores. Observamos, então, numerosas áreas em que as empresas podem exercer responsabilidade social, tais como preocupação com consumidores, funcionários, ambiente e sociedade em geral.

Em seguida, tratamos das quatro principais influências sobre os negócios que atuam para promover a responsabilidade social e restringir o uso inadequado do poder das empresas. Essas influências incluem: leis e agências regulamentadoras do governo; pressão política de grupos diversos, como os movimentos de defesa do consumidor; controles que as empresas concorrentes exercem umas sobre as outras, agindo para impedir a concorrência desleal; e influências éticas exibidas na autorregulamentação de muitas empresas a respeito de sua conduta nos negócios. Na análise final, foi mostrado que definir o que é 'ético' depende do julgamento social.

Por fim, analisamos a relação entre o nosso modelo de administração estratégica — oferecendo exemplos de como se considerar a responsabilidade social ao conduzir uma análise do ambiente e na formulação, implementação e controle da estratégia. Em seguida, examinamos a auditoria social, definindo-a como um modo efetivo de avaliar o desempenho de uma organização na área de responsabilidade social.

A seção "Lista de verificação" a seguir traz um resumo de questões fundamentadas neste capítulo. Use-a para analisar problemas de administração estratégica e casos sobre questões de responsabilidade social.

## lista de VERIFICAÇÃO

### Analisando a responsabilidade social em problemas e casos

1. Esse problema ou caso envolve uma área em que a responsabilidade social é uma preocupação importante?
2. Existe alguma legislação que exija da empresa uma atitude socialmente responsável?
3. As atividades de responsabilidade social devem ser economicamente lucrativas para a empresa a longo prazo?
4. A organização tem condições de se envolver em atividades de responsabilidade social? Elas devem resultar da boa vontade, ou de outro benefício não econômico, por parte de um ou mais grupos interessados?
5. Que interessados específicos (*stakeholders*) e área(s) de responsabilidade social são objeto de preocupação nesse caso?
6. Existe alguma força política tentando mudar as atividades da empresa? Se sim, ela tem argumentos sólidos?
7. Existem influências da concorrência que deveriam ser levadas em consideração pela empresa?
8. O problema apresenta um dilema ético que provoque uma tomada de decisão?
9. A organização tem um programa bem desenvolvido para lidar com questões de responsabilidade social?
10. Uma auditoria social deveria ser usada para identificar problemas e sugerir soluções adequadas?

## NA PRÁTICA

### Sorriso saudável, futuro brilhante!

Quem nunca ouviu falar do 'Sorriso Colgate' como símbolo de dentes saudáveis? Quantos de nós passamos bons anos de nossas vidas escutando a pergunta: 'Já escovou os dentes?'. A Colgate-Palmolive é em parte responsável por esse zelo de nossos pais; afinal, vem promovendo ações de educação voltada para a saúde bucal desde 1911, entendendo que essa é uma ação de responsabilidade social na área de qualidade de vida, sendo, portanto, parte da estratégia geral do negócio.

A responsabilidade social corporativa cada vez mais é vista como parte da estratégia de uma organização. Há vários exemplos de empresas nacionais e internacionais que se preocupam com esse tipo de responsabilidade. Algumas focam na preservação do meio ambiente, como a Natura, na busca da coleta sustentável de ingredientes da Amazônia que são matéria-prima de seus produtos. Outras empresas focam na sociedade em geral. A Colgate-Palmolive é uma delas.

A Colgate começou em 1806, na cidade de Nova York, com uma loja de sabonetes e velas. Será que William Colgate poderia antecipar que seu sobrenome faria parte de uma das gigantes internacionais no ramo de higiene oral, higiene pessoal, limpeza do lar e das roupas e de nutrição animal, 200 anos depois? Hoje a Colgate é muito mais do que uma marca de creme dental; aliás, o primeiro creme dental da empresa só foi lançado em 1873, em pote, e em 1896, em tubo, décadas após a abertura da empresa.

A Colgate se fundiu com a Palmolive-Peet, que era o resultado da fusão de duas empresas de sabonetes que também haviam se fundido em 1926. A marca Colgate-Palmolive Company só aparece em 1956, já como empresa global. Em 1939, a companhia entra na linha de produtos animais, lançando um especialmente para a alimentação de cães. Em termos de limpeza doméstica, entra em cena em 1947 o produto mais famoso — o Ajax, que gera uma linha de limpeza completa, e torna-se uma dentre as diversas marcas poderosas da companhia.

A linha de produtos atual da empresa está presente no dia a dia de milhões de pessoas no mundo todo, com xampus e demais produtos para cabelos, amaciantes de tecidos, sabonetes líquidos para mãos, nutrição animal, lustra-móveis e tantos outros.

Com toda essa diversidade, o que se pergunta é: por que a ênfase da administração de responsabilidade social da Colgate-Palmolive está na saúde bucal? Os seus cremes dentais evoluíram durante os anos, com a adição de produtos como o MPF Flúor, que reduz cáries (1968), e mais recentemente com o creme Colgate Total, com ação de mais de 12 horas. A empresa lançou modelos de escovas de dente que foram tão aceitas pelo mercado que, se colocadas lado a lado, as unidades vendidas dariam 16 vezes a volta ao mundo. Todavia, a existência de produtos dessa natureza não atinge as camadas mais baixas da população, muitas vezes por falta de informação. Há uma multidão de pessoas no mundo sem acesso a aspectos básicos de higiene, dentre eles práticas para manutenção da saúde bucal, o que as leva a perderem precocemente seus dentes por falta de orientação sobre saúde bucal.

O programa global de saúde bucal da Colgate-Palmolive visa proporcionar a educação e melhoria de qualidade de vida das crianças, utilizando para isso equipes multidisciplinares que buscam destacar aspectos preventivos e práticos de saúde. O projeto inicial de 1911, nos Estados Unidos, promovia a distribuição de amostras grátis de escovas e cremes dentais para crianças, com higienistas ensinando o modo correto de escovação. O programa modificou-se, adequando-se aos conceitos modernos de responsabilidade social, e hoje está presente no mundo todo.

O Sorriso Saudável — Futuro Brilhante — está no Brasil desde 1995, já tendo atendido mais de 40 milhões de crianças em 27 estados brasileiros, levando profissionais especializados, kits de produtos e ações educativas a escolas e comunidades de vários locais do Brasil, até mesmo indígenas, em parcerias com a Unifesp (Universidade Federal de São Paulo) e Funasa (Fundação Nacional de Saúde). Além do atendimento direto a crianças e adultos, o programa também tem como objetivo capacitar profissionais e voluntários para informar e desenvolver ações de educação continuada sobre higiene bucal.

Dentro dessa linha, a Colgate-Palmolive faz parceria com outras entidades, seja levando uma unidade móvel para tratamento dentário ao longo do percurso do Rally dos Sertões, como fez em 2005, seja em parceria com indústrias como a Ford, com o Odontomóvel, consultório equipado num veículo Ford que tem equipamentos de última geração e cirurgiões-dentistas que atendem desde casos de profilaxia até cirurgias. Com esse tipo de parceria, com empresas e ONGs, a marca Colgate tem estado presente em todo o Brasil, promovendo o tal 'Sorriso Colgate'.

Todavia, a responsabilidade social tem outras vertentes dentro da Companhia. Nos 80 países nos quais a empresa tem unidades de produção, ela apresenta ações diferenciadas, voltadas para: desenvolvimento da comunidade, como ajuda financeira e doação de produtos; patrocínio de eventos; participação em comitês de mais de 500 organizações sem fins lucrativos no mundo; participação em programas que promovam saúde e higiene, tendo como um dos seus lemas "encorajar a educação para promover a autoestima de mulheres, ajudando jovens a se tornarem adultos produtivos"; ações voltadas para o estímulo à leitura; ajuda a famílias de crianças portadoras de doenças graves; entre outras.

Afinal, a empresa procura seguir seus lemas: respeito por pessoas, respeito por comunidades, responsabilidade em cada comunidade.

## QUESTÕES PARA DISCUSSÃO

1. As ações de responsabilidade social da Colgate-Palmolive podem sofrer pressões éticas pela possibilidade de estarem relacionadas ao aumento de consumo de seus próprios produtos? Por quê?

2. Entrando nos sites brasileiro e norte-americano da empresa, você notará que ela realiza programas de responsabilidade social diferentes nos países em que atua. Por que isso acontece?

## LEITURAS ADICIONAIS

PASSOS, E. *Ética nas organizações*. São Paulo: Atlas, 2004.

PINEDA, E. S.; MARROQUIN, J. A. C. *Ética nas empresas*. Porto Alegre: Bookman, 2009.

RAMOS, J. M. R.; ARRUDA, M. C. C.; WHITAKER, M.C. *Fundamentos de ética empresarial e econômica*. 4. ed. São Paulo: Atlas, 2009.

## NOTAS

1. Partes deste capítulo se baseiam em CERTO, S. C. *Principles of modern management*. Dubuque, Iowa: William C. Brown Publishers, 1985, capítulo 19; PETER, J. P.; OLSON, J. C. *Consumer behavior:* marketing strategy perspectives. Homewood, Ill.: Richard D.Irwin, 1987, capítulo 21.
2. FRIEDMAN, M. *Capitalism and freedom*. Chicago, Ill.: University of Chicago Press, 1962, p. 133. Conforme relatado por STEINER, G. A.; STEINER, J. F. *Business, government, and society*. Nova York: Random House, Inc. 1985, p. 236.
3. DAVIS, K. "Five propositions for social responsibility". *Business Horizons*, jun. 1975, p. 19-24. Ver também DRUCKER, P. F. "The new meaning of corporate social responsibility". *California Management Review*, inverno 1984, p. 53-63.
4. BLOOM, P. N.; GREYSER, S. A. "The maturing of consumerism". *Harvard Business Review*, nov.-dez. 1981, p. 130-139.
5. LACZNIAK, G. R. "Framework for analyzing marketing ethics". *Journal of Macromarketing*, verão 1983, p. 7-18.

PARTE 5

# Uma estrutura para a análise estratégica

Esta parte apresenta uma abordagem detalhada da análise de questões que envolvem a administração estratégica. Ela foi elaborada, a princípio, tendo em vista a análise de problemas e casos gerais, embora sua lógica também possa ser usada para identificar e analisar questões reais da administração estratégica.

# Estruturas de aprendizagem

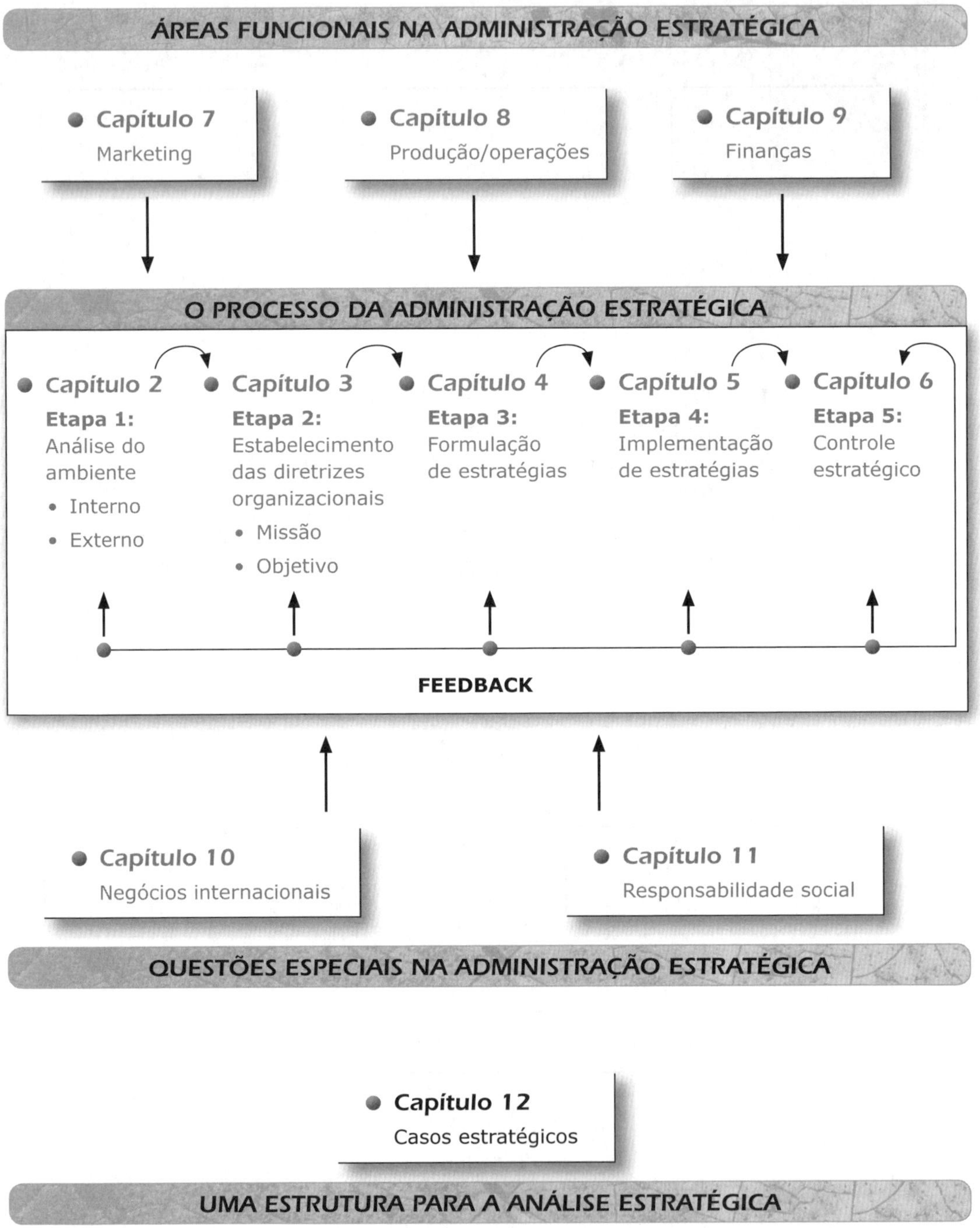

CAPÍTULO 12

# Uma abordagem genérica para a análise de casos em administração estratégica

O objetivo deste capítulo é apresentar uma abordagem genérica para a análise de problemas e casos da administração estratégica, com a indicação de algumas armadilhas comuns que podem ser evitadas. Entretanto, é importante ter em mente que, embora as abordagens sugeridas sejam úteis no desenvolvimento de uma análise, elas não podem ser aplicadas rotineira ou mecanicamente em todas as situações. Os casos diferem muito em escopo, contexto e quantidade de informações disponíveis. É preciso estar preparado para "adaptar" cada abordagem à situação peculiar enfrentada.

•••

## A ANÁLISE DE CASOS

Em 1920, a Harvard Business School passou a desenvolver a análise de casos, que, desde então, tornaram-se a principal ferramenta no ensino de administração.[1] Frequentemente elaborados do ponto de vista dos profissionais envolvidos com questões organizacionais, os casos são descrições detalhadas ou relatórios de oportunidades e problemas da administração estratégica. Habitualmente, incluem qualidade e quantidade de dados que devem ser analisados para determinar a solução adequada a cada tipo de problema. Entretanto, os casos não são situações fictícias ou exercícios que apenas apresentam uma dada situação. Para serem eficientes, devem apresentar uma situação que envolva algum tipo de decisão; além disso, devem apresentar material que possa levar o analista a se distanciar das questões importantes, como opiniões e preconceitos ou informações irrelevantes. Afinal, é assim que ocorrem na realidade os negócios.

Como existem tipos diferentes de assuntos de administração estratégica, há diferentes tipos de casos. Alguns envolvem empresas grandes e diversificadas, outros, empresas pequenas que fabricam um único produto. Alguns ainda envolvem empresas muito prósperas que procuram manter-se na liderança do setor; outros, o ponto fraco das empresas que enfrentam dificuldades. Por fim, alguns casos abordam uma complicada mistura de questões de administração estratégica; outros, apenas uma única questão.

A vantagem inicial do estudo de caso é que ele introduz uma medida de realismo no ensino da administração estratégica. Em vez de enfatizar a aprendizagem de conceitos, o método de casos destaca a aplicação desses conceitos e examina a lógica dos problemas do mundo real. Assim, aprende-se a fazer uma ponte entre a reflexão e a aplicação.

Em nossa abordagem, oferecemos diversos roteiros que podem ajudar os analistas nos vários estágios da análise de casos. Esses roteiros são planejados para casos amplos e gerais e podem ser adaptados a situações mais específicas. Em resumo, não existe uma 'fórmula mágica' que garanta uma análise efetiva de caso da mesma maneira que não existe substituto para a reflexão lógica e apoiada em um mínimo de informações por parte do analista.

O estudo de caso auxilia os estudantes a desenvolver a habilidade de identificar deficiências e criar soluções razoáveis para elas. Se esse processo exigisse pouco mais do que introduzir informações em uma fórmula, não haveria necessidade de administradores com visão estratégica. Ser bem-sucedido em uma carreira de administração depende do desenvolvimento dessas habilidades. A seção "Exemplo ilustrativo" a seguir lista alguns dos perfis que a análise de casos ajuda a desenvolver.

*exemplo ilustrativo*

## UM CASO PARA ANÁLISE DE CASOS

Os casos nos ajudam a associar a aprendizagem em sala de aula com o chamado 'mundo real' da administração. Eles nos fornecem oportunidades para desenvolver, estimular e testar nossos conhecimentos analíticos para:

- avaliar situações;
- separar e organizar informações-chave;
- fazer as perguntas certas;
- definir oportunidades e riscos;
- identificar e avaliar cursos alternativos de ação;
- interpretar dados;
- avaliar os resultados de estratégias passadas;
- desenvolver e defender novas estratégias;
- interagir com outros administradores;
- tomar decisões sob condições incertas;
- avaliar criticamente o trabalho dos outros;
- responder a críticas.

**Fonte:** Adaptado de CRAVENS, D. W. *Strategic marketing cases and applications*. 2. ed. Homewood, Ill.: Richard D. Irwin, 1986, p. 55.

## UM ROTEIRO PARA A ANÁLISE DE CASOS

A abordagem básica para a análise de casos que propomos é mostrada na Figura 12.1. Nesse processo, composto de quatro estágios, o analista tem de primeiro definir claramente o problema ou questão a ser resolvido. Segundo, deve formular alternativas capazes de resolvê-lo. Terceiro, deve avaliar cada uma delas e compará-las, para descobrir a solução mais efetiva e eficiente. Finalmente, o analista deve implementar a alternativa escolhida.

Quando esse processo é realizado em uma situação real, outra etapa é acrescentada: a de avaliar a implementação da alternativa para determinar se o problema foi resolvido. Caso a resposta seja positiva, os analistas continuarão a monitorar a situação para garantir a eficiência continuada da alternativa. Caso seja negativa, voltam às reflexões para definir o problema e repassam novamente o processo à procura de uma solução efetiva.

Embora essa abordagem problema-solução seja, em nossa opinião, a mais pertinente para a análise de casos, ela pode ser inadequada ou simplificada demais para os iniciantes na análise de questões, já que não explica como abordar cada um dos estágios.

Por exemplo, considere o primeiro estágio: definição do problema. Ainda que, em situações reais, poucos casos apresentem explicitamente quais são suas questões cruciais, definir um problema implica relacioná-las claramente. No entanto, após a análise inicial da situação, frequentemente se conclui que o caso nada mais é do que uma descrição de eventos na qual não existem problemas ou questões importantes a serem analisados, o que pode se transformar em uma armadilha. Afinal, mesmo naqueles casos em que a apresentação das deficiências da empresa é explícita, quase sempre o número de problemas é maior que aqueles visíveis à primeira vista.

FIGURA 12.1 Estágios da análise de casos

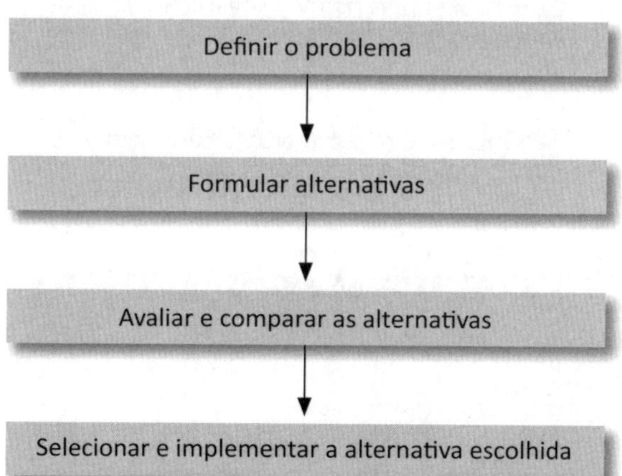

Por essas razões, desenvolvemos um roteiro mais detalhado para a análise de casos, que apresentamos na Figura 12.2. Projetado para ajudar a reconhecer problemas, esse roteiro pretende abordar a análise de casos de modo sequencial e visando a soluções eficazes.

## Análise e registro da situação atual

Independentemente da análise de um caso estratégico ser conduzida por um estudante, um administrador ou um consultor externo, a primeira etapa é analisar e registrar a situação atual, o que não significa descrever minuciosamente uma longa história da organização ou reescrever todo o material do caso.

Analisar e registrar a situação atual é essencial por três razões. Primeiro, é preciso compreender a situação atual; sem isso, é impossível determinar alternativas de ação adequadas, pois não há como aproveitar oportunidades ou superar dificuldades sem o conhecimento prévio da situação.

Segundo, é preciso identificar as oportunidades e os riscos — atuais e em potencial — envolvidos no caso; que é o principal propósito deste estágio de análise. Pela análise sequencial de todos os elementos da situação atual, o analista esclarece os diferentes aspectos e acumula evidências em que eles são o centro das questões.

Terceiro, este estágio é útil porque delineia o nível de análise para um caso específico. O 'nível de análise' corresponde ao escopo global do caso. Por exemplo, alguns casos enfatizam questões do setor econômico, enquanto outros se concentram em organizações, departamentos ou decisões em particular. Determinar o nível de análise adequado é um aspecto muito importante no estudo de casos.

Por fim, para isolar precisamente os problemas de um caso, é imprescindível analisar em sequência cada componente ou aspecto dos ambientes geral, opera-

FIGURA 12.2 Um roteiro genérico para análise de casos

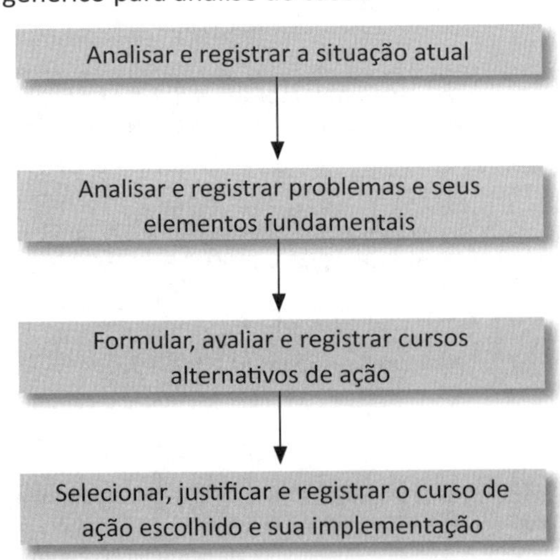

cional e interno. O Quadro 12.1 fornece uma lista desses elementos e os tipos de questão que devem ser respondidos no processo de análise.

QUADRO 12.1 Áreas de estudo na análise do ambiente

**Ambiente geral**

1. *Componente econômico*. Qual é a situação atual das variáveis econômicas, como inflação, desemprego e taxa de juros? Quais são as tendências dessas variáveis e sua importância para o caso?
2. *Componente social*. Qual é a situação atual das variáveis sociais, como níveis de ensino, hábitos, crenças e valores? Quais são as tendências dessas variáveis e sua importância para o caso?
3. *Componente político*. Qual é a situação atual das variáveis políticas, como decisões do governo em relação aos negócios? Quais são as tendências dessas variáveis e sua importância para o caso?
4. *Componente legal*. Qual é a influência das variáveis legais, como legislações federal, estadual e local? Quais são as tendências dessas variáveis e sua importância para o caso?
5. *Componente tecnológico*. Qual é o nível de tecnologia na atividade? Quais são as tendências tecnológicas relevantes para o caso?

**Ambiente operacional**

1. *Componente consumidor*. Quais são os mercados-alvo, o perfil do consumidor e a importância desses elementos para o caso? Quais são as possíveis oportunidades nesse aspecto?
2. *Componente concorrência*. Quais são as principais barreiras de entrada para essa atividade? Quais são os pontos fortes e fracos, a estratégia e a divisão de mercado dos principais concorrentes? Qual é a importância desses aspectos para o caso?
3. *Componente recursos humanos*. Quais fatores influenciam na oferta de recursos humanos essenciais? Qual é a importância disso para o caso?
4. *Componente fornecedor*. Quais fatores influenciam o relacionamento entre fornecedores e a empresa, e qual a sua importância para o caso?
5. *Componente internacional*. Qual é a situação atual internacional dos negócios? Quais são as tendências internacionais relevantes para o caso?

**Ambiente interno**

1. *Aspectos organizacionais*. Quais questões, conceitos e análises administrativas ou organizacionais são relevantes para o caso?
2. *Aspectos de marketing*. Quais questões, conceitos e análise de marketing são relevantes para o caso?
3. *Aspectos financeiros*. Quais questões, conceitos e análise financeira são relevantes para o caso?
4. *Aspectos de pessoas*. Quais questões, conceitos e análise de pessoas são relevantes para o caso?
5. *Aspectos de operações e produção*. Quais questões, conceitos e análise de operações e produção são relevantes para o caso?

Não são em todos os casos que esses componentes ou aspectos são cruciais para a análise. Entretanto, até que cada componente ou aspecto seja considerado, não há como julgar sua importância relativa. Quem considera cada componente e aspecto em detalhes evita se perder em questões críticas. Em outras palavras, a tarefa-chave desse estágio da análise é considerar cada possível elemento ambiental para avaliar oportunidades e problemas do caso, a fim de encontrar soluções adequadas para ele.

Manter também um registro detalhado de todas as informações relevantes descobertas na análise do ambiente é muito importante. A Tabela 12.1 apresenta um roteiro de registro dessas informações acompanhadas pela descrição do impacto e pela importância em relação ao caso.

Para complementar a análise do ambiente, o analista deve levar em conta seis pontos principais:

- *É necessário separar as informações relevantes das supérfluas por meio de uma análise cuidadosa*. Conforme mencionado anteriormente, muitas vezes os casos incluem informações que são irrelevantes para as questões principais.

**TABELA 12.1** Roteiro geral de análise da atual situação

| Ambiente | Questões relevantes (específicas para o caso) | Impacto no caso (favorável/não favorável) | Importância no caso (importante/não importante) |
|---|---|---|---|
| **Ambiente geral** | | | |
| Social | | | |
| Econômico | | | |
| Político | | | |
| Legal | | | |
| Tecnológico | | | |
| **Ambiente operacional**<br>Internacional | | | |
| Fornecedores | | | |
| Concorrência | | | |
| Consumidores | | | |
| Recursos humanos | | | |
| **Ambiente interno**<br>Aspectos organizacionais | | | |
| Aspectos de marketing | | | |
| Aspectos financeiros | | | |
| Aspectos de pessoal | | | |
| Aspectos de produção | | | |

Para se obter uma compreensão clara das questões do caso, o analista deve decidir quais informações são importantes e quais devem ser ignoradas.

- *É importante determinar a diferença entre sintomas de problemas e os problemas reais e/ou potenciais.* Os sintomas são indicadores de um problema, mas geralmente não são o problema. Por exemplo, uma queda nas vendas em uma região específica é um sintoma de problema. O problema é a causa principal da queda nas vendas — talvez o vendedor tenha deixado de fazer visitas de vendas porque estava descontente com o modo de pagamento das comissões.
- *Ao registrar a situação atual, o analista deve estar atento às diferenças entre fatos e opiniões.* Fatos são relações objetivas ou informações valorizadas, como dados financeiros de balanço ou demonstração de receitas. Opiniões são interpretações subjetivas de fatos ou situações. Por exemplo, quando um administrador em particular diz acreditar que as vendas aumentarão em 20 por cento no próximo ano, ele está expressando uma opinião. O analista, no entanto, deve dar relativa importância a opiniões não fundamentadas. É necessário considerar atentamente quaisquer fatores que possam influenciar a opinião das pessoas.
- *Ao realizar uma análise da situação, quase sempre é útil coletar informações externas adicionais.* Essas informações podem ser muito úteis para localizar o problema no contexto e subsidiar a análise. Entretanto, os principais problemas estão contidos no caso, e o analista nem sempre precisa de informação externa para reconhecê-los.
- *Não importa a quantidade de informações presentes no caso ou coletadas externamente.* Em geral, é impossível caracterizar a situação atual de maneira completa. Nesse ponto, devem ser feitas suposições e, como diferentes analistas formulam diferentes suposições, estas devem ser declaradas explicitamente.
- *Quando um analista conclui que certo aspecto de uma análise do ambiente não tem relação com o caso, ele deve dizer isso claramente.* Além disso, deve-se evitar forçar ou alterar a informação para ajustá-la a cada um dos componentes ambientais. De fato, é provável que alguns aspectos sejam irrelevantes em qualquer caso específico, embora cada um deva ser avaliado para que se determine se é ou não efetivamente relevante.

## Análise e registro de oportunidades e riscos como elementos fundamentais

A análise do ambiente descrita anteriormente é útil para desenvolver um entendimento amplo da situação atual de uma organização. Entretanto, seu propósito inicial é auxiliar o analista a reconhecer as principais oportunidades e riscos. Assim, comparar a situação do caso com uma situação considerada 'ótima' poderia realçar inconsistências de ambas. Por situação ótima entendemos uma situação em que as atividades são realizadas de modo consistente, com princípios e lógica administrativos razoáveis.

Por exemplo, suponha que a análise de um caso especial revelasse que, embora a organização tivesse feito um excelente trabalho na definição dos objetivos, sua estratégia atual não tenha sido adequadamente elaborada para atingir esses objetivos. Como os princípios de administração recomendam que as estratégias sejam consistentes com os objetivos, possíveis deficiências nesse sentido devem ser levadas em conta.

Reconhecer e registrar oportunidades e riscos e seus elementos centrais é importante para uma análise de caso significativa. Obviamente, se a essência não for determinada, estabelecida e compreendida claramente, o restante da análise de caso terá pouco valor por não enfocar as questões-chave.

Além disso, não basta simplesmente declarar que determinada questão é a principal; é preciso esclarecer por que se chegou a essa conclusão. O Quadro 12.2 apresenta uma compilação de dados capaz de ajudá-los a reconhecer e a registrar as oportunidades e os riscos. Esse quadro destaca a importância de fornecer evidências que indicam a prioridade de um assunto em particular. Simplesmente afirmar que determinada questão é a principal não é suficiente.

## Formular, avaliar e registrar alternativas de ação

Nesse estágio, procura-se aproveitar as oportunidades e resolver os problemas definidos durante a análise. De modo geral, ficam disponíveis diversas alternativas de ação que podem auxiliar a encaminhar a solução.

Para desenvolver essas alternativas, pode-se fazer um exercício de geração de ideias (técnica conhecida como *brainstorming*) e, então, reduzir a lista a um número mais plausível para se trabalhar. Outra abordagem é apresentar cada alternativa do modo como foi desenvolvida, deixando para avaliação e comparação posterior somente as que atenderem a critérios predeterminados de concretização. No entanto, não importa o método usado para desenvolver as alternativas; a lista final deve incluir apenas três ou quatro alternativas que tenham sido consideradas melhores.

Após listar um número de alternativas passíveis de ser concretizadas, o analista deve avaliar os pontos fortes e fracos de cada uma. Os pontos fortes incluem qualquer aspecto favorável sobre ela(como aumentar a eficiência, a produtividade, a economia de custos ou aumentar as vendas e os lucros). Os pontos fracos incluem qualquer coisa desfavorável (como custos ao longo do tempo, dinheiro e outros recursos ou a ineficiência relativa para a solução do problema). O Quadro 12.3 apresenta uma estrutura para avaliação das alternativas de ação.

É essencial evitar alternativas que possam aliviar um problema mas gerar outro mais sério ou exigir maior investimento de recursos. Do mesmo modo, os analistas devem ser tão objetivos quanto possível em suas avaliações de alternativas. Por exemplo, não é raro o analista ignorar os pontos fracos de uma alternativa com a qual simpatize.

QUADRO 12.2 Registro geral de dados para definir oportunidades e riscos com os seus elementos fundamentais

**Oportunidade ou problema prioritário**

Descrição: ______________________________

______________________________

______________________________

Evidências que indiquem a prioridade de determinado aspecto:

1. Fatos. ______________________________

   ______________________________

2. Sintomas ou outros efeitos. ______________________________

   ______________________________

3. Opiniões. ______________________________

   ______________________________

4. Suposições. ______________________________

   ______________________________

QUADRO 12.3 Estrutura para avaliação de alternativas de ação

Alternativa 1

Descrição da alternativa: ______________________________

______________________________

______________________________

Pontos fortes: ______________________________

______________________________

______________________________

Pontos fracos: ______________________________

______________________________

______________________________

Avaliação geral: ______________________________

______________________________

______________________________

Alternativa 2

Descrição da alternativa: ______________________________

______________________________

______________________________

Pontos fortes: ______________________________

______________________________

______________________________

Pontos fracos: ______________________________

______________________________

______________________________

Avaliação geral: ______________________________

______________________________

______________________________

### Seleção, justificativa e registro da alternativa de ação escolhida para ser implementada

Após levantar as alternativas, o analista deve selecionar aquela com maior chance de aproveitar a oportunidade ou resolver o problema. E, para selecionar a alternativa adequada ao caso, é necessária uma cuidadosa análise dos pontos fortes e fracos de cada uma, conforme examinado no estágio anterior. Além disso, o analista deve justificar a sua escolha, registrando a lógica e o raciocínio que o levou a selecionar uma delas. A fase final da análise de caso é elaborar um plano de ação. Nesse estágio, é preciso descrever o plano de implementação proposto com o maior número de detalhes, conforme ilustrado no Quadro 12.4.

Embora boa parte dos casos não tragam informações suficientes para que os analistas respondam à todas as questões em detalhes, devem ser formuladas, no mínimo, algumas recomendações para a implementação da alternativa escolhida.

## ARMADILHAS A SEREM EVITADAS NA ANÁLISE DE CASOS

Geralmente, os analistas cometem diversos erros no processo de estudo de casos. A seguir, analisamos alguns dos equívocos mais frequentes.

**QUADRO 12.4** Planilha geral para implementar a alternativa escolhida

1. O que deve ser feito para se implementar efetivamente a alternativa escolhida?

   Recomendação específica: ____________________

   Justificativa: ____________________

2. Quem deve ser responsável pela sua implementação?

   Recomendação específica: ____________________

   Justificativa: ____________________

3. Quando e onde a alternativa escolhida deve ser implementada?

   Recomendação específica: ____________________

   Justificativa: ____________________

4. Como e quando a alternativa deve ser avaliada no que diz respeito ao grau de efetividade?

   Recomendação específica: ____________________

   Justificativa: ____________________

## Definir inadequadamente o problema

Geralmente, os analistas recomendam alternativas sem compreender ou definir de modo adequado as questões que caracterizam o caso. Algumas vezes, isso ocorre porque o analista emite conclusões precipitadas antes de ler o caso, interpretá-lo e, então, justificar aquelas conclusões — ainda que os fatores contrariem as conclusões. Intimamente relacionado a isso está o erro de analisar sintomas sem determinar as questões reais. A análise eficiente de casos depende de uma clara compreensão dos principais aspectos das oportunidades e riscos.

## Procurar 'a resposta'

Algumas vezes, os analistas investem muito tempo pesquisando fontes secundárias para descobrir o que uma outra organização realmente faz em determinado caso, e, então, apresenta essa alternativa como se fosse 'a resposta' completa. Entretanto, essa abordagem ignora o fato de que o objetivo de se realizar um estudo de caso é o aprendizado por meio de levantamento de informações, discussão e proposição de alternativas. Não há uma resposta 'oficial' ou 'correta' para qualquer caso; o que existe são algumas análises e soluções efetivas, além de outras insatisfatórias.

## Presumir que o problema não existe

Algumas vezes, os analistas fazem pressuposições tão amplas que o problema é essencialmente ignorado, como se não existisse. Por exemplo, imagine uma empresa que tenha perdido grande participação no mercado. Concluir simplesmente que a empresa vai aumentar a participação no mercado em 10 por cento ao ano nos próximos cinco anos é um exemplo claro, porque ela está assumindo que o problema não existe.

## Dispor de informações insuficientes

Frequentemente, os analistas criticam o fato de não disporem de informações suficientes sobre o caso para que possam adotar a decisão mais eficaz. Entretanto, há uma boa razão para não se apresentarem 'todas' as informações de um caso: em situações reais de negócios, os administradores nunca dispõem de todas as informações de que necessitariam para tomar uma decisão. Afinal, quem consegue definir todos os desdobramentos e conexões de um problema? Suposições e prognósticos *têm de ser feitos* e o desafio é chegar a soluções efetivas apesar da incerteza e das informações limitadas.

## Confiar nas generalizações

Não raro, os analistas discutem os problemas e fazem recomendações de modo tão genérico que seu trabalho acaba tendo pouco valor. A análise de caso exige recomendações específicas e não generalizações amplas. Por exemplo, recomendar que a estrutura da empresa seja mudada é generalizar. Entretanto, fornecer um plano detalhado para mudar a estrutura organizacional, explicar exatamente o que a estrutura deve ter e apresentar as razões para essa solução é dar uma recomendação específica.

### Propor uma situação diferente

Algumas vezes, os analistas investem tempo e esforço consideráveis afirmando que "se a situação fosse diferente, eu saberia que alternativa de ação escolher", ou, "se o administrador não tivesse contrariado as regras, a empresa não estaria enfrentando problemas". Assim, passa-se a ignorar o fato de que os eventos relacionados com o caso são reais e, por essa razão, mesmo que seja necessária a análise ou a crítica a eventos passados para compreender o presente, não se pode mudar ou esquecer a realidade — na qual as decisões devem se basear.

### Adotar um foco muito fechado

Os analistas muitas vezes ignoram os efeitos que uma solução para determinada área pode causar sobre as demais áreas da empresa. Embora muitos casos digam respeito a tipos específicos de situações, isso não significa que outras variáveis possam ser ignoradas. Por exemplo, mudanças no preço de um produto podem influenciar o método adequado de promoção e distribuição.

### Perder o senso de realidade

Em muitos casos, o analista fica tão obcecado por aproveitar uma oportunidade ou solucionar um problema que suas soluções se tornam totalmente irreais. Por exemplo, projetar e recomendar um programa de propaganda de R$ 1 milhão para uma empresa cujo capital é de R$ 50 mil é totalmente irreal, pois tal recomendação jamais poderá ser viabilizada financeiramente.

### Estabelecer alternativas de 'fachada'

Algumas vezes, os analistas oferecem uma única alternativa viável e diversas outras economicamente insustentáveis ou de 'fachada'. A análise de caso só faz sentido para a tomada de decisão quando há mais de uma alternativa com pontos fortes e fracos relevantes, a partir dos quais o analista consegue fazer uma escolha viável.

### Recomendar pesquisa ou consultoria

Algumas vezes, os analistas oferecem soluções não satisfatórias para problemas ou casos e recomendam que sejam realizadas pesquisas para levantamento de oportunidades e riscos, ou que seja contratado um consultor para fazê-lo. Isso pode ocultar a não resolução do caso, pois, embora as pesquisas e o emprego de consultores possam ser recomendações úteis como material auxiliar, é tarefa indelegável do analista identificar questões-chave e decidir como tratá-las.

### Refazer o conteúdo do caso

Algumas vezes, os analistas se perdem buscando ampliar a história da organização no caso apresentado, bem como juntam tabelas e figuras e as incluem em seu relatório. Isso é desnecessário e retarda a decisão. Entretanto, o uso de gráficos originais, gráficos tipo 'pizza' ou outro auxílio visual baseado no material disponível do caso pode ajudar a determinar um aspecto particular da situação.

A seção "Exemplo ilustrativo" oferece mais algumas orientações sobre a abordagem de casos e apresenta um exemplo de análise.

## Pouca reflexão

De longe, a pior falha cometida pelos analistas está na baixíssima reflexão sobre os elementos do caso. É comum os analistas acreditarem que, tendo organizado o material do caso de maneira lógica, está concluída a sua análise. Isso é um erro! Do mesmo modo, deve-se empregar nela todo o conhecimento que se tenha sobre aspectos gerais da empresa ou sobre a situação que está sendo analisada.

exemplo ilustrativo

### O QUE SIGNIFICA 'ANÁLISE' DE CASO?

Uma crítica comum com relação a casos pré-elaborados inclui algumas coisas do tipo: "Você repetiu uma quantidade grande do material do caso, mas realmente não o analisou". É difícil definir exatamente o que significa 'análise': "Não posso explicar exatamente o que é, mas eu a reconheço quando a vejo!"

O termo análise tem muitas definições e significados diferentes em diferentes contextos. No que diz respeito à análise de caso, significa ir além da mera descrição das informações do caso. Envolve determinar as implicações das informações do caso para desenvolver a estratégia. Isso pode significar análise de dados quantitativos, como dados de vendas e de lucro, ou uma análise qualitativa, como a interpretação atenta do texto do caso.

Analisar um caso é um processo que passa, necessariamente, por três etapas: síntese, generalizações e implicações.

Material do caso

↓

Vamos supor que o caso inclua uma elevada taxa de crescimento de vendas de pizza congelada, o que tem atraído muitas processadoras de alimentos, incluindo empresas de grande porte, como a Sadia e a Perdigão, e empresas de pequeno porte, como milhares de pastifícios espalhados pelo país. Vamos supor ainda, apenas para exemplificar, que esses pequenos produtores participem em conjunto em cerca de 19 por cento do mercado e que as duas empresas grandes citadas anteriormente detenham cerca de 17 por cento do mercado. Com isso, considera-se que o mercado de pizza congelada é altamente competitivo e muito fragmentado.

Em mercados como esse, é provável que estratégias para aumentar a participação com preços menores sugeridos aos consumidores ou intensa propaganda sejam rapidamente copiadas pelos concorrentes e, por isso, não se mostrem muito efetivas.

Sínteses

↓

Generalizações

↓

Implicações

Por outro lado, se um aumento de espaço para os congelados nos pontos comerciais varejistas vier a ocorrer, esse objetivo talvez possa ser alcançado negociando-se descontos. Além disso, desenvolver um produto superior (como um produto mais saboroso ou próprio para micro-ondas) e/ou aumentar a área geográfica do mercado podem ser estratégias melhores para intensificar a participação, tanto para pequenos quanto para grandes produtores.

Observe que nenhuma dessas três etapas inclui qualquer repetição do material do caso. Em vez disso, todas apresentam o entendimento da informação e, juntamente com os princípios da administração estratégica, suas implicações estratégicas.

Por exemplo, imagine um caso que envolva uma montadora de veículos nacionais. Embora o caso não trate de veículos importados, é importante considerá-los, já que podem representar um possível impacto sobre a empresa. Além disso, é imprescindível que se tenha em mente o seguinte princípio: analisar casos *exige* conhecimento dos princípios de administração, além de conhecimento da lógica sobre fatores externos ao caso.

## Desanimar

Após analisar sem sucesso um primeiro ou um segundo caso, algumas vezes as pessoas desistem e dizem a si mesmas que não conseguem fazer esse trabalho. Realizar análise de casos constitui um *aprendizado* prático. Alguns estudantes dominam a análise de casos muito mais rapidamente do que outros. Ainda assim, todos podem se tornar hábeis analistas de oportunidades e riscos. É preciso realizar a análise de alguns casos e buscar aprender nas discussões com os demais colegas.

A seção "Lista de verificação" a seguir apresenta um resumo das etapas da análise de casos e de uso dos roteiros incluídos neste capítulo.

**lista de VERIFICAÇÃO**

### Uma orientação operacional para a análise de casos

1. Ler rapidamente o caso para obter uma visão geral da situação.
2. Reler o caso, atentamente, sublinhando as informações relevantes e ressaltando potenciais aspectos de interesse.

3. Estudar o caso até que ele seja bem compreendido.
4. Rever as fontes externas de informação que sejam relevantes e registrar os dados mais importantes.
5. Completar o roteiro geral para análise da situação atual.
6. Rever esse roteiro à procura de oportunidades ou riscos em potencial.
7. Listar as oportunidades e os riscos em potencial no roteiro geral para definir as questões e seus elementos fundamentais.
8. Rever esse roteiro e listar as principais questões de acordo com a sequência de prioridades estabelecidas.
9. Completar o roteiro para definir problemas e seus elementos fundamentais.
10. Desenvolver as diversas alternativas possíveis.
11. Completar o roteiro geral para avaliar as alternativas de ação.
12. Rever esse roteiro e assegurar-se de que todos os pontos fortes e fracos relevantes tenham sido considerados.
13. Escolher as alternativas que tratam os problemas ou as questões de modo mais efetivo.
14. Completar o roteiro geral para implementar a alternativa escolhida.
15. Preparar um relato escrito ou oral com base nos roteiros.

## A COMUNICAÇÃO DA ANÁLISE DE CASOS

A tarefa final da análise de qualquer caso é a comunicação de seu resultado. A mais ampla e criteriosa análise pode perder muito o seu valor se não for comunicada efetivamente. No entanto, a comunicação não abrange apenas organizar a informação de uma maneira lógica, mas também usar corretamente a gramática e a ortografia. Além disso, a aparência final de um relatório impresso ou em multimídia e o modo como é apresentado por quem o analisou também fazem parte do impacto sobre a sua audiência.

## RELATÓRIO FINAL

De modo geral, bons relatórios começam com uma introdução sobre o assunto. No Quadro 12.5, apresentamos a estrutura de relatórios de casos, de acordo com a abordagem sugerida neste capítulo. A estrutura é construída por meio de uma redação dissertativa que contém informações extraídas de diversos roteiros.

### Elementos de um relatório

#### Capa

A capa inclui o título do caso e os nomes de todas as pessoas envolvidas na preparação do relatório. É interessante, também, incluir o nome do curso e da disciplina para os quais o caso foi preparado e a data em que foi elaborado (ver normas da ABNT para elaboração de relatórios).

QUADRO 12.5 Estrutura de relatórios de casos

1. Capa
2. Tabela de conteúdo
3. Introdução
4. Análise do ambiente
   a. Ambiente geral
   b. Ambiente operacional
   c. Ambiente interno
   d. Pressupostos
5. Definição de questões prioritárias
   a. Questão 1 e evidência
   b. Questão 2 (se aplicável) e evidência
   c. Questão 3 (se aplicável) e evidência
6. Alternativas de ação
   a. Descrição da alternativa 1
      i. Pontos fortes
      ii. Pontos fracos
   b. Descrição de alternativa 2
      i. Pontos fortes
      ii. Pontos fracos
   c. Descrição da alternativa 3
      i. Pontos fracos
      ii. Pontos fortes
7. Alternativa escolhida e implementação
   a. Justificativas para a alternativa escolhida
   b. Implementações específicas e justificativas
8. Resumo da análise
9. Referências
10. Apêndice técnico
    a. Análise financeira
    b. Outras informações técnicas

## Sumário

O sumário lista cada título do relatório e o número da página em que começa cada seção. Se forem incluídas diversas figuras no relatório do caso, pode ser útil inserir uma Lista de tabelas e/ou uma lista de figuras, indicando o número de página em que elas estão.

## Introdução

A introdução de uma análise de caso não é o resumo do caso. Ela é a declaração da finalidade do relatório e apresenta uma breve descrição de cada uma de suas principais seções.

## Análise do ambiente

Nesta seção, são relatados os resultados da análise de cada aspecto ambiental. Deve-se usar subtítulos para cada um dos três principais ambientes e para cada componente ou aspecto relevante listados na Tabela 12.1. Se qualquer um dos ambientes ou categorias não for relevante para um caso em especial, o relatório deve revelar simplesmente que a análise nada tem a ver com esse elemento situacional em particular. Quaisquer pressuposições feitas com relação à atual situação também devem ser relatadas nesta seção.

## Definição das questões prioritárias

Esta seção relaciona de modo conciso as principais questões do caso e revê as evidências que levam à conclusão de que elas são as principais. As questões devem ser listadas em ordem de importância e acompanhadas por uma justificativa da evidência.

## Alternativas de ação

Esta seção descreve cada uma das alternativas projetadas para resolver as principais questões do caso. Os pontos fortes e fracos de cada alternativa devem ser claramente delineados.

## Alternativa escolhida e implementação

Esta seção revela a alternativa selecionada e explica por que ela constitui a ação adequada. Além disso, deve incluir uma detalhada descrição de como a alternativa será implementada e por que esse método de implementação é o mais efetivo.

## Resumo da análise

Esta breve seção descreve o que é o relatório. Ela apresenta o que foi feito na preparação dele, as oportunidades, os problemas básicos e a alternativa selecionada para resolvê-los. Esta seção também é útil para oferecer qualquer informação adicional que sustente a qualidade da análise e o valor da alternativa escolhida.

### Referências

Qualquer material externo usado no relatório deve ser listado nas referências bibliográficas, usando-se para isso as normas da ABNT. Fazem parte desse material: artigos de revistas, relatórios e comunicados públicos, livros e outras fontes de consulta, como as páginas das empresas na Internet e bases de dados secundários.

### Apêndices

Alguns casos exigem consideráveis análises de mercado ou de dados financeiros. Em geral, as análises são relatadas no texto do relatório, mas os dados, cálculos e estatísticas devem ser colocados nos apêndices. Qualquer outro tipo de análise, independentemente de ser longo ou detalhado, também deve ser apresentado nesta seção. Observe, porém, que o apêndice é a 'memória de cálculo' das análises. Os materiais que serviram como ilustração, captados em sites, propaganda ou fôlderes, deverão se incluídos como anexos, em seção separada.

## Apresentação oral

Quando as análises de casos são apresentadas oralmente em classe por uma pessoa ou equipe, é imprescindível um roteiro básico e, de modo geral, é oportuno oferecer a cada integrante da classe uma cópia do resumo e da lista de pressuposições feitas. Embora não haja um modo único de apresentar um caso ou de dividir responsabilidades entre os integrantes da equipe, simplesmente ler um relatório é pouco producente e bastante cansativo para os ouvintes. É importante ressaltar os pontos principais da análise e não se aprofundar em detalhes desnecessários. Naturalmente, se o professor ou um integrante da classe perguntar mais detalhes acerca de um ponto específico, o apresentador deverá explicá-lo.

O uso de equipamentos audiovisuais e de recursos de multimídia é muito útil na apresentação de análises de casos em classe. Entretanto, simplesmente apresentar demonstrativos financeiros ou qualquer outro dado detalhado contido no caso constitui um uso pouco eficiente desses recursos. O melhor seria, por exemplo, transformar declarações ou valores em quadros ou gráficos fáceis de serem entendidos, artifício muito eficiente para salientar pontos específicos.

A apresentação verbal da análise de casos é particularmente útil para estudantes que estão adquirindo a habilidade de falar a um determinado público, indispensável em muitas posições administrativas. Além disso, nesse tipo de exercício, adquire-se a capacidade de controlar objeções e diferentes pontos de vista sem entrar em conflito com outras pessoas — uma habilidade sem dúvida útil para a vida profissional.

## RESUMO

Este capítulo apresentou um roteiro para a análise de casos e ofereceu algumas sugestões de desenvolvimento e transmissão de relatos desses casos. A análise de caso começa com a análise e o registro da situação real, incluindo todos os aspectos relevantes do ambiente, seguidos pela análise e registro das oportunidades e dos problemas ou questões sobre os quais o caso versa. A etapa seguinte consiste em formular, avaliar e registrar alternativas a fim de 'reduzir a esfera de ação' para a escolha da alternativa mais efetiva. Depois, é necessário selecionar uma das alternativas propostas, explicar essa escolha e descrever o modo como ela será implementada.

No que se refere à análise de casos, alertamos novamente sobre algumas armadilhas nas quais o estudante ou o administrador pode cair e oferecemos algumas orientações para a comunicação da análise de casos em relatório e apresentação oral.

## LEITURAS ADICIONAIS

ELLET, W. *Manual de estudo de caso:* como ler, discutir e escrever casos de forma persuasiva. Porto Alegre: Bookman, 2008.

FACHIN, R. C.; TANURE, B.; DUARTE, R. G. *Uso de casos no ensino de administração*. São Paulo: Cencage Learning, 2007.

ROESCH, S. M. A.; FERNANDES, F. *Como escrever casos para o ensino de administração*. São Paulo: Atlas, 2007.

## NOTA

1. Este capítulo é baseado em PETER, J. P.; DONNELLY JR., J. H. *A preface to marketing management.* Plano, Tex.: Business Publications, Inc., 1985, p. 19-22; 244-257.

# Índices onomástico e de empresas

**L**



**M**



**N**



**O**

# Índice remissivo

**(*q* = quadro; *t* = tabela; *f* = figura)**

**V**